Kooperation im Kontext schulischer Heterogenität

AF281927

Waxmann Verlag GmbH
Steinfurter Straße 555, 48159 Münster
info@waxmann.com

Netzwerke im Bildungsbereich

herausgegeben von
Herbert Altrichter, Nils Berkemeyer,
Harm Kuper, Katharina Maag Merki

Band 9

Annelies Kreis, Jeannette Wick,
Carmen Kosorok Labhart (Hrsg.)

Kooperation
im Kontext schulischer
Heterogenität

Waxmann 2016
Münster • New York

Die Publikation dieses Bandes wurde von der Aebli-Näf-Stiftung
sowie der Pädagogischen Hochschule Thurgau finanziell unterstützt.

Bibliografische Informationen der Deutschen Nationalbibliothek
Die Deutsche Nationalbibliothek verzeichnet diese Publikation in
der Deutschen Nationalbibliografie; detaillierte bibliografische
Daten sind im Internet über http://dnb.d-nb.de abrufbar.

Netzwerke im Bildungsbereich, Band 9

ISSN 1866–0460
Print-ISBN 978–3-8309–3521-6
E-Book-ISBN 978–3-8309–8521-1

© Waxmann Verlag GmbH, Münster 2016

www.waxmann.com
info@waxmann.com

Umschlaggestaltung: Pleßmann Design, Münster
Satz: Sven Solterbeck, Münster

Gedruckt auf alterungsbeständigem Papier,
säurefrei gemäß ISO 9706

w

Inhalt

Annelies Kreis, Jeannette Wick und Carmen Kosorok Labhart

Editorial

Wir dürfen heute als empirisch gesichert betrachten, dass sowohl die individuelle Kompetenz als auch das Handeln des Lehrpersonals für das Lernen der Schülerinnen und Schüler relevant sind (Lipowsky, 2006). Lerngelegenheiten konstituieren sich interaktiv durch das Handeln des pädagogischen Personals (Angebot) und die Nutzung dieses Angebots durch die Schülerinnen und Schüler (Fend, 2008; Helmke, 2012). Im Zusammenhang mit gesellschafts- und bildungspolitischen Veränderungen der letzten Jahrzehnte ist dieses System allerdings auf beiden Seiten komplexer geworden. Da ist zunächst einmal die migrationsbedingte Zunahme der Bandbreite an Voraussetzungen seitens der Schülerinnen und Schüler einzelner Schulklassen in Bezug auf Erstsprache und kulturellen Hintergrund zu nennen. Ebenfalls gestiegen ist der Anspruch hinsichtlich der Passung zwischen den individuellen Voraussetzungen und Bedürfnissen der Schülerinnen und Schüler und den Lerngelegenheiten im Klassenverband (Brühwiler, 2014). Als unabdingbar gelten heute des Weiteren auch die kontinuierliche Sicherung und die Weiterentwicklung der Qualität des Lernangebots und damit verbunden ganz grundlegend der Kompetenzen des Lehrpersonals. Solche Prozesse erfordern ein Mindestmaß an gemeinsamem Handeln – oder eben Kooperation. Im Fokus stehen dabei die Koordination von Schwerpunkten, Zielen und Rahmenbedingungen des Lernens an der jeweiligen Schule sowie die Stärkung der Kohärenz der Lernumgebung bzw. die Reduktion verwirrender Unterschiede und Widersprüchlichkeiten zwischen den unterschiedlichen Lernangeboten, die eine individuelle Schülerin oder ein individueller Schüler erfährt (z. B. grammatikalische Begriffe in verschiedenen Sprachfächern). Mit Blick auf die Unterrichtsentwicklung gelten insbesondere aus soziokonstruktivistischer Perspektive jene kooperativen Ansätze als vielversprechend, in denen Lehrpersonen durch Perspektivenwechsel und dialogische Reflexion ihre Kompetenzen hinterfragen, adaptieren und erweitern (Clarke & Hollingsworth, 2002). Beispiele dafür sind etwa kollegiale Hospitation (Buhren, 2011), kollegiales Feedback (Gabelica, Van den Bossche, Segers & Gijselaers, 2012) oder kollegiales Unterrichtscoaching (Kreis & Staub, 2016). Weitere ins komplexe System „Unterricht" involvierte Personen sind schließlich zukünftige Lehrpersonen, welche im Rahmen ihrer praxissituierten Ausbildung während des Praktikums oder Referendariats an den Schulen arbeiten.

Die wohl am weitesten reichenden und auch mit hoher Verbindlichkeit eingeforderten Veränderungen erfolgen in den europäischen Bildungssystemen gegenwärtig jedoch im Zusammenhang mit der *Forderung nach Inklusion* gemäß dem UN-Übereinkommen über die Rechte von Menschen mit Behinderungen (UNESCO, 1994), dessen Umsetzung tief greifende Verschiebungen in den schulischen Arbeitsfeldern nach sich zieht (z. B. Kreis, Wick & Kosorok Labhart, 2016; Luder, Gschwend, Kunz & Diezi-Duplain, 2011; Lütje-Klose, Langer, Serke & Urban, 2011; Wocken, 2011).

Schülerinnen und Schüler mit besonderem Bildungsbedarf werden immer häufiger in Regelklassen unterrichtet, weshalb an solchen inklusiv strukturierten Unterrichtssystemen entsprechend eine größere Anzahl Personen beteiligt ist. Nebst den Klassen-und Fachlehrpersonen wirken Fachpersonen für schulische Sonderpädagogik, Therapeutinnen und Therapeuten, Schulpsychologinnen und Schulpsychologen, externe Beratungspersonen aus Sonderschulen und vermehrt auch Unterrichtsassistenzen, schulische Sozialarbeiterinnen und Sozialarbeiter sowie Tagesschulpersonal mit. Die noch in den 1990er-Jahren von Warren Little (1990) als bei Lehrpersonen vorherrschend beschriebene Persistenz von Privatheit und Autonomie wird durch die – oftmals abstrakt bleibenden – Forderungen nach koordinierten Aktivitäten und geteilten Zielvorstellungen zunehmend infrage gestellt. Die Beteiligten sehen sich dabei allerdings nicht selten mit beträchtlichen Herausforderungen konfrontiert (z. B. Anliker, Lietz & Thommen, 2008; Kreis, Wick & Kosorok Labhart, 2013; Lütje-Klose et al., 2011; Lütje-Klose & Urban, 2014; Maag Merki, Kunz, Werner & Luder, 2010).

Vor diesem Hintergrund sind kooperative schulische Prozesse in den letzten Jahren vermehrt in den Blickpunkt gerückt. Auch der vorliegende Sammelband „Kooperation im Kontext schulischer Heterogenität" greift Fragen zur Kooperation zwischen den involvierten Akteurinnen und Akteuren angesichts der zunehmenden Komplexität und Diversität der Handlungsfelder „Schule" und „Unterricht" auf. Der im Titel stehende Begriff der *Heterogenität* soll dabei zum Ausdruck bringen, dass *schulische Kooperation auch unabhängig von Inklusion in Bezug auf spezielle, sonderpädagogische Bedürfnisse* zu denken ist. Der Band entstand in Verbindung mit der vom Schweizerischen Nationalfonds geförderten Studie „KosH – Kooperation im Kontext schulischer Heterogenität" (Kreis, 2015). Zum Abschluss des Projekts führten wir im August 2014 an der Pädagogischen Hochschule Thurgau in Kreuzlingen (Schweiz) ein zweitägiges Symposium durch, an dem Kolleginnen und Kollegen aus Deutschland, der Schweiz und Österreich Einblick in ihre Forschungsarbeiten, ihre Praxis sowie in Modelle und Instrumente zu schulischer Kooperation im Bereich der Inklusion gaben. Die meisten der hier publizierten Beiträge basieren auf Referaten und Workshops, die anlässlich dieses Symposiums gehalten bzw. durchgeführt worden waren. Einige Beiträge kamen ergänzend dazu. Wir freuen uns sehr darüber, dass im nun vorliegenden Band Beiträge so vieler namhafter Forscherinnen und Forscher zum Thema zusammen publiziert werden können, und bedanken uns bei unseren Kolleginnen und Kollegen für ihre differenzierten und inspirierenden Arbeiten. An dieser Stelle danken wir auch der Pädagogischen Hochschule Thurgau sowie der Aebli-Näf-Stiftung, welche diese Publikation finanziell unterstützten. Unser herzlicher Dank gebührt zudem Frau Jonna Truniger, die sämtliche Beiträge sehr sorgfältig lektorierte.

Die Beiträge vermitteln einen vertieften Einblick in derzeit im Zusammenhang mit kooperativen Prozessen diskutierte Theorien und Modelle sowie in aktuelle Forschung und Forschungsdesiderate. Einige Beiträge geben auch Hinweise für die Ausgestaltung des Praxisfeldes. Der Band ist in zwei Themenfelder gegliedert. Im *ersten Teil* werden unter dem Titel „Theoretische Reflexionen und Modelle" in fünf Beiträgen zunächst *theoretische Positionen zur Analyse und Reflexion interprofessioneller pädagogischer Kooperation* dargelegt. Zudem wird der Frage nachgegangen, worin pädagogische Professionalität in integrativen Schulen besteht, wie diese in der Aus- und Weiterbildung von pädagogischem Personal gefördert werden kann und welche Instrumente die verschiedenen Beteiligten bei der Bearbeitung des Förderauftrags in heterogenen schulischen Kontexten unterstützen können. Im *zweiten Teil* steht danach unter dem Titel „Aktuelle Studien zur kooperativen Gestaltung inklusiver Lernumgebungen" die *empirische Frage nach der Umsetzung inklusiver Förderung in multifunktionalen Teams* im Mittelpunkt. In den acht Beiträgen werden, mit einer Ausnahme, Ergebnisse aus qualitativen Untersuchungen berichtet. Für verschiedene Schulkontexte im deutschsprachigen Raum wurden Prozesse der kooperativen Gestaltung schulischer Inklusion und der Umgang mit heterogenen Voraussetzungen der Schülerinnen und Schüler untersucht. – Die nachfolgende Vorschau gibt einen kurzen thematischen Überblick über die einzelnen Beiträge.

1   Theoretische Reflexionen und Modelle

Franziska Vogt, Doris Kunz Heim und *Bea Zumwald* schlagen in ihrem Übersichtsbeitrag ein *theoretisches Modell zur Reflexion und Erforschung der Qualität von Kooperation* vor. Sie fassen in der Forschungsliteratur postulierte und empirisch untersuchte Aspekte von Kooperationsqualität in einem Qualitätsmodell zusammen, welches Strukturqualität, Prozessqualität und Wirkung berücksichtigt, und arbeiten Forschungsdesiderate heraus. Schulische Kooperation wird dabei aus einer allgemeinen, nicht inklusionsspezifischen Perspektive definiert.

Einen spezifisch sonderpädagogischen Fokus nimmt *Judith Hollenweger* ein. Sie geht von der Annahme aus, dass sich inklusive Praktiken nicht aus den in herkömmlichen Settings praktizierten Arbeits- und Rollenverteilungen ableiten lassen, sondern in gemeinsamem, explorativem Handeln entwickelt werden müssen. An Engeströms Aktivitätstheorie anschließend legt sie ein *situatives Handlungsmodell* vor. Mit dessen Hilfe wird reflektiert, in welcher Situation *wer* (Subjekt), in Bezug auf *was* (Objekt), *wie* (Instrumente), *wo* (Kontext) und *wozu* oder mit welcher Intention (Ergebnis) handelt. Das Modell bildet eine Grundlage für die Weiterentwicklung gemeinsam gestalteter Tätigkeitssysteme und wird anhand von Beispielen der inklusiven Praxis ausgeführt.

André Kunz, Bea Zumwald und *Reto Luder* stellen in einem Überblicksartikel *Instrumente zur Strukturierung kooperativer Tätigkeiten und zur Klärung von Rollen und Aufgaben bei inklusiver Förderung* dar. Sie orientieren sich bei der Strukturierung ihres Überblicks an Hollenwegers Beitrag und kategorisieren die vorgestellten Instrumente ebenfalls unter Rekurs auf Engeströms Aktivitätstheorie. Hinsichtlich ihrer Funktion eingeordnet und diskutiert werden unter anderem die webbasierte Förderplanung mit der Interdisziplinären Schülerdokumentation (ISD), die ICF-basierte Förderplanung mit dem Schulischen Standortgespräch (SSG), die Kooperationskarten (KoKa), der Kooperationsplaner sowie KiDit.

Christian Lindmeier greift das Thema der *inklusionsorientierten Ausbildung von Lehrpersonen* auf. Inklusive Bildung spielte im deutschsprachigen Raum bei den bildungspolitischen Reformen der Lehrerinnen- und Lehrerbildung bisher kaum eine Rolle. Lindmeier konzentriert sich auf US-amerikanische Entwicklungen und referiert Forschungsbefunde wie auch heuristische Modelle für die organisationale Entwicklung einer inklusionsorientierten Lehrerinnen- und Lehrerbildung. Daraus lassen sich Hinweise für den Aufbau inklusionsorientiert reformierter Ausbildungsstrukturen in Deutschland, Österreich und der Schweiz ableiten.

Angelika Henschel erweitert diesen Band um die Perspektive der Sozialen Arbeit. Sie befasst sich mit der *Zusammenarbeit von Jugendhilfe und Schule im Umgang mit Heterogenität und Inklusion* und geht dabei der Frage nach, wie sich diese beiden Sozialisationsinstanzen mit ihrer jeweils eigenen Systemlogik, ihren Zielsetzungen, Aufgaben, Arbeitsformen und Methoden in ihrer professionellen Vielfalt zu ergänzen vermögen bzw. welche Chancen und Herausforderungen für die Zusammenarbeit in multiprofessionellen Teams damit verbunden sein können.

2   Aktuelle Studien zur kooperativen Gestaltung inklusiver Lernumgebungen

Der Beitrag von *Birgit Lütje-Klose, Björn Serke, Sara Kristina Hunger* und *Elke Wild* fokussiert die für die Gestaltung kooperativer Prozesse und Strukturen normativ zwar als bedeutsam erachtete, bislang jedoch kaum erforschte *Rolle der Schulleitung*. Mittels einer auf Interviews mit Schulleitungspersonen aus dem BiLieF-Projekt basierenden kontrastiven Fallanalyse wird das Schulleitungshandeln in zwei formal gegensätzlichen Fördersettings in Nordrhein-Westfalen analysiert: in einer Förderschule mit Förderschwerpunkt „Lernen" und in einer inklusiv arbeitenden Grundschule. Trotz unterschiedlicher institutioneller Voraussetzungen zeigt die Analyse ein hohes Maß an Übereinstimmungen bei der Initiierung von kooperationsförderlichen Bedingungen im Kollegium und von Maßnahmen zur effektiven Unterstützung der Schülerinnen und Schüler.

Ann-Kathrin Arndt berichtet Ergebnisse eines qualitativen Forschungsprojekts an Jakob-Muth-Preisträgerschulen in Deutschland. Die Interviewstudie lässt die *Sichtweisen von Regelschullehrkräften, Fachpersonen für Sonderpädagogik und Schulleitungen bezüglich der Relevanz und zentraler Charakteristika der Gestaltung der Kooperation auf der Ebene der Schule* sichtbar werden. Die Ergebnisse verweisen auf die Bedeutung von Kooperation für die einzelnen Lehrkräfte wie auch für die Schul- und Unterrichtsentwicklung. Hervorgehoben wird unter anderem die Bedeutung fester Zeiten für die Teamarbeit.

Silvia Greiten, Eva-Kristina Franz und *Ina Biederbeck* postulieren als für Inklusion zentral, dass mittels der sonderpädagogischen Perspektive *Impulse für die fachliche*

Unterrichtsentwicklung eingebracht werden. Sie untersuchten auf der Grundlage von Gruppendiskussionen mit Lehrpersonen und Schulleitungsmitgliedern, die in Schulnetzwerken zu inklusivem Unterricht auf der Sekundarstufe arbeiten, *wodurch sich die „sonderpädagogische Perspektive" konturiert und wie sie in die Regelschule gelangt.* Kooperation zwischen Sonder- und Regelschullehrpersonen wird als entscheidendes Zugangstool für die sonderpädagogische Perspektive ins Regelschulsystem identifiziert. Die Befunde dokumentieren zudem grundlegende Unterschiede zwischen den Sichtweisen von Sonder- und Regelschullehrpersonen.

Vera Moser diskutiert auf der Grundlage *professionstheoretischer Überlegungen die Zusammenarbeit multiprofessioneller Teams in inklusiven Schulen aus der Perspektive der Sonderpädagogik.* Unter Bezugnahme auf Ergebnisse der Fragebogenstudie KIS („Kompetenzen in inklusiven Settings") stellt sie kritisch dar, inwiefern Kooperation als Praxis zu veränderten Aufgabenwahrnehmungen und veränderten beruflichen Selbstkonzepten führen kann.

Patrik Widmer-Wolf fokussiert in seinem Beitrag die *Handlungsorientierungen, Berufsselbstverständnisse und das Autonomieerleben von Sonderpädagoginnen und Sonderpädagogen in der Zusammenarbeit mit Lehrkräften in inklusiven Schulen* in der Schweiz. Dabei geht er der Frage nach, wie die Autonomie sonderpädagogischer Berufsgruppen im inklusiven Unterricht aufrechterhalten werden kann, ohne dabei zugleich die Separierung zu begünstigen. Seine rekonstruktive Fallstudie bringt drei typische Muster der Realisierung beruflicher Autonomie in der Zusammenarbeit in multiprofessionellen Klassenteams hervor.

Reto Luder, André Kunz, Peter Diezi-Duplain und *Raphael Gschwend* fokussieren die anspruchsvolle Aufgabe *multiprofessioneller Zusammenarbeit bei der individuellen Förderplanung.* Sie berichten Ergebnisse aus einem Mixed-Methods-Aktionsforschungsprojekt, in welchem sie die Anwendung der *Webplattform „Interdisziplinäre Schülerdokumentation"* (ISD) an zwei Schweizer Partnerschulen formativ evaluieren. Das Instrument soll die Zusammenarbeit aller an der Förderung von Schülerinnen und Schülern mit besonderen pädagogischen Bedürfnissen beteiligten Personen bei der Förderplanung unterstützen.

Tanja Sturm und *Monika Wagner-Willi* berichten Ergebnisse ihrer Schweizer Studie zur *Bearbeitung und Herstellung von Differenz in der integrativen Sekundarstufe.* Mit einem fachspezifischen Fokus untersuchen sie mittels der dokumentarischen Methode anhand von Fotogrammen (Videostills) und Sequenzanalysen die Frage, wie kooperierende Lehrpersonen der Regel- und der Sonderpädagogik Differenzen zwischen Schülerinnen und Schülern im Fachunterricht Deutsch und Mathematik der Sekundarstufe I herstellen und bearbeiten. Sie zeigen auf, wie sich eine pädagogische Fachkraft jeweils für den unterrichtlichen Ablauf mit der gesamten Klasse verantwortlich zeigt, während die andere sich einzelnen (leistungsschwachen) Schülerinnen und Schülern zuwendet, sodass sich auch im inklusiven Setting eine Orientierung am Professionsverständnis eines separativen Lehr-Lern-Arrangements konstatieren lässt. Sturm und Wagner-Willi verweisen kritisch auf das Risiko einer Reduktion von Inklusion auf den gemeinsamen Besuch einer Integrationsklasse.

Im letzten Beitrag des Bandes analysieren *Carmen Kosorok Labhart* und *Christoph Maeder* die *Zusammenarbeit in inklusiven pädagogischen Organisationen mittels der Perspektive des Negotiated-Order-Ansatzes von Anselm Strauss.* Sie präsentieren erste Erkenntnisse aus einer laufenden ethnografischen Studie an einer Primarschule im Kanton Thurgau (Schweiz). Deren Untersuchungsfokus ist auf die alltägliche Ausgestaltung von Kooperationsprozessen und -praktiken bei der inklusiven Förderung von Kindern mit besonderem Bildungsbedarf gerichtet. Im Beitrag wird ergründet, inwiefern sich die Konzeption der Aushandlungsordnung sowie weitere Konzepte der US-amerikanischen Berufssoziologie als theoretische Rahmung für die Analyse eignen. Die Ergebnisse verweisen unter anderem darauf, dass insbesondere nicht verankerte Kooperationsstrukturen und Unterschiede im Umgang mit Zeit und Planung einen fortwährenden Aushandlungsbedarf zwischen den beteiligten Personen erzeugen.

Literatur

Anliker, B., Lietz, M. & Thommen, B. (2008). Zusammenarbeit zwischen integrativ tätigen schulischen Sonderpädagoginnen/Sonderpädagogen und Regellehrpersonen. *Vierteljahresschrift für Heilpädagogik und ihre Nachbargebiete, 77* (3), 226–236.

Brühwiler, C. (2014). *Adaptive Lehrkompetenz und schulisches Lernen.* Münster: Waxmann.

Buhren, C. (2011). *Kollegiale Hospitation. Verfahren, Methoden und Beispiele aus der Praxis.* Köln: Carl Link.

Clarke, D. & Hollingsworth, H. (2002). Elaborating a model of teacher professional growth. *Teaching and Teacher Education, 18* (8), 947–967.

Fend, H. (2008). *Schule gestalten. Systemsteuerung, Schulentwicklung und Unterrichtsqualität.* Wiesbaden: VS Verlag für Sozialwissenschaften.

Gabelica, C., Van den Bossche, P., Segers, M. & Gijselaers, W. (2012). Feedback, a powerful lever in teams: A review. *Educational Research Review, 7* (2), 123–144.

Helmke, A. (2012). *Unterrichtsqualität und Lehrerprofessionalität. Diagnose, Evaluation und Verbesserung des Unterrichts.* Seelze: Klett-Kallmeyer.

Kreis, A. (2015). Professionsforschung in inklusiven Settings – Einblick in die Studie KosH. In H. Redlich, L. Schäfer, G. Wachtel, K. Zehbe & V. Moser (Hrsg.), *Veränderung und Beständigkeit in Zeiten der Inklusion. Perspektiven Sonderpädagogischer Professionalisierung* (S. 25–43). Bad Heilbrunn: Klinkhardt.

Kreis, A. & Staub, F. C. (2016). *Kollegiales Unterrichtscoaching – ein Instrument zur praxissituierten Unterrichtsentwicklung.* Köln: Carl Link.

Kreis, A., Wick, J. & Kosorok Labhart, C. (2013). Kooperation im Kontext der integrativen Förderung von Schülerinnen und Schülern mit besonderem Förderbedarf. In M. Schüpbach & A. Slokar (Hrsg.), *Kooperation als Herausforderung in Schule und Tagesschule* (S. 51–66). Bern: Haupt.

Kreis, A., Wick, J. & Kosorok Labhart, C. (2016). Aktivitätenrepertoires von Regellehrpersonen an inklusiven Schulen – eine Typologie. In V. Moser & B. Lütje-Klose (Hrsg.), *Schulisch Inklusion* (Zeitschrift für Pädagogik, 62. Beiheft) (S. 140–159). Weinheim: Beltz.

Lipowsky, F. (2006). Auf den Lehrer kommt es an. Empirische Evidenzen für Zusammenhänge zwischen Lehrerkompetenzen, Lehrerhandeln und dem Lernen der Schüler. In C.

Allemann-Ghionda & E. Terhart (Hrsg.), *Kompetenzen und Kompetenzentwicklung von Lehrerinnen und Lehrern* (Zeitschrift für Pädagogik, 51. Beiheft) (S. 47–70). Weinheim: Beltz.

Luder, R., Gschwend, R., Kunz, A. & Diezi-Duplain, P. (2011). *Sonderpädagogische Förderung gemeinsam planen. Grundlagen, Modelle und Instrumente für eine interdisziplinäre Praxis.* Zürich: Pestalozzianum.

Lütje-Klose, B., Langer, M. T., Serke, B. & Urban, M. (Hrsg.). (2011). *Inklusion in Bildungsinstitutionen. Eine Herausforderung an die Heil- und Sonderpädagogik.* Bad Heilbrunn: Klinkhardt.

Lütje-Klose, B. & Urban, M. (2014). Professionelle Kooperation als wesentliche Bedingung inklusiver Schul- und Unterrichtsentwicklung. Teil 1: Grundlagen und Modelle inklusiver Kooperation. *Vierteljahresschrift für Heilpädagogik und ihre Nachbargebiete, 83* (2), 112–123.

Maag Merki, K., Kunz, A., Werner, S. & Luder, R. (2010). *Professionelle Zusammenarbeit in Schulen. Schlussbericht.* Zürich: Universität Zürich, Institut für Erziehungswissenschaft & Pädagogische Hochschule Zürich.

UNESCO. (1994). *The Salamanca statement and framework for action on special needs education. Adopted by the world conference on special needs education: Access and quality.* Salamanca, Spain, 7–10 June 1994. Paris: UNESCO.

Warren Little, J. (1990). The persistence of privacy: Autonomy and initiative in teachers' professional relations. *Teachers College Record, 91* (4), 509–536.

Wocken, H. (2011). *Das Haus der inklusiven Schule. Baustellen – Baupläne – Bausteine.* Hamburg: Feldhaus.

Franziska Vogt, Doris Kunz Heim und Bea Zumwald

Kooperationsqualität: Strukturqualität, Prozessqualität, Wirkungen und Forschungsdesiderate

Zusammenfassung

Welche Aspekte definieren Qualität und Wirkung von Kooperation? Im Übersichtsbeitrag wird ein theoretisches Modell zur Kooperationsqualität vorgeschlagen. Während Kooperation Teil vieler Ansätze zur Schul- und Unterrichtsentwicklung ist und besonders im Umgang mit Heterogenität als wichtige Bedingung angesehen wird, gibt es nur wenige Forschungsergebnisse zur Wirkung von Kooperation und zu den Wirkungszusammenhängen zwischen einzelnen Faktoren in Modellen von Kooperation. Im Beitrag werden die in der Forschungsliteratur postulierten und empirisch untersuchten Aspekte der Kooperationsqualität in einem Qualitätsmodell zusammengefasst, welches Strukturqualität, Prozessqualität und Wirkung berücksichtigt. Zudem werden Forschungsdesiderate herausgearbeitet.

1   Einleitung

Kooperation von Lehrpersonen steht seit einigen Jahrzehnten im Fokus von Schul- und Unterrichtsentwicklung. Für diesen Beitrag verwenden wir eine Definition, die Kooperation als „konstruktive Zusammenarbeit mindestens zweier Lehrkräfte zur Erreichung gemeinsamer Ziele" (Kullmann, 2012, S. 72) fasst. Kooperation wird besonders im Umgang mit Heterogenität als wichtige Bedingung angesehen (Kreis, Wick & Kosorok Labhart, 2013; Pool Maag & Moser Opitz, 2014; Reusser, Stebler, Mandel & Eckstein, 2013). Es werden positive Wirkungen auf die Schul- und Unterrichtsentwicklung angenommen, wenn die Kooperation in Teams erfolgt, die als professionelle Lerngemeinschaften funktionieren. Das Konzept der professionellen Lerngemeinschaften („professional learning communities") betont die Bedeutung der Kooperation und der Deprivatisierung des Unterrichts, des Fokus auf das Lernen aller Schülerinnen und Schüler, der Reflexion und des Dialogs sowie der gemeinsamen Normen und Werte (Bolam, McMahon, Stoll, Thomas & Wallace, 2005; Bonsen, Hübner-Schwartz & Mitas, 2013; Bonsen & Rolff, 2006; Stoll, Bolam, McMahon, Wallace & Thomas, 2006). In der Folge wurde Kooperation auch in einigen Schuleffektivitätsstudien als Konstrukt miteinbezogen, jedoch mit wenig eindeutigen Befunden, wobei die Befunde zu den Wirkungen von Kooperation generell uneinheitlich ausfallen (Kullmann, 2013). Daraus leiten wir die These ab, dass (i) nicht nur das Ausmaß an Kooperation (Häufigkeitsangaben), sondern noch stärker auch die Qualität berücksichtigt werden muss, (ii) die Methoden zur Datenerhebung, die häufig auf Selbsteinschätzungen in Fragebogen basieren, erweitert werden müssen und (iii) die Komplexität von Lehrpersonenkooperation in ihre Komponenten differenziert werden muss, um Zusammenhänge zwischen der Struktur bestimmter Kooperationen, der Qualität der Prozesse und den für diese Kooperationen relevanten Wirkungen festzustellen. Zur Konzeptualisierung der Lehrpersonenkooperation soll darum ein Modell skizziert werden.

Viele Wirkungsmodelle im Bildungsbereich sind Qualitätsmodelle mit hauptsächlich drei Komponenten, die sich wechselseitig bedingen und je nach Modell unterschiedlich bezeichnet werden (Bolam et al., 2005; Bonsen et al., 2013; Ditton, 2000; Wertfein, Müller & Danay, 2013). Den Modellen ist gemeinsam, dass die erste Komponente die Voraussetzungen umfasst, die zweite Komponente die Prozesse der Handlungen beinhaltet und die dritte Komponente die Wirkungen bzw. die Ergebnisse beschreibt. Wirkungen und Ergebnisse werden auch als „Output" bzw. „Outcome" bezeichnet. Der Output wird häufig mit den mengenmäßigen, direkt aus Input und Prozess hervorgehenden Ergebnissen erfasst. Beim Outcome wird untersucht, inwiefern die Kooperation erwünschte, längerfristige oder weiter reichende Wirkungen zeigt und beispielsweise zu Lernerfolg oder erfolgreicher Inklusion beiträgt. Für die Untersuchung der Qualität im Bildungsbereich wird der Input häufig als Strukturqualität umschrieben, die die Prozessqualität beeinflusst und so zu Wirkungen führt. Bolam et al. (2005, S. 152) postulieren in ihrem theoretischen Modell, dass Prozesse (z. B. der Aufbau einer professionellen Lerngemeinschaft) zu als „Charakteristika" bezeichneten Outputs (z. B. Vertrauen, Inklusion und Fokus auf das Lernen der Kinder) führen; als Outcomes werden das professionelle Lernen der Lehrpersonen, das Lernen der Kinder und ein gemeinsames Verständnis der professionellen Lerngemeinschaft genannt. Prozess, Merkmale und Outcome werden von internen und externen hinderlichen bzw. förderlichen Faktoren beeinflusst.

Auf der Basis der Literatur zu professionellen Lerngemeinschaften formulierten Bonsen et al. (2013) ein Input-Prozess-Output-Modell der Teamqualität. Als Inputqualität schlagen sie auf der Teamebene die Teamzusammensetzung (Fähigkeiten, Heterogenität, Beständigkeit, Dauerhaftigkeit) und die Teamstruktur (Rollen, Zielklarheit, Normen, Kontrolle über die Aufgaben, Teamgröße und Teamleitung) vor, für den Input auf der Organisationsebene die Ressourcenverfügbarkeit (Fortbildung, Unterstützung durch Schulleitung) und die Organisationsstruktur (Anreizstruktur, Motivation, Erwartungshaltung). Diese Inputqualitäten beeinflussen den Prozess mit den Komponenten „offene Kommunikation, gegenseitige Unterstützung, Umgang mit Konflikten, gemeinsame Strategieplanung, angemessene Berücksichtigung individueller Beiträge, Abgrenzung des Teams, Kommunikation nach außen" (Bonsen et al., 2013, S. 112). Der Wirkungszusammenhang mit dem Output wird durch die Teamaufgabe mit den Komponenten „Komplexität", „Unsicherheiten" und „positive Abhängigkeit" mediiert. Als Output wird Teameffektivität, definiert als „Zufriedenheit, Performanz und Beständigkeit des Teams" (Bonsen et al., 2013, S. 112), genannt.

Wertfein et al. (2013) untersuchten rund hundert Kinderkrippen mit Selbsteinschätzungsfragebogen zur Kooperation der Fachkräfte und sammelten Beobachtungsdaten zur pädagogischen Qualität. Sie unterschieden im Bereich „Input" die Orientierungsqualität, welche die pädagogischen Überzeugungen umfasst, und die Strukturqualität, beispielsweise die Gruppengröße, sowie die Teamqualität (Koope-

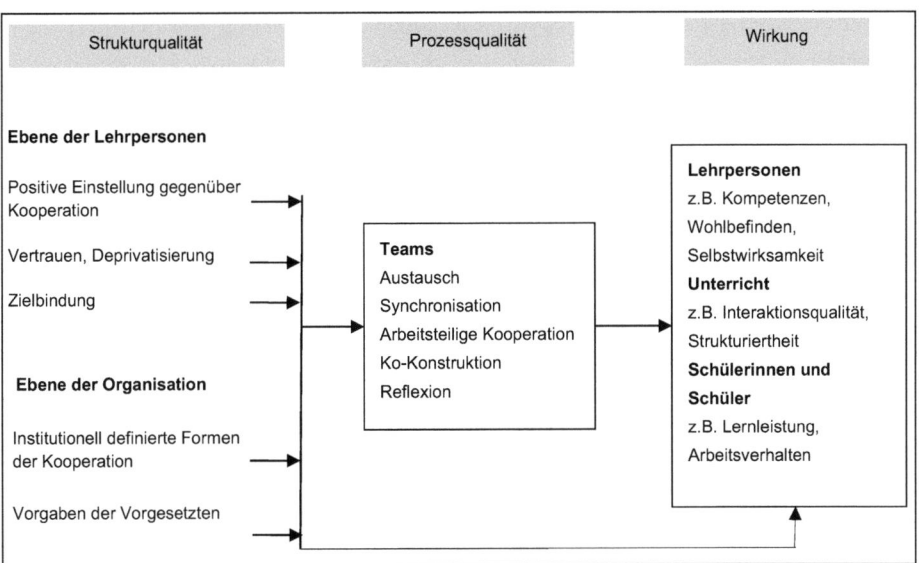

Abbildung 1:   Provisorisches theoretisches Modell für Lehrpersonenkooperation.

ration im Team) und formulierten als Output die Prozessqualität, in ihrer Untersuchung die Interaktionen der Fachkräfte mit den Kindern. Outcomes wären in ihrem Modell Ergebnisse auf der Ebene der Kinder, die jedoch nicht erfasst wurden. Sie fanden Zusammenhänge zwischen Orientierungsqualität, Strukturqualität, Teamqualität und Prozessqualität.

Die vorgestellten Modelle sowie die Sichtung der Forschungsliteratur flossen in ein Modell ein (vgl. Abbildung 1), welches (a) Input als Strukturqualität, (b) Prozessqualität und (c) Output bzw. Outcome als Wirkung erfasst. Der von Bonsen et al. (2013) theoretisch vorgeschlagene mediierende Einfluss der Aufgabe wird nicht aufgenommen, da die empirischen Befunde dazu auf experimentellen Studien beruhen und eine Anwendung auf die Lehrpersonenkooperation in der Forschung bis anhin noch kaum erfolgt ist. Für die Konzeption der Strukturqualität wird eine Unterteilung in die Ebene der Lehrpersonen und in die Ebene der Organisation vorgenommen: Die Aspekte der Lehrpersonenebene innerhalb der Strukturqualität entsprechen den von Wertfein et al. (2013) unter „Orientierungsqualität" definierten Aspekten; auf der Organisationsebene werden Aspekte von Bonsen et al. (2013) übernommen, welche die Schulentwicklung als Organisationsentwicklung fokussieren und der Führung eine große Bedeutung beimessen.

Gemäß der Unterscheidung von Terhart (2002), wonach die Qualitätsdiskussion in normative, analytische, operative und empirische Zugänge unterteilt werden kann, soll der Fokus bei der nachfolgenden Erläuterung des Modells auf empirischen Bestimmungsversuchen von Kooperationsqualität liegen. Denn während zur Kooperation von Lehrpersonen zahlreiche Beiträge mit einem normativen, analytischen oder operativen Zugang zur Konzeption von Kooperationsqualität vorliegen, besteht großer Forschungsbedarf zur empirisch feststellbaren Wirkung von Lehrpersonenkooperation.

2   Strukturqualität der Kooperation

Als Input können im Modell die Merkmale der an der Kooperation beteiligten Lehrpersonen sowie strukturelle Aspekte der Organisation unterschieden werden.

2.1   Ebene der Lehrpersonen

Als Komponenten auf der Ebene der Lehrpersonen werden Merkmale aufgeführt, die als für die Kooperation relevant diskutiert werden: zunächst die Einstellungen zur Kooperation, danach das gegenseitige Vertrauen und schließlich die Zielbindung.

2.1.1   Positive Einstellung gegenüber Kooperation

Die Ansprüche an Schul- und Unterrichtsentwicklung im Allgemeinen sowie an Kooperation im Kontext von Heterogenität und die Erwartungen an Inklusion sind eher gestiegen; Kooperation, so ist zu vermuten, ist stärker gefordert und findet vermehrt statt. Diese Entwicklung wird von den Lehrpersonen nicht nur positiv beurteilt. Es zeigt sich auch Widerstand, weil Kooperation die eigene Autonomie beschneidet oder als zeitaufwendig wahrgenommen wird (Boller, 2009; Gräsel, Fußangel & Pröbstel, 2006; Reusser et al., 2013). Pröbstel und Soltau (2012) fanden bei ihrer Befragung von 233 Lehrpersonen, dass die große Mehrheit der Lehrpersonen der Kooperation, gemessen als Skala „Teamorientierung", grundsätzlich positiv gegenübersteht – wobei die positive Einstellung in ihrer Studie jedoch nicht mit verstärkter Kooperation einhergeht.

2.1.2   Vertrauen und Deprivatisierung

Intensivere und unterrichtsbezogene Kooperation von Lehrpersonen scheitert auch daran, dass die für Kooperationsprozesse nötige Deprivatisierung des Unterrichtens nicht eingegangen wird (Bonsen et al., 2013; Bonsen & Rolff, 2006). Auch wenn in Sitzungen und in informellen Kontakten Austausch stattfindet, sind viele Lehrpersonen darauf bedacht, die Einblicke in ihren Unterricht zu begrenzen. Baumann, Henrich und Studer (2012) fanden bei der Befragung von 170 Lehrpersonen (Klassenlehrpersonen wie auch Schulischen Heilpädagoginnen und Heilpädagogen), dass die Beteiligten mit wenig gegenseitigem Vertrauen auch nur wenig kooperieren. Größeres Vertrauen hängt mit einer positiveren Einschätzung der Wirkung der Kooperation auf das eigene Wohlbefinden im Beruf und auf das Arbeitsverhalten der Schülerinnen und Schüler zusammen (Kunz Heim, Vogt, Safi & Zumwald, in Vorbereitung). Pröbstel und Soltau (2012) widersprechen auf der Basis ihrer Fragebogenstudie der vielfach geäußerten Auffassung, dass Lehrpersonen Ängste vor einer stärkeren Teamorientierung hätten.

2.1.3 Zielbindung

Als Bedingungen für eine intensivere Kooperation wie beispielsweise Teamteaching nennen Lehrpersonen häufig, dass ähnliche und gemeinsame pädagogische Vorstellungen unabdingbar seien, betrachten dies jedoch mehrheitlich als gegeben (Vogt, Zumwald, Urech & Abt, 2010). Pröbstel und Soltau (2012) beziehen die gemeinsame Zielbindung auf die Ziele eines bestimmten, kooperierenden Teams, beispielsweise einer Fachgruppe, und die Aufgabenorientierung eher auf allgemeinere Bildungsziele. Döbrich (2003) erfasst diesen Aspekt mit der Skala „Programmatische Kooperation". Für die professionellen Lerngemeinschaften steht eine definierte gemeinsame Zielbindung im Zentrum: Die Lehrpersonen orientieren sich in ihrer Arbeit und ihrer Zusammenarbeit am Lernen der Schülerinnen und Schüler (Bolam et al., 2005). Zahlreiche Umsetzungsprojekte, Beratungen und Weiterbildungen arbeiten mit Teams an diesem Aspekt, beispielsweise mithilfe der KoKa-Kooperationskarten (vgl. dazu in diesem Band Kunz, Zumwald & Luder, 2016) Die Bedeutung und die Wirkung der geteilten pädagogischen Vorstellungen werden jedoch möglicherweise überschätzt. Beispielsweise fanden Steinert, Hartig und Klieme (2008) keine Zusammenhänge zwischen gemeinsamen Zielvorstellungen und kooperativen Praktiken in Fachgruppen, was darauf hinweist, dass zwar möglicherweise Austausch stattfindet, dies jedoch ohne Einigung über Ziele. Ebenso wenig konnten Effekte der geteilten Normen auf die Unterrichtsqualität und die Leistungen der Schülerinnen und Schüler festgestellt werden (Klieme, Steinert & Hochweber, 2010).

2.2   Ebene der Organisation

Auf der Ebene der Organisation werden zunächst die Kooperationsstrukturen einer Schule in Bezug auf die personelle Zusammensetzung, ihre Aufgabe und ihre zeitliche Intensität erfasst. Als zweiter Aspekt wird die Rolle der Schulleitung für die Kooperationsqualität untersucht.

2.2.1 Institutionell definierte Formen der Kooperation

Die Teams sind in Bezug auf die Anzahl beteiligter Personen besonders auch in der Primarschule größer geworden. An Deutschschweizer Primarschulen geben 69% der Klassenlehrpersonen in einer Fragebogenstudie (n = 181) an, mit vier bis sechs weiteren Lehrpersonen zusammenzuarbeiten, die die Klasse ebenfalls unterrichten

(Kunz Heim et al., in Vorbereitung). Diese weiteren Lehrpersonen umfassen zumeist die Fachlehrperson für textiles Werken und für die erste Fremdsprache und bei der Hälfte der Befragten auch eine Jobsharing-Lehrperson, die einen Teil des Pensums der Klassenlehrperson übernimmt. Um auf den besonderen Förderbedarf einzelner Kinder in integrierten Schulmodellen eingehen zu können, gehören des Weiteren eine Lehrperson für Schulische Heilpädagogik und manchmal auch eine Fachperson für Logopädie, für Deutsch als Zweitsprache sowie für Schulische Sozialarbeit zum Team. Es besteht zudem Koordinations- und Kooperationsbedarf mit weiteren Fachpersonen wie Therapeutinnen und Therapeuten, weshalb auch von einem „multiprofessionellen Team" gesprochen wird (Werning, 2010).

Diese Vielfalt an Akteurinnen und Akteuren in den Lehrpersonenteams führt zu einem höheren Bedarf an Klärung von Rollen und Aufgaben in Schulen, was jedoch insgesamt noch wenig geschieht (Kunz, Maag Merki, Werner & Luder, 2013). Dazu wurden in jüngerer Zeit Instrumente entwickelt, deren Wirkung allerdings noch nicht untersucht ist. So ermöglicht es beispielsweise der sogenannte „Kooperationsplaner" (Kreis, Kosorok Labhart & Wick, 2014) den Lehrpersonen – besonders Klassenlehrpersonen und Schulischen Heilpädagoginnen und Heilpädagogen – zu klären, wie sie die Aufgabenteilung wahrnehmen und wünschen.

Als organisatorisches Element der Strukturqualität wird die Festlegung der institutionell definierten Formen der Kooperation vorgeschlagen. Wir unterscheiden die folgenden Formen und Begriffe:

- *Teamteaching-Teams*, welche die Verantwortung für die Führung der Klasse teilen und einen Teil der Stunden zu zweit in der Klasse unterrichten.
- *Jobsharing-Teams*, welche die Verantwortung für die Führung der Klasse teilen, jedoch kaum zu zweit unterrichten.
- *Teams der integrativen Förderung*, bestehend aus der Klassenlehrperson und der Schulischen Heilpädagogin bzw. dem Schulischen Heilpädagogen mit Fokus auf die Förderung von Kindern mit besonderen Bedürfnissen.
- *Klassenteams*, welche alle Lehrpersonen umfassen, die eine Klasse unterrichten. Ergebnisse von Fallstudien weisen darauf hin, dass das Klassenteam sternförmig strukturiert ist. Das heißt, die Klassenlehrperson kooperiert mit den verschiedenen weiteren Lehrpersonen (Fachlehrpersonen, Schulische Heilpädagogik, weitere Fachpersonen) wie auch mit Jobsharing-Lehrpersonen und Teamteaching-Lehrpersonen, welche nicht die Verantwortung der Klassenführung haben (Vogt, Kunz Heim, Zumwald, Nussbauer-Mitsche & Kuratli Geeler, in Vorbereitung).
- *Stufengruppen*, welche diejenigen Lehrpersonen umfassen, die an einer Schule die gleichen Jahrgänge oder Stufen (z. B. Unterstufe, Mittelstufe usw.) unterrichten. Sie sind häufig kollegial strukturiert, es werden jedoch auch Stufengruppenleitungen definiert.
- *Unterrichtsteams* als kollegiale Kooperationsform der Lehrpersonen der gleichen Stufe mit dem Ziel, sich in gemeinsamer Vorbereitung, Durchführung und Reflexion von Unterricht zu engagieren (Arnold, Bauer & Kunz Heim, 2011).

- *Fachgruppen*, die sämtliche Lehrpersonen der Schule, welche die gleichen Fächer unterrichten, umfassen. Dies ist für Schulen der Sekundarstufen I und II eine häufige Strukturierung der Kooperation im Team; es werden auch Fachgruppen-leitungen definiert.
- *Hospitationsgruppen und Q-Gruppen* sind Zusammenschlüsse von häufig auch auf verschiedenen Stufen und in verschiedenen Fächern tätigen Lehrpersonen, welche die kollegiale Hospitation als Teil der Qualitätsentwicklung gestalten.
- *Arbeitsgruppen und Projektgruppen* sind Teams, die für die Bearbeitung ständiger oder punktueller Aufgaben zusammengestellt werden, beispielsweise für Projekt-wochen, Informationstechnologie und Ähnliches.
- *Multiprofessionelle Teams, runder Tisch und Förderplankonferenzen* bilden den Rahmen für Lehrpersonen, therapeutische Fachpersonen und externe Fachper-sonen, um Diagnose und Fördermaßnahmen für ein Kind, häufig ein Kind mit speziellen Bedürfnissen, zu besprechen (Werning, 2010).

Diese institutionell definierten Formen der Kooperation werden häufig von der Schulleitung vorgegeben. Sie entsprechen deren Zielvorstellungen und Schwerpunk-ten für die Schulentwicklung, sind jedoch auch von weiteren bildungspolitischen Rahmenbedingungen geprägt. Die große Zahl der möglichen institutionell definier-ten Formen weist darauf hin, dass für eine Schule eine Schwerpunktsetzung erfolgen muss. Diese hängt neben der Schulstufe auch von der Schul- und Kollegiumsgröße ab, die als Faktor der Strukturqualität von Maag Merki, Kunz, Werner und Luder (2010) vorgeschlagen wird. Die personelle Zusammensetzung der institutionell defi-nierten Formen der Kooperation legt auch fest, welchen inhaltlichen Fokus die Ko-operation hat. Die Lehrpersonen tauschen beispielsweise sehr häufig Informationen über Schülerinnen und Schüler aus. Einzelne Schülerinnen und Schüler und weniger der eigene Unterricht sind der Fokus im Klassenteam oder im Förderteam (Kunz Heim et al., in Vorbereitung; Reusser et al., 2013).

Teamteaching als strukturelle Vorgabe hat einen starken Einfluss auf die Koope-ration und den Umgang mit Heterogenität, wenn die Lehrpersonen einen nicht zu geringen Anteil an Lektionen zusammen unterrichten, wie beispielsweise im Schul-entwicklungsvorhaben der Grund- und Basisstufe (altersgemischte Schuleingangs-stufe mit zwei Jahren Kindergarten und einem oder zwei Primarschuljahren) mit Teamteaching von ca. zwölf Lektionen pro Woche (Vogt & Zumwald, 2012). In den Teams wird eine Praxis der Umsetzung des Teamteachings und des Umgangs mit Heterogenität in Bezug auf die Gestaltung von Lerngruppen entwickelt, wobei Typen unterschieden werden können, die Konsequenzen für die Unterrichtsentwicklung haben (Zumwald, 2013). In der Kooperation mit der Teamteaching-Lehrperson wer-den zahlreiche Themen und Aufgaben angesiedelt; die Zusammenarbeit in anderen institutionell definierten Formen wie Stufenteam oder Schulprojekten tritt damit in den Hintergrund (Vogt, Zumwald, Abt, Röösli Stübi & Rhyner, 2010).

2.2.2 Vorgaben der Vorgesetzten

Der Schulleitung wird im Bereich der Kooperation als Mittel zur Schulentwicklung ein großer Einfluss zugeschrieben. Harazd und Drossel (2011) analysierten Online-Fragebogendaten von 2500 Lehrpersonen und unterschieden zwei Arten der kooperationsbezogenen Unterstützung durch Schulleitungen: zum einen die personal-interaktive Unterstützung, bei der die Bedeutung der Kooperation betont wird und entsprechende Aktivitäten wertgeschätzt werden, sowie zum anderen die strukturell-systemische Unterstützung, die sich auf schulinterne Rahmenbedingungen, die eine gute Koordination der Zusammenarbeit erlauben, bezieht (z. B. feste Zeiten für Zusammenarbeit oder Stundenpläne). Die strukturell-systemische Unterstützung ist für die Kooperationsqualität entscheidender: Das empirische Modell weist zwischen strukturell-systemischer Unterstützung durch die Schulleitung und anspruchsvolleren Formen der Kooperation wie Synchronisation und Ko-Konstruktion signifikante Bezüge mit einer Varianzaufklärung von rund 35% auf (Harazd & Drossel, 2011). Feste Termine für Kooperation bestehen bei der Hälfte der von Kunz Heim et al. (in Vorbereitung) befragten Klassenlehrpersonen in den Schweizer Kantonen Aargau und St. Gallen. Diejenigen Lehrpersonen, die angeben, dass es feste Termine und Vorgaben der Schulleitungen gebe, nehmen Kooperation als wirksamer für eine Verbesserung des Arbeits- und Sozialverhaltens der Schülerinnen und Schüler wahr. Auch Vorgaben und Erwartungen der Bildungspolitik nehmen in den Blick, dass Kooperation zu festgelegten Terminen verbindlich sein soll, beispielsweise durch eine „Verankerung der Verantwortung für Unterrichts- und Schulentwicklung im Berufsauftrag" (Maag Merki et al., 2010, S. 89).

2.3   Strukturqualität: Zusammenfassung

In Bezug auf die Strukturqualität der Kooperation können die Bedingungen auf der Ebene der Lehrpersonen wie auch die organisationalen Bedingungen, die vor allem durch die Schulleitung gestaltet werden, unterschieden werden. Die Lehrpersonen bringen ihre Einstellungen zur Kooperation ein, pflegen ein Klima, das durch mehr oder weniger Vertrauen und Deprivatisierung gekennzeichnet ist, und entwickeln mehr oder weniger stark eine gemeinsame Zielbindung, beispielsweise die Orientierung am Lernen der Schülerinnen und Schüler. Auf der Ebene der Organisation sind die institutionell definierten Formen der Kooperation und die Vorgaben der Schulleitung zu nennen, wobei die Verbindlichkeit der Kooperation zusätzlich auch auf bildungspolitischen Rahmenbedingungen basiert. Diese Ausprägungen der Strukturqualität konnten als relevant für die Ausprägung der Prozessqualität ausgewiesen werden; ihre Wirkung, beispielsweise auf die Unterrichtsqualität oder auf die Lernleistungen der Schülerinnen und Schüler, konnte bisher nur über Einschätzungen der Lehrpersonen selbst (selbstberichtete Daten), jedoch nicht unabhängig erfasst belegt werden.

3   Prozessqualität

Wie schon eingangs erwähnt, geht das Modell der Kooperationsqualität davon aus, dass die Faktoren der Strukturqualität nicht direkt mit den Wirkungen zusammenhängen, sondern vor allem oder ausschließlich über die Prozessqualität vermittelt werden. Dies ist zu erwarten, da die Aspekte der Strukturqualität eher distale Qualitätsfaktoren (Roux, 2002) für Unterrichtsqualität oder für die Outcomes der Schülerinnen und Schüler sind – dies im Gegensatz zur Prozessqualität, die als proximaler angesehen werden kann.

Gräsel et al. (2006, S. 211) und Pröbstel (2008) untersuchten, was die Lehrpersonen in ihrer Kooperation konkret tun und wie verbindlich und intensiv sie kooperieren, und entwickelten eine Skala, die Austausch, arbeitsteilige Kooperation bzw. Synchronisation und Ko-Konstruktion unterscheidet, d. h. Kooperationsformen, die von Low-Cost-Kooperation wie Austausch bis hin zu High-Cost-Kooperation wie Ko-Konstruktion reichen (Gräsel et al., 2006). Diesen Formen liegen „zwar unterschiedliche Anforderungsstufen zu Grunde … sie [können] hinsichtlich ihres Einsatzes aber nicht prinzipiell in eine qualitative Reihenfolge gebracht werden, da ein jeweils zweckmäßiger und effizienter Einsatz entscheidend ist" (Maag Merki et al., 2010, S. 11).

3.1   Austausch

Die Kooperationsform des Austauschs bezieht sich auf das Austauschen von Informationen und Materialien. Informationsaustausch ist für viele organisatorische Fragen und Schnittstellen notwendig: Informationen zu außerordentlichen Anlässen, Abwesenheiten wegen Krankheit, Vereinbarungen im Kontakt mit den Eltern, Nutzung der Räume u. Ä. Austausch erweist sich in zahlreichen Studien (Gräsel et al., 2006; Harazd & Drossel, 2011; Maag Merki et al., 2010; Pröbstel, 2008; Steinert et al., 2008) als die am häufigsten vorkommende Form der Kooperation. Einige Lehrpersonen verstehen unter „Kooperation" nur „Austausch" (Gräsel et al., 2006).

3.2   Synchronisation

Mit „Synchronisation" ist das gegenseitige Abstimmen des Unterrichts oder der Förderung einzelner Schülerinnen und Schüler durch die Lehrpersonen gemeint. Besonders die funktionale Differenzierung im Zuge der stärkeren Inklusion bedingt auch mehr Abstimmung zwischen den Lehrpersonen. Durch die Synchronisation kann beispielsweise der Lerninhalt, der in der Klasse behandelt wird, für einzelne Kinder mit besonderem Förderbedarf mit der Lehrperson für Schulische Heilpädagogik oder mit therapeutischen Fachpersonen vertieft und unterstützend bearbeitet werden und die für einzelne Kinder besonders wichtigen Strategien, Aufgaben und Hilfsmittel wiederum können über die spezifische Förderung hinaus im Unterricht der Klassenlehrperson ebenfalls eingesetzt werden. Pröbstel und Soltau (2012) erwähnen Synchronisation als thematische Absprachen, beispielsweise zu Themen im Schuljahr. Auch die „unterrichtsbezogenen Absprachen" (Gerecht, Steinert, Klieme & Döbrich, 2007) können als der Prozessqualität der Synchronisation ähnlich betrachtet werden.

3.3   Arbeitsteilige Kooperation

Arbeitsteilige Kooperation bezieht sich darauf, dass die Arbeit auf der Basis von Austausch und Synchronisation so geplant wird, dass einzelne Personen mit je individuellen, aber koordinierten Arbeiten zum gemeinsamen Projekt beitragen. So kann Kooperation auch zeitliche Ressourcen freisetzen (Reusser et al., 2013), z. B. indem Lehrpersonen von anderen entwickelte Materialien im eigenen Unterricht einsetzen. Arbeitsteilige Kooperation führt jedoch nicht zwingend zur Deprivatisierung: Die Arbeitsteilung kann sicherstellen, dass Lehrpersonen im Moment des Unterrichtens von anderen Lehrpersonen weitgehend abgeschirmt sind.

3.4   Ko-Konstruktion

Ko-Konstruktion bedingt, dass die Beteiligten eine gemeinsame Aufgabe gemeinsam bearbeiten, ihr Wissen und ihre Kenntnisse einbringen, voneinander lernen und gemeinsame Problemlösungen entwickeln. Ko-Konstruktion kann nach Albisser, Keller-Schneider und Wissinger (2013, S. 19) in drei Formen aufgeteilt werden, nämlich in gemeinsame Planung, Diskussion pädagogischer Fragen und gemeinsam verantworteten Unterricht. Durch Ko-Konstruktion wird eine gemeinsame Expertise geschaffen; die am ko-konstruktiv-kooperativen Prozess beteiligten Lehrpersonen lernen voneinander und erweitern ihre individuelle Kompetenz (Gräsel et al., 2006). Anders als beim Austausch und bei der Arbeitsteilung ist für Ko-Konstruktion eine höhere Verbindlichkeit nötig, weshalb sie im Gegensatz zum Austausch als High-Cost-Kooperation gilt (Gräsel et al., 2006). Ko-Konstruktion wird entsprechend seltener umgesetzt. Bonsen et al. (2013) weisen darauf hin, dass Ko-Konstruktion dann sinnvoll sei, wenn die Teamaufgabe komplex ist.

3.5   Reflexion

Die Chancen gemeinsamer Reflexion über den Unterricht oder die Förderung einzelner Kinder wurden durch die Arbeiten von Schön (1991) für Lehrpersonen prominent gemacht, was als „Reflective Turn" bezeichnet werden kann: Die Lehrpersonen reflektieren ihre Tätigkeit; durch den Dialog wird ihre Handlungskompetenz – „Reflection in Action" – erst sprachlich ausgedrückt und damit zugänglich. Auch in der Konzeption der professionellen Lerngemeinschaften ist Reflexion eines der

Merkmale (Bonsen & Rolff, 2006, S. 179). Die Formulierung, dass es um reflektierende Nachforschung (Stoll et al., 2006) gehe, zeigt auf, dass Reflexion nur dann als Prozessqualität gesehen werden kann, wenn sie genutzt wird, um aus der Reflexion gemeinsam Konsequenzen für das Lernen der Schülerinnen und Schüler zu ziehen. Kunz Heim, Arnold, Eschelmüller und Achermann (2013) fanden in ihrer Fragebogenstudie einen Zusammenhang zwischen reflektierendem Dialog und wahrgenommener Unterrichtsentwicklung.

3.6   Prozessqualität: Zusammenfassung

Die hier diskutierten Komponenten der Prozessqualität können, wie von Gräsel et al. (2006) erwähnt, als mehr oder weniger aufwendig und intensiv eingeordnet werden. Demnach ist Austausch weniger voraussetzungsvoll als Ko-Konstruktion; diese Formen sind jedoch nicht als Stufen anzusehen. Je nach personeller Zusammensetzung in den institutionell definierten Formen der Kooperation (Komponente der Strukturqualität) stehen andere Komponenten der Prozessqualität im Vordergrund. Für jede der unter „Prozessqualität" aufgeführten Komponenten sind unterschiedliche Qualitätsausprägungen vorstellbar. Austausch, Synchronisation, Arbeitsteilung, Ko-Konstruktion und Reflexion können als Kooperationsprozesse wirksam oder weniger wirksam gestaltet werden.

Bis anhin wurden der Bestimmung der Prozessqualität ebenfalls Selbsteinschätzungen von Lehrpersonen in Fragebogen oder Interviews zugrunde gelegt. Da Kooperation in den letzten Dekaden zu einem selbstverständlichen, positiven Faktor wurde, muss angenommen werden, dass die Mehrheit der Befragten wohl sozial erwünschte Angaben macht und Lehrpersonen beispielsweise aussagen, sie würden in Bezug auf Ko-Konstruktion und Reflexion intensiver kooperieren. In einer eigenen Fragebogenstudie (Kunz Heim et al., in Vorbereitung) fiel beispielsweise auf, dass die Kooperationsskalen von Pröbstel (2008) in der explorativen Faktoranalyse nicht als verschiedene Faktoren sichtbar wurden. Die Lehrpersonen gaben zwar an, häufiger Austausch zu führen als Ko-Konstruktion, aber die Angaben zur Ko-Konstruktion waren relativ hoch. Als Forschungsdesiderat ist eine Erfassung der Prozessqualität, die nicht über Fragebogen, sondern über Beobachtung realisiert wird, zu nennen. Eine Verankerung der Erfassung der Prozessqualität in der alltäglich realisierten Zusammenarbeit könnte zu einer Unterscheidung der qualitativen Ausprägungen dieser Komponenten der Prozessqualität genutzt werden.

4   Wirkung

In der Literatur zur Schulentwicklungsforschung werden positive Wirkungen der pädagogischen Kooperation deskriptiv erfasst und auf der Basis von Fallanalysen eingehend beschrieben: Lehrpersonenkooperation geht einher mit professioneller Entwicklung der Lehrpersonen sowie mit Schul- und Unterrichtsentwicklung und führt so zu Wirkungen auf Lehrpersonen und Schülerinnen und Schüler (Bolam et al., 2005). In einigen, insbesondere quantitativen Studien wurden jedoch auch keine Wirkungen gefunden. Nicht belegt wurden negative Wirkungen.

4.1   Wirkungen auf die Lehrpersonen

Lehrpersonen, die regelmäßig und konkret zusammenarbeiten, entwickeln eine positivere Einschätzung der eigenen Professionalität (Bonsen & von der Gathen, 2006), erachten die Kooperation für ihre Unterrichtsentwicklung als wirksam (Kunz Heim et al., 2013), entwickeln eine höhere Selbstwirksamkeit in Bezug auf ihren Unterricht und sind eher bereit, ihre Unterrichtspraxis zu verändern und neue Vorgehensweisen zu erproben (Stoll et al., 2006).

4.2   Wirkungen auf den Unterricht

In der Schulentwicklungsforschung wird häufig davon ausgegangen, dass Kooperation auf die Unterrichtsqualität wirkt und so zu Outcomes auf der Ebene der Schülerinnen und Schüler führen kann. Studien, welche den Einfluss von Kooperation auf die Unterrichtsqualität untersuchen, erfassen diese oft durch die Einschätzung der Schülerinnen und Schüler. Wie Klieme et al. (2010) jedoch zu bedenken geben, wird diese Messung auch vom Referenzrahmen der Schülerinnen und Schüler bestimmt, d. h. die Schülerinnen und Schüler geben Unterrichtsqualität in einem Fach vermutlich im Vergleich mit der Unterrichtsqualität in einem anderen Fach an. Während beispielsweise für Deutsch keine signifikanten Effekte der Fachgruppenkooperation auf die Unterrichtsqualität gefunden wurden, zeigten sich im Fach Englisch Effekte auf die Strukturiertheit und den Anforderungsgrad (Hochweber, Steinert & Klieme, 2012). Unterrichtsqualität kann auch über externe systematische Beobachtung des Unterrichts untersucht werden, beispielsweise die Kooperationsqualität und die pädagogische Qualität in Krippen. Dabei zeigten sich signifikante Zusammenhänge zwischen der von den Fachkräften angegebenen Teamqualität und dem Rating der Qualität der Interaktion zwischen Fachkräften und Kindern anhand der Krippenskala (Wertfein et al., 2013).

4.3   Wirkungen auf die Schülerinnen und Schüler

Als Wirkungen der Lehrpersonenkooperation auf der Ebene der Schülerinnen und Schüler wurden häufig Schulleistungen fokussiert. Lomos, Hofman und Bosker (2011a) analysierten fünf quantitative Studien zu Effekten von Lehrpersonenkooperation auf Lernleistungen in der Sekundarstufe I mit kleinen signifikanten Effekten und schlossen auf einen Gesamteffekt von $d = .25$. Die Analyse von 130 niederländischen TIMSS-Schulen wies ebenfalls auf signifikante Effekte der Kooperation auf die Mathematikleistungen hin, dies jedoch abhängig von der Prozessqualität, welche durch gemeinsame Reflexion und geteilte Ziele, konkrete Zusammenarbeit und Fokus auf das Lernen geprägt sein muss (Lomos, Hofman & Bosker, 2011b). Bolam et al. (2005) fanden positive Zusammenhänge zwischen der Ausprägung von Merkmalen von professionellen Lerngemeinschaften und Leistungen der Schülerinnen und Schüler, stellten aber auch fest, dass sozioökonomische und demografische Merkmale deutlich größere Effekte aufweisen. Einige Studien fanden keinen direkten Einfluss der Kooperation auf Lernleistungen (Klieme et al., 2010; Tschannen-Moran & Barr, 2004).

Von Interesse sind zudem differentielle Effekte. Beispielsweise fanden York-Barr, Ghere und Sommerness (2007) wie auch Moller, Mickelson, Stearns, Banerjee und Bottia (2013), dass benachteiligte Kinder von der Zusammenarbeit der Lehrpersonen in besonderem Maße profitieren. York-Barr et al. (2007) untersuchten die Wirkung von Kooperation auf der Ebene der Schülerinnen und Schüler nicht in Bezug auf Lernleistungen, sondern mit Blick auf das Verhalten. Die Lehrpersonen gaben an, dass Schülerinnen und Schüler als Folge der intensiveren Kooperation weniger unerwünschtes Verhalten zeigten, sich stärker am Unterricht beteiligten und sich gegenseitig öfter unterstützten. Dies ist besonders im Umgang mit Heterogenität entscheidend. 85% der befragten Lehrpersonen gaben in einer Studie im Kanton Zürich an, dass die Klassenführung in heterogenen Lerngruppen anspruchsvoller sei (Reusser et al., 2013). Es sollte darum noch weiter untersucht werden, inwieweit eine Wirkung der Kooperation nicht nur auf Lernleistungen, sondern auch auf andere Aspekte des Verhaltens der Schülerinnen und Schüler angenommen werden kann.

5   Fazit

In diesem Beitrag wurde ein Modell zur Kooperationsqualität vorgeschlagen, das die theoretischen Annahmen und empirischen Befunde zur Kooperation von Lehrpersonen zusammenfasst. Dieses Modell stellt, wie andere hier diskutierte Modelle, einen theoretischen Vorschlag dar, der je nach Untersuchungsfokus angepasst werden muss. Die Unterscheidung von Strukturqualität, Prozessqualität und Wirkung erlaubt es, die Art und Weise, wie Kooperation zu gewünschten Outcomes wie Kompetenz und Wohlbefinden von Lehrpersonen, Unterrichtsqualität und Lernen der Schülerinnen und Schüler, sei es in Bezug auf Lernleistungen in Fächern oder Motivation, Arbeitsverhalten oder Klima, führen kann, zu konzeptualisieren und zu untersuchen. Obwohl Kooperation von Lehrpersonen schon seit einigen Dekaden im Fokus der Schulentwicklung steht, liegen erst wenige empirische Befunde zur Wirksamkeit der Kooperation vor. Dies liegt, so vermuten wir, auch an den Methoden der Erfassung, die häufig ausschließlich auf Selbsteinschätzungen der Lehrpersonen beruhen. Als Forschungsdesiderat wird darum angeregt, verstärkt auch andere Methoden einzubeziehen, die von den Angaben der Lehrpersonen und damit auch vom Einfluss der sozialen Erwünschtheit weniger verzerrt sind. Zudem ist es nötig,

Qualitätsmerkmale für die einzelnen Aspekte in der Erhebung so zu operationalisieren, dass nicht nur Häufigkeiten erfasst werden.

Ein weiteres Problem der Kooperationsforschung besteht darin, dass bis anhin oft sehr generell von Kooperation in der Schule und von den Lernleistung der Schülerinnen und Schüler ausgegangen wurde und die sehr unterschiedlichen Strukturen auf der Ebene der Organisation (Zusammensetzung der Teams in den verschiedenen institutionell definierten Formen der Kooperation) wie auch die daraus resultierenden, sehr unterschiedlichen Schwerpunkte der Kooperation nicht einbezogen werden konnten. Wenn Lehrpersonen, welche die gleichen Schülerinnen und Schüler in unterschiedlichen Fächern oder Funktionen unterrichten, als Klassenteam kooperieren, stehen die Schülerinnen und Schüler und beispielsweise deren Arbeitsverhalten stärker im Fokus – eine Verbesserung der Lernleistungen in einem Fach ist erst in zweiter Linie zu erwarten. Wenn Kooperation als Teil einer Fortbildung die Kompetenzen von Lehrpersonen erweitern soll (wie z.B. bei Gräsel et al., 2006), sind Lernerfolge im betreffenden Fach hingegen ein geeigneter Fokus für die Wirkungsanalyse.

Das hier vorgeschlagene Modell konnte nur in sehr wenigen Aspekten mit quantitativen Befunden untermauert werden. Die hohe Komplexität und die fehlende Passung zwischen Daten der Strukturqualität, der Prozessqualität und der Wirkungen, die hierarchische, jedoch genestete Struktur und die zahlreichen weiteren Einflussvariablen erschweren eine empirische Prüfung der theoretisch gestützten Annahme, dass die Qualität der Kooperation einen Einflussfaktor für Schulqualität darstellt.

Literatur

Albisser, S., Keller-Schneider, M. & Wissinger, J. (2013). Zusammenarbeit in Kollegien von Schulen unter dem Anspruch von Professionalität. In M. Keller-Schneider, S. Albisser & J. Wissinger (Hrsg.), *Professionalität und Kooperation in Schulen. Beiträge zur Diskussion über Schulqualität* (S. 9–29). Bad Heilbrunn: Klinkhardt.

Arnold, C., Bauer, F. & Kunz Heim, D. (2011). *Arbeiten in Unterrichtsteams. Erfahrungen von Lehrerinnen und Lehrern. Eine qualitativ-quantitative Untersuchung. Hauptbericht.* Windisch: Pädagogische Hochschule FHNW.

Baumann, B., Henrich, C. & Studer, M. (2012). *Unterrichtsbezogene Kooperation zwischen Regellehrpersonen und Lehrkräften schulischer Heilpädagogik (IF) und Aspekte guten Unterrichts.* Zürich: Interkantonale Hochschule für Heilpädagogik.

Bolam, R., McMahon, A., Stoll, L., Thomas, S. & Wallace, M. (2005). *Creating and sustaining effective professional learning communities* (Research Report No. 637). Bristol: University of Bristol.

Boller, S. (2009). *Kooperation in der Schulentwicklung: Interdisziplinäre Zusammenarbeit in Evaluationsprojekten.* Wiesbaden: VS Verlag für Sozialwissenschaften.

Bonsen, M., Hübner-Schwartz, C. & Mitas, O. (2013). Teamqualität in der Schule – Lehrerkooperation als Ausgangspunkt für Schul- und Unterrichtsentwicklung. In M. Keller-Schneider, S. Albisser & J. Wissinger (Hrsg.), *Professionalität und Kooperation an Schulen. Beiträge zur Diskussion über Schulqualität* (S. 104–122). Bad Heilbrunn: Klinkhardt.

Bonsen, M. & Rolff, H.-G. (2006). Professionelle Lerngemeinschaften von Lehrerinnen und Lehrern. *Zeitschrift für Pädagogik, 52* (2), 167–184.

Bonsen, M. & von der Gathen, J. (2006). Fünf Säulen des professionellen Lernens. Das Konzept der professionellen Lerngemeinschaft in der Schulpraxis. *Journal für Schulentwicklung, 10* (3), 23–18.

Ditton, H. (2000). Qualitätskontrolle und Qualitätssicherung in Schule und Unterricht. Ein Überblick zum Stand der empirischen Forschung. In A. Helmke, W. Hornstein & E. Terhart (Hrsg.), *Qualität und Qualitätssicherung im Bildungsbereich: Schule, Sozialpädagogik, Hochschule* (S. 73–92). Weinheim: Beltz.

Döbrich, P. (2003). Pädagogische EntwicklungsBilanzen (PEB). Instrumente für systematische Evaluation. *Pädagogische Führung, 14* (1), 27–30.

Gerecht, M., Steinert, B., Klieme, E. & Döbrich, P. (2007). *Skalen zur Schulqualität. Dokumentation der Erhebungsinstrumente. Pädagogische EntwicklungsBilanzen mit Schulen (PEB).* Frankfurt am Main: GFPF.

Gräsel, C., Fußangel, K. & Pröbstel, C. (2006). Lehrkräfte zur Kooperation anregen – eine Aufgabe für Sisyphos? *Zeitschrift für Pädagogik, 52* (2), 205–219.

Harazd, B. & Drossel, K. (2011). Formen der Lehrerkooperation und ihre schulischen Bedingungen. Empirische Untersuchung zur kollegialen Zusammenarbeit und Schulleitungshandeln. *Empirische Pädagogik, 25* (2), 145–160.

Hochweber, J., Steinert, B. & Klieme, E. (2012). Lehrerkooperation, Unterrichtsqualität und Lernergebnisse im Fach Englisch. *Unterrichtswissenschaft, 40* (4), 351–370.

Klieme, E., Steinert, B. & Hochweber, J. (2010). Zur Bedeutung der Schulqualität für Unterricht und Lernergebnisse. In W. Bos, E. Klieme & O. Köller (Hrsg.), *Schulische Lerngelegenheiten und Kompetenzentwicklung. Festschrift für Jürgen Baumert* (S. 231–255). Münster: Waxmann.

Kreis, A., Kosorok Labhart, C. & Wick, J. (2014). Der Kooperationsplaner – ein Instrument zur Klärung von Aufgaben und Verantwortlichkeiten an integrativen Schulen. In A. Bartz, M. Dammann, S. G. Huber, T. Klieme, C. Kloft & M. Schreiner (Hrsg.), *PraxisWissen SchulLeitung* (47. Aktualisierungslieferung, 47.12) (S. 1–12). Köln: Carl Link.

Kreis, A., Wick, J. & Kosorok Labhart, C. (2013). Kooperation im Kontext der integrativen Förderung von Schülerinnen und Schülern mit besonderem Förderbedarf. In M. Schüpbach, A. Slokar & W. Nieuweboom (Hrsg.), *Kooperation als Herausforderung in Schule und Tagesschule* (S. 51–66). Bern: Haupt.

Kullmann, H. (2012). Lesson Study – Eine konsequente Form unterrichtsbezogener Lehrerkooperation. In S. G. Huber & F. Ahlgrimm (Hrsg.), *Kooperation. Aktuelle Forschung zur Kooperation in und zwischen Schulen sowie mit anderen Partnern* (S. 69–88). Münster: Waxmann.

Kullmann, H. (2013). Der Zusammenhang von Lehrerkooperation und Schulleistung. Zentrale Befunde und Perspektiven für die Forschung. In S. Albisser, M. Keller-Schneider & J. Wissinger (Hrsg.), *Professionalität und Kooperation in Schulen. Beiträge zur Diskussion über Schulqualität* (S. 123–137). Bad Heilbrunn: Klinkhardt.

Kunz, A., Maag Merki, K., Werner, S. & Luder, R. (2013). Kooperationsgefässe integrativer Förderung und deren Gelingensbedingungen aus Sicht der Lehrpersonen und pädagogisch-therapeutischen Fachpersonen. In M. Schüpbach, A. Slokar & W. Nieuwenboom (Hrsg.), *Kooperation als Herausforderung in Schule und Tagesschule* (S. 67–79). Bern: Huber.

Kunz, A., Zumwald, B. & Luder, R. (2016). Instrumente zur Strukturierung von Kooperation bei inklusiver Förderung – Bedeutung, Überblick und Einordnung mithilfe der Aktivitätstheorie. In A. Kreis, J. Wick & C. Kosorok Labhart (Hrsg.), *Kooperation im Kontext schulischer Heterogenität* (S. 53–74). Münster: Waxmann.

Kunz Heim, D., Arnold, C., Eschelmüller, M. & Achermann, E. (2013). Einschätzung von Prozess- und Output-Qualität durch Leitungspersonen von neu gebildeten Unterrichtsteams. In M. Keller-Schneider, S. Albisser & J. Wissinger (Hrsg.), *Professionalität und Kooperation in Schulen. Beiträge zur Diskussion über Schulqualität* (S. 9–29). Bad Heilbrunn: Klinkhardt.

Kunz Heim, D., Vogt, F., Safi, N. & Zumwald, B. (in Vorbereitung). *Kooperation in Klassenteams aus der Sicht der Klassenlehrpersonen.*

Lomos, C., Hofman, R. H. & Bosker, R. J. (2011a). Professional communities and student achievement - a meta-analysis. *School Effectiveness and School Improvement, 22* (2), 121–148.

Lomos, C., Hofman, R. H. & Bosker, R. J. (2011b). The relationship between departments as professional communities and student achievement in secondary schools. *Teaching and Teacher Education, 27* (4), 722–731.

Maag Merki, K., Kunz, A., Werner, S. & Luder, R. (2010). *Professionelle Zusammenarbeit in Schulen –Schlussbericht.* Zürich: Universität Zürich, Institut für Erziehungswissenschaft.

Moller, S., Mickelson, R. A., Stearns, E., Banerjee, N. & Bottia, M. C. (2013). Collective pedagogical teacher culture and mathematics achievement: Differences by race, ethnicity, and socioeconomic status. *Sociology of Education, 86* (2), 174–194.

Pool Maag, S. & Moser Opitz, E. (2014) Inklusiver Unterricht - grundsätzliche Fragen und Ergebnisse einer explorativen Studie. *Empirische Sonderpädagogik, 6* (2), 133–149.

Pröbstel, C. H. (2008). *Lehrerkooperation und die Umsetzung von Innovationen. Eine Analyse der Zusammenarbeit von Lehrkräften aus Perspektive der Bildungsforschung und der Arbeits- und Organisationspsychologie.* Berlin: Logos.

Pröbstel, C. H. & Soltau, A. (2012). Wieso Lehrkräfte (nicht) kooperieren – Die Bedeutung „personaler Faktoren" in der Zusammenarbeit am Arbeitsplatz Schule. In E. Baum, T.-S. Idel & H. Ullrich (Hrsg.), *Kollegialität und Kooperation in der Schule. Theoretische Konzepte und empirische Befunde* (S. 55–75). Wiesbaden: Springer VS.

Reusser, K., Stebler, R., Mandel, D. & Eckstein, B. (2013). *Erfolgreicher Unterricht in heterogenen Lerngruppen auf der Volksschulstufe des Kantons Zürich. Wissenschaftlicher Bericht.* Zürich: Bildungsdirektion des Kantons Zürich.

Roux, S. (2002). *Wie sehen Kinder ihren Kindergarten? Theoretische und empirische Befunde zur Qualität von Kindertagesstätten.* Weinheim: Beltz Juventa.

Schön, D. A. (1991). *The reflective turn: Case studies in and on educational practice.* New York: Teachers College Press.

Steinert, B., Hartig, J. & Klieme, E. (2008). Institutionelle Bedingungen der Sprachkompetenzen. In E. Klieme (Hrsg.), *Unterricht und Kompetenzerwerb in Deutsch und Englisch. Ergebnisse der DESI-Studie* (S. 411–450) Weinheim: Beltz.

Stoll, L., Bolam, R., McMahon, A., Wallace, M. & Thomas, S. (2006). Professional learning communities: A review of the literature. *Journal of Educational Change, 7* (4), 221–258.

Terhart, E. (2002). *Nach PISA: Bildungsqualität entwickeln.* Hamburg: Europäische Verlagsanstalt.

Tschannen-Moran, M. & Barr, M. (2004). Fostering student learning: The relationship of collective teacher efficacy and student achievement. *Leadership and Policy in Schools, 3* (3), 189–209.

Vogt, F., Kunz Heim, D., Zumwald, B., Nussbaumer-Mitsche, S. & Kuratli Geeler, S. (in Vorbereitung). *Fallstudien zur Kooperation im Klassenteam.*

Vogt, F. & Zumwald, B. (2012). Aufgabenteilung und Arbeitsorganisation beim Teamteaching – Ergebnisse der Evaluation der Schweizer Basisstufe. In S. T. Huber & F. Ahlgrimm (Hrsg.), *Kooperation: Aktuelle Forschung zur Kooperation in und zwischen Schulen sowie mit anderen Partnern* (S. 103-123). Münster: Waxmann.

Vogt, F., Zumwald, B., Abt, N., Röösli Stübi, C. & Rhyner, T. (2010). *Zusammenfassung und Fazit. Zusätzliche formative Evaluation der Basisstufe im Kanton Luzern.* St. Gallen: Pädagogische Hochschule St. Gallen.

Vogt, F., Zumwald, B., Urech, C. & Abt, N. (2010). *Schlussbericht der formativen Evaluation. Grund-/Basisstufe: Umsetzung, Unterrichtsentwicklung und Akzeptanz bei Eltern und Lehrpersonen.* Bern: Schulverlag.

Werning, R. (2010). Inklusion – Herausforderungen, Widersprüche und Perspektiven. *Lernchancen, 13* (78), 4–9.

Wertfein, M., Müller, K. & Danay, E. (2013). Die Bedeutung des Teams für die Interaktionsqualität in Kinderkrippen. *Frühe Bildung, 2* (1), 20–27.

York-Barr, J., Ghere, G. & Sommerness, J. (2007). Collaborative Teaching to Increase ELL Student Learning: A Three-Year Urban Elementary Case Study. *Journal of Education for Students Placed at Risk, 12* (3), 301–335.

Zumwald, B. (2013). *Teamteaching in der Basisstufe. Kooperative Unterrichtsorganisation in der altersgemischten Klasse.* Dissertation, Universität Bremen. Die Dissertation ist veröffentlicht im online repository der Uni. Verfügbar unter: http://nbn-resolving.de/urn:nbn:de:gbv:46-00103188-10.

Judith Hollenweger

Tätigkeiten synchronisieren statt Aufgaben teilen

Grundlagen und Modelle einer situativen Analyse inklusiver Praktiken

Zusammenfassung

Inklusive Bildung erfordert inklusive Praktiken. Diese lassen sich jedoch nicht aus der in herkömmlichen Settings praktizierten Arbeits- und Rollenverteilung ableiten, sondern müssen sich durch gemeinsames, exploratives Handeln erst entwickeln. Dies erfordert eine neue Handlungskoordination, welche sich nicht aus der bisherigen Grammar of Schooling ableiten lässt. Sollen bisher getrennt gepflegte und entwickelte Praktiken zusammengeführt werden, ist es wichtig zu verstehen, in welchen Situationen *wer* (Subjekt), *was* (Objekt), *wie* (Instrumente), *wo* (Kontext) und *wozu* oder mit welcher Intention (Ergebnis) macht. Diese Elemente werden in einem situativen Handlungsmodell zusammengeführt und anhand von Beispielen ausgeführt. Für die Analyse gemeinsamer Tätigkeiten in organisationalen und institutionellen Arbeitskontexten wird das Tätigkeitsmodell nach Engeström vorgeschlagen, welches als Grundlage für die Weiterentwicklung gemeinsam gestalteter Tätigkeitssysteme verwendet werden kann.

1 Inklusive Bildung zwischen Systemen und Personen

1.1 Menschen und Institutionen

Wie können Menschen ihre Aktivitäten aufeinander abstimmen, sodass gemeinsames Handeln möglich wird? Wie organisieren sie ihre Interaktionen beim Verfolgen geteilter Ziele oder gemeinsamer Absichten? Durch Kooperation und Arbeitsteilung, das Herausbilden verschiedener Rollen, Regeln und Aufgaben stabilisieren sich soziale Ordnungen, die insbesondere in Institutionen ihren Ausdruck finden. Institutionen schränken die Handlungsmöglichkeiten von Menschen ein, ordnen ihre Erwartungen und weisen ihnen verschiedene soziale Rollen zu, die sich aus den Aufgaben einer Institution ergeben (Merkens, 2006). In Bildungssystemen begegnen sich Individuen sowohl als *Menschen* (psychische Systeme) wie auch als *Personen* (Rollenträgerinnen und Rollenträger in sozialen Systemen). Denn Lehr-Lern-Prozesse finden immer auch zwischen Menschen statt. Das von erheblicher Ungewissheit geprägte *Interaktionssystem „Unterricht"* stabilisiert sich dabei durch das *Organisationssystem „Schule"* (Luhmann, 2002). Durch Adressierung und in der Kommunikation weisen sich Menschen soziale Rollen zu, die sie als Personen in Institutionen wahrzunehmen haben; in diesem Sinne regeln Institutionen auch Beziehungen. Menschen, die in institutionellen Kontexten handeln, tun dies als Personen, welchen bestimmte Rechte und Pflichten verliehen werden (zu Person und Mensch vgl. Luhmann, 2002,

S. 28 ff.). All dies deutet auf die Komplexität und die Vielschichtigkeit gemeinsamen Handelns in schulischen Kontexten hin. Eine Neugestaltung der Zusammenarbeit im Kontext von Inklusion erfordert deshalb synchrone Veränderungen bei den Personen und Systemen.

Institutionen fördern oder fordern sogar die gemeinsame Sicht der Dinge; im Falle von Schule etwa die gemeinsame Referenz auf Leistungen und Lernvoraussetzungen oder die Differenzierungs-, Klassifizierungs- und Askriptionsprozesse, welche auch Bildungsungleichheit (re)produzieren (Emmerich & Hormel, 2013). Insbesondere wo Interaktionsprozesse zu viel Ungewissheit schaffen, gewinnen diese Referenzen an Bedeutung. Leicht lassen sich soziale Situationen, in denen sich Personen und Systeme gegenseitig stabilisieren, deshalb nicht verändern. Zudem hat sich seit der Gründung der Volksschule eine Grammar of Schooling (Tyack & Tobin, 1994) herausgebildet, welche die Verhältnisse klärt, Beziehungen ordnet und Personen ihren Platz zuweist. Mit dem Begriff „Grammar of Schooling" sind die Strukturen und Regeln gemeint, welche den Unterricht organisieren, etwa die Jahrgangsklassen, Schulzimmer, Unterrichtsfächer, Lektionentafeln oder Stundenpläne. Sie wirken auf die Unterrichtsgestaltung und legen die Rahmenbedingungen für das Lernen fest. Die Grammar of Schooling basiert auf der Homogenisierungsprämisse der Nationalstaaten des 19. Jahrhunderts und steht somit im Widerspruch zur Idee, dass Diversität anerkannt und gefördert, statt verhindert oder eliminiert werden soll. Diese institutionellen Bedingungen erschweren die Veränderungsprozesse, welche für die Realisierung von Inklusion notwendig sind.

1.2 Inklusion und Partizipation

Wie also können Systeme und Personen zusammenspielen, um inklusive Bildung möglich zu machen – obwohl die dazu erforderliche Veränderung der Zusammenarbeit aus den eben genannten Gründen als schwierig bezeichnet werden muss? Wie können die Beteiligten als Menschen mit ihren Beziehungen und als Personen in ihren systemischen Bezügen Inklusion gemeinsam vorantreiben? Für die Bearbeitung dieser Fragen sind zwei Begriffe zentral: „Inklusion" und „Partizipation". *„Inklusion"* beschreibt die erforderliche (Prozess-)Qualität aus der Sicht des Systems, *„Partizipation"* aus der Sicht der Personen. Beides ist dabei gleich wichtig und gleichermaßen erforderlich. Eine inklusive Schule ohne Partizipation aller Beteiligten ist ebenso unmöglich wie die Sicherstellung der Beteiligung aller Betroffenen ohne Inklusion. Der Bildungsbegriff bringt diese Perspektiven zusammen: Er steht für das System und für die Person, für das Angebot und für die Nutzung.

Was genau bedeutet dann „inklusive Bildung" für Beziehungen in der Schule im Allgemeinen und für die Zusammenarbeit zwischen Lehr- und weiteren Fachpersonen im Besonderen? Muss nun primär das System entwickelt werden, sodass es bessere Beteiligungsmöglichkeiten bietet, oder müssen sich die Personen entwickeln, damit sie das System verändern können? Ist es möglich, dass Fachpersonen ihre

Arbeit neu regeln und so das System verändern? Oder muss das System verändert werden, damit sie neue Handlungsmöglichkeiten erhalten? Ist es überhaupt möglich, dass Lehrpersonen gemäß inklusiven Bildungsprinzipien handeln, wenn sie diese in ihrer konkreten Ausgestaltung noch gar nicht kennen? Blockieren sich hier nicht Personen und Systeme gegenseitig? Das Henne-Ei-Problem kann vermieden werden, wenn die Entwicklung von Personen und Systemen als ein dynamischer Prozess verstanden wird. Denn durch die Handlungen der beteiligten Personen entstehen neue systemische Bezüge, und veränderte Systeme bieten ihrerseits neue Handlungsmöglichkeiten. In Bildungsprozessen kommen personale und soziale Situationen zusammen. Sollen diese anders gestaltet werden, müssen die Beteiligten ein gemeinsames Verständnis von diesen Situationen entwickeln, um neue Handlungsformen auf diese Weise gestaltbar zu machen.

1.3   Inklusion und soziale Ordnung

Der Begriff „Inklusion" verweist primär auf die Entwicklung sozialer Systeme, die durch menschliches Handeln konstituiert werden und gleichzeitig auch ihrerseits menschliches Handeln strukturieren. Zur Erläuterung hilft hier ein Vergleich mit der *Demokratie.* Sowohl „Inklusion" wie auch „Demokratie" sind Begriffe, die für soziale Ordnungen stehen, welche eine möglichst hohe soziale bzw. politische Beteiligung anstreben. Sie existieren als Ergebnis der Auseinandersetzung zwischen Systemen (Institutionen, Organisationen) und der Beteiligung aller Betroffenen. Die besten demokratischen Institutionen bedeuten nichts, wenn sie nicht dazu dienen, allen Personen ein Optimum an Selbstbestimmung und Mitsprache zu garantieren. Und die besten demokratischen Grundwerte und Intentionen der Beteiligten sind nicht nachhaltig, wenn sie nicht in gesellschaftlichen Strukturen ihre Entsprechung finden. Aber wie Demokratie oder Inklusion im Einzelfall genau gestaltet werden, lässt sich nicht vorhersagen oder festlegen. *Demokratische Abläufe* können zur Machterhaltung und Legitimation auch von absolut undemokratischen Regierungen verwendet werden. Andererseits garantieren demokratische Institutionen und Prozesse nicht, dass die Bevölkerung eines Landes sie auch nutzt. „Kooperative Planungsgespräche" enden in Befehlserteilungen oder Ermahnungen, wenn Eltern sich im angebotenen Setting nicht zurechtfinden oder ihre Absichten denjenigen der Lehrpersonen widersprechen. „Inklusive Förderung" führt zu Segregation und Diskriminierung, wenn die Beteiligungsangebote von der Schülerin oder dem Schüler nicht genutzt werden können.

Der Vergleich mit der Demokratie hilft, Inklusion besser zu verstehen: Beide Begriffe stehen für gewisse Prinzipien des Zusammenspiels zwischen Systemen und Personen, d. h. für eine bestimmte „soziale Ordnung", die zuerst entwickelt und dann gelebt werden muss. Wo bisher abgegrenzte Zuständigkeiten, das Leistungsprinzip und die Fremdbestimmung des Lernens die soziale Ordnung bestimmten, lässt sich mit einer Neuregelung von „*Wer macht was*" keine inklusive Schule entwickeln. Erst im Zusammenspiel von *Wer, Was, Wie, Wo und Wozu* – also im Beschreiben einer situierten Praxis – werden Demokratie und Inklusion verstehbar. In der Demokratie wie auch bei Inklusion werden Aufgaben, Kompetenzen und Verantwortungen situativ bestimmt und abgegrenzt. Zum Beispiel hat in der Schweiz der Souverän bei Volksinitiativen die Macht, dem Bundesrat, d.h. der Regierung, Befehle zu erteilen; in anderen Situationen liegt diese Macht jedoch beim Bundesrat und in wiederum anderen Situationen beim Parlament. Funktioniert dieses Zusammenspiel nicht mehr, muss es verändert werden, etwa indem die Zahl der erforderlichen Unterschriften für das Einreichen einer Volksinitiative erhöht wird. Lebendige Demokratien erfordern emergente Ordnungen, die von den Beteiligten ständig verändert werden können, sodass ein Ablösen von antiquierten Werten und Strukturen ermöglicht wird. Auch Inklusion erfordert ein gemeinsames Handeln in emergenten Ordnungen.

2   Gemeinsames Handeln in emergenten Ordnungen

2.1   Inklusion als sozialer Prozess

Gemäß der European Agency for Special Needs and Inclusive Education ist Inklusion im schulischen Kontext am besten als aktiv gestalteter Prozess zu verstehen, der Lernen und Beteiligung aller betroffenen Personen ermöglicht (European Agency for Development in Special Needs Education, 2013). Die Verlässlichkeit in inklusiven Systemen entsteht nicht dadurch, dass Personen ihre Rollen oder Aufgaben grundsätzlich klären, sondern dadurch, dass sie gemeinsam ein soziales System herausbilden, in dessen Rahmen unterschiedliche Praktiken so gestaltet werden, dass sie jeweils die Beteiligung und das Lernen aller Betroffenen unterstützen und fördern. Die gleichen Personen können somit in unterschiedlichen Situationen sehr verschiedene Aufgaben, Verantwortungen oder Funktionen wahrnehmen. Niemand kann diese Rollen für sich selbst oder für andere bestimmen; sie sind das Produkt eines gemeinsamen Aushandlungsprozesses, der von den Erfordernissen geleitet wird, die sich aus den vorhandenen Herausforderungen, dem Zusammenleben und den Zielsetzungen ergeben.

Neue soziale Bezüge und Beziehungen strukturieren sich über wiederholtes Handeln in ähnlichen Situationen (Giddens, 1988) und sind so systembildend (Bronfenbrenner, 1981). Inklusive Bildung stellt die bisherige Grammar of Schooling bzw. das Organisationssystem Schule infrage. Sie tut dies mit dem Argument, dass bisher zu viele Kinder exkludiert bzw. ungenügend an Bildung beteiligt worden seien. Allerdings haben sich Bildungssysteme bisher stets als außerordentlich veränderungsresistent erwiesen. Insbesondere im Umgang mit Differenz wird in Interaktionen ein Übermaß an Ungewissheit produziert und somit auch das Bedürfnis nach Stabilisierung durch das Organisationssystem Schule. Luhmann (2002, S. 104) meint dazu: „Die im System erzeugte Ungewissheit heißt nicht zuletzt, dass Voraussicht kaum möglich ist und dass das System sich retrospektiv im Blick auf das, was gerade geschehen ist, also mit dem Rücken zur Zukunft reproduziert." Wer Inklusion gestalten will, wie dies von Lehrpersonen und weiteren Fachpersonen in schulischen Kontexten heute gefordert wird, muss also nicht nur soziale und personale Perspektiven zusammendenken können, sondern auch eine Möglichkeit finden, das eigene Handeln und seine sozialen Bezüge mit Blick in die Zukunft zu synchronisieren. Nur so ließen sich nicht nur die Beziehungen partizipativ gestalten, sondern auch inklusive soziale Ordnungen neu entwickeln.

2.2   Probleme beim Gestalten gemeinsamer Handlungskontexte

Wie oben erläutert, erfordern Entwicklungsprozesse zur Realisierung einer inklusiven Schule eine doppelte Orientierung: einerseits an den persönlichen Situationen der betroffenen Menschen und ihren Beteiligungsmöglichkeiten, andererseits an der gemeinsam gestalteten sozialen Situation. Die in der Schweiz nun gesetzlich geforderte *Integration* bringt es mit sich, dass sich zuvor klar getrennte Zuständigkeiten, Systembezüge und Handlungsbereiche in der Schule vermischt haben. Die Beteiligung vormals gesondert geschulter Kinder am Unterricht in Regelschulen verändert die soziale Situation in den Schulen. Ein Brennpunkt ist dabei das gemeinsame Handeln von Regellehrpersonen und sonderpädagogischen Fachkräften im gleichen Klassenzimmer. Es ist verständlich, dass sich hier angesichts der erforderlichen Transformationsprozesse Probleme zeigen. Bisher bearbeitet wurden davon ungeklärte Aufgaben (Kreis, Wick & Kosorok Labhart, 2013) und/oder Aufgabenfelder (Steppacher, 2014) sowie unklare Unterscheidungen von Rollen und/oder Funktionen (Reusser, Stebler, Mandel & Eckstein, 2013). Neben solchen Klärungen wird empfohlen, systemische Lösungen zu suchen (z. B. Bildung von Teams, Gefäße für Kooperation bilden; vgl. Maag Merki, Kunz, Werner & Luder, 2010), wenn bilaterale Kooperationen überfordern. Entsprechende Transformationsprozesse sollten sich über verschiedene Niveaustufen hinweg von Fragmentierung bis Integration vollziehen (Maag Merki et al., 2010.). Doch was genau muss geschehen, damit die zusätzlich geschaffenen Gefäße nicht einfach mehr Zeitaufwand bedeuten, sondern die Arbeit tatsächlich erleichtern? Und wie reduziert man die Komplexität dieser sozialen Bezüge, damit sich alle Personen wirksam an Bildungsprozessen beteiligen können? Denn offenbar fühlen sich heute insbesondere spezialisierte Fachpersonen durch andere Lehrpersonen in ihrer Tätigkeit eingeschränkt (Näpfli & Quesel, 2014).

2.3   Gemeinsames Situationsverständnis erforderlich

Durch das Zusammenführen von bisher unabhängig voneinander handelnden Personen, aber vor allem auch wegen des nun gesetzlich verankerten Rechts auf Partizipation (bzw. Inklusion) aller Schülerinnen und Schüler erhöhen sich die Ungewissheit und die Kontingenz in sozialen Situationen vor allem für diejenigen Personen, die solche sozialen Situationen bisher weitgehend allein bestimmt haben

(z. B. Lehrpersonen bezüglich Unterrichtsgestaltung). Umgang mit Ungewissheit und Ergebnisoffenheit sind Merkmale professionellen Handelns (z. B. Helsper, 2008) und bei der Entwicklung inklusiver Schulen unerlässlich. Lehrpersonen und weitere Fachpersonen müssen sich von bisherigen Ordnungen lösen können. Alle Beteiligten – Regelklassenlehrperson, sonderpädagogische Fachperson, Schülerin, Schüler, Mutter oder Vater – bringen ihre bisherigen Erfahrungen und Erwartungen in schulische Interaktionssituationen ein. Divergieren diese Erwartungen stark, was in pluralistischen Gesellschaften fast zwangsläufig ab und zu der Fall sein dürfte, muss zuerst ein gemeinsames Situationsverständnis entwickelt werden. Es ist nicht mehr einfach so klar, wer was wo wie zu tun hat und weshalb oder mit welchem Ziel. Es geht hier um das Herausbilden von emergenten Ordnungen, die durch gemeinsames soziales Handeln entstehen. Nur so kann ein gemeinsamer Umgang mit Kontingenz, Ungewissheit und Ergebnisoffenheit gefunden werden, ohne auf starre Ordnungssysteme und fixe Rollenverteilungen zurückgreifen zu müssen. Dieser Prozess wird auch als „double-loop learning" (Argyris & Schön, 1996) oder „Deuterolernen" (Lernen 2, Bateson, 1981) bezeichnet.

Doch wie genau verdichten sich aus dem Fluss des momentanen Erlebens und Interagierens überdauernde Abstraktionen („momentary perceptions" vs. „persistent abstractions", Magnusson 1981, S. 22) oder wie entstehen Mikrosysteme, Mesosysteme und Makrosysteme (Bronfenbrenner, 1981)? Auf welcher Grundlage können zwei oder mehrere Menschen in gemeinsamen Situationen handeln, ohne sich dabei auf die allen bekannte Grammar of Schooling zu stützen? Wie können Ungewissheit und Offenheit (doppelte Kontingenz, Holzinger, 2007; Luhmann, 1984) genutzt werden für das Schaffen von Interaktions- und Beteiligungsmöglichkeiten in der Schule? Wie kann ein solcher (Meta-)Prozess gestaltet werden, obwohl er letztlich weder vollständig vorhersehbar noch rückwirkend analysierbar ist? Einerseits braucht es dazu eine gemeinsame Verständigungsgrundlage hinsichtlich der personalen Situationen, in denen sich Menschen in der gleichen sozialen Situation befinden (Hollenweger, 2016). So kann besser verstanden werden, wie Lehrpersonen oder Schülerinnen und Schüler mit der Komplexität umgehen, die sich durch Doppelstruktur, Organisation und Interaktion (vgl. dazu auch Emmerich & Hormel, 2013) in der Kommunikation in schulischen Kontexten ergibt. Hierzu soll im folgenden Abschnitt ein Modell zur Situationsanalyse entwickelt und dargelegt werden. Andererseits müssen Vorstellungen dazu entwickelt werden können, wie eine zukunftsorientierte Synchronisation bzw. Abstimmung von Handlungen verschiedener Personen erreicht werden kann. Im letzten Abschnitt soll deshalb auf der Grundlage des Tätigkeitsmodells von Engeström (2001) skizziert werden, wie das eigene professionelle Handeln gemeinsam mit anderen transformiert werden kann und so inklusive Praktiken entwickelt werden können.

3   Handeln in Interaktionssituationen

3.1   Situationswahrnehmung und Handlungsgewohnheiten

Handeln ist (im Gegensatz zu Verhalten) immer soziales Handeln und kognitive Prozesse haben ihren Ursprung in sozialen und kulturellen Prozessen. Entlang bestimmter sozialer Situationen bilden sich bei Menschen bestimmte Gewohnheiten der Handlungskoordination aus. Aus einfachen Reiz-Reaktions-Ketten entwickeln sich durch gemeinsames soziales Handeln mit anderen Menschen vermittelnde psychische Strukturen (vgl. Abbildung 1); Daniel Stern (1992) bezeichnet diese als „RIGs" (generalisierte Repräsentationen von Interaktionen), Jean Piaget (1983) als „Schemata", Lew Vygotskij (1992) als „psychische Werkzeuge" und Norbert Elias (1991) umschreibt Gewohnheiten des Denkens, Handelns und Fühlens mit dem Begriff „sozialer Habitus". So findet eine Verinnerlichung des Sozialen im Persönlichen statt. An die Stelle der konditionierten Reaktion auf einen Stimulus tritt eine über psychische Werkzeuge oder Artefakte (z. B. Sprache: Vygotskij, 1969) vermittelte Handlung.

Diese generalisierten Wahrnehmungs-, Verstehens- und Planungsmuster sind situativ gebunden, d. h. sie kommen ja nach Situation unterschiedlich zum Einsatz. Die so ausgebildeten Gewohnheiten erleichtern das Handeln in komplexen sozialen Situationen. Im schulischen Kontext wird diesbezüglich gern die Kapitänsaufgabe als Beispiel für die automatisierte Anwendung psychischer Werkzeuge (hier mathematischer Algorithmen, Baruk, 1985) angefügt. Viele Schülerinnen und Schüler addieren ohne weitere Überlegungen die Anzahl der Ziegen und der Schafe zur Ermittlung des Alters des Kapitäns. Welche Werkzeuge, Instrumente oder Algorithmen dabei verwendet werden, hängt von den bisherigen Erfahrungen und vom Situationsbewusstsein (Endsley & Jones, 2012; Sherin, Jacobs & Philipp, 2011) ab. Im Falle der Kapitänsaufgabe wird das Situationsbewusstsein der Schülerinnen und Schüler durch die bisher erlebten Unterrichtssituationen geprägt; wurde dort primär Wert auf das Automatisieren von Rechenoperationen gelegt, muss es nicht erstaunen, wenn alles ausgeblendet wird, was den Erwartungen nicht entspricht („cognitive tunneling"). Schülerinnen und Schüler wenden sogar dann noch die bekannten Algorithmen an, wenn die Lösung (Alter des Kapitäns) in der Aufgabenstellung genannt wird. Wären die gleichen Schülerinnen und Schüler demgegenüber auf einem Schiff nach dem Alter des Kapitäns gefragt worden, wären sie kaum auf die Idee gekommen, die Ziegen und Schafe zusammenzuzählen.

Gut untersucht sind die unterschiedliche Ausbildung und die unterschiedliche Verwendung kognitiver Werkzeuge, Lösungsstrategien und kognitiver Artefakte im interkulturellen Vergleich (z. B. Segall, Dasen, Berry & Poortinga, 1990). Oft bleiben solche Unterschiede unerkannt oder werden als Defizit der kulturfremden Person wahrgenommen. Dies passiert auch in schulischen Situationen zwischen Regellehrpersonen und sonderpädagogischen Fachkräften. Sie stützen sich je nach Handlungskontext und -intention auf unterschiedliche Problemlösealgorithmen,

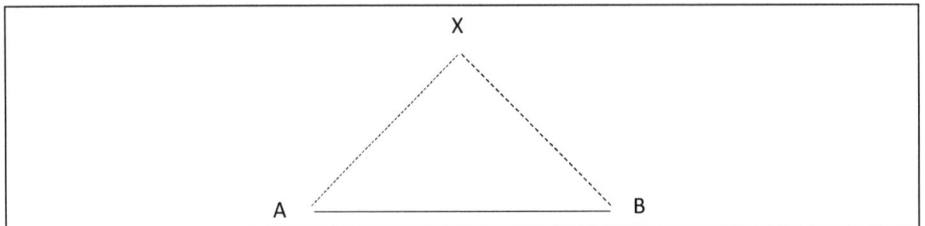

Abbildung 1:   Vygotskijs (1929) Modell der über Zeichen vermittelnden Operation.

Schemata, mentale Modelle (z. B. zu Behinderung), Strategien (z. B. bezüglich Gesprächsführung) und kognitive Artefakte (z. B. Software für Unterrichtsplanung vs. Förderplanung), die sich durch ihre Praxis verfestigt haben. Es kann deshalb davon ausgegangen werden, dass beim gemeinsamen Handeln Spannungen und Widersprüche auftreten werden.

3.2   Erwartungen und Problemverständnis

Auch das *Problemverständnis* bzw. das *Gegenstandsverständnis*, also die Vorstellungen, die sich Schülerinnen und Schüler oder Lehrpersonen von den Dingen machen (vgl. Schlee, 2008, S. 27 f.), wird von den bisherigen Erfahrungen, aber auch vom Situationsbewusstsein der handelnden Person mitbestimmt. Das Situationsbewusstsein entwickelt sich vor dem Hintergrund bisheriger Erfahrungen aus dem Zusammenspiel von Situationswahrnehmung, Situationsverständnis und der Vorwegnahme möglicher Folgen im Sinne einer Projektion der Situation in die Zukunft (Ergebniserwartungen, vgl. Endsley & Jones, 2012). Es hängt also immer mit einer Intention oder einer Erwartung zusammen. Ohne eine solche Erwartung sind Menschen nicht handlungsfähig – das unterscheidet Handeln von Verhalten. Das Situationsbewusstsein beeinflusst somit nicht nur die Wahl der kognitiven Instrumente oder Werkzeuge, sondern auch das Gegenstandsverständnis und die Ergebniserwartung. Nimmt eine Lehrperson (Subjekt) primär die Behinderung eines Kindes (Gegenstand) wahr und blendet sie dabei dessen Lernfähigkeit aus, sinken die Erwartungen der Lehrperson an das Kind (Ergebnis). Dies wird sich auch auf die Wahl ihrer (kognitiven) Instrumente auswirken, z. B. auf die Art und Weise, wie sie dem Kind eine Aufgabe erklärt. Abbildung 1 kann entsprechend erweitert werden, um Handlungen und ihre Folgen darzustellen (vgl. Abbildung 2).

3.3   Sozialer Kontext und Handlungskoordination

Jede Handlung findet in einem (sozialen) Kontext statt; mit anderen Worten: menschliches Handeln ist immer situiert, also in bestimmte soziale Systeme (Luhmann, 1984), Lebenswelten (Schütz & Luckmann, 2003) oder soziale Situationen (Markowitz, 1979) eingebettet. Die Ausführung von Handlungen ist somit nicht

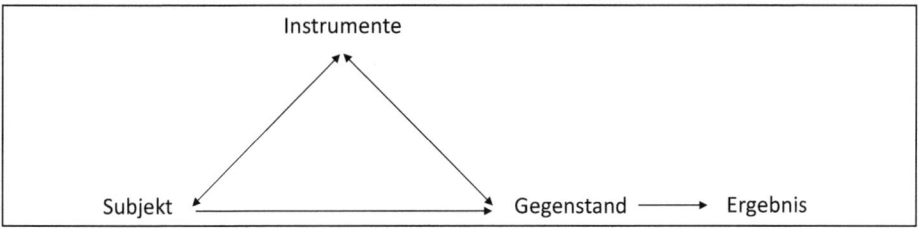

Abbildung 2: Repräsentation einer Handlung.

nur von der Anwendung kognitiver Schemata, Artefakte oder anderer Werkzeuge abhängig, sondern auch vom Kontext, in dem sie ausgeführt werden. Dies wurde im Zusammenhang mit der Kapitänsaufgabe bereits kurz erwähnt. Menschen haben ein gewisses Gefühl für die Kontextabhängigkeit ihres eigenen Handelns, weil sie die Variabilität des eigenen Verhaltens in verschiedenen Situationen erleben; unterschiedliche soziale Situationen aktivieren unterschiedliche Handlungs- und Verhaltensmuster. Geht es jedoch um die Interpretation des Verhaltens anderer Personen, neigen sie dazu, dieses auf Eigenschaften der Person bzw. auf deren Persönlichkeit zurückzuführen (Akteur-Beobachter-Divergenz): Ein Kind, das die von der Lehrperson gestellten Aufgaben nicht lösen kann, gilt schnell als lernbehindert. Damit das Handeln anderer Menschen verstanden werden kann, muss es jedoch auch situativ interpretiert werden. Abbildung 3 bietet hier ein einfaches Modell, um menschliches Handeln in seiner situativen Bedingtheit zu beschreiben und zu verstehen. So hat der soziale Kontext etwa einen Einfluss auf die Wahl verschiedener Problemlösestrategien (Instrumente). Zum Beispiel wählen Schülerinnen und Schüler (Subjekt) je nach Handlungskontext bei exakt gleicher Aufgabenstellung (Gegenstand) unterschiedliche Vorgehensweisen zu deren Lösung und kommen somit zu unterschiedlichen Lösungen (Ergebnis). Im Mathematikunterricht werden Algorithmen angewendet, in Alltagssituationen kommen Alltagsstrategien zum Einsatz (Cooper & Harries, 2002). Der soziale Kontext beeinflusst auch bei Lehrpersonen die Wahl ihrer Strategien und ihr Gegenstandsverständnis – und umgekehrt. Die Pfeile im Modell von Abbildung 3 weisen auf die vielfältigen Bezüge und Dependenzen im situativen Verhalten von Menschen hin.

Soziale Situationen sind zwar als intersubjektive *Realität* objektiv bestimmbar, die von der handelnden Person wahrgenommene *Wirklichkeit* (Kraus, 2013) ist jedoch nur aus der Perspektive der handelnden Person und unter Berücksichtigung ihrer *personalen Situation* verstehbar; „das Ich verhält sich nicht nur zur Welt, sondern auch zu seiner Situation" (Markowitz, 1979, S. 44). Wie eine Person eine Situation wahrnimmt und worauf sie ihr Handeln ausrichtet, ist somit nicht allein durch eine objektive Bestimmung der sozialen Situation zu verstehen, sondern erfordert ein Verständnis der jeweiligen subjektiv wahrgenommenen Situation. Damit zwei Fachpersonen oder eine Lehrperson und ihre Schülerinnen und Schüler gemeinsam handeln können, müssen Realität und Wirklichkeit in ein konstruktives Verhältnis zueinander gebracht werden. Versucht die Lehrerin, einem Schüler den Dreisatz zu

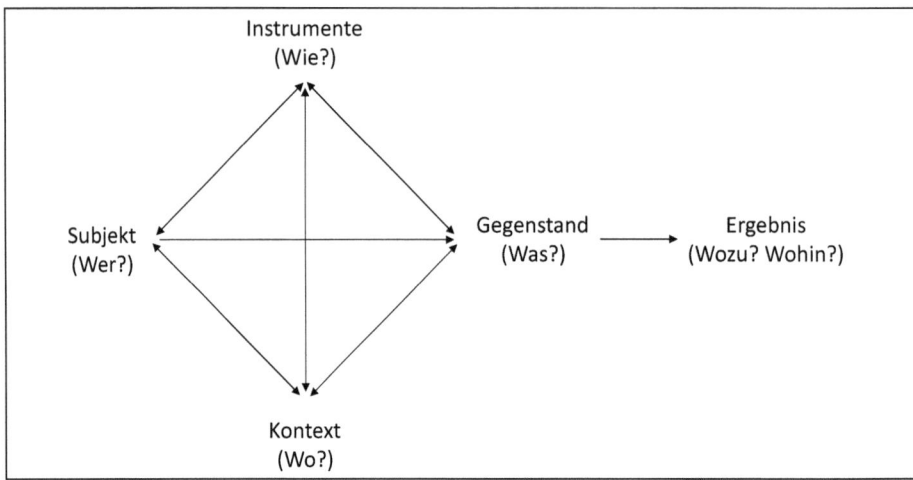

Abbildung 3:   Situatives Handlungsmodell (adaptiert von Roth, 2009).

erklären, während es diesem jedoch nur um die Vermeidung von Misserfolg geht, liegen die situativen Wirklichkeiten zu weit auseinander. Die erlebte Wirklichkeit ist abhängig von den bisherigen Erfahrungen des Subjekts und wird über die aktivierten Erwartungen oder Intentionen konstituiert. Im Folgenden sollen einige Beispiele aus dem schulischen Kontext angefügt werden, welche die verschiedenen Komponenten des Modells erläutern und illustrieren.

3.4   Handlungskoordination und Professionalität

Sowohl die Ausrichtung auf einen Handlungsgegenstand wie auch die damit verbundenen Erwartungen oder Intentionen können bei verschiedenen Lehrpersonen trotz gemeinsamen Handelns in der gleichen sozialen Situation völlig unterschiedlich sein. Twiselton (2004) beschreibt die Veränderungen der Gegenstandsorientierungen während der Grundausbildung von Lehrpersonen. Worauf Lehrpersonen im Unterricht achten (Situationsbewusstsein), verändert sich mit der Entwicklung ihrer Professionalität. Zu Beginn ihrer praktischen Tätigkeit in Schulen orientieren sich Lehramtsstudierende primär am Verhalten der Schülerinnen und Schüler (Gegenstand); sind alle beschäftigt und ruhig (Ergebnis), sind sie zufrieden. Mit zunehmender Erfahrung verändert sich ihre Gegenstandsorientierung dahingehend, dass sie sich stärker auf das Curriculum (Gegenstand) ausrichten und die Leistung der Schülerinnen und Schüler als Ergebnis an Wichtigkeit gewinnt. Schließlich sollte es den Studierenden gemäß Twiselton (2004) bis zum Ende der Ausbildung gelingen, die Schülerinnen und Schüler ins Zentrum der Aufmerksamkeit (Gegenstand) zu stellen und Lernen als Ergebnis zu fokussieren. Mit zunehmender Erfahrung verändert sich somit die Organisation des *Handlungssystems* von Lehrpersonen. Bei erfolgreichen und erfahrenen Lehrpersonen wird das Curriculum zu einem Instrument für das

Lernen der Schülerinnen und Schüler eingesetzt und nicht mehr als zentraler Gegenstand verstanden. Gutes curriculares Wissen ist nur dann wirksam, wenn es für das Lernen der Schülerinnen und Schüler eingesetzt wird. Bleibt es Gegenstand des Lehrhandelns, wirkt sich das negativ auf die Lernerfolge aus (vgl. auch Hattie, 2009).

Es gibt Hinweise darauf, dass Regellehrpersonen und sonderpädagogische Fachkräfte unterschiedliche Verständnisse von den Gegenständen ihrer Handlungen haben, dass sie also bei ihrer Arbeit von verschiedenen Vorstellungen geleitet werden. In einer empirischen Arbeit von Greiten (2014) wird deutlich, dass sich Regellehrpersonen primär an Aufgaben, sonderpädagogische Fachkräfte hingegen stärker an einem breiten Verständnis des Unterrichtsgegenstandes orientieren. Dies bleibt in der Praxis oft unerkannt und führt zu Spannungen. Jordan und Stanovich (z. B. 2004) zeigen in ihren Arbeiten den Einfluss unterschiedlicher Gegenstandsverständnisse von Behinderung auf die von Lehrpersonen wahrgenommenen Handlungsoptionen. Wird Behinderung als etwas Unveränderliches verstanden, wirkt sich das entsprechend hemmend auf das eigene Handeln aus; Lehrpersonen strengen sich dann zum Beispiel weniger an, den betroffenen Schülerinnen und Schülern etwas zu erklären.

Subjektive Theorien oder epistemische Beliefs zu Behinderung und damit assoziierte Selbstwirksamkeitsüberzeugungen werden mittlerweile breit diskutiert (Brownlee, Schraw & Berthelsen, 2011; Fives & Gill, 2015; Kuhl, Moser & Schäfer, 2013). Hier könnte eine stärkere Berücksichtigung der situativen Bedingungen dabei helfen, die oft scheinbar widersprüchlichen Handlungsweisen von Lehrpersonen besser zu verstehen. Denn eine Lehrperson befindet sich in einer anderen Situation, wenn es etwa um Integration im Allgemeinen geht, als wenn sie sich im Unterricht konkret mit einer Schülerin mit Down-Syndrom auseinandersetzen muss. Dies zeigt sich in den Antworten, wenn Lehrpersonen nach ihren entsprechenden Einstellungen gefragt werden (z. B. Avramidis & Norwich, 2002). In den Studien von Jordan und Stanovich (z. B. 2004) zeigt sich die Situationsabhängigkeit der Gegenstandswahrnehmung in den scheinbar widersprüchlichen Vorstellungen von Behinderung, wie sie bei einer Mehrheit der Lehrpersonen vorhanden sind. In Planungssituationen stehen eher Fähigkeiten der Schülerinnen und Schüler im Vordergrund, in Prüfungssituationen eher deren fehlende Leistungserbringung. Das Gegenstandsverständnis ist somit fragmentiert und führt in der Gesamtsicht zu Widersprüchlichkeiten, etwa bei der Beurteilung im Gespräch mit Eltern (vgl. Rogers, 2002).

3.5   Anwendung in inklusiven Kontexten

Da Regellehrpersonen und sonderpädagogische Fachpersonen bisher ihre Arbeitskontexte und somit auch ihre Handlungsorganisation weitgehend unabhängig voneinander ausgebildet haben, lassen sich diese wohl kaum einfach so zusammenführen. Es ist davon auszugehen, dass sie in den nun gemeinsam zu gestaltenden sozialen Situationen unterschiedliche subjektive Wirklichkeiten vorfinden, die sich womöglich in allen Komponenten des hier vorgestellten Handlungsmodells unterscheiden.

Der Versuch, die verschiedenen Arbeitssituationen zu definieren und die jeweils auszufüllenden Aufgaben oder Verantwortlichkeiten entsprechend zu klären, wird deshalb kaum die im Kontext von Inklusion erforderliche situative Ko-Konstruktion ermöglichen. Die Beteiligten brauchen ein Instrumentarium, das sie dabei unterstützt, die für Inklusion erforderlichen emergenten Ordnungen durch gemeinsames Handeln herzustellen. Das in Abbildung 3 eingeführte situative Handlungsmodell kann dabei helfen. Dabei zu bedenken sind – neben der Situationsorientierung (Steigmaier, 2008) und der grundsätzlichen Situiertheit menschlicher Handlungen (Lave & Wenger, 1991; Nardi, 1996; Ross & Nisbett, 2011) – die Perspektivität von Situationen (Graumann & Wintermantel, 1984) und die unterschiedlichen Situationshorizonte (Husserl, 1929). Diese müssen berücksichtigt werden, wenn das hier vorgestellte situative Handlungsmodell für gemeinsames Handeln in schulischen Kontexten angewendet wird.

Das situative Handlungsmodell lässt sich überall dort einsetzen, wo ein besseres Verständnis des eigenen Handelns sowie des Handelns anderer angestrebt wird. Werden anstelle der Fachbegriffe Kreise mit den entsprechenden Fragen (Wer? Was? Wozu/Wohin? Wie? Wo?) gezeichnet, ist das Modell als Vorlage bzw. Gesprächsgrundlage für die gemeinsame Planung sowie zur Reflexion von bereits getätigten Handlungen verwendbar. Dabei kann der Situationshorizont (vgl. nächsten Abschnitt) sehr unterschiedlich sein, etwa bei der Verständigung in Krisensituationen (unmittelbar), im Hinblick auf gemeinsames Handeln in Unterrichtssituationen (kurzfristig) oder bezüglich der Gestaltung des Zusammenlebens in der Schule (langfristig). Das Modell kann auch im Gespräch mit Schülerinnen und Schülern verwendet werden, beispielsweise wenn es darum geht, besser zu verstehen, wie sie in einer bestimmten Situation vorgegangen sind, oder um ihnen ein Feedback zu geben. Im Projekt „Regional Support for Inclusive Education" des Europarats und der Europäischen Union wurde dieses Modell von der Autorin zudem als Grundlage für die Weiterentwicklung von Praktiken der Aus- und Weiterbildung von Lehrpersonen verwendet (Council of Europe, 2015). Im Folgenden soll ein gegenüber Abbildung 3 erweitertes Modell vorgestellt werden, das spezifisch für die Analyse von Tätigkeiten in organisationalen oder institutionellen Arbeitskontexten entwickelt worden ist.

4   Analyse von Tätigkeiten im Arbeitskontext

4.1   Handeln in institutionellen Kontexten

Das im letzten Abschnitt erarbeitete Modell zur Situationsanalyse (situatives Handlungsmodell, vgl. Abbildung 3) kann grundsätzlich für alle Handlungen verwendet werden – unabhängig von ihrer Dauer bzw. ihrer Reichweite oder Komplexität. „Subjekt" kann dabei für eine einzelne Person oder für ein Kollektiv stehen, also für die handelnde Person bzw. die gemeinsam handelnden Personen. Die verwendeten Instrumente können ganz einfach (Worte, Bleistift) oder hochkomplex (elektronisches Tool für Bedarfs- und Förderplanung) sein. Als Kontext kann man sich die unmittelbar wirkende Umwelt vorstellen oder aber die institutionellen und gesellschaftlichen Bedingungen. Die Bestimmung der Situation ergibt sich aus der subjektiven Situationsorientierung (Gegenstand und erwartete Veränderungen) und aus dem Situationshorizont (z. B. fokussiert auf das Hier und Jetzt vs. fokussiert auf die gesamte Lebenssituation). Das gibt dem Modell eine große Flexibilität, die jedoch bei der Verbesserung der Koordination professionellen Handelns in Organisationen auch hinderlich sein kann, gerade weil die Beteiligten in der gemeinsamen sozialen Situation aus ihrer subjektiven Situation heraus ganz andere Erfahrungs- und Handlungshorizonte aktivieren. In der Literatur werden hier verschiedene Handlungsregulationsebenen unterschieden: bei Leontjew (1959) etwa Operationen („operations"), Handlungen („actions") und Tätigkeiten („activities"), bei Hacker (1973) eine sensumotorische (automatisierte Steuerung), eine begrifflich-perzeptive (flexible Handlungsmuster) und eine intellektuelle Ebene (neuartige, komplexe Pläne) oder bei Eraut (2007) die drei Ebenen „Instant/Reflex", „Rapid/Intuitive", und „Deliberative/Analytic".

Für die Analyse von Tätigkeiten in Arbeitskontexten soll nun die Ebene der Tätigkeiten fokussiert werden, also die Handlungskoordinationsebene, die bewusst planbar und somit auch analysierbar und reflektierbar ist. „Tätigkeit" wird dabei als Analyseeinheit betrachtet; a priori wird keine Zerlegung in abhängige und unabhängige Variablen oder in Handlungen und Umweltbedingungen vorgenommen. Eine Tätigkeit ist zu verstehen als eine nicht direkt einsehbare oder beobachtbare Praxis. Tätigkeiten ergeben sich über zahlreiche Handlungen, die für eine komplexe Problemlösung ausgeführt werden. Die einzelnen Handlungen verfolgen jeweils spezifische Ziele (z. B. Begrüßung der Klasse zur Fokussierung ihrer Aufmerksamkeit, Stellen von Fragen zur Anregung von Denkprozessen, das Singen eines Liedes zur Entspannung). In ihrer Gesamtheit werden sie durch ein übergeordnetes Motiv verbunden (z. B. die Kinder für ein Thema zu begeistern). Handlungen ihrerseits können wiederum verschiedene Operationen umfassen, die jeweils an bestimmte Bedingungen geknüpft sind (lauter sprechen, wenn die Kinder unruhig sind; Adaptierung der nächsten Fragen an die Antwort; Wahl des Liedes gemäß der eigenen Stimmung).

4.2   Tätigkeitsmodell von Engeström

Tätigkeiten werden – wie Situationen – aus der Sicht der handelnden Person bzw. der handelnden Personen betrachtet, die in ergebnis- oder zielorientierte Tätigkeiten involviert sind und dazu kognitive und materielle Werkzeuge (Instrumente) verwenden. Die Tätigkeitstheorie geht von einem dialektischen Verhältnis zwischen Subjekt (Person) und Gegenstand/Objekt (Gegenstandsverständnis verbunden mit Intention, Absicht oder Zweck) aus. Das Objekt kann physisch oder ideell, bewusst oder unbewusst sein; es muss nicht identisch sein mit dem beobachtbaren Ergebnis. Tätigkeiten (z. B. Unterrichten) finden immer in einem sozialen Kontext statt. Zur Analyse

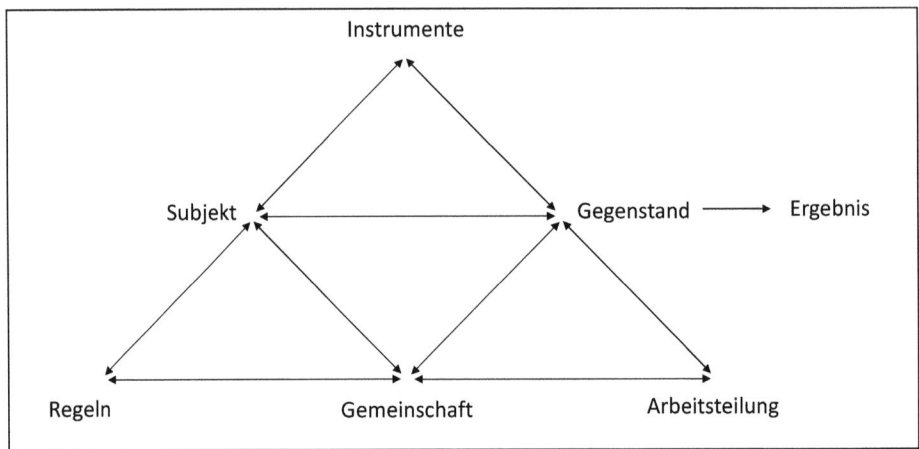

Abbildung 4:   Komplexes Modell eines Tätigkeitssystems (Engeström, 1999).

von Arbeitstätigkeiten hat Engeström (2001) ein erweitertes Tätigkeitsmodell (Acti-
vity Theory Model) entwickelt, das den Kontext (vgl. Abbildung 3) in drei separate
Komponenten aufteilt: Regeln, Gemeinschaft und Arbeitsteilung (Engeström, 2001,
S. 135; vgl. Abbildung 4).

Diese Beziehung zwischen Subjekt und Gegenstand/Objekt wird vermittelt durch
Instrumente, Artefakte oder Werkzeuge und den sozialen Kontext, also durch die
geltenden Regeln (z.B. Gesetze, formelle und informelle Vereinbarungen oder Vor-
schriften, Konventionen), die Gemeinschaft (neben dem Subjekt ebenfalls an der
Tätigkeit beteiligte Personen) und die Arbeitsteilung (horizontale Verteilung von
Aufgaben, vertikale Verteilung von Macht und Status). Je nach Zusammenspiel die-
ser Faktoren verläuft die Tätigkeit unterschiedlich und sind auch unterschiedliche
Ergebnisse (Outcomes) zu erwarten. Eine ähnliche Aufteilung von sozialen Hand-
lungskontexten in drei Komponenten findet sich etwa bei Bronfenbrenner (1981;
Definition „Mikrosystem") oder bei Scott (2008; „Three Pillars of Institutions").

Das Modell kann zur Analyse der Tätigkeiten einzelner Personen, eines Teams
oder einer Organisation verwendet werden. Je mehr Personen oder je komplexer die
mit einer Tätigkeit verbundenen Handlungen sind, desto eher kann es zu Spannungen und Widersprüchen kommen. Im Modell von Engeström (1999, 2001) weisen
die Pfeile zwischen den verschiedenen Komponenten auf entsprechende Wechselwirkungen hin. Zu Spannungen und Widersprüchen kommt es etwa, wenn eine Regellehrperson und eine sonderpädagogische Fachperson gemeinsam unterrichten,
dabei aber ihre Tätigkeiten grundsätzlich anders ausrichten (z.B. auf die Leistung der
Klasse vs. auf das Lernen einer Schülerin oder eines Schülers), wenn sie ganz andere
Vorgehensweisen (Instrumente, Methoden, Artefakte) verwenden, wenn sie unter
unterschiedlichen Arbeitsbedingungen arbeiten (z.B. Regelung des Salärs), wenn sie
ein anderes Verständnis der beteiligten Personen haben (alle Kinder vs. alle Kinder,
die dem eigenen Unterricht folgen können) oder wenn sie andere Vorstellungen von
Arbeitsteilung haben (z.B. Delegation vs. Kooperation).

4.3 Koordination verschiedener Tätigkeitssysteme

Insbesondere in komplexen Organisationen muss zudem davon ausgegangen werden, dass verschiedene Tätigkeitssysteme ineinanderwirken. Neben der in Schulen zentralen Tätigkeit des Unterrichtens sind immer auch noch andere Tätigkeitssysteme zu finden. Wird zum Beispiel das Tätigkeitssystem zwischen Regellehrperson und der in der gleichen Klasse tätigen sonderpädagogischen Fachperson als zentrale Tätigkeit festgelegt, gibt es andere Tätigkeitssysteme, welche die *Instrumente* für diese zentrale Tätigkeit entwickeln (z. B. Tätigkeiten zur Unterrichtsentwicklung), oder es gibt Tätigkeiten zur Entwicklung der *Subjekte* (Aus- und Weiterbildung von Lehrpersonen an pädagogischen Hochschulen oder anderen Fachhochschulen). Die Tätigkeit der Lehrerinnen- und Lehrerbildung richtet sich auf Lehrpersonen oder andere Fachpersonen im Schulfeld aus. Die Schulprogrammarbeit ist eine Tätigkeit zur Entwicklung des Gegenstandsbereichs (z. B. zukünftiger Unterricht und die damit verbundenen Intentionen). Ein wichtiger Gegenstandsbereich der Bildungsministerien sind die für die Lehrpersonen geltenden *Regeln*. Lehrmittelverlage wiederum produzieren Lehrmittel; ihr Gegenstandsbereich bezieht sich auf die Komponente der *Instrumente*. Aus diesem Zusammenspiel verschiedener Personen, Institutionen, Komponenten und Tätigkeiten können sich ebenfalls Widersprüche unterschiedlicher Ordnungen (vgl. Hasan, 2003) ergeben. Zum Beispiel kann ein neues Lehrmittel von einem ganz anderen Verständnis der Arbeitsteilung zwischen Lehrperson und Schülerinnen und Schülern oder von einem ganz anderen Gegenstandsverständnis (Lernen als aktiver Konstruktionsprozess vs. Lernen als rezeptive Aufgabe) ausgehen als dies gegenwärtig im zentralen Tätigkeitssystem (Unterrichtspraxis) der Fall ist.

Im Kontext von Inklusion wird letztlich eine Zusammenführung der bisher getrennt funktionierenden Tätigkeitssysteme „Unterrichten" und „Fördern" gefordert; es geht somit darum, gemeinsam eine neue Tätigkeit zu entwickeln. Dazu müssen zwei bisher getrennt konstruierte Gegenstandsbereiche (Gegenstand 1 und 2 mit unterschiedlichen Ergebniserwartungen, vgl. Abbildung 5) zusammengeführt werden, sodass ein neuer, gemeinsamer Gegenstandsbereich (Gegenstand 3, vgl. Abbildung 5) entsteht. Auf dieser Grundlage kann dann gemeinsam entschieden werden, wie die zusätzlichen Komponenten des Modells neu gestaltet werden könnten.

Mithilfe des Tätigkeitsmodells können somit verschiedene implizite Erwartungen, subjektive Theorien und Gegenstandsverständnisse erfasst, reflektiert, erweitert und zusammengeführt werden. Engeström hat zu diesem Zweck ein Verfahren entwickelt, das er als „Change Laboratory" bezeichnet und das auf *expansivem Lernen* basiert (Daniels, Edwards, Engeström, Gallagher & Ludvigsen, 2010; Engeström, 2001; Engeström, Miettinen & Punamäki, 1999; Sannino, Daniels & Gutiérrez, 2009). Es handelt sich dabei um einen gemeinsam gestalteten Problemlöseprozess, der sich auf die Neuordnung der gemeinsam zu gestaltenden Tätigkeit ausrichtet. Durch diesen Prozess können sich die beteiligten Personen einbringen, ein gemeinsames Verständnis von der durch sie zu gestaltenden sozialen Situation schaffen und so ihre eigene Praxis weiterentwickeln. Die Analyse von Tätigkeitssystemen kann somit

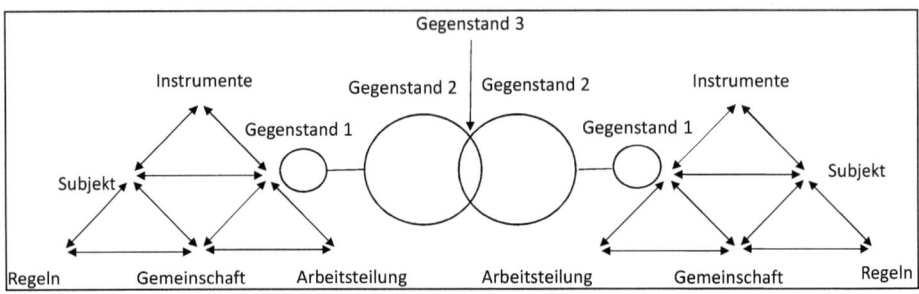

Abbildung 5:   Zwei interagierende Tätigkeitssysteme (Engeström, 2001).

dabei helfen, neue Praktiken zu entwickeln, die auf die zunehmende Komplexität und die Interdependenzen von bisher getrennt gedachten Akteursfeldern reagieren können. Sie ermöglicht die Explizierung von impliziten Annahmen und kann somit Grundlage für eine gemeinsame Ausgestaltung innovativer Praktiken werden. Dabei sind Widersprüche und strukturelle Spannungen Grundlage und Antrieb für Wandel und Entwicklung. Partizipativ gestaltete Forschungs- und Entwicklungsprozesse sind dabei zwingend erforderlich. Ohne die Initiierung solcher Prozesse wird Inklusion in Bildungssystemen noch lange nicht Realität werden und somit ihre Wirkung nicht entfalten können.

Literatur

Argyris, C. & Schön, D. A. (1996). *Organizational Learning II. Theory, Method and Practice.* Reading, MA: Addison Wesley.

Avramidis, E. & Norwich, B. (2002). Teachers' Attitudes Towards Integration and Inclusion: A Review of the Literature. *European Journal of Special Needs Education, 17* (2), 129–147.

Baruk, S. (1985). *L'Âge du capitaine. De l'erreur en mathématique.* Paris: Seuil.

Bateson, G. (1981). *Ökologie des Geistes. Anthropologische, psychologische, biologische und epistemologische Perspektiven.* Frankfurt am Main: Suhrkamp.

Bronfenbrenner, U. (1981). *Die Ökologie der menschlichen Entwicklung. Natürliche und geplante Experimente.* Stuttgart: Klett-Cotta.

Brownlee, J., Schraw, G. & Berthelsen, D. (2011). *Personal Epistemology and Teacher Education.* New York: Routledge.

Cooper, B. & Harries, T. (2002). Children's responses to contrasting ‚realistic‘ mathematics problems: Just how realistic are children ready to be? *Educational Studies in Mathematics, 49* (1), 1–23.

Council of Europe. (2015). *Tool to upgrade teacher education practices for inclusive education.* Straßburg: Council of Europe.

Daniels, H., Edwards, A., Engeström, Y., Gallagher, T. & Ludvigsen, S. R. (2010). *Activity Theory in Practice. Promoting Learning across Boundaries and Agencies.* London: Routledge.

Elias, N. (1991). *Die Gesellschaft der Individuen.* Frankfurt am Main: Suhrkamp.

Emmerich, M. & Hormel, U. (2013). *Heterogenität – Diversity – Intersektionalität. Zur Logik sozialer Unterscheidungen in pädagogischen Semantiken der Differenz.* Wiesbaden: Springer VS.

Endsley, M. R. & Jones, D. G. (2012). *Designing for Situation Awareness. An Approach to User-Centered Design.* Boca Raton: CRC Press.

Engeström, Y. (1999). Communication, discourse and activity. *The Communication Review, 3* (1–2), 165–185.

Engeström, Y. (2001). Expansive Learning at Work: Toward an activity theoretical reconceptualization. *Journal of Education and Work, 14* (1), 133–156.

Engeström, Y., Miettinen, R. & Punamäki, R.-L. (1999). *Perspectives on Activity Theory.* Cambridge: Cambridge University Press.

Eraut, M. (2007). Learning from Other People in the Workplace. *Oxford Review of Education, 33* (4), 403–422.

European Agency for Development in Special Needs Education. (2013). *Organisation of Provision to Support Inclusive Education – Literature Review.* Odense: European Agency for Development in Special Needs Education.

Fives, H. & Gill, M. G. (2015). *International Handbook of Research on Teachers' Beliefs.* New York: Routledge.

Giddens, A. (1988). *Die Konstitution der Gesellschaft. Grundzüge einer Theorie der Strukturierung.* Frankfurt am Main: Campus.

Graumann, C. F. & Wintermantel, M. (1984). Spracheverstehen als Situationsverstehen. In J. Engelkamp (Hrsg.), *Psychologische Aspekte des Verstehens* (S. 205–229). Berlin: Springer.

Greiten, S. (2014). Welche Kompetenzen für die Unterrichtsplanung benötigen LehrerInnen an Regelschulen für einen inklusiven, auf individuelle Förderung ausgerichteten Unterricht? Erste Ergebnisse aus einer qualitativ-empirischen Studie. In S. Tumpa, S. Seifried, E.-K. Franz & T. Klauß (Hrsg.), *Inklusive Bildung: Erkenntnisse und Konzepte aus Fachdidaktik und Sonderpädagogik* (S. 107–121). Weinheim: Beltz Juventa.

Hacker, W. (1973). *Allgemeine Arbeits- und Ingenieurspsychologie.* Berlin: VEB Deutscher Verlag der Wissenschaften.

Hasan, H. (2003). An activity-based model of collective knowledge. In IEEE (Ed.), *Proceedings of the 36th Annual Hawaii International Conference on System Sciences, 6–9 January 2003.* Piscataway, NJ: IEEE.

Hattie, J. (2009). *Visible Learning: A Synthesis of Over 800 Meta-Analyses Relating to Achievement.* Abingdon: Routledge.

Helsper, W. (2008). Ungewissheit und pädagogische Professionalität. In Bielefelder Arbeitsgruppe 8 (Hrsg.), *Soziale Arbeit in der Gesellschaft* (S. 162–176). Wiesbaden: VS Verlag für Sozialwissenschaften.

Hollenweger, J. (2016). Situationsanalyse. In I. Hedderich, G. Biewer, J. Hollenweger & R. Markowetz (Hrsg.), *Handbuch Inklusion und Sonderpädagogik* (S. 674–679). Bad Heilbrunn: Klinkhardt.

Holzinger, M. (2007). *Kontingenz in der Gegenwartsgesellschaft. Dimensionen eines Leitbegriffs moderner Sozialtheorie.* Bielefeld: Transcript.

Husserl, E. (1929). *Formale und transzendental Logik. Versuch einer Kritik der logischen Vernunft.* Halle an der Saale: Niemeyer.

Jordan, A. & Stanovich, P. (2004). The beliefs and practices of Canadian teachers about including students with special education needs in their regular elementary classrooms. *Exceptionality Education Canada, 14* (2 & 3), 25–46.

Kraus, B. (2013). *Erkennen und Entscheiden. Grundlagen und Konsequenzen eines erkenntnistheoretischen Konstruktivismus für die Soziale Arbeit.* Weinheim: Beltz Juventa.

Kreis, A., Wick, J. & Kosorok Labhart, C. (2013). Kooperation im Kontext der integrativen Förderung von Schülerinnen und Schülern mit besonderem Förderbedarf. In M. Schüpbach & A. Slokar (Hrsg.), *Kooperation als Herausforderung in Schule und Tagesschule* (S. 51–66). Bern: Haupt.

Kuhl, J., Moser, V. & Schäfer, L. (2013). Zur empirischen Erfassung von Beliefs von Förderlehrerinnen und -lehrern. *Empirische Sonderpädagogik, 5* (1), 3–24.

Lave, J. & Wenger, E. (1991). *Situated learning: Legitimate peripheral participation.* New York: Cambridge University Press.

Leontjew, A. (1959). *Probleme der Entwicklung des Psychischen.* Berlin: Volk und Wissen Verlag.

Lewin, K. (1951). *Field Theory in Social Sciences.* New York: Harper & Brothers.

Luhmann, N. (1984). *Soziale Systeme.* Frankfurt am Main: Suhrkamp.

Luhmann, N. (2002). *Das Erziehungssystem der Gesellschaft.* Frankfurt am Main: Suhrkamp.

Maag Merki, K., Kunz, A., Werner, S. & Luder, R. (2010). *Professionelle Zusammenarbeit in Schulen. Schlussbericht.* Zürich: Universität Zürich & Pädagogische Hochschule Zürich.

Magnusson, D. (1981). Wanted: A psychology of situations. In D. Magnusson (Ed.), *Toward a psychology of situations. An international perspective* (pp. 9–32). Hillsdale, NJ: Erlbaum.

Markowitz, J. (1979). *Die soziale Situation: Entwurf eines Modells zur Analyse des Verhältnisses zwischen personalen Systemen und ihrer Umwelt.* Frankfurt am Main: Suhrkamp.

Merkens, H. (2006). *Pädagogische Institutionen. Pädagogisches Handeln im Spannungsfeld zwischen Individualisierung und Institution.* Wiesbaden: VS Verlag für Sozialwissenschaften.

Näpfli, J. & Quesel, C. (2014). *Integrative Schulung im Kanton Aargau. Bericht zu einer Erhebung zum Stand der integrativen Schulung im Kanton Aargau aus Sicht von Lehrpersonen, Schulischen Heilpädagogen und Schulleitungen.* Windisch: Pädagogische Hochschule FHNW.

Nardi, B. (Ed.). (1996). *Context and consciousness. Activity theory and human-computer interaction.* Cambridge, MA: MIT Press.

Piaget, J. (1983). *Biologie und Erkenntnis. Über die Beziehungen zwischen organischen Regulationen und kognitiven Prozessen.* Frankfurt am Main: Fischer.

Reusser, K., Stebler, R., Mandel, D. & Eckstein, B. (2013). *Erfolgreicher Unterricht in heterogenen Lerngruppen auf der Volksschulstufe des Kantons Zürich.* Zürich: Institut für Erziehungswissenschaft, Universität Zürich.

Rogers, R. (2002). Through the Eyes of the Institution: A Critical Discourse Analysis of Decision Making in two Special Education Meetings. *Anthropology & Education Quarterly, 33* (2), 213–237.

Ross, L. & Nisbett, R. E. (2011). *The Person and the Situation. Perspectives on Social Psychology.* London: Pinter & Martin.

Roth, W.-M. (2009). On the inclusion of emotions, identity, and ethico-moral dimensions of actions. In A. Sannino, H. Daniels & K. D. Gutiérrez (Eds.), *Learning and Expanding with Activity Theory* (pp. 53–71). Cambridge: Cambridge University Press.

Sannino, A., Daniels, H. & Gutiérrez, K. D. (Eds.). (2009). *Learning and Expanding with Activity Theory.* Cambridge: Cambridge University Press.

Schlee, J. (2008). *Kollegiale Beratung und Supervision für pädagogische Berufe. Hilfe zur Selbsthilfe. Ein Arbeitsbuch.* Stuttgart: Kohlhammer.

Schütz, A. & Luckmann, T. (2003). *Strukturen der Lebenswelt.* Konstanz: UVK Verlagsgesellschaft.

Scott, W. R. (2008). *Institutions and Organisations. Ideas and Interests.* Thousand Oaks: Sage.

Segall, M. H., Dasen, P. R., Berry, J. W. & Poortinga, Y. H. (1990). *Human Behaviour in Global Perspective. An Introduction to Cross-Cultural Psychology.* Boston: Allyn & Bacon.

Sherin, M. G., Jacobs, V. R. & Philipp, R. A. (2011). *Mathematics Teacher Noticing.* New York: Routledge.

Steigmaier, W. (2008). *Philosophie der Orientierung.* Berlin: de Gruyter.

Steppacher, J. (2014). *Zusammenarbeit in der integrativen Schule.* Zürich: Interkantonale Hochschule für Heilpädagogik.

Stern, D. (1992). *Die Lebenserfahrung des Säuglings.* Stuttgart: Klett-Cotta.

Twiselton, S. (2004). The Role of Teacher Identities in Learning to Teach Primary Literacy. *Educational Review, 56* (2), 157–164.

Tyack, D. & Tobin, W. (1994). The „Grammar" of Schooling: Why Has It Been So Hard to Change? *American Educational Research Journal, 31* (3), 453–479.

Vygotskij, L. S. (1929). The problem of cultural development of the child. *Journal of Genetic Psychology, 36* (3), 415–434.

Vygotskij, L. S. (1969). *Denken und Sprechen.* Frankfurt am Main: Fischer.

Vygotskij, L. S. (1992). *Geschichte der höheren psychischen Funktionen.* Berlin: LIT.

André Kunz, Bea Zumwald und Reto Luder

Instrumente zur Strukturierung von Kooperation bei inklusiver Förderung

Bedeutung, Überblick und Einordnung mithilfe der Aktivitätstheorie

Zusammenfassung

Der Begriff „inclusion" bzw. „inclusive education" wird international verwendet für ein Lernsetting im Unterricht ohne Ausschluss. Im Zusammenhang mit der inklusiven Schulung von Kindern mit „special educational needs" (SEN) ist gemäß der European Agency for Special Needs and Inclusive Education (Projekt „Teacher Education for Inclusion", 2009–2012) u. a. auch der Schwerpunkt „Working with others" im Handeln von Lehrpersonen besonders wichtig. Dieser Überblicksbeitrag legt den Fokus auf Instrumente zur Unterstützung von „Working with others". Zur Analyse der Zusammenarbeit wird die Aktivitätstheorie von Engeström einbezogen. Inklusive Förderung aller Kinder, auch von Kindern mit SEN, stellt im Begriffsverständnis der Aktivitätstheorie eine Tätigkeit dar, die von mehreren Beteiligten realisiert wird. Bei der Klärung von Rollen und Aufgaben kommt Strukturierungsvorschlägen für eine multiprofessionelle Zusammenarbeit (zwischen Lehrpersonen, pädagogisch-therapeutischen und medizinisch-therapeutischen Fachpersonen etc.) eine große Bedeutung zu. Die hier vorgestellten Instrumente (u. a. Kooperationsplaner, webbasierte Förderplanung mit der Interdisziplinären Schülerdokumentation, ICF-basierte Förderplanung mit dem Schulischen Standortgespräch, KoKa und KiDit) werden vor diesem Hintergrund eingeordnet.

1   Einleitung

Im internationalen Kontext wird der Begriff „inclusion" bzw. „inclusive education" verwendet als ein zielgerichtetes, förderorientiertes gemeinsames Lernen im Unterricht ohne Ausschluss. Bei der inklusiven Schulung von Kindern mit „special educational needs" (SEN) sind gemäß dem „Profile of Inclusive Teachers" der European Agency for Special Needs and Inclusive Education (Projekt „Teacher Education for Inclusion", 2009–2012) die folgenden vier Schwerpunkte im Handeln von Lehrpersonen besonders wichtig (European Agency for Development in Special Needs Education, 2012, S. 7):

- Valuing Learner Diversity,
- Supporting all Learners,
- Working With Others,
- Personal Professional Development.

Für die Relevanz von „Working with others" sprechen Ergebnisse aus der Forschung zu Schul- und Unterrichtsqualität (Fußangel, 2008; Halbheer, Kunz & Maag Merki, 2008; Scheerens & Bosker, 1997). Die Kooperation in multiprofessionellen Teams (z. B. zusammengesetzt aus Lehrpersonen, Schulischen Heilpädagoginnen und Heilpädagogen, Therapeutinnen und Therapeuten aus Logopädie oder Psychomotorik, Schulpsychologischem Dienst, Schulleitung etc.) wird im Zusammenhang mit inklusiven Settings als wichtige Gelingensbedingung beschrieben (Kunz, Luder, Maag Merki & Werner, 2013; Lütje-Klose & Urban, 2014), insbesondere dann, wenn für Schülerinnen und Schüler mit SEN Förderung vorbereitet, geplant, umgesetzt und evaluiert werden soll. Kooperation ist grundsätzlich voraussetzungsreich (Maag Merki, 2009) und als Ergebnis von komplexen Rahmenbedingungen bezüglich Rollen und Aufgaben der an inklusiven Settings beteiligten Personen problembehaftet und klärungsbedürftig (Altrichter, 2000; Anliker, Lietz & Thommen, 2008). Die Kooperation der verschiedenen Professionen im Kontext der inklusiven Beschulung wird in der Praxis oft als Herausforderung wahrgenommen (Chilla, 2012; Lindmeier & Beyer, 2011; Lütje-Klose, Urban, Werning & Willenbring, 2005; Maag Merki, Kunz, Werner & Luder, 2010). Der Aufbau von kooperativen Strukturen erfordert deshalb eine bewusste Gestaltung (Urban & Lütje-Klose, 2014).

Der vorliegende Beitrag geht von der Annahme aus, dass die multiprofessionelle Kooperation mit der Aktivitätstheorie (Engeström, 1987, 1999a, 1999b) gewinnbringend konzeptualisiert werden kann. Die Frage stellt sich dann, wie die umfassende *Tätigkeit „inklusive Förderung"* – verstanden im Sinne der Aktivitätstheorie – in einzelne Einheiten unterteilt, durch gemeinsam verantwortete Ziele im Förderteam gesteuert und entlang eines Verständnisses von prozessorientierter Förderplanung als Kreislauf (Luder & Kunz, 2014) organisiert werden kann. Dabei interessiert, welche Instrumente sich dazu eignen könnten, diese Zusammenarbeit zu strukturieren.

2   Theoretischer Hintergrund

Da im Rahmen des vorliegenden Sammelbands bereits in anderen Beiträgen theoretische Konzeptionen von Kooperation vorgestellt werden, wird im Folgenden nur auf einzelne konzeptuelle und theoretische Grundlagen verwiesen, die mit Blick auf die danach vorgestellten Instrumente direkt relevant sind.

2.1   Grundlage der Kooperation: Reziprozität und gegenseitiges Vertrauen

Das Konzept der Kooperation zeigt sich grundsätzlich als zielgerichtetes Unterfangen altruismus- und empathiefähiger Individuen (Schmuck & Kruse, 2005), die willentlich, zielgerichtet (Tuomela, 2000) und mit einem Vertrauensvorschuss zusammen aufgabenbezogen handeln (Spieß, 1996, 2004): „Gelungene Kooperation bedarf idealerweise autonomer Subjekte, die willens sind, ihre Beziehung reziprok zu gestalten" (Spieß, 1996, S. 53). Wichtig ist dabei die Betonung der zentralen Funktion von gegenseitiger Autonomiegewährung bei gleichzeitigem Vertrauen, der wechselseitigen Bezugnahme und Kommunikation sowie der Ausrichtung auf gemeinsam zu erreichende Ziele (Axelrod, 2005; Spieß, 2004). Dies rückt das Verhältnis von Autonomie und Kooperation (Köker, 2012) sowie zielgerichtete Tätigkeiten in den Fokus.

2.2 Inklusive Förderung als Tätigkeit aus der Sicht der Aktivitätstheorie

Inklusive Förderung aller Kinder, auch von Kindern mit SEN, kann im Verständnis der Aktivitätstheorie, die von Engeström (z. B. 1987, 1999a) auf der Basis der Handlungstheorie von Leontjew (1978) weiterentwickelt wurde („Aktivitätstheorie der dritten Generation"), als *Tätigkeit* aufgefasst werden (vgl. dazu in diesem Band Hollenweger, 2016). Das Motiv für die besondere Förderung eines Kindes ist ein pädagogisches, da nämlich die Reduktion von Differenz in den an Schulen relevanten Diversitätskategorien angestrebt wird, z. B. bei der Möglichkeit, Texte zu verstehen und auch selbst produzieren zu können, oder bei der Möglichkeit Zahlen zu lesen, zu verstehen und mit ihnen Situationen mathematisch erfassen zu können. Die *umfassende Tätigkeit „inklusive Förderung"* unterteilt sich in einzelne Handlungen (z. B. die Planung von Fördermaßnahmen während eines Schuljahres), die durch gemeinsam verantwortete Ziele im Förderteam gesteuert werden. Diese Handlungen unterteilen sich wiederum in einzelne Operationen (z. B. dem Kind ein bestimmtes Hilfsmittel zur Verfügung stellen, konkrete Leseförderungstrainings durchführen), die sich aus instrumentellen Bedingungen (Rahmenbedingungen, welche durch Instrumente geprägt werden) ergeben. Dabei stellt die Tätigkeit „inklusive Förderung" eine kollektive Tätigkeit dar, die von mehreren Personen getragen wird, die ihre je individuell ausgeführten Handlungen jeweils auf die Förderziele ausrichten.

Für die Ausübung einer Tätigkeit sind mehrere Komponenten (Engeström, 1987, 1999a) bedeutsam, die sich folgendermaßen konkretisieren lassen (vgl. Abbildung 1):

- Das *Subjekt (Subject)* meint die Person (z. B. eine Schulische Heilpädagogin oder einen Schulischen Heilpädagogen) oder mehrere Personen (z. B. ein Tandem aus Schulischer Heilpädagogin bzw. Schulischem Heilpädagogen und Lehrperson), die eine Tätigkeit ausüben. Sie stehen als handelnde Akteurinnen und Akteure im Fokus, bringen Vorkenntnisse, Einstellungen, Fähigkeiten und Motivationen in die eigene Tätigkeit bzw. eigenen Tätigkeiten ein.
- Der *Gegenstand (Object)* beschreibt einen Problemraum, also einen Gegenstandsbereich, auf den sich die Handlung des Subjekts (Person oder Gruppe von Personen) ausrichtet, z. B. eine gemeinsam verantwortete Förderplanung. Die Tätigkeit wird unterschiedlich ausgeübt, je nach Verständnis und Fokus des Subjekts.
- Hinsichtlich der *Ergebnisse (Outcomes)*, z. B. der Förderung eines Kindes, können sowohl intendierte als auch unerwünschte Wirkungen eintreten. Mit der Tätigkeit werden immer gewisse Intentionen (auch verstanden als Zielvorstellungen oder Zielsetzungen) verfolgt. Sie bilden ein Motiv.

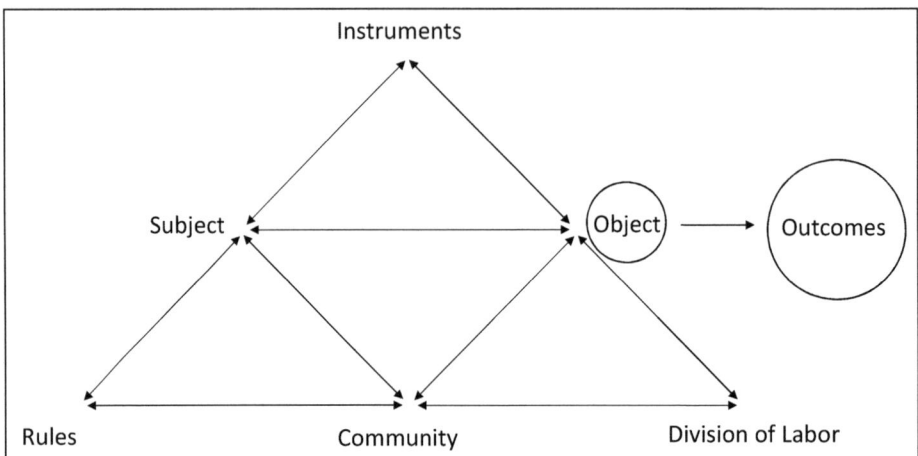

Abbildung 1:   Komponenten einer Aktivität (Hasan, 2003, S. 5).

- Die Tätigkeit wird durch die verwendeten *Instrumente, Werkzeuge oder Artefakte (Instruments, Tools)* vermittelt. Die Auswahl und die Anwendung bestimmter Methoden oder Instrumentarien verändern eine Tätigkeit.
- Jede Tätigkeit findet in einem *Kontext* statt (vgl. Abbildung 2). In der Aktivitätstheorie wird dieser Kontext durch folgende drei Begriffe umschrieben:
  - *Gemeinschaft (Community):* weitere an der Aktivität beteiligte Individuen oder Gruppen, die nicht unmittelbar als tätige Subjekte im Fokus stehen;
  - *Arbeitsteilung (Division of Labor):* horizontale Verteilung von Aufgaben und vertikale Verteilung von Macht und Status; sowie
  - *Regeln (Rules):* implizite und explizite Vorschriften oder Konventionen, die Tätigkeiten sowie Interaktionen einschränken oder unterstützten.

Für das zu Beginn ausgeführte „Profile of Inclusive Teachers" (European Agency for Development in Special Needs Education, 2012) ergibt sich in der Terminologie der Aktivitätstheorie die Darstellung in Abbildung 2. Diese sieht Subjekte vor, die sich zu lebenslangem Lernen verpflichtet fühlen und auf den Gegenstand eines realisierbaren Umgangs mit Heterogenität fokussieren. Dahinter steht die Intention, als Team (Leitung, Schule, Einzelpersonen) ein inklusives Schulsystem zu realisieren. Den Kontext dazu bildet die Zusammenarbeit in diesem Schulsystem. Die entsprechenden Instrumente bestehen aus Formen der Unterstützung für alle Schülerinnen und Schüler an der Schule.

2.3   Gemeinsam verantwortete Förderplanung: Ein Prozess als Kreislauf

Die oben ausgeführten Handlungen lassen sich in den Kreislauf einer prozessorientierten Förderplanung einbetten (vgl. Abbildung 3). Ein solcher Prozessablauf (vgl. auch „Individual Educational Planning" – IEP) kann, in der Begrifflichkeit der Ak-

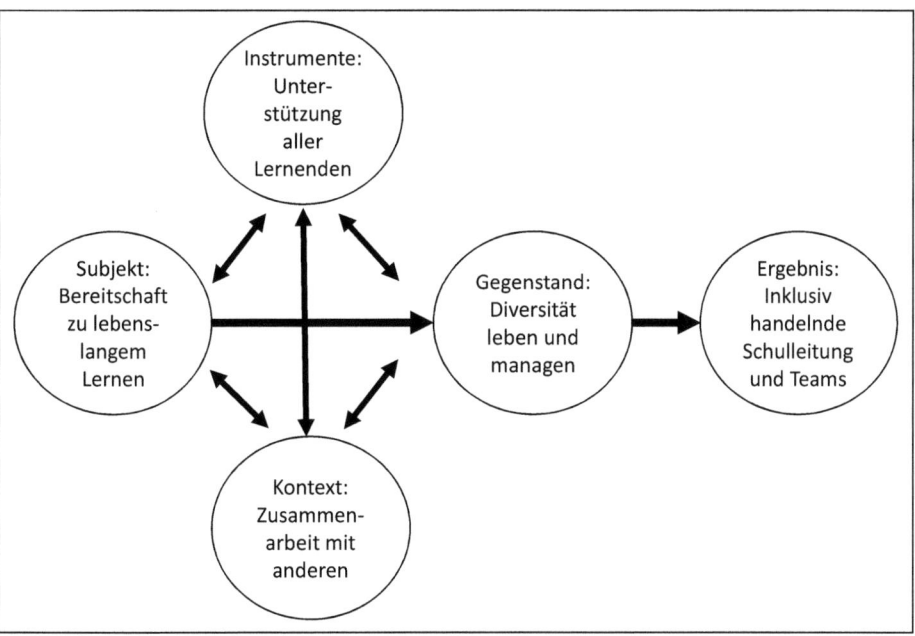

Abbildung 2: Fokus auf inklusiv handelnde Schulleitung und Teams (Hollenweger, Pantić & Florian, 2015, S. 19; Abbildung vereinfacht dargestellt nach Roth, 2009).

tivitätstheorie, als *Kontext* oder als *Instrument* für den *Gegenstand „Förderplanung"* betrachtet werden. Zu einer gelungenen Inklusion tragen neben einer sorgfältigen diagnostischen *Erfassung* der Voraussetzungen und der fachlich qualifizierten *Analyse* dieser Daten in Bezug auf sonderpädagogisch relevanten Förderbedarf auch eine ebensolche *Planung* und eine gemeinsam verantwortete Zielsetzung, eine begleitete und kontrollierte *Umsetzung* sowie anschließende *Reflexion und Evaluation* der Förderung maßgeblich bei. Dazu müssen die notwendigen pädagogisch-therapeutischen, sozialpädagogischen und gegebenenfalls medizinischen Maßnahmen sowie der Unterricht zeitlich, organisatorisch und inhaltlich koordiniert werden (Richiger-Näf, 2008).

Immer steht die gemeinsam erarbeitete Zielorientierung im Zentrum. Eine individuelle Förderplanung ist auf die Zielsetzung der Verminderung oder Überwindung der Lernprobleme des Kindes auszurichten (Luder, Felkendorff, Diezi-Duplain & Kunz, 2010). Gute Förderziele im Rahmen einer Förderplanung werden durch die Situation indiziert und erlauben eine Beschreibung des erwünschten Resultats. Untereinander stehen sie im Zusammenhang, werden in einer sinnvollen Abfolge angestrebt, sind in Teilschritte operationalisierbar und auf die aktuelle Lebenswelt und die Zukunft des Kindes ausgerichtet. Sie sind auf wenige Förderziele beschränkt (Luder et al., 2011, S. 22). Leitend ist dabei ein Modell der Zusammenarbeit, das unter „getrennte[n] Zuständigkeiten mit Schnittmenge" (Luder & Kunz, 2014, S. 65) ein Team aus Lehrpersonen, Schulischen Heilpädagoginnen und Schulischen Heilpädagogen sowie Therapeutinnen und Therapeuten versteht, das sich ergänzt und aufei-

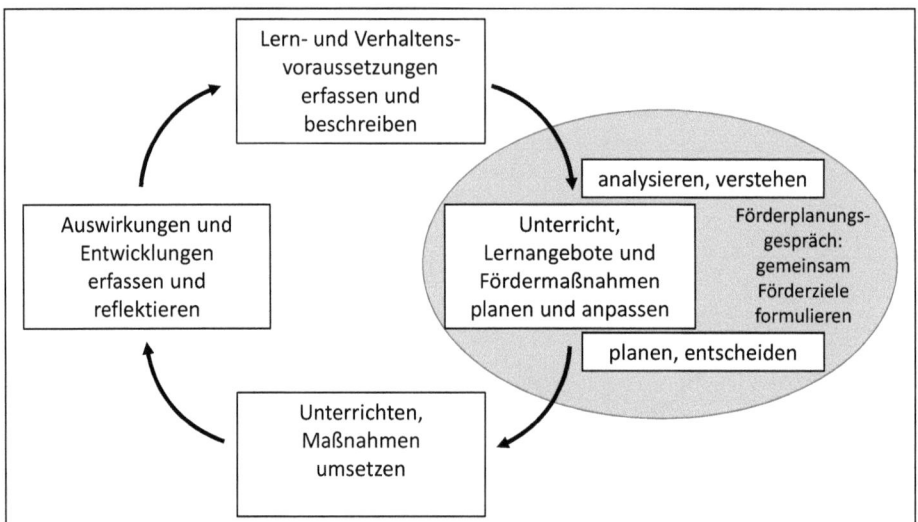

Abbildung 3:   Kreislauf der Förderplanung – ein zielbezogener Prozess (Luder & Kunz, 2014, S. 57).

nander abgestimmt ist: „Die Personen bleiben in ihren Funktionen unabhängig und bringen ihre unterschiedlichen Kompetenzen im Unterricht ein. [Alle beteiligten] Personen sind für das Gelingen des Unterrichts verantwortlich" (Luder & Kunz, 2014, S. 65).

2.4   (Weiter-)Entwicklung gemeinsamer Förderung und Förderplanung

Vor dem oben aufgezeigten Hintergrund der Relevanz von Vertrauen ist sowohl für intra- wie auch für interprofessionelle Kooperation davon auszugehen, dass sie „der Offenheit für andere Sichtweisen, der Kenntnis anderer professioneller Orientierungen und der bewussten Gestaltung, Reflexion und Evaluation der kooperativen Prozesse" (Lütje-Klose & Urban, 2014, S. 121) bedarf. Inklusion wird als gemeinsame Aufgabe im Rahmen von Schulentwicklungsprozessen angestrebt und entwickelt (Moser, 2011). Modelle, die Kooperation eines ganzen Schulteams auf unterschiedlichem Niveau (Halbheer & Kunz, 2011; Halbheer, Kunz & Maag Merki, 2008; Steinert, Klieme, Maag Merki, Döbrich, Halbheer & Kunz, 2006) oder die Zusammenarbeit eines Teams auf unterschiedliche Art und Weise (Gräsel, Fußangel & Pröbstel, 2006) erfassen, weisen auf Entwicklungsmöglichkeiten hin. Eine Weiterentwicklung von Arbeitsprozessen im Sinne einer gemeinsam verantworteten Entwicklung von gemeinsam festgelegten Zielen macht den Weg zur Zielerreichung verhandel- und bearbeitbar. Dies stellt genau dann eine Erweiterung von Ko-Konstruktion (Gräsel et al., 2006) dar, wenn „Lernen III" (Bateson, 1985) bzw. „Deutero-Learning" (Argyris & Schön, 1999) eintritt und sowohl die inklusive Förderung selbst als auch deren Methoden gemeinsam reflektiert und gegebenenfalls verändert werden können. Eine solche Veränderung fokussieren auch Nummijoki und Engeström (2010), wenn sie neben „Coordination"[1] und „Cooperation"[2] auf die Wichtigkeit von „Communication" verweisen: „Communication is reflective interaction in which the actors focus on reconceptualizing their own organization and interaction in relation to their shared objects. Both the object and the script are reconceptualized as well as the interaction between the participants" (Nummijoki & Engeström, 2010, S. 56). Das Ziel wäre die Veränderung von allfälligen, meist äußerst stabilen und zähen „defensiven Routinen" (Argyris, 1990), die inklusive Förderung als gemeinsame Aufgabe erschweren.

3   Instrumente zur Strukturierung von Kooperation

Instrumenten zur Strukturierung einer multiprofessionellen Zusammenarbeit für inklusive Förderung kommt nach den vorangegangenen Ausführungen bei der Klärung von Rollen, Verantwortlichkeiten und Aufgaben große Bedeutung zu. Eine erste Übersicht bezüglich Förderplanung lieferten Luder et al. (2011). Darauf aufbauend führt die Aufstellung in Tabelle 1 diese Übersicht unter Berücksichtigung jüngerer Entwicklungen weiter. Die hier einbezogenen Instrumente werden im Hinblick auf primäres Ziel (im Sinne der Aktivitätstheorie wären hier der Gegenstand und die Ergebnisse zu verorten, vgl. Abschnitt 2.2), theoretische Fundierung, Form sowie Einsatzmöglichkeit im Prozessablauf integrativer Förderung und Förderplanung (Luder & Kunz, 2014) eingeordnet und bezüglich ihrer Reichweite analysiert. Dazu wurde als Strukturierung das Mehrebenenmodell nach Fend (2006) verwendet. Eine Zusammenstellung der Internetquellen, unter denen Informationen zu den einzelnen Instrumenten abgerufen werden können, findet sich im Link-Verzeichnis am Ende dieses Beitrags.

---

1   „Coordination is the mode of normal scripted flow on interaction where various actors are following their scripted roles, each concentrating on the successful performance of the assigned actions, or on the ‚presentation of the self' (Goffman, 1959). The script is coded in written rules and instructions or tacitly assumed traditions. It coordinates the participants actions as if behind their backs, without being questioned or discussed" (Nummijoki & Engeström, 2010, S. 56).

2   „Cooperation is interaction in which the actors, instead of each focusing on performing their assigned roles or presenting themselves, focus on a shared problem, trying to find mutually acceptable ways to conceptualize and solve it. The participants go beyond the confines of the given script without explicitly questioning or reconceptualizing the script …" (Nummijoki & Engeström, 2010, S. 56).

Tabelle 1: Übersicht über Instrumente zur Strukturierung von Kooperation im Kontext integrativer Förderung und Förderplanung

Instrument	Primäres Ziel des Instruments	Fundierung	Form des Instruments	Reichweite der einbezogenen Akteurinnen und Akteure	Einsatz im Prozessablauf der Förderplanung
Schulisches Standortgespräch (SSG)	Gemeinsam verantwortete Planung von Förderzielen und Maßnahmen durch alle Beteiligten	ICF	Standardisiertes Verfahren, Paper-Pencil	Makroebene Kanton (Verordnung), Schulebene, Ebene der Schülerinnen und Schüler (Förderteam und Eltern)	*Prozessschritte:* Analysieren, Planen, Reflektieren
Standardisiertes Abklärungsverfahren (SAV-PES)	Erhebung des individuellen Förderbedarfs	ICF	Standardisiertes Verfahren, elektronische Tools zur Unterstützung	Makroebene Schweiz: Sonderpädagogik-Konkordat, Makroebene Kanton: Umsetzung des Sonderpädagogik-Konkordats	*Prozessschritte:* Erfassen, Analysieren, Planen
Leporello	Verantwortungsklärung, Vorbereitung für gemeinsam verantworteten Unterricht	Zusammenstellung im Auftrag der Stadt Zürich, Literaturanalyse	Paper (Text)	Klassenebene (Förderteam), Schulebene (Verantwortungsklärung, Stellenprofile)	Klärung der Verantwortlichkeiten (SHP – KLP – THP); *Prozessschritte:* Erfassen, Planen, Umsetzen
KoKa-Kooperationskarten	Verantwortungsklärung, Reflexion, auch Planung von Unterricht, Förderung, Beratung und Begleitung	Projekt „Tätigkeitsspielräume in der Zusammenarbeit von Lehrpersonen" (HfH), empirisch	Karten, zugehörige Broschüre, Protokoll	Klassenebene (Förderteam)	Klärung der Verantwortlichkeiten; *Prozessschritte:* Erfassen, Umsetzen, Reflektieren
Kooperationsplaner	Verantwortungsklärung	Projekt „Kooperation im Kontext schulischer Heterogenität" (KosH), empirisch, Literaturanalyse	Webbasiertes Tool	Klassenebene (Förderteam)	Klärung der Verantwortlichkeiten, Ist-Soll-Vergleich (SHP – KLP – THP); *Prozessschritte:* Erfassen, Planen, Umsetzen, Reflektieren
Interdisziplinäre Schülerdokumentation (ISD)	Dokumentation von Förderplanung (Beobachtungen, Planungen und Zielformulierung) und Know-how-Transfer	Entwicklungsprojekt, Begleitung durch Aktionsforschung	Webbasiertes Tool	Regionale Ebene oder Netzwerke (externe Fachstellen), Schulebene (elektronische Dossiers für alle Kinder mit IF, IS), Klassenebene (Austausch im Förderteam)	Dokumentation von Förderplanung (Kommunikation von Beobachtungen, Planungen und Zielformulierung); *Prozessschritte:* Erfassen, Analysieren, Planen, Umsetzen, Reflektieren

Instrument	Primäres Ziel des Instruments	Fundierung	Form des Instruments	Reichweite der einbezogenen Akteurinnen und Akteure	Einsatz im Prozessablauf der Förderplanung
KiDit – Kinder-Diagnose-Tool	Dokumentation von Beobachtungen, Auswertungen	Expertinnen und Experten, Literaturanalyse, empirisch, laufende Evaluation und Weiterentwicklung	Webbasiertes Tool	Klassenebene (Förderteam)	*Prozessschritte*: Erfassen, Analysieren, Planen, Umsetzen, Reflektieren
LehrerOffice	Verwaltung von Daten, Dokumentation, Planung von Förderung	-	Webbasiertes Tool	Klassenebene (Förderteam)	*Prozessschritte*: Erfassen, Analysieren, Planen, Umsetzen, Reflektieren
Index für Inklusion	Inklusion entwickeln, Aussonderung reduzieren	Entwicklung von Expertinnen und Experten, Aktionsforschung	Paper (Text)	Regionale Ebene oder Netzwerke, Schulebene (Schulentwicklungsprozess im Team), Klassenebene (Austausch im Förderteam)	*Prozessschritte*: Erfassen, Planen, Umsetzen, Reflektieren
Bewertungsraster zu den schulischen Integrationsprozessen	Schaffung eines gemeinsamen Orientierungsrahmens für die verschiedenen Steuerungs-, Beurteilungs- und Entwicklungsprozesse, die im Rahmen der schulischen Qualitätsentwicklung und Integration/Inklusion bedeutsam sind	Expertinnen und Experten	Paper (Text)	Regionale Ebene oder Netzwerke, Schulebene (Schulentwicklungsprozess im Team), Klassenebene (Austausch im Förderteam)	*Prozessschritte*: Erfassen, Planen, Umsetzen, Reflektieren

Anmerkungen:
ICF = International Classification of Functioning, Health and Disability (WHO, 2011); SHP = Schulische Heilpädagogin/Schulischer Heilpädagoge; KLP = Klassenlehrperson; THP = Therapeutin/Therapeut (z. B. Logopädie, Psychomotorik); IF = Integrative Förderung; IS = Integrierte Sonderschulung; HfH = Interkantonale Hochschule für Heilpädagogik (Zürich).

3.1   Schulisches Standortgespräch – SSG

Für Förderplanungsgespräche, an welchen alle an der Förderung eines Kindes oder Jugendlichen beteiligten Personen Entscheide bezüglich der Ziele der Förderung sowie der dafür einzusetzenden Maßnahmen treffen müssen, gibt es unterschiedliche Abläufe und Verfahren. Das standardisierte, auf der ICF (WHO, 2011) basierende Verfahren der Schulischen Standortgespräche (SSG) von Hollenweger und Lienhard (2007) betont die Erarbeitung eines gemeinsamen Verständnisses der Situation und die davon abgeleiteten Förderziele und Maßnahmen. Diesem Prozess geht eine Analyse der vorliegenden Daten mithilfe der ICF voraus. Die ICF berücksichtigt insbesondere die für eine schwierige Lehr-Lern-Situation mitverantwortlichen Umweltfaktoren: Barrieren sollen abgebaut und unterstützende Faktoren für die Förderung genutzt werden. Wichtig für die Entscheidung darüber, ob eine Maßnahme weitergeführt oder sistiert wird, ist eine datengestützte Bewertung der Umsetzungsphase anlässlich eines Evaluationsgesprächs.

3.2   Standardisiertes Abklärungsverfahren – SAV-PES

Das Standardisierte Abklärungsverfahren (Lienhard & Hollenweger, 2011) wurde entwickelt, um den individuellen Förderbedarf von Kindern mit SEN systematisch und mehrdimensional zu erheben. Nicht ein einzelnes Merkmal (beispielsweise eine Schädigung oder eine Diagnose) soll eine bestimmte Maßnahme auslösen, sondern der tatsächliche individuelle Bedarf soll unter Einbezug von Informationen aus unterschiedlichen Quellen und unter Berücksichtigung der für das Kind angestrebten Entwicklungs- und Bildungsziele bestimmt werden. Neben international vereinbarten Klassifikationen und Standards wie der ICD-10 (WHO, 2016) oder der ICF (WHO, 2011) werden die Einschätzungen der Erziehungsberechtigten, relevanter Personen aus dem derzeitigen professionellen Umfeld sowie gegebenenfalls weiterer Fachpersonen systematisch in das Verfahren einbezogen. Das SAV besteht aus

- einer Basisabklärung (Beschreibung des professionellen [schulischen] Kontexts und des familiären Kontexts),
- der Erfassung der Funktionsfähigkeit des Kindes (Codierung nach ICF),
- der kategorialen Erfassung (medizinische Diagnosen, Codierung nach ICD-10) sowie
- der Bedarfsabklärung über die gemeinsame Einschätzung der angestrebten Entwicklungs- und Bildungsziele sowie der damit verbundenen Bedarfseinschätzung.

Dieses standardisierte Verfahren führt zu einer Empfehlung bezüglich des Hauptförderorts und der unterstützenden Maßnahmen. Eine Fachstelle erhebt die Informationen und stellt diese den zuständigen Entscheidungsträgerinnen und Entscheidungsträgern als Grundlage zur Verfügung, damit sie über die Gewährung von Maßnahmen und Ressourcen entscheiden können.

3.3   Leporello – Zusammenarbeit im Kindergarten/in der Primarschule/ in der Sekundarschule

Die Stadt Zürich hat mit dem „Leporello" (Ramirez Moreno, 2010) ein Hilfsmittel entwickelt, das neben Aufgabenbeschreibungen von sonderpädagogischen Fachpersonen, Lehrpersonen für Deutsch als Zweitsprache sowie Klassenlehrperson auch mögliche Gesprächs- bzw. Aushandlungspunkte für eine Rollenklärung bereitstellt. Gedacht ist das Instrument zur Rollenklärung zwischen den erwähnten Berufsgruppen.

3.4   KoKa-Kooperationskarten

Die KoKa-Kooperationskarten unterstützen eine Strukturierung der Zusammenarbeit von Lehrpersonen in integrativen Settings in den Bereichen Unterrichten, Fördern, Beraten und Begleiten (Brenzikofer, Studer & Wolters, 2014). Die diesbezüglich relevanten Tätigkeiten im integrativen Fördersetting wurden im Rahmen des Forschungsprojekts „Tätigkeitsspielräume in der Zusammenarbeit von Lehrpersonen" der Interkantonalen Hochschule für Heilpädagogik (Brenzikofer, Wolters & Studer, 2012) empirisch mittels Gruppen- und Experteninterviews eruiert. Die Karten eignen sich, um sich über Inhalte und Vorstellungen oder auch Grundhaltungen hinsichtlich der Teiltätigkeiten auszutauschen. Die Kooperation kann geplant und gemeinsame Gestaltungsspielräume können ausgelotet werden. Die Karten eignen sich auch, um im Gespräch eigene Stärken und Kompetenzen zu erkennen.

3.5   Kooperationsplaner

Zu spezifischen Aktivitäten, die relevant sind für die Arbeit in inklusiv ausgerichteten Schulen, haben Kreis, Kosorok Labhart und Wick (2014) als Ergebnis der Studie „KosH – Kooperation im Kontext schulischer Heterogenität" ein Inventar beschrieben. Dieses Inventar wurde zum Werkzeug „Kooperationsplaner" weiterentwickelt: „Eine Voraussetzung für zielorientiertes und funktionales Handeln ist … koordiniertes Handeln. Der Kooperationsplaner unterstützt Teams beim Aushandeln der Zuständigkeiten hinsichtlich verschiedener Felder" (Kreis et al., 2014, S. 3). Drei grundlegende Arbeitsfelder („Diagnostik und Abklärung", „Gestaltung von Lerngelegenheiten" und „Kooperation und Beratung") strukturieren das Instrument für eine Ist-Soll-Beurteilung im Förderteam.

3.6   Elektronische Tools zur gemeinsamen Förderplanung

Die Umsetzung von an Standortgesprächen (z. B. SSG von Hollenweger & Lienhard, 2007; vgl. Abschnitt 3.1) gemeinsam vereinbarten Grobzielen wird während eines

Förderplanungsprozesses dokumentiert. Dies geschieht im Idealfall zielbezogen und wird mithilfe der ICF verortet, um auf diese Weise eine professionelle Basis für die Bewertung der Auswirkungen der Fördermaßnahmen zu legen. Dies kann bedeuten, dass periodisch Beobachtungen situativ und phänomenologisch beschrieben und abgelegt werden, um sie später als Daten für weitere Analysen und Evaluationen der Umsetzung zu nutzen. Systeme dazu reichen von Paper-Pencil (Lienhard-Tuggener, Joller-Graf & Mettauer Szaday, 2011) bis hin zu webbasierten Tools. Mit der zunehmenden Entwicklung von ICT sind Lösungen auf dem Markt, welche die Förderplanung unterstützen, Personen aus Förderteams miteinander in Beziehung setzen, Informationsfluss passwortgeschützt ermöglichen und die Führung elektronischer Dossiers erlauben. Zurzeit im Einsatz stehende Tools sollen im Folgenden kurz dargestellt werden.

3.6.1 ISD als webbasierte Plattform für interdisziplinäre Zusammenarbeit bei Förderplanungsprozessen

Das webbasierte Tool ISD (Interdisziplinäre Schülerdokumentation) (Kunz, Gschwend & Luder, 2011) wurde von der Firma pulsmesser.ch in Kooperation mit der Pädagogischen Hochschule Zürich entwickelt sowie in einem Aktionsforschungsprojekt zu Förderplanung zusammen mit Partnerschulen erprobt. Es ist ein Tool zum Austausch von Beobachtungen, Planungen und weiteren Informationen zum Kind und zu dessen Umfeld. Passwortgeschützten Zugriff haben nur Mitglieder des Förderteams. Es lassen sich Förderberichte verfassen, Verlaufsberichte zusammenstellen und Statusberichte (Lernberichte zum Zeugnis etc.) ablegen. Eine Portfoliofunktion erlaubt den Upload von Bilddateien (Fotografien von Dokumenten der Schülerinnen und Schüler etc.).

3.6.2 KiDiT

Das webbasierte Tool KiDiT ermöglicht die Dokumentation von Beobachtungen durch mehrere Fachpersonen. Zehn Bildungsbereiche können erfasst werden. Abgedeckt ist das Alter von der Krippe bis zur zweiten Grundschulklasse. Das Tool bietet die Möglichkeit, offene und strukturierte Beobachtungen zu kombinieren. Offene, freie Notizen können für die einzelnen Kinder festgehalten und den einzelnen Bildungsbereichen zugeordnet werden. Im strukturierten Bereich werden in den Bildungsbereichen die Kompetenzen der Kinder anhand einer Fünfer-Ratingskala systematisch eingeschätzt. Die Items wurden statistisch auf ihre Validität und Reliabilität geprüft und zusätzlich auf der Grundlage von Interviews mit Expertinnen und Experten eingeschätzt (Walter-Laager & Pfiffner, 2012, S. 26 ff.). Verschiedene Auswertungsfunktionen ermöglichen unterschiedliche Darstellungsformen der Gesamtgruppe sowie des individuellen Lernstands und dessen Verortung im Altersvergleich. Durch die Möglichkeit, ältere Einschätzungen zu archivieren, wird zudem eine Beschreibung des Entwicklungsprozesses unterstützt.

3.6.3 LehrerOffice

Das webbasierte Tool ermöglicht die Verwaltung unterschiedlichster Daten von Schülerinnen und Schülern sowie die Dokumentation des Förderprozesses: Anhand des Beurteilungsbogens wird eine Standortbestimmung vorgenommen. Indikatoren, zu denen ein Förderbedarf festgestellt wird, können direkt in das Dokument „Förderplanung" übernommen und dort mit entsprechenden Maßnahmen konkretisiert werden. Laufend bietet sich die Möglichkeit, Lernfortschritte als Beobachtungen zu ergänzen und abschließend die Förderziele in einen Lernbericht zu übernehmen und diese zu beurteilten. Verschiedene Fachpersonen haben, je nach eingegebener Definition, Zugang zu den Daten und können diese einsehen und bearbeiten.

3.7   Index für Inklusion

Die Systematik der ursprünglichen englischen Version (für die deutsche Übersetzung vgl. Boban & Hinz, 2003) beinhaltete drei Dimensionen („Inklusive Kulturen schaffen", „Strukturen etablieren" und „Praktiken entwickeln"), sechs Bereiche („Gemeinschaft bilden", „Inklusive Werte verankern", „Eine Einrichtung für alle entwickeln", „Unterstützung für Vielfalt organisieren", „Lernarrangements organisieren" und „Ressourcen mobilisieren"), 44 Indikatoren sowie über 560 Fragen. Entscheidend sind dabei nicht die Ja- bzw. Nein-Antworten auf die Fragen, sondern die gemeinsamen Reflexionen eines Teams zum gegenwärtigen Stand der Schule und zu möglichen Weiterentwicklungen. Der Index für Inklusion wurde neu überarbeitet (Hinz & Boban, 2013) und basiert auf einem breiten Inklusionsverständnis, auf einem partizipativen Entwicklungsprozess und einer großen Auswahl an Fragen für die Selbstreflexion von Bildungseinrichtungen.

3.8   Bewertungsraster für Schulen

Das Bewertungsraster zu den schulischen Integrationsprozessen ist ein praxisorientierter Rahmen für die schulinterne Evaluation als Basis der Schulentwicklung, um sinnvolle Entwicklungsprozesse hin zu einer integrativen Schule zu planen. „Ein erfolgreicher Umgang mit Heterogenität zeichnet sich in erster Linie durch die Umsetzung von zeitgemäßen Unterrichtsformen und eine verbindliche Zusammenarbeit aus. Die entsprechende Koordination unter den Beteiligten entlastet nicht nur die Lehrpersonen, sondern bietet auch Gewähr, dass Synergien geschaffen und die getroffenen Fördermaßnahmen nachhaltig wirksam werden können" (Landwehr, 2008, S. 18). Der Kooperation bzw. dem „Lernprozess und [der] unterrichtsbezogenen Zusammenarbeit" (Landwehr, 2008, S. 18) widmet das Bewertungsraster eine Dimension, welche über vier Qualitätsstufen von „Defizitstufe" bis zur „Excellence-Stufe" reicht. Indikatoren werden in einem separaten Dokument für (Selbst-)Evaluationsprozesse zur Verfügung gestellt.

4 Betrachtungen zu den Instrumenten aus der Sicht der Aktivitätstheorie

Die *Gesamt*tätigkeit „*inklusive Förderung*" stellt eine kollektive Tätigkeit dar, die von mehreren Personen getragen wird. Diese richten ihre je individuell ausgeführten (Teil-)Praktiken auf festgelegte, übergeordnete Ziele aus. Zur Verortung der einzelnen Instrumente im Modell der Aktivitätstheorie ist es wichtig, zu klären, was die jeweils zentrale Aktivität darstellt und was dabei das Ziel ist. Die unterschiedlichen Facetten der Unterstützung und der Gestaltung des *Kontexts* (*Regeln, Gemeinschaft* und *Arbeitsteilung*) bedingen ein Systemverständnis der Akteurinnen und Akteure. Nur auf diese Weise wird es möglich, dass sie am Kontext arbeiten und das eigene Handeln selbst auch als Kontext für das eigentliche Ziel, eine bestmögliche inklusive Förderung aller Schülerinnen und Schülern, verstehen. Dies verändert – oder ermöglicht – erst den Nutzungsspielraum von *Instrumenten und Tools*, um in Förderplanungsprozessen die eigentliche Förderung zu leisten.

In der in Abschnitt 3 ausgeführten Zusammenstellung von Instrumenten zur Strukturierung der Kooperation (vgl. Tabelle 1) lassen sich unterschiedliche primäre Ziele finden. Drei mögliche Ziele, verstanden als Gegenstand (*Object*) eines Tätigkeitssystems, sind folgende:

- Ein *Gegenstand (Object)* ist die *Förderplanung,* und die erfolgreiche Förderung stellt das angestrebte Motiv bzw. das erwünschte Ergebnis dar. Um die konkreten Handlungen zur Förderung zu koordinieren und auf gemeinsame Ziele auszurichten, dienen die ISD, das SSG sowie je nach Nutzungsqualität auch KiDiT und LehrerOffice.
- Ein weiterer zentraler *Gegenstand (Object)* ist die *Kooperation* für und in Förderplanungsprozessen. Sowohl bei intra- als auch bei interprofessioneller Kooperation besteht das Motiv dahinter in der Kommunikation von fallspezifisch relevanten Informationen und im Know-how-Transfer. Zur Klärung von Rollen und Verantwortlichkeiten (*Divison of Labor*) bieten z. B. der empirisch fundierte Kooperationsplaner, das auf der Basis von Berufsportraits erstellte Leporello sowie die KoKa-Kooperationskarten eine Diskussionsgrundlage zum Aushandeln der Verantwortlichkeiten und Zuständigkeiten für die Arbeitsfelder im inklusiven Unterricht. Basis dafür sind gegenseitiges Vertrauen sowie Reziprozität.
- Ein dritter *Gegenstand (Object)* sind die *Klärung von Verfahren der Zuweisung von Ressourcen* und die damit verbundene Klärung von Rollen aller an diesen Verfahren beteiligten Personen sowie Berufsgruppen. Das Motiv dahinter ist die Ver-

fahrens- und Verteilungsgerechtigkeit, sodass mit den vorhandenen finanziellen Mitteln die richtigen Kinder und Jugendlichen unterstützt werden können. Das SAV-PES regelt die Zuweisung von Ressourcen für verstärkte („hochschwellige") Maßnahmen wie z. B. integrierte Sonderschulung, das SSG weist die schulnahen („niederschwelligen") Ressourcen zu und legt Ziele für die Förderung sowie die davon abgeleiteten Maßnahmen fest. Beide Instrumente dienen der Klärung.

Je nach Ziel bzw. je nach Objekt-Ergebnis-Konstellation (Motiv) sind andere Werkzeuge bzw. Instrumente als Mittel zur Zielerreichung geeignet. Voraussetzung für den Einsatz von Instrumenten zur Strukturierung der Zusammenarbeit im Zusammenhang mit Förderplanung, beispielsweise der ISD, sind eine Offenheit gegenüber Teammitgliedern und ein Zulassen von impliziter oder expliziter fachlicher Beurteilung der eigenen Arbeit durch die anderen Mitglieder eines Teams (z. B. Förderteams für die Förderung desselben Kindes, Teamteaching-Partnerinnen und Teamteaching-Partner, die im selben Raum arbeiten). Dies meint „Deprivatisierung" (Bonsen & Rolff, 2006) und setzt eine Diskussion über Rollen, Zuständigkeiten sowie pädagogische Grundhaltungen voraus. Dazu gibt es Instrumente zur Unterstützung dieser Aushandlungsprozesse. Diese werden idealerweise zeitlich vorgeschaltet bearbeitet, was sich anschließend in einem veränderten Kontext für die Tätigkeit der Erstellung von Förderplanungen mit dem Motiv einer adäquaten Förderung der Schülerinnen und Schüler von Vorteil erweist. Auf diese Weise können Dokumentations- und Kommunikationstools ihre Wirkung auch entfalten. Dies führt zu zeitlich strukturierten und in der Reihenfolge priorisierten Entwicklungsschritten von ganzen Teams in Richtung inklusiv handelnder Schulleitung und Teams (vgl. Abbildung 2). Das heißt, es gibt unterschiedliche Aktivitäten, die auf Rules und Community/Division of Labor abzielen, und andere, die eher auf Instrumente/Tools fokussieren.

Mit einer Entwicklungsabsicht in Richtung einer inklusiven Schule kann es demnach sinnvoll sein, einzelne Rahmenbedingungen im Kontext (Rules, Community, Division of Labor) zu verändern, sodass bestimmte Tools/Instrumente auch eingesetzt werden können. Es ist z. B. eine Klärung von Grundhaltungen notwendig (z. B. mit den Instrumenten des Index für Inklusion oder mit dem Bewertungsraster), bevor der Kooperationsplaner als Tool effektiv für das Ziel der Verantwortungsklärung in der Förderplanung und schließlich für die Förderung der Schülerinnen und Schüler eingesetzt werden kann. So entstehen „Ketten" von aufeinander bezogenen Aktivitäten (vgl. Abbildung 4). Wenn es z. B. darum geht, dass webbasierte Tools für die Förderplanung genutzt werden sollen, dann ist allein schon die Möglichkeit der Teammitglieder, ICT zu nutzen, selbst ein Gegenstand. Dazu verwenden die Teammitglieder vielleicht ihrerseits Instrumente wie Weiterbildungen zu ICT, Lern-Apps zur Verbesserung der eigenen ICT-Kenntnisse, eigene oder fremde Hardware, die Software der webbasierten Tools, um diese erlernen zu können, oder als Datenbanklösung dargestellte Beobachtungsindikatoren zur fachlichen Unterstützung.

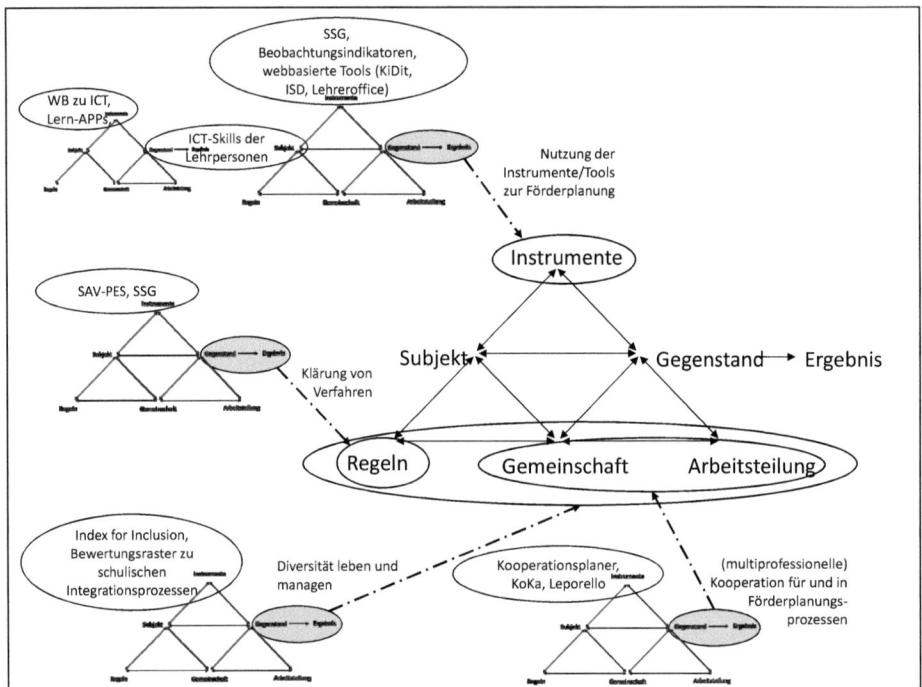

Abbildung 4:   Aufeinander bezogene Tätigkeitssysteme für inklusive Förderung
(WB = Weiterbildung).

Mit dem Einbezug mehrerer Personen sind Spannungen und Abstimmungsprobleme zu erwarten, insbesondere bei der Arbeitsaufteilung, in welcher Komplemen-
tarität bei gleichen Gegenständen/Objekten angestrebt wird, um unterschiedliche
Ressourcen (Know-how, zeitliche Präsenz, Kenntnisse der Lebenswelt des Kindes
etc.) optimal einsetzen zu können. In gemeinsamen Tätigkeiten lassen sich mit der
Aktivitätstheorie Spannungen und Widersprüche analysieren. Diese können auf unterschiedlichen Stufen auftreten (Engeström, 1999b; Hasan, 2003):

- *Auf einer ersten Stufe liegen die Spannungen und Konflikte innerhalb einer Kompo-*
  nente: Hier sind Abstimmungsprobleme zu nennen bei zwei oder mehr Personen,
  die gleichzeitig dieselbe Tätigkeit ausüben und somit alle als Subjekt agieren.
- *Auf einer zweiten Stufen treten Spannungen zwischen zwei Komponenten auf:*
  Wenn ein Förderteam, ein Tandem oder ein Jahrgangsteam (Subjekt) Modelle
  der Zusammenarbeit entwickelt und umsetzt, die zu Vorgaben an der Schule in
  Konflikt stehen, entstehen Spannungen. Als Beispiel wäre hier eine mehrheitlich
  separierte Förderung zu nennen, indem von Teammitgliedern keine integrativen
  Formen im Unterricht zugelassen werden, obwohl die Regelung an einer Schule
  mehr integrativ umgesetzte Förderanteile einfordern würde.
- *Auf einer dritten Stufe sind Spannungen zwischen verschiedenen Tätigkeitssystemen*
  zu nennen (vgl. Abbildung 5): Hier werden Tätigkeitssysteme zusammengeführt

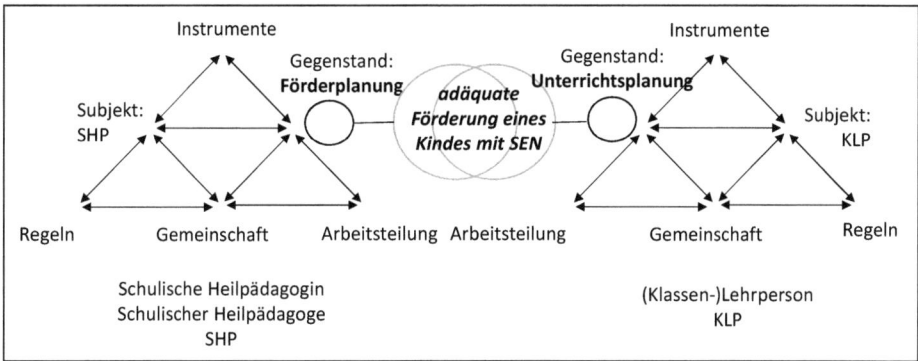

Abbildung 5:   Tätigkeitssysteme mit gleichem Zielzustand von zwei Subjekten (Berufsrollen der Schulischen Heilpädagogin bzw. des Schulischen Heilpädagogen [SHP] und der Klassenlehrperson [KLP]).

und aufeinander bezogen, was Spannungen auslösen oder als Bereicherung dienen kann. Als Beispiel könnten hier die oft grundsätzlich *unterschiedlich ausgerichteten Gegenstände „Förderplanung" und „Unterrichtsplanung"* erwähnt werden, die z. B. Klassenlehrpersonen auf der einen Seite und pädagogisch-therapeutische Fachpersonen auf der anderen Seite fokussieren. Das Motiv dahinter ist scheinbar ein ähnliches und eröffnet einen gemeinsamen Handlungsraum: die *adäquate Förderung eines Kindes mit SEN*. Förderplanung fokussiert stärker auf die Entwicklung des Kindes und seiner Fähigkeiten und strebt die Zone der nächsten Entwicklung (Vygotskij, 1987) für eine individuelle Förderung an: „Man könnte von einer Entwicklungslogik sprechen als Vorgehensvorschlag für Förderplanung bei einem einzelnen Kind" (Luder & Kunz, 2014, S. 62). Demgegenüber orientiert sich Unterrichtsplanung klar an den durch Lehrpläne legitimierten Curricula in den einzelnen Fächern „und bedient sich dabei einer curricular orientierten Logik bei der Planung von Unterricht für eine ganze Klasse" (ebd.). Werden beide Perspektiven miteinander verbunden, so bereichern sich diese im Idealfall, indem z. B. eine Lehrperson ihren Unterricht plant, diese Planung mit einer Schulischen Heilpädagogin oder einem Schulischen Heilpädagogen bespricht und danach eine Rückmeldung dazu bekommt, wie einzelne Anpassungen des Unterrichts und/oder des verwendeten Materials einem Kind mit SEN helfen könnten, von diesem Unterricht zu profitieren (Kornmann, 2010). „Dabei gehen die beiden Fachpersonen, die KLP [Klassenlehrperson] und die SHP [Schulische Heilpädagogin] oder Therapeutin, mit je unterschiedlichen Sichtweisen auf ein und dasselbe Ziel zu: die adäquate kognitive Aktivierung der Lernprozesse beim Kind durch einen adaptiv gestalteten Unterricht" (Luder & Kunz, 2014, S. 62–63).

5   Fazit

Die vorgestellten Instrumente sind nicht ohne Weiteres und unmittelbar *als Instrumente/Tools* einsetzbar, wenn es darum geht, in multiprofessionellen Teams gemeinsam verantwortete Förderplanungen zu organisieren und umzusetzen, welche die Förderung der Schülerinnen und Schüler mit SEN zum Ziel haben. Der Nutzen der Anwendung der Aktivitätstheorie, um auf die eingangs formulierten Fragen Bezug zu nehmen, lässt sich aus der Perspektive des Ergebnisses „inklusive Förderung" besser beurteilen. Es wird mithilfe der Nutzung der Aktivitätstheorie als metatheoretischer Rahmung möglich, eine ganze „Kette" von aufeinander bezogenen Tätigkeitssystemen zu identifizieren. Dies lässt eine Priorisierung für Schulentwicklungsprozesse zu. Die Möglichkeit, gleichzeitig unterschiedliche Aspekte eingebettet in die Komplexität der Situationen zu betrachten, ist eine Chance. Eine solche Art von vernetztem und systemisch orientiertem Denken ermöglicht die Arbeit am Verständnis der gemeinsamen Praxis, die in erhöhter Komplexität dargestellt wird. Dies steht im Gegensatz zu einer oft praktizierten linearen Analyse von Situationen. Es wird klar, dass *Instrumente* je nach Situation und Konstellation der einzelnen Komponenten als *Instrument für ein Ziel* wie die inklusive Förderung oder als *Gegenstand von Weiterbildung für einen zukünftigen Verwendungszweck als Instrument* dienen können und müssen. Zu einer Verständigung aller beteiligten Personen eines multiprofessionell ausgerichteten Förderteams über die gemeinsame Praxis gehört eine geteilte Analyse der Zielstruktur, auf welche sich das je eigene Handeln ausrichtet und auf welche sich der Einsatz sämtlicher Instrumente zur Strukturierung von Kooperation für Förderplanungsprozesse bezieht.

Link-Verzeichnis

Bewertungsraster zu den schulischen Integrationsprozessen: www.schulevaluation-ag.ch/downloads_oeffentlicher_bereich.cfm [30.06.2016]. www.schulevaluation-ag.ch/myUploadData/files/FHNW_AGSO_Bro_BRSchuliIntegration_Mar14_v21.pdf [30.06.2016].

Fragen zum Bewertungsraster zu den schulischen Integrationsprozessen: www.schulevaluation-ag.ch/myUploadData/files/FHNW_AG_Bro_BRSchuliIntegration_FragenSE_Mar14_v21.pdf [30.06.2016].

Index für Inklusion (deutsche Version 2003): www.eenet.org.uk/resources/docs/Index%20German.pdf [30.06.2016].

Interdisziplinäre Schülerdokumentation (ISD): www.pulsmesser.ch/secure [30.06.2016].

KiDit – Kinder-Diagnose-Tool: www.kidit.ch [30.06.2016].

Kooperationskarten KoKa: www.hfh.ch/de/unser-service/shop/produkt/koka_kooperations_karten/[30.06.2016].

Kooperationsplaner: www.kooperationsplaner.ch [30.06.2016].

LehrerOffice: www.lehreroffice.ch [30.06.2016].

Leporello: www.stadt-zuerich.ch/ssd/de/index/volksschule/publikationen_broschueren/schulinterne_zusammenarbeit.html [30.06.2016].

Schulisches Standortgespräch (SSG): www.vsa.zh.ch → Schulbetrieb & Unterricht → Sonder-pädagogisches → SSG [30.06.2016].
Standardisiertes Abklärungsverfahren (SAV-PES): www.szh.ch/sav-pes [30.06.2016].

Literatur

Altrichter, H. (2000). Konfliktzonen beim Aufbau schulischer Qualitätssicherung und Quali-tätsentwicklung. *Zeitschrift für Pädagogik, 41.* Beiheft, 93–110.

Anliker, B., Lietz, M. & Thommen, B. (2008). Zusammenarbeit zwischen integrativ tätigen schulischen Sonderpädagoginnen/Sonderpädagogen und Regellehrpersonen. *Vierteljah-resschrift für Heilpädagogik und ihre Nachbargebiete, 77* (3), 226–236.

Argyris, C. (1990). *Overcoming Organizational Defenses – Facilitating Organizational Lear-ning.* Boston: Allyn & Bacon.

Argyris, C. & Schön, D. A. (1999). *Die lernende Organisation. Grundlagen, Methode, Praxis.* Stuttgart: Klett-Cotta.

Axelrod, R. (2005). *Die Evolution der Kooperation* (6. Auflage). München: Oldenbourg.

Bateson, G. (1985). Die logischen Kategorien von Lernen und Kommunikation. In G. Bateson (Hrsg.), Ökologie des Geistes (S. 362–399). Frankfurt am Main: Suhrkamp.

Boban, I. & Hinz, A. (2003). *Index für Inklusion. Lernen und Teilhabe in der Schule der Vielfalt entwickeln.* Entwickelt von Tony Booth & Mel Ainscow. Übersetzt und für deutschsprachi-ge Verhältnisse bearbeitet. Halle: Martin-Luther-Universität Halle-Wittenberg.

Bonsen, M. & Rolff, H. G. (2006). Professionelle Lerngemeinschaften von Lehrerinnen und Lehrern. *Zeitschrift für Pädagogik, 52* (2), 167–184.

Brenzikofer, E., Studer, M. & Wolters, M. (2014). KOoperations-KArten für die Zusammenar-beit von Lehrkräften. In S. Peters & S. Widmer-Rockstroh (Hrsg.), *Gemeinsam unterwegs zur inklusiven Schule* (S. 208–217). Frankfurt am Main: Grundschulverband.

Brenzikofer, E., Wolters, M. & Studer, M. (2012). Tätigkeitsspielräume in der integrativen Zu-sammenarbeit. *Schweizerische Zeitschrift für Heilpädagogik, 18* (9), 31–34.

Chilla, S. (2012). Kooperation von Lehrkräften – Standort und Perspektiven. In R. Benkmann, S. Chilla, & E. Stapf (Hrsg.), *Inklusive Schule. Einblicke und Ausblicke* (S. 103–121). Immen-hausen: Prolog.

Engeström, Y. (1987). *Learning by expanding: An activity-theoretical approach to developmental research (with the Introduction to the German Edition).* Helsinki: Orienta-Konsultit.

Engeström, Y. (1999a). Activity theory and individual and social transformation. In Y. Enge-ström, R. Miettinen & R.-L. Punamäki (Eds.), *Perspectives on Activity Theory* (pp. 19–38). Cambridge: Cambridge University Press.

Engeström Y. (1999b). Innovative Learning in Work Teams: Analysing Cycles of Knowledge Creation in Practice. In Y. Engeström, R. Miettinen & R. Punamaki (Eds.), *Perspectives on Activity Theory* (pp. 347–404). Cambridge: Cambridge University Press.

European Agency for Development in Special Needs Education. (2012). *Teacher Education for Inclusion: Profile of Inclusive Teachers.* Odense: European Agency for Development in Special Needs Education.

Fend, H. (2006). *Neue Theorie der Schule: Einführung in das Verstehen von Bildungssystemen.* Wiesbaden: VS Verlag für Sozialwissenschaften.

Fußangel, K. (2008). *Subjektive Theorien von Lehrkräften zur Kooperation. Eine Analyse der Zusammenarbeit von Lehrerinnen und Lehrern in Lerngemeinschaften.* Unveröffentlichte Dissertation, Bergische Universität Wuppertal.

Goffman, E. (1959). *The Presentation of Self in Everyday Life.* New York: Anchor.

Gräsel, C., Fußangel, K. & Pröbstel, C. (2006). Lehrkräfte zur Kooperation anregen – eine Aufgabe für Sisyphos? *Zeitschrift für Pädagogik, 52* (2), 205–219.

Halbheer, U. & Kunz, A. (2011). *Kooperation von Lehrpersonen an Gymnasien. Eine qualitative und quantitative Analyse der Wahrnehmung von Lehrpersonen aus schul- und governance-theoretischer Perspektive.* Wiesbaden: VS Verlag für Sozialwissenschaften.

Halbheer, U., Kunz, A. & Maag Merki, K. (2008). Kooperation zwischen Lehrpersonen in Zürcher Gymnasien: eine explorative Fallanalyse zum Zusammenhang zwischen kooperativ-reflexiven Prozessen in Schulen und schulischen Qualitätsmerkmalen. *Zeitschrift für Soziologie der Erziehung und Sozialisation, 28* (1), 19–35.

Hasan, H. (2003). An activity-based model of collective knowledge. In IEEE (Ed.), *Proceedings of the 36th Annual Hawaii International Conference on System Sciences, 6–9 January 2003.* Piscataway, NJ: IEEE.

Hinz, A. & Boban, I. (2013). Der neue Index für Inklusion – eine Weiterentwicklung der deutschsprachigen Ausgabe. *Zeitschrift für Inklusion, 7* (2). Verfügbar unter: www.inklusion-online.net/index.php/inklusion-online/article/view/11/11 [04.07.2016].

Hollenweger, J. (2016). Tätigkeiten synchronisieren statt Aufgaben teilen: Grundlagen und Modelle einer situativen Analyse inklusiver Praktiken. In A. Kreis, J. Wick & C. Kosorok Labhart (Hrsg.), *Kooperation im Kontext schulischer Heterogenität* (S. 33–51). Münster: Waxmann.

Hollenweger, J. & Lienhard, P. (2007). *Schulische Standortgespräche.* Zürich: Lehrmittelverlag des Kantons Zürich.

Hollenweger, J., Pantić, N. & Florian, L. (2015). *Tool to Upgrade Teacher Education Activities for Inclusive Education.* Straßburg: Council of Europe.

Köker, A. (2012). *Bedeutung obligatorischer Zusammenarbeit von Lehrerinnen und Lehrern. Eine neue Perspektive auf Professionelle Lerngemeinschaften.* Bad Heilbrunn: Klinkhardt.

Kornmann, R. (2010). Inklusiv orientierte Unterrichtsgestaltung und Aufgaben der Pädagogischen Diagnostik. *Sonderpädagogische Förderung heute, 55* (3), 252–270.

Kreis, A., Kosorok Labhart, C. & Wick, J. (2014). Der Kooperationsplaner – ein Instrument zur Klärung von Aufgaben und Verantwortlichkeiten an integrativen Schulen. In A. Bartz, M. Dammann, S. G. Huber, T. Klieme, C. Kloft & M. Schreiner (Hrsg.), *PraxisWissen SchulLeitung* (47. Aktualisierungslieferung, 47.12) (S. 1–12). Köln: Carl Link.

Kunz, A., Gschwend, R. & Luder, R. (2011). Webbasierte interdisziplinäre Förderplanung bei auffälligem Verhalten. *Schweizerische Zeitschrift für Heilpädagogik, 17* (8), 19–26.

Kunz, A., Luder, R., Maag Merki, K. & Werner, S. (2013). Professionelle Zusammenarbeit im Rahmen integrativer Förderung im Unterricht: Kooperationsgefäße, deren Wirkungen und Gelingensbedingungen aus Sicht der Lehrpersonen und pädagogisch-therapeutischen Fachpersonen. In M. Schüpbach & A. Slokar (Hrsg.), *Kooperation als Herausforderung in Schule und Tagesschule* (S. 67–81). Bern: Haupt.

Landwehr, N. (2008). *Bewertungsraster zu den schulischen Integrationsprozessen an der Aargauer Volksschule.* Aarau: BKS.

Leontjew, A. N. (1978). *Activity, Consciousness and Personality.* Englewood Cliffs, NJ: Prentice Hall.

Lienhard, P. & Hollenweger, J. (2011). Implementierung des Standardisierten Abklärungsverfahrens: Sind wir bereit dafür? *Schweizerische Zeitschrift für Heilpädagogik, 17* (10), 5–11.

Lienhard-Tuggener, P., Joller-Graf, K. & Mettauer Szaday, B. (2011). *Rezeptbuch schulische Integration. Auf dem Weg zu einer inklusiven Schule.* Bern: Haupt.

Lindmeier, B. & Beyer, T. (2011). Kooperation von Lehrkräften in verschiedenen Formen schulischer Inklusion. *Sonderpädagogische Förderung heute, 56* (4), 396–413.

Luder, R., Felkendorff, K., Diezi-Duplain, P. & Kunz, A. (2010). ICF-basierte Förderplanung als Beitrag zur Professionalisierung kooperativer und multidisziplinärer Förderplanung in inklusiven Schulen. In S. L. Ellger-Rüttgardt & G. Wachtel (Hrsg.), *Pädagogische Professionalität und Behinderung. Herausforderungen aus historischer, nationaler und internationaler Perspektive* (S. 203–213). Stuttgart: Kohlhammer.

Luder, R., Gschwend, R., Kunz, A. & Diezi-Duplain, P. (2011). *Sonderpädagogische Förderung gemeinsam planen. Grundlagen, Modelle und Instrumente für eine interdisziplinäre Praxis.* Zürich: Pestalozzianum.

Luder, R. & Kunz, A. (2014). Gemeinsame Förderplanung. In R. Luder, A. Kunz & C. Müller Bösch (Hrsg.), *Inklusive Pädagogik und Didaktik* (S. 55–71). Zürich: Publikationsstelle der PH Zürich.

Lütje-Klose, B. & Urban, M. (2014). Professionelle Kooperation als wesentliche Bedingung inklusiver Schul- und Unterrichtsentwicklung. Grundlagen und Modelle inklusiver Kooperation – Teil 1. *Vierteljahresschrift für Heilpädagogik und ihre Nachbargebiete, 83* (2), 111–123.

Lütje-Klose, B., Urban, M., Werning, R. & Willenbring, M. (2005). Sonderpädagogische Grundversorgung in Niedersachsen – Qualitative Forschungsergebnisse zur pädagogischen Arbeit in Regionalen Inklusionskonzepten. *Zeitschrift für Heilpädagogik, 56* (3), 82–94.

Maag Merki, K. (Hrsg.). (2009). *Kooperation und Netzwerkbildung. Strategien zur Qualitätsentwicklung in Schulen.* Seelze: Klett-Kallmeyer.

Maag Merki, K., Kunz, A., Werner, S. & Luder, R. (2010). *Professionelle Zusammenarbeit in Schulen. Schlussbericht.* Zürich: Universität Zürich, Institut für Erziehungswissenschaft & Pädagogische Hochschule Zürich.

Moser, V. (2011). Schulentwicklung und Inklusion: Steuerungspolitische Kontexte und Konzepte. *Sonderpädagogische Förderung heute, 56* (4), 361–365.

Nummijoki, J. & Engeström, Y. (2010). Towards co-configuration in home care of the elderly – Cultivating agency by designing and implementing the Mobility Agreement. In H. Daniels, A. Edwards, Y. Engeström, T. Gallagher & S. R. Ludvigsen (Eds.), *Activity Theory in Practice – Promoting learning across boundaries and agencies* (pp. 49–71). London: Routledge.

Ramirez Moreno, M. (2010). *Leporello. Ein Hilfsmittel für die Rollenklärung zwischen Klassen-, IF- und DaZ-Lehrperson.* Zürich: Volksschulamt der Stadt Zürich.

Richiger-Näf, B. (2008). Der Zyklus sonderpädagogischer Förderprozesse. In B. Richiger-Näf (Hrsg.), *Das Mögliche ermöglichen* (S. 11–30). Bern: Haupt.

Roth, W.-M. (2009). On the Inclusion of Emotions, Identity, and Ethico-Moral Dimensions of Actions. In A. Sannino, H. Daniels & K. Gutierrez (Eds.), *Learning and Expanding with Activity Theory* (pp. 54–71). Cambridge: Cambridge University Press.

Scheerens, J. & Bosker, R. J. (1997). *The foundations of educational effectiveness.* Oxford: Pergamon.

Schmuck, P. & Kruse, A. (2005). Entwicklung von Werthaltungen und Lebenszielen. In J. Asendorpf (Hrsg.), *Enzyklopädie der Psychologie. Serie V: Entwicklungspsychologie, Band 3: Soziale, emotionale und Persönlichkeitsentwicklung, Themenbereich C, Theorie und Forschung* (S. 192–209). Göttingen: Hogrefe.

Spieß, E. (1996). *Kooperatives Handeln in Organisationen. Theoriestränge und empirische Studien*. München: Hampp.

Spieß, E. (2004). Kooperation und Konflikt. In H. Schuler (Hrsg.), *Organisationspsychologie – Gruppe und Organisation* (S. 193–247). Göttingen: Hogrefe.

Steinert, B., Klieme, E., Maag Merki, K., Döbrich, P., Halbheer, U. & Kunz, A. (2006). Lehrerkooperation in der Schule. Konzeption, Erfassung, Ergebnisse. *Zeitschrift für Pädagogik, 52* (2), 185–204.

Tuomela, R. (2000). *Cooperation: a philosophical study*. Dordrecht: Kluwer Academic Publishers.

Urban, M. & Lütje-Klose, B. (2014). Professionelle Kooperation als wesentliche Bedingung inklusiver Schul- und Unterrichtsentwicklung. Teil 2 – Forschungsergebnisse zu intra- und interprofessioneller Kooperation. *Vierteljahresschrift für Heilpädagogik und ihre Nachbargebiete, 83* (4), 283–294.

Walter-Laager, C. & Pfiffner, M. (2012). *Beobachten, Beurteilen und Fördern im Elementarbereich und in der Schule*. Unveröffentlichte Habilitationsschrift, Carl von Ossietzky Universität Oldenburg.

WHO. (2011). *ICF – International Classification of Functioning, Disability and Health*. Verfügbar unter: www.who.int/classifications/icf/en/[30.06.2016].

WHO. (2016). *ICD-10: Version 2016 – International Statistical Classification of Diseases and Related Health Problems 10th Revision*. Verfügbar unter: apps.who.int/classifications/icd10/browse/2016/en [30.06.2016].

Vygotskij, L.S. (1987). *Ausgewählte Schriften. Arbeiten zur psychischen Entwicklung der Persönlichkeit, Band 2*. Köln: Pahl-Rugenstein.

Christian Lindmeier

US-amerikanische Forschungsperspektiven auf die Ausbildungsmodelle inklusionsorientierter Lehrerinnen- und Lehrerbildung

Zusammenfassung

Inklusive Bildung spielte in Deutschland im ersten Jahrzehnt des 21. Jahrhunderts weder bei den bildungspolitischen Reformen der Lehrerinnen- und Lehrerbildung noch im Rahmen der sich etablierenden Forschung zum Lehrberuf eine Rolle. Dies begann sich in den letzten Jahren zu ändern, da die Notwendigkeit einer inklusionsorientierten Lehrerinnen- und Lehrerbildung zunehmend (an)erkannt wird. Ein Blick auf die US-amerikanischen Entwicklungen der vergangenen 40 Jahre zeigt, dass das Rad nicht neu erfunden werden muss und dass es heuristische Modelle und Forschungsbefunde für die organisationale Entwicklung der inklusionsorientierten Lehrerinnen- und Lehrerbildung gibt, die man in Deutschland, aber auch in Österreich und in der Schweiz für den Aufbau von neuen Ausbildungsstrukturen nutzen sollte.

1   Einführung

Im internationalen Raum besteht weitgehend Konsens darüber, dass der Lehrerinnen- und Lehrerbildung bei der Entwicklung eines inklusiven Schulsystems eine besondere Bedeutung zukommt (vgl. z. B. European Agency for Development in Special Needs Education, 2010; Forlin, 2010, 2012). Mit Blick auf die Diskussion in den deutschen Bundesländern, die diesbezüglich erst am Anfang steht, ist es gegenwärtig aus der Sicht der vergleichenden Forschung zur Lehrerinnen- und Lehrerbildung von besonderem Interesse, sich mit den US-amerikanischen Entwicklungen auseinanderzusetzen, da in den USA nicht nur eine langjährige politische Diskussion, sondern auch eine jahrzehntelange fachliche Auseinandersetzung und Forschungstradition zu verzeichnen ist (vgl. z. B. Blanton, Pugach & Boveda, 2014; Pugach, 2005; Pugach, Blanton & Correa, 2011).

Erste Initiativen der sogenannten „collaborative teacher education" wurden durch das Inkrafttreten des für die gemeinsame Beschulung behinderter und nicht behinderter Schülerinnen und Schüler maßgeblichen Gesetzes PL 94–142 „The Education for All Handicapped Children Act" – heute bekannt als „Individuals with Disabilities Education Act" (IDEA) – im Jahr 1975 ausgelöst (vgl. Johnson, 2013). Zuvor gab es jahrzehntelang eine getrennte Ausbildung von Lehrkräften für allgemeine Schulen und Sonderschulen, wie wir sie auch aus dem deutschsprachigen Raum kennen. Der weit gefasste Begriff der „collaborative teacher education", der vor allem in den USA verbreitet ist, beschreibt die Neugestaltung der Ausbildungsprogramme, die auf dem gemeinsamen, von allen geteilten Ziel basiert, die Ausbildung von Lehrkräften für allgemeine Lehrämter und für Sonderpädagogik in der Absicht zusammenzubringen, die Qualität der Unterrichtung aller Schülerinnen und Schüler, einschließlich der Schülerinnen und Schüler mit Behinderungen, zu verbessern (vgl. z. B. Blanton & Pugach, 2007).

Da es bei diesen Bemühungen um die inklusive Erziehung und Bildung („inclusive education") geht, ist in den vergangenen Jahren im internationalen Raum immer häufiger von einer *inklusionsorientierten* („teacher education for inclusion") oder *inklusiven* („inclusive teacher education") Lehrerinnen- und Lehrerbildung die Rede (vgl. Forlin, 2010, 2012). Damit rücken neben der Differenzlinie „Behinderung" bzw. „sonderpädagogischer Förderbedarf" auch weitere Differenzlinien und ihre Überkreuzungen („intersections") in den Blick.

2   Inklusionsorientierte Lehrerinnen- und Lehrerbildung als „Missing Link" der bisherigen Reform der deutschen Lehrerinnen- und Lehrerbildung

In einer aktuellen Literaturstudie führen Blanton et al. (2014) eine historische Analyse der maßgeblichen US-amerikanischen Reforminitiativen in der Lehrerinnen- und Lehrerbildung unter besonderer Berücksichtigung der „intersection of general and special education" durch. Dabei gehen sie von drei zentralen Annahmen aus:

- „Both general and special education teachers are responsible for teaching students with disabilities" (Blanton et al., 2014, S. 6–7).
- „Teacher education reform is influenced by both research on the preparation of teachers and research on teaching" (Blanton et al., 2014, S. 7–8).
- „The preparation of teachers occurs along a continuum that extends from the preservice years into experienced teaching" (Blanton et al., 2014, S. 8–9).

Bilanziert man demgegenüber die seit der programmatischen Veröffentlichung „Perspektiven der Lehrerbildung in Deutschland" (Terhart, 2000) in Gang gekommene Reform der Lehrerinnen- und Lehrerbildung in Deutschland, dann besteht lediglich hinsichtlich der zweiten und der dritten Annahme weitgehend Konsens.

Die Reform der Lehrerinnen- und Lehrerbildung wird in Deutschland seit fast zwei Jahrzehnten durch ein berufsbiografisches Verständnis der Professionalität von Lehrerinnen und Lehrern und eine phasenübergreifende Professionalisierung von Lehrkräften und Kollegien als individuelle und kollektive Entwicklung geprägt (vgl. z. B. Häcker, 2011; Hericks, 2006; Terhart, Czerwenka, Ehrich, Jordan & Schmidt, 1994). Außerdem ist es seit einigen Jahren üblich geworden, in Anlehnung an die US-amerikanischen Entwicklungen zwischen einer *Forschung zum Lehrberuf* („research on teachers") und einer *Forschung zur Lehrerinnen- und Lehrerbildung* („research on teacher education") zu unterscheiden. Die Forschung zur Lehrerinnen- und Lehrerbildung wird allerdings hierzulande meist der Forschung zum Lehrberuf subsumiert (vgl. Rothland & Terhart, 2009; Terhart, Bennewitz & Rothland, 2011) und weist im Vergleich zu „research on teachers" zahlreiche Desiderate auf (vgl. Cramer, 2012).

Die erste Annahme stößt hingegen immer noch auf Skepsis und Widerstand, und zwar auch an Hochschulen, an denen die Ausbildung sowohl für allgemeine Lehrämter als auch für das sonderpädagogische Lehramt angesiedelt ist. Die Beschäftigung mit der Weiterentwicklung des sonderpädagogischen Lehramts in der Bildungspolitik und in den für die allgemeinen Lehrämter zuständigen Fachdisziplinen wurde andererseits immer wieder ausgespart bzw. aufgeschoben. So heißt es auch in den „Perspektiven der Lehrerbildung in Deutschland": „Die Verhältnisse im Bereich … des Lehramtes für die Sonderschulen sind … sehr komplexer, eigenständiger Natur und verdienen bzw. erfordern eine eigenständige, ausführliche Diskussion und Weiterentwicklung" (Terhart, 2000, S. 65). Wie dieses Zitat außerdem belegt, hat man dabei alles andere als die „intersection of general and special education" im Blick. Die im Anschluss an diese Empfehlung initiierten Bemühungen der Kommission Lehrerbildung der Kultusministerkonferenz wurden 2003 wieder eingestellt, weil die Vorstellungen der Bundesländer zu divergent waren (vgl. Lindmeier, 2009).

Symptomatisch für die derzeitige Situation ist auch, dass das erste deutschsprachige „Handbuch der Forschung zum Lehrerberuf" (Terhart et al., 2011) keinen einzigen Beitrag zu dieser Thematik enthält, was leider auch für die 2014 erschienene überarbeitete zweite Auflage gilt. Dabei ist der Stand der nationalen empirischen Forschung zur inklusionsorientierten Lehrerinnen- und Lehrerbildung („research on teacher education") nicht mehr ganz so lückenhaft, wie ihn die beiden Ende 2012 erstellten BMBF-Expertisen zum Thema „Ausbildung und Professionalisierung von Fachkräften für inklusive Bildung in allgemeinbildenden Schulen Deutschlands" beschreiben (vgl. Heinrich, Urban & Werning, 2013; Hillenbrand, Melzer & Hagen, 2013). Dies gilt erst recht für die Forschung zur Rolle von berufstätigen Lehrkräften („research on teaching") in „inklusiven Settings", wobei derzeit noch ein Übergewicht an Einzelbefunden zur künftigen Rolle von Sonderpädagoginnen und Sonderpädagogen zu verzeichnen ist (vgl. z. B. Melzer & Hillenbrand, 2013; Urban & Lütje-Klose, 2014).

In einem Überblickartikel, der sich allerdings nur auf die erste Phase der Lehrerinnen- und Lehrerbildung bezieht, gelangen Laubner und Lindmeier (2016) für den Zeitraum bis Mitte 2014 zu dem Ergebnis, dass der Forschungsstand zur inklusionsorientierten Lehrerinnen- und Lehrerbildung – trotz zahlreicher Forschungslücken – umfänglicher und facettenreicher sei, als bislang angenommen. Dieses Ergebnis, das durch zahlreiche Untersuchungen, die seit Mitte 2014 erschienen sind, der Tendenz nach bestätigt wird (vgl. z. B. Lütje-Klose & Neumann, 2015; Moser & Kropp, 2015), zeigt sich allerdings erst, wenn man bei der Darstellung des Forschungsstandes an die gängigen Systematisierungen der Forschung zur Lehrerinnen- und Lehrerbildung in Deutschland anknüpft (vgl. Cramer, 2012; Terhart et al., 2011). Bei den vorliegenden empirischen Studien zur inklusionsorientierten Lehrerinnen- und Lehrerbildung handelt es sich außerdem vorwiegend um kleinere, auf einzelne Regionen, Personenkreise oder Ausbildungsinstitutionen begrenzte Untersuchungen.

Ausgehend von den Ergebnissen ihres Forschungsüberblicks konstatieren Laubner und Lindmeier (2016), dass die Rahmenbedingungen der jeweiligen Ausbildungsgänge – auch im Hinblick auf die inklusionsorientierte Lehrerinnen- und Lehrerbildung – ein zentrales Forschungsdesiderat der nationalen Forschung zur Lehrerinnen- und Lehrerbildung darstellen. Im Vergleich mit dem internationalen Forschungstand, der innerhalb der nationalen Forschung dringend aufzuarbeiten wäre, fehlen umfassende Programmanalysen, die sowohl die Ebene der strukturellen und institutionellen Vorgaben (jeweilige Landesregelungen und institutionelle Formen) als auch die Konkretisierung dieser Rahmenregelungen an den einzelnen Bildungseinrichtungen für Lehrkräfte vor Ort (Prüfungsordnungen, Modulhandbücher, Umsetzung in Lehrangebote, Sicherstellung der nötigen Lehrinhalte und Koordination der verschiedenen Ausbildungsbestandteile) berücksichtigen und dabei alle Bundesländer in kontrastierende Vergleichsuntersuchungen einbeziehen.

Um die empirische Forschung auf dieser Meso- und Makroebene zu intensivieren, empfehlen Laubner und Lindmeier (2016) unter anderem eine Orientierung an den US-amerikanischen internationalen Forschungsperspektiven auf die Ausbildungsmodelle inklusionsorientierter Lehrerinnen- und Lehrerbildung.

3 Zur Modellierung der inklusionsorientierten Lehrerinnen- und Lehrerbildung in der US-amerikanischen Forschung

In vielen US-amerikanischen Bundesstaaten wurden seit Beginn der 1980er-Jahre Modelle einer von der Regel- und Sonderpädagogik gemeinsam verantworteten und durchgeführten inklusionsorientierten Lehrerinnen- und Lehrerbildung erprobt. Infolge der gestiegenen Bemühungen um eine Zusammenarbeit in der Ausbildung von Lehrkräften für die allgemeinen Lehrämter und für das sonderpädagogische Lehramt etablierten sich zur Bezeichnung der gemeinsam verantworteten und durchgeführten Lehramtsstudiengänge unter anderem die Begriffe „vereinigt" („unified"), „verschmolzen" („merged"), „gemischt" („blended"), „kombiniert" („combined"), „integriert" („integrated") und „dual" bzw. „doppelt" („dual") (Blanton & Pugach, 2011). Obwohl sich diese Bezeichnungen allesamt auf das gemeinsame Ziel beziehen, die Ausbildungen der Lehrkräfte für die allgemeinen Lehrämter und für Sonderpädagogik zu verbinden, ist es häufig schwer, genau zu erkennen, wie viel und welche Art von Zusammenarbeit und curricularer Integration stattfindet und mit welcher Zielsetzung. Die Folge ist einerseits, dass grundsätzlich verschiedene Ausbildungsmodelle ähnliche Bezeichnungen verwenden und sich als „inklusionsorientiert" oder „inklusiv" bezeichnen, obwohl der Grad an programmatischer und curricularer Integration und das Ausmaß der Zusammenarbeit der Fachbereiche und Institute stark variieren. Andererseits ist es möglich, dass Studiengänge unterschiedliche Bezeichnungen verwenden, sich jedoch in Bezug auf ihre Praktiken ähneln, was zu Unklarheit darüber führt, worin eine inklusionsorientierte Lehrerinnen- und Lehrerbildung eigentlich besteht.

Die vorliegenden Forschungsbefunde tragen nach Auffassung von Blanton und Pugach (2011) innerhalb und außerhalb der Vereinigten Staaten zur Uneinheitlichkeit der Terminologie, der Ausbildungspraxis in den Fachbereichen und der Verfahrensweisen bei der Vergabe von Lehrbefähigungen bei. Hauptsächlich finden sich Beschreibungen von „dualen" Lehramtsstudiengängen; darüber hinaus gibt es eine kleine Anzahl an Studien, die die Charakteristika von inklusionsorientierten Ausbildungskonzepten beschreiben. Eine neuere Studie von Holland, Detgen und Gutekunst (2008) aus den USA analysierte hingegen die Curricula von Grundschullehramtsstudiengängen, indem sie die Studienpläne und die Veranstaltungsangebote überprüfte. Pugach und Blanton (2012) selbst betrachteten die Lehrpläne von drei seit Langem bestehenden „verschmolzenen" Lehramtsstudiengängen vor allem mit Blick auf deren Umgang mit dem Zusammenhang von Diversität und Behinderung. Der Großteil der Forschung bezieht sich allerdings auf bestimmte Komponenten der Ausbildungskonzepte, beispielsweise auf gemeinsame Methodenseminare oder Praxismodule, statt einen breiteren Überblick über die Lehrerinnen- und Lehrerbildung zu geben.

Obwohl die Forschung zu den Komponenten der Ausbildungskonzepte informativ ist, kann sie Fragen weder identifizieren noch beantworten, die sich bei der Programmgestaltung stellen und die beantwortet werden müssen, um die Ergebnisse des Programms für angehende Lehrkräfte sowie Schülerinnen und Schüler zu verstehen. In diesem Bereich steckt die Forschung noch in den Kinderschuhen. Dennoch gibt es eine neuere Studie von Utley (2009), in deren Mittelpunkt die Lernerfolge von Schülerinnen und Schülern mit Behinderung stehen. Sie wurden von Studierenden im Rahmen ihres letzten Praktikums in einem inklusionsorientierten Studiengang unterrichtet. In 14 der 20 untersuchten Lehreinheiten ließen sich gute Lernerfolge der Schülerinnen und Schüler mit Behinderung feststellen. Als wesentlicher Grund wird die gezielte Vermittlung empirisch überprüfter Lehrstrategien wie der direkten Instruktion in einem aus zwei Veranstaltungen bestehenden Modul zu „Diversität erkunden in Lehrinhalt und Vermittlung" angeführt, außerdem die wichtige Rolle von Lehrenden aus der Sonderpädagogik und die intensive inhaltliche Zusammenarbeit mit den Praktikumsschulen und deren Mentorinnen und Mentoren.

Beim derzeitigen Stand der Forschung halten Blanton und Pugach (2007, 2011) bzw. Pugach und Blanton (2009) ein heuristisches Klassifikationssystem für die Entwicklung der inklusionsorientierten Lehrerinnen- und Lehrerbildung für erforderlich, um Informationen zu systematisieren und zu kommunizieren. Eine erste Fassung dieses Klassifikationssystems legten sie bereits 2007 vor; seitdem wurde es ständig verfeinert (vgl. auch Blanton, Pugach & Florian, 2011). Nach eigenen Recherchen des Verfassers wurde es bereits in über 60 internationalen Publikationen rezipiert. Das Klassifikationssystem basiert auf einer *Typologie von drei Modellen* einer inklusionsorientierten Lehrerinnen- und Lehrerausbildung:

- Das erste Ausbildungsmodell wird als „discrete program model" bezeichnet, weil die Studiengänge der Lehrkräfte für die allgemeinen Lehrämter und für die Sonderpädagogik in ihrem Bemühen um eine inklusionsorientierte Ausbildung noch weitgehend getrennt bzw. eigenständig bleiben.
- Im „integrated program model" greifen die Ausbildungsgänge der Lehrkräfte für die allgemeinen Lehrämter und für die Sonderpädagogik weitgehend ineinander, ohne ihre je fachlichen Eigenständigkeiten zu verlieren.
- Das dritte Modell bezeichnen Blanton und Pugach (2007, 2011) als „merged program model", weil die Ausbildungsgänge der Lehrkräfte für die allgemeinen Lehrämter und für die Sonderpädagogik in diesem Modell weitgehend ineinander aufgegangen bzw. „verschmolzen" sind.

Die drei Modelle beziehen sich also auf das Ausmaß, in dem die Regel- und die Sonderpädagogik bei der Ausbildung der angehenden Lehrkräfte zusammenwirken, wobei das Hauptaugenmerk darauf liegt, ob und inwiefern durch die Entwicklung und Neugestaltung von Ausbildungsgängen eine Kohärenz der Ausbildungscurricula und eine Kooperation der beteiligten Fachdisziplinen ermöglicht werden.

Die folgenden fünf *Merkmale der Programmentwicklung* dienen der kritischen Auswertung der grundlegenden Entscheidungen, die Fachbereiche und Institute bei der Umstellung auf eine inklusionsorientierte Lehrerinnen- und Lehrerausbildung treffen müssen (vgl. Pugach & Blanton, 2009):

1. *Curriculare Kohärenz („curricular coherence"):* Dieses Merkmal bezeichnet die Qualität der inhaltlichen Abstimmung der Ausbildungskonzepte zwischen den beteiligten Fächern bzw. Fachbereichen. Curriculare Kohärenz wird daran festgemacht, dass die verschiedenen Ausbildungskomponenten aufeinander aufbauen und ein stimmiges Gesamtbild ergeben.
2. *Zusammenarbeit zwischen den beteiligten Fachbereichen oder Instituten („faculty collaboration"):* Die Art und die Intensität der Zusammenarbeit zwischen den beteiligten Fachdisziplinen bilden das zweite, eng mit dem ersten zusammenhängende Merkmal. Dabei geht es um die Frage, wie die Fachdisziplinen der Ausbildung zusammenarbeiten, um ein kohärentes Curriculum zu erreichen und aufrechtzuerhalten. „Faculty collaboration" bezieht sich nicht nur auf die Zusammenarbeit zwischen den bildungswissenschaftlichen Fächern und der Sonderpädagogik, sondern auch auf die Kooperation mit den Fachwissenschaften und den Fachdidaktiken.
3. *Tiefe und Breite des Wissens („depth of knowledge"):* Bei diesem Merkmal geht es um die Frage, was die Lehrkräfte für die allgemeinen Lehrämter und die Fachpersonen für Sonderpädagogik wissen müssen, um in der Praxis allen Schülerinnen und Schülern – einschließlich derjenigen mit Behinderung – gerecht werden zu können. Es geht also um die Balance zwischen Generalisierung und Spezialisierung, die in der inklusionsorientierten Lehrerinnen- und Lehrerbildung eine besondere Herausforderung darstellt. Innerhalb dieses Balanceaktes geht es unter

anderem darum, ein weites Verständnis von Inklusion und Diversität mit einer sinnvollen Spezialisierung bezüglich der Bedarfe besonders vulnerabler Gruppen zu verschränken.

4. *Beurteilung von Lehr- und Lernergebnissen („performance/portfolio assessments"):* Das vierte Merkmal bezieht sich darauf, wie Leistungsüberprüfungen dazu genutzt werden können, das Wissen, die Fähigkeiten und die Eignung der Studierenden im Hinblick auf das professionelle Handeln im Lehrberuf zu beeinflussen. Bei inklusionsorientierten Ausbildungsmodellen sollte untersucht werden, wie die Prüfungen strukturiert und wie ihre Ergebnisse ausgewertet werden. Dabei ist eine zentrale Frage, was von Studierenden in Bezug auf Diversität im Allgemeinen und Behinderungen im Speziellen erwartet wird.

5. *Zusammenarbeit zwischen Universitäten und (Ausbildungs-)Schulen („PK-12 partnerships")*[1]: Das fünfte Merkmal nimmt die Beziehung zwischen Universitäten und inklusiven Schulen in den Blick. Dabei geht es zum einem um die partnerschaftliche Zusammenarbeit bei der Qualitätsentwicklung der Praktika (z. B. deren konzeptionelle Einbettung in das Studium). Zum anderen geht es darum, dass Bildungsreformen wie die inklusive Beschulung („inclusive education") gleichzeitig an Universitäten und in Schulen stattfinden müssen, um ihren Erfolg zu garantieren.

Im Folgenden werden die Kernannahmen der drei Ausbildungsmodelle in Anlehnung an Blanton und Pugach (2011) herausgearbeitet.

3.1 Getrennte Ausbildungsmodelle („discrete program models")

Seit es in den USA notwendig ist, alle Lehrkräfte auf die Arbeit mit heterogenen Gruppen von Schülerinnen und Schülern vorzubereiten und in die Verantwortung zu nehmen, sind im Rahmen von „discrete program models" einzelne Lehrveranstaltungen oder Module zu Fragen der inklusiven Bildung für alle Studierenden eingeführt worden. Es ist typisch für solche Modelle, dass einzelne Veranstaltungen der Sonderpädagogik für die Anwärterinnen und Anwärter der Lehrämter für die allgemeinen Schulen obligatorisch sind. Solche Veranstaltungen werden als *Service-Veranstaltung* („service-course") angesehen. Im internationalen Raum spricht man deshalb auch von einem „Infusionsmodell" (European Agency for Development in Special Needs Education, 2010). Umgekehrt bieten möglicherweise an der Ausbildung von Regelschullehrkräften beteiligte Fachdisziplinen wie die Grundschulpäd-

---

1   Die Abkürzung „PK-12" bezieht sich auf das zweistufige US-amerikanische Einheitsschulsystem, in dem die Elementary Schools (auch als „Primary Schools" oder „Grade Schools" bezeichnet) die Grundstufe und die unterschiedlichen Secondary Schools (Junior High School, Middle School, High School) die Aufbaustufe repräsentieren. „PK" bezieht sich also auf zwölf Schuljahre einschließlich der Pre-School.

agogik den sonderpädagogischen Lehramtsanwärterinnen und Lehramtsanwärtern eine Service-Veranstaltung – beispielsweise für das Erstlesen – an.

In den „discrete program models" bleiben die für die allgemeinen Lehrämter ausbildenden Fächer und pädagogischen Teildisziplinen und die Sonderpädagogik – außer bei den Service-Veranstaltungen – weitgehend unabhängig voneinander. Die Zusammenarbeit zwischen den Fachbereichen und Instituten geschieht hauptsächlich, um Veranstaltungen abzuhalten, die staatlich vorgeschriebene Bedingungen des Ausbildungsprogramms erfüllen, und weniger, um ein koordiniertes Curriculum anzubieten.

Die *erste Annahme*, die den getrennten Ausbildungsmodellen zugrunde liegt, besteht also darin, dass das traditionelle Curriculum der Ausbildung von Lehrkräften für die allgemeinen Lehrämter und für Sonderpädagogik von beiden Seiten weiterhin als exklusiv und als zu verteidigender Bestand des Fachwissens angesehen wird, der sich von dem Curriculum eines jeden anderen Ausbildungsprogramms unterscheidet. Aus dieser Perspektive gibt es keinen Anlass, eine bessere Integration von Inhalten der allgemeinen und sonderpädagogischen Lehrerinnen- und Lehrerbildung zu erwägen. Ebenso wenig gerät die Frage der jeweiligen Expertise der verschiedenen Lehrkräfte in den Blick.

Eine *zweite Annahme* lautet, dass Lehramtsstudierende ihre eigenen Verknüpfungen zwischen den verschiedenen Veranstaltungen und Studiengängen herstellen sollen und können. Was Studierende der Sonderpädagogik in Bezug auf den Umgang mit Heterogenität lernen, kann aber durchaus im Widerspruch zu dem stehen, was ihnen in einem Unterrichtsfach vermittelt wird.

Die *dritte Annahme* besteht darin, dass die Absolventinnen und Absolventen ihre unterschiedlichen Rollen als „Regelpädagoginnen und Regelpädagogen" bzw. „Sonderpädagoginnen und Sonderpädagogen" selbstständig ausfüllen können sollen, sobald sie ihre Arbeit in den Schulen aufnehmen. In getrennten Ausbildungsmodellen setzen sich also die beteiligten Institute und Fachbereiche nicht dafür ein, die Beziehung zwischen ihren Ausbildungsgängen zu überdenken. Außerdem kann aufgrund der in der Regel getrennt vollzogenen schulpraktischen Studien kein tiefer gehendes Verständnis der kollegialen Zusammenarbeit entstehen. Die Absolventinnen und Absolventen sind deshalb nicht ausreichend darauf vorbereitet, sich erfolgreich an gemeinsam durchgeführten Praktiken wie dem Co-Teaching sowie an der gemeinsamen Planung zu beteiligen. Im Endergebnis tragen die weitgehend getrennt bleibenden Ausbildungsmodelle also zu einer Perpetuierung der Segregation in den allgemeinen Schulen bei.

Werden die Lehrkräfte nach dem „discrete program model" ausgebildet, dann müssen Studierende, die eine doppelte Lehramtsbefähigung erwerben möchten, zwei Ausbildungsgänge in Sonder- bzw. Regelschulpädagogik absolvieren, die sich, wenn überhaupt, nur wenig überschneiden.

3.2 Integrierte Ausbildungsmodelle („integrated program models")

Integrierte Ausbildungsmodelle werden als Modelle definiert, in welchen die an der Ausbildung von allgemeinpädagogischen und sonderpädagogischen Lehrkräften beteiligten Fachbereiche oder Institute ihre Ausbildungsgänge neu gestalten und sich an koordinierten Versuchen beteiligen, um einen hohen Anteil an curricularer Überschneidung zu erreichen. Die Curricula der integrierten Ausbildungsgänge reflektieren die Zusammenarbeit der Fachbereiche sowohl im Hinblick darauf, was Lehrkräfte wissen und können müssen, um der Diversität aller Schülerinnen und Schüler gerecht zu werden, als auch im Hinblick auf das besondere Wissen und die speziellen Fähigkeiten, die für sonderpädagogische Lehrkräfte darüber hinaus vonnöten sind (vgl. Hardman, 2009).

Die den integrierten Ausbildungsmodellen zugrunde liegende *erste Annahme* besteht darin, dass die Fachbereiche und Institute der Regel- und Sonderpädagogik zusammenwirken, um ihre Ausbildungskonzepte in der Absicht neu zu gestalten, die Curricula besser zu verbinden und zu integrieren. Alle Lehramtsanwärterinnen und Lehramtsanwärter sollen dadurch mit einer soliden Basis an Wissen ausgestattet werden, welche Fachwissen („content knowledge"), fachdidaktisches Wissen („pedagogical content knowledge") und pädagogisches Wissen („pedagogical knowledge"), Wissen über Diversität sowie die für die Kooperation notwendigen professionellen Kompetenzen einschließt. Diejenigen Studierenden, die an der sonderpädagogischen Berufsrolle interessiert sind, sollen darüber hinaus das spezialisierte Wissen sowie die Fähigkeiten erwerben, die sie für die Ausübung dieser Rolle in den Schulen benötigen.

Die *zweite Annahme* besteht darin, dass den Sonderpädagoginnen und Sonderpädagogen eine distinkte Rolle zukommt, die spezialisiertes Wissen und Können über das hinaus erfordert, was Lehrkräfte wissen und können sollten. In integrierten Programmen studieren die Anwärterinnen und Anwärter für die allgemeinen Lehrämter und für das Lehramt für Sonderpädagogik zu einem Großteil ihrer Ausbildung gemeinsam. Diejenigen, die sich dafür entscheiden, sich auch für Sonderpädagogik ausbilden zu lassen, nehmen zunächst an einem neu gestalteten Basisstudium teil, das darauf ausgerichtet ist, alle Studierenden besser auf den Umgang mit einem breiteren Spektrum von Schülerinnen und Schülern vorzubereiten. Wenn die sonderpädagogische Expertise zum einen in ein neu gestaltetes Konzept der Regelpädagogik integriert ist und zum anderen darauf aufbauend eine weiter gehende Spezialisierung ermöglicht, entstehen mehrere Vorteile: Das Fach Sonderpädagogik muss seine Funktion in der Ausbildung aller Studierenden sowie bisherige Schwerpunktsetzungen überdenken und seine Anschlussfähigkeit an allgemeine schulpädagogische und fachdidaktische Fragen erhöhen.

Die *dritte Annahme* besteht darin, dass die für die Lehrerinnen- und Lehrerbildung zuständigen Fachbereiche und Institute dafür verantwortlich sind, die Studierenden dabei zu unterstützen, über die Lehrveranstaltungen und die neu gestalteten Ausbildungsprogramme hinweg Querverbindungen herzustellen. Solch ein Curriculum muss Themen, Fragestellungen und Konzepte identifizieren, die die Regelpädagogik und die Sonderpädagogik verbinden. Beispielsweise können bei den schulpraktischen Studien Lehramtsanwärterinnen und Lehramtsanwärter mit regelpädagogischer und sonderpädagogischer Ausrichtung paarweise denselben Schulen bzw. Klassen zugeteilt werden, um strukturierte Kooperationsmöglichkeiten zu schaffen und ähnliche Studienerfahrungen zu vermitteln, die auch von Lehrenden der beteiligten Bereiche gemeinsam mit den Studierenden reflektiert werden. Die Studierenden können so gemeinsam praktische Erfahrungen zu sammeln, die sie dabei unterstützen, Integration zu verstehen und auszuüben. Dazu gehört auch, die Schwierigkeiten und Hürden des Lehralltages transparenter zu machen (Hascher & de Zordo, 2015), und die Fachbereiche erhalten die Möglichkeit, angehende Lehrerinnen und Lehrer dabei zu unterstützen, die Grenzen zwischen Regel- und Sonderpädagogik auszubalancieren und ihre Identität jenseits der traditionell getrennten Rollenmuster zu entwickeln.

Die Absolventinnen und Absolventen der integrierten Ausbildungsmodelle erhalten *nicht automatisch eine doppelte Lehramtsbefähigung* für ein allgemeines Lehramt und für das sonderpädagogische Lehramt. Im Idealfall kann nach einem gemeinsamen Bachelorabschluss („undergraduate") der gewünschte Masterabschluss in Sonderpädagogik (inklusive Lehramtsbefähigung) oder im Regelschullehramt erworben werden. Günstig ist, dass einerseits das Spezialwissen und der hohe Wert sonderpädagogischer Expertise erhalten werden, was vielen Vertreterinnen und Vertretern sonderpädagogischer Fachrichtungen ebenso wie Eltern behinderter Kinder und Jugendlicher wichtig ist, und dass andererseits eine gemeinsame lehramtsbezogene Identitätsbildung möglich erscheint.

3.3 Verschmolzene Ausbildungsmodelle („merged program models")

In verschmolzenen Ausbildungsprogrammen werden die Studierenden in einem einzigen Curriculum („single curriculum"), das eine vollständige Integration der Lehrveranstaltungen und Praxiserfahrungen vorsieht, auf die Bedürfnisse aller Schülerinnen und Schüler, einschließlich derjenigen mit Behinderungen, vorbereitet. Die für die allgemeinen Bildungswissenschaften, Fachwissenschaften und Fachdidaktiken zuständigen Fachdisziplinen und die Sonderpädagogik arbeiten inhaltlich intensiv zusammen, um dieses „single curriculum" zu entwickeln und die Absolventinnen und Absolventen auf eine regelpädagogische und eine sonderpädagogische Lehrtätigkeit vorzubereiten. Dabei ist beabsichtigt, dass die Regelpädagogik und die Sonderpädagogik als Kollektiv zusammenarbeiten, die Zusammenarbeit und die Inklusion modellieren und sich an einer fortlaufenden Kooperation in der Lehrerinnen- und Lehrerbildung beteiligen.

Die *erste Annahme*, die den verschmolzenen Ausbildungsgängen zugrunde liegt, besteht also darin, dass derselbe Kanon an Wissen und Können (inklusive der Haltungen) für Studierende der verschiedenen Lehrämter verpflichtend ist. Obwohl bestimmte Lehrveranstaltungen in verschmolzenen Ausbildungsgängen von den darauf spezialisierten Fachdisziplinen angeboten werden, ist es ist nicht beabsichtigt, dass sich die Studierenden mit einem regelpädagogischen oder sonderpädagogischen Studium identifizieren müssen. Deshalb basieren verschmolzene Ausbildungsgänge – anders als integrierte Ausbildungsgänge – nicht auf der Aufrechterhaltung der Distinktion der allgemeinen Lehrämter und des sonderpädagogischen Lehramts. Sie nehmen dementsprechend häufig Titel an, die keine eindeutige Zuordnung zu einem regelpädagogischen oder einem sonderpädagogischen Studiengang möglich machen.

Die *zweite Annahme* lautet, dass es innerhalb des Ausbildungsgangs genügend Raum gibt, Lehramtsanwärterinnen und Lehramtsanwärter adäquat auf beide Berufsrollen vorzubereiten. Blanton und Pugach (2011) zeigen sich bezüglich dieser Annahme sehr skeptisch, weil sie die Bildungspolitik zu „Billiglösungen" verleiten kann und die Gefahr der Deprofessionalisierung der sonderpädagogischen Expertise heraufbeschwört. Zudem gibt es Hinweise darauf, dass in manchen verschmolzenen Programmen die Berücksichtigung von Ethnie, Klasse, Kultur und Sprache im Vergleich zur Berücksichtigung von Behinderung zu kurz kommt (Pugach & Blanton, 2012).

Die *dritte Annahme* besteht darin, dass jede Absolventin bzw. jeder Absolvent willens und daran interessiert ist, beide Berufsrollen anzunehmen und auszuüben, also in der Schule je nach Bedarf sonderpädagogische und regelpädagogische Aufgaben flexibel zu übernehmen.

In verschmolzenen Ausbildungsgängen schließen die Absolventinnen und Absolventen ihr Studium mit einer *doppelten Ausbildungsqualifikation* ab („dual certification"), die sie zu einer Tätigkeit sowohl als regelpädagogische als auch als sonderpädagogische Lehrkraft berechtigt. Die doppelte Lehramtsbefähigung („dual licensure") wird also mit einem einzigen Studienabschluss erworben.

In manchen Institutionen der Lehrerinnen- und Lehrerbildung in den USA und in Kanada sind verschmolzene Ausbildungsgänge mittlerweile die einzige Option für Studierende, die Lehrkräfte für den frühkindlichen Bereich, die Primarstufe oder die Sekundarstufe werden wollen. In anderen Studienstätten sind die verschmolzenen Ausbildungsgänge eine Option neben Regel- und Sonderpädagogik als getrennten Studiengängen, wobei die sonderpädagogischen Studiengänge dann eher auf einem traditionellen medizinischen Modell als auf einem inklusiven Modell von Behinderung basieren (Blanton & Pugach, 2007).

4 Ausblick

Die von Blanton und Pugach (2007, 2011) bzw. Pugach und Blanton (2009) entwickelte Klassifikation inklusionsorientierter Ausbildungsmodelle macht deutlich, dass die gängige Praxis der „discrete program models" kaum mehr den allerersten Schritt auf dem Weg zur Zusammenarbeit der Fächer und zur Entwicklung curricularer Integration und Kohärenz darstellen kann. Wenn weitere Schritte nicht gleich zu Beginn der Reformbemühungen geplant werden, droht inklusive Bildung in dieser Form zu einem bloßen „Lippenbekenntnis" der deutschen Kultuspolitik zu werden. Gleiches gilt für die Diskussion in Österreich und in der Schweiz, auf die aus Platzgründen nicht näher eingegangen werden konnte.

Nach Jahren intensiver internationaler Bemühungen um eine inklusionsorientierte Lehrerinnen- und Lehrerbildung sollte deshalb nicht mehr länger darüber diskutiert werden müssen, ob Lehrkräfte, die für ein allgemeines Lehramt ausgebildet werden, ein tieferes Verständnis von Diversität erwerben sollen, in welches Behinderung als wichtiges Diversitätsmerkmal eingebettet ist. Außerdem sollte klar sei, dass dieses vertiefte Diversitätsverständnis nicht durch einzelne Veranstaltungen oder ein singuläres Modul in Sonderpädagogik, multikultureller Erziehung oder beidem entsteht, sondern dass die Ausbildung von Lehrkräften für Sonderpädagogik in einem allgemeinen Ausbildungscurriculum verankert werden muss.

Ob die inklusionsorientierte Lehrerinnen- und Lehrerausbildung besser durch ein integriertes oder ein verschmolzenes Ausbildungsmodell zu realisieren ist, lässt sich aber letztlich nur auf der Grundlage umfangreicher empirischer Untersuchungen beantworten. Zum gegenwärtigen Zeitpunkt gilt es zu betonen, dass das von Blanton und Pugach (2011) entwickelte Klassifikationssystem zu jedem der beiden Modelle wichtige Fragen aufwirft und damit die Anforderungen an eine Entscheidungsfindung bei der Entwicklung kooperativer Ausbildungsprogramme erhöht. Dies schließt folgende Fragen ein:

- Wurde das allgemeine Ausbildungscurriculum adäquat umgestaltet und schließt dies ein, dass alle angehenden Lehrkräfte über ausreichendes Wissen verfügen und dazu fähig sind, mit der in der heutigen Schule vorzufindenden Diversität der Schülerinnen und Schüler adäquat umzugehen?
- Arbeiten die Fächer bzw. Fachbereiche in ausreichendem Maße zusammen, damit sich eine wirkliche Transformation ihrer Ausbildungsgänge einstellt und nicht nur die simple Hinzufügung traditioneller sonderpädagogischer Inhalte nach dem „Infusionsmodell" betrieben wird?
- Wurde die Wissensbasis von Sonderpädagoginnen und Sonderpädagogen in Bezug auf das Fachwissen, das fachdidaktische Wissen und das schulpädagogische bzw. bildungswissenschaftliche Wissen neu bestimmt, beispielsweise hinsichtlich wählbarer Unterrichtsfächer oder fachlicher Inhalte? Wurde auch das sonderpädagogische Wissen für die Bedarfe in einer inklusiven Schule definiert?
- Vermitteln verschmolzene Ausbildungsmodelle in ausreichendem Maße das spezialisierte Wissen und Können, welches Sonderpädagoginnen und Sonderpädagogen benötigen (z. B. über schwere und/oder selten auftretende Beeinträchtigungen)?

Es muss also neu justiert werden, was alle Lehramtsanwärterinnen und Lehramtsanwärter in gemeinsamen Veranstaltungen studieren bzw. lernen sollen, in welchen

Formaten dies geschehen soll und bei welchen Inhalten und in welchen Formaten Spezialisierungen sinnvoll sind. Lehrerinnen- und Lehrerbildung für eine inklusive Schule bedeutet auch, die Studierenden, die Referendarinnen und Referendare sowie die Berufseinsteigerinnen und Berufseinsteiger auf die Zusammenarbeit in multiprofessionellen Teams vorzubereiten. Dies kann nur geschehen, wenn sich auch die Lehrerinnen- und Lehrerbildung als Berufsausbildung für eine inklusive Schule versteht und kohärente Studienangebote schafft. Darüber hinaus ist eine phasenübergreifende Konzeption einer inklusionsorientierten Lehrerinnen- und Lehrerbildung nötig, die diese als berufsbiografischen Prozess wahrnimmt und gestaltet.

Literatur

Blanton, L. P. & Pugach, M. C. (2007). *Collaborative programs in general and special teacher education: An action guide for higher and state policy makers.* Washington: Council of Chief State School Officers.

Blanton, L. P. & Pugach, M. C. (2011). Using a Classification System to Probe the Meaning of Dual Licensure in General and Special Education. *Teacher Education and Special Education, 34* (3), 219–234.

Blanton, L. P., Pugach, M. C. & Boveda, M. (2014). *Teacher education reform initiatives and special education: Convergence, divergence, and missed opportunities* (Document No. LS-3). Gainesville, FL: Ceedar Center.

Blanton, L. P., Pugach, M. C. & Florian, L. (2011). *Preparing General Education Teachers to Improve Outcomes for Students With Disabilities.* Washington: American Association of Colleges for Teacher Education & National Center for Learning Disabilities.

Cramer, C. (2012). *Entwicklung von Professionalität in der Lehrerbildung. Empirische Befunde zu Eingangsbedingungen, Prozessmerkmalen und Ausbildungserfahrungen Lehramtsstudierender.* Bad Heilbrunn: Klinkhardt.

European Agency for Development in Special Needs Education. (2010). *Teacher Education for Inclusion – International Literature Review.* Odense: European Agency for Development in Special Needs Education.

Forlin, C. (2010). *Teacher Education for Inclusion. Changing Paradigms and Innovative Approaches.* London: Routledge.

Forlin, C. (Ed.). (2012). *Future directions for inclusive teacher education. An international perspective.* London: Routledge.

Häcker, T. (Hrsg.). (2011). *Lehrbildung phasenübergreifend denken: Facetten einer bundesweiten Debatte.* Baltmannsweiler: Schneider Verlag Hohengehren.

Hardman, M. L. (2009). Redesigning the preparation of all teachers within the framework of an integrated program model. *Teaching and Teacher Education, 25* (4), 583–587.

Hascher, T. & de Zordo, L. (2015). Praktika und Inklusion. In T. Häcker & M. Walm (Hrsg.), *Inklusion als Entwicklung. Konsequenzen für Schule und Lehrerbildung* (S. 165–184). Bad Heilbrunn: Klinkhardt.

Heinrich, M., Urban, M. & Werning, R. (2013). Grundlagen, Handlungsstrategien und Forschungsperspektiven für die Ausbildung und Professionalisierung von Fachkräften für inklusive Schulen. In H. Döbert & H. Weishaupt (Hrsg.), *Inklusive Bildung professionell gestalten. Situationsanalyse und Handlungsempfehlungen* (S. 69–133). Münster: Waxmann.

Hericks, U. (2006). *Professionalisierung als Entwicklungsaufgabe. Rekonstruktionen zur Berufs-einstiegsphase von Lehrerinnen und Lehrern.* Wiesbaden: VS Verlag für Sozialwissenschaften.

Hillenbrand, C., Melzer, C. & Hagen, T. (2013). Bildung schulischer Fachkräfte für inklusive Bildungssysteme. In H. Döbert & H. Weishaupt (Hrsg.), *Inklusive Bildung professionell gestalten. Situationsanalyse und Handlungsempfehlungen* (S. 33–68). Münster: Waxmann.

Holland, D., Detgen, A. & Gutekunst, L. (2008). *Preparing elementary school teachers in the Southeast Region to work with students with disabilities* (Issues & Answers Report, REL 2008 – No. 065). Washington: U.S. Department of Education, Institute of Education Sciences, National Center for Education Evaluation and Regional Assistance, Regional Educational Laboratory Southeast.

Johnson, M. (2013). *Schulische Inklusion in den USA – ein Lehrbeispiel für Deutschland.* Bad Heilbrunn: Klinkhardt.

Laubner, M. & Lindmeier, C. (2016). Forschung zur inklusionsorientierten Lehrerinnen- und Lehrerbildung in Deutschland – eine Übersicht über die neueren empirischen Studien zur ersten, universitären Phase. In Lindmeier & H. Weiß (Hrsg.), *Pädagogische Professionalität im Spannungsfeld von sonderpädagogischer Förderung und inklusiver Bildung* (Sonderpädagogische Förderung heute, 1. Beiheft) (im Druck). Weinheim: Beltz Juventa.

Lindmeier, C. (2009) Sonderpädagogische Lehrerbildung für ein inklusives Schulsystem? *Zeitschrift für Heilpädagogik, 60* (10), 416–427.

Lütje-Klose, B. & Neumann, P. (2015). Die Rolle der Sonderpädagogik im Rahmen der Lehrerinnen- und Lehrerprofessionalisierung für eine inklusive schulische Bildung. In T. Häcker & M. Walm (Hrsg.), *Inklusion als Entwicklung. Konsequenzen für Schule und Lehrerbildung* (S. 101–116). Bad Heilbrunn: Klinkhardt.

Melzer, C. & Hillenbrand, C. (2013). Aufgaben sonderpädagogischer Lehrkräfte für die inklusive Bildung: empirische Befunde internationaler Studien. *Zeitschrift für Heilpädagogik, 64* (5), 194–202.

Moser, V. & Kropp, A. (2015). Kompetenzen in Inklusiven Settings (KIS) – Vorarbeiten zu einem Kompetenzstrukturmodell sonderpädagogischer Lehrkräfte. In T. Häcker & M. Walm (Hrsg.), *Inklusion als Entwicklung. Konsequenzen für Schule und Lehrerbildung* (S. 185–212). Bad Heilbrunn: Klinkhardt.

Pugach, M. C. (2005). Research on preparing general education teachers to work with students with disabilities. In M. Cochran-Smith & K. M. Zeichner (Eds.), *Studying teacher education: The report of the AERA panel on research in teacher education* (pp. 549–590). Mahwah, NJ: Erlbaum.

Pugach, M. C. & Blanton, L. P. (2009). A framework for conducting research on collaborative teacher education. *Teaching and Teacher Education, 25* (4), 575–582.

Pugach, M. C. & Blanton, L. P. (2012). Enacting Diversity in Dual Certification Programs. *Journal of Teacher Education, 63* (4), 254–267.

Pugach, M. C., Blanton, L. P. & Correa, V. I. (2011). A Historical Perspective on the Role of Collaboration in Teacher Education Reform: Making Good on the Promise of Teaching All Students. *Teacher Education and Special Education, 34* (3), 183–200.

Rothland, M. & Terhart, E. (2009). Forschung zum Lehrerberuf. In R. Tippelt & B. Schmidt (Hrsg.), *Handbuch Bildungsforschung* (3., durchgesehene Auflage) (S. 191–210). Wiesbaden: VS Verlag für Sozialwissenschaften.

Terhart, E. (Hrsg.). (2000). *Perspektiven der Lehrerbildung in Deutschland. Abschlussbericht der von der Kultusministerkonferenz eingesetzten Kommission.* Weinheim: Beltz.

Terhart, E., Bennewitz, H. & Rothland, M. (Hrsg.). (2011). *Handbuch der Forschung zum Lehrerberuf.* Münster: Waxmann.

Terhart, E., Czerwenka, K., Ehrich, K., Jordan, F. & Schmidt, H. J. (1994). *Berufsbiographien von Lehrern und Lehrerinnen.* Frankfurt am Main: Suhrkamp.

Urban, M. & Lütje-Klose, B. (2014). Professionelle Kooperation als wesentliche Bedingung inklusiver Schul- und Unterrichtsentwicklung. Teil 2: Forschungsergebnisse zu intra- und interprofessioneller Kooperation. *Vierteljahresschrift für Heilpädagogik und ihre Nachbargebiete, 83* (4), 283–294.

Utley, B. (2009). An analysis of the outcomes of a unified teacher preparation program. *Teacher Education and Special Education, 32* (2), 137–149.

Angelika Henschel

Chancen und Herausforderungen in der Zusammenarbeit von Jugendhilfe und Schule im Umgang mit Heterogenität und Inklusion

Zusammenfassung

Anhand der Sozialisationsinstanzen Jugendhilfe und Schule wird aus der Perspektive der Sozialen Arbeit diskutiert, wie sich durch interinstitutionelle Zusammenarbeit Inklusionsprozesse sinnvoll begleiten lassen, damit Kindern, Jugendlichen und ihren Familien im Sinne von Bildungs- und Erziehungspartnerschaften angemessene Unterstützung zuteilwird. Es wird der Frage nachgegangen, wie sich zwei unterschiedliche Sozialisationsinstanzen mit ihrer jeweils eigenen Systemlogik, ihren Zielsetzungen, Aufgaben, Arbeitsformen und Methoden in ihrer professionellen Vielfalt zu ergänzen vermögen bzw. welche Chancen und Herausforderungen für die Zusammenarbeit in multiprofessionellen Teams damit verbunden sein können.

1   Einführung

Seit dem Inkrafttreten der UN-Behindertenrechtskonvention in der Bundesrepublik Deutschland im Jahr 2009 gestaltet sich der Umgang mit *Heterogenität* und *Inklusion* für die an Bildungsprozessen von Kindern, Jugendlichen und ihren Familien beteiligten Institutionen unter neuen Vorzeichen. Inklusion wird zunehmend als allgemeines gesellschaftliches Prinzip des Umgangs mit Heterogenität verstanden, da nicht nur Behinderung als Exklusionsmerkmal betrachtet wird, sondern auch weitere Ungleichheit produzierende Differenzkategorien (z. B. Gender, Migration, Klasse etc.) fokussiert werden. Inklusion, die im Kontext der Umsetzung der Menschenrechte (vgl. Degener & Mogge-Grotjahn, 2012, S. 66) als zukunftsorientiertes Ziel und zugleich als aktueller gesellschaftlicher Transformationsprozess mit Handlungsaufforderungen für Institutionen gekoppelt ist, erfordet neben politischen und sozialen Veränderungen konkrete Umsetzungsmaßnahmen (vgl. Bundesjugendkuratorium, 2012, S. 6). Soll auch behinderten Mädchen und Jungen mehr gesellschaftliche Teilhabe und Selbstbestimmung in allen gesellschaftlichen Bereichen ermöglicht werden, so bildet die Anerkennung als anspruchsberechtigtes Rechtssubjekt hierfür die Basis (vgl. Oberlies, 2015, S. 48 ff.). Die Zielsetzung und der Umsetzungsprozess auf dem Weg zur Inklusion bergen sowohl vielfältige Chancen als auch Herausforderungen, die sich auf der Makro-, Meso- und Mikroebene unterschiedlich gestalten und dabei nicht nur Institutionen, sondern auch die an diesem Prozess beteiligten Akteurinnen und Akteure vor neue Aufgaben und Herausforderungen stellen. Dass sich die Umsetzung von Inklusion in der Bundesrepublik Deutschland nur langsam und mühsam vollzieht, macht u. a. der Parallelbericht an den UN-Fachausschuss für die Rechte von Menschen mit Behinderungen der Monitoring-Stelle zur UN-

Behindertenrechtskonvention des Deutschen Instituts für Menschenrechte deutlich (vgl. Monitoring-Stelle zur UN-Behindertenrechtskonvention, 2015, S. 4).

Es ergibt sich somit die Frage, wie förderliche gesellschaftliche Strukturbedingungen beschaffen sein müssen, wenn sie einen Beitrag zum Abbau von sozialer Ungleichheit leisten wollen, wobei der Paradigmenwechsel zur Inklusion auch auf institutioneller und organisatorischer Ebene konkrete veränderte Rahmenbedingungen erfordert. Chancengleichheit und Partizipationsmöglichkeiten für alle Menschen stellen die Zielsetzung von Inklusion dar. Dies beinhaltet die Anerkennung ihrer unterschiedlichen Erfahrungshintergründe, Lebens- und Problemlagen unabhängig von ihrem Geschlecht, ihrer körperlichen oder psychischen Verfasstheit, ihrem Alter, ihrer sexuellen Orientierung und ihrer Herkunft. Bei den an Inklusionsprozessen beteiligten Professionellen setzt dies die Bereitschaft voraus, durch Wollen, (Fach-) Wissen und Können sowie durch veränderte Haltungen und Einstellungen Maßnahmen zu ergreifen und im beruflichen Handeln umzusetzen, die die Teilhabechancen von Menschen in ihrer Vielfalt zu gewährleisten vermögen.

Anhand der Sozialisationsinstanzen Jugendhilfe und Schule soll im vorliegenden Beitrag aus der Perspektive der Sozialen Arbeit diskutiert werden, wie sich Inklusionsprozesse durch interinstitutionelle Zusammenarbeit sinnvoll begleiten lassen, damit Kindern, Jugendlichen und ihren Familien im Sinne von Bildungs- und Erziehungspartnerschaften (vgl. Stange, Krüger, Henschel & Schmitt, 2012) angemessene Unterstützung zuteilwird. Es wird der Frage nachgegangen, wie sich zwei unterschiedliche Sozialisationsinstanzen mit ihrer jeweils eigenen Systemlogik, ihren Zielsetzungen, Aufgaben, Arbeitsformen und Methoden in ihrer professionellen Vielfalt zu ergänzen vermögen bzw. welche Chancen und Herausforderungen für die Zusammenarbeit in multiprofessionellen Teams damit verbunden sein können.

Wenn im Rahmen dieses Beitrags vor allem auf die Lebenslagen von behinderten Mädchen und Jungen[1] eingegangen wird, so steht diese Zielgruppe nur exemplarisch für die Aufgaben, die mit der Umsetzung von Inklusionsprozessen verbunden sein können. Es soll verdeutlicht werden, dass Chancengerechtigkeit und Teilhabe für behinderte Mädchen und Jungen durch die Berücksichtigung von Prinzipien der Jugendhilfe (z. B. Individualisierung, Lebenslagen- und Lebensweltorientierung,

---

1   Die Vielfalt von Begrifflichkeiten in Bezug auf „Menschen mit Behinderungen", „Menschen mit Beeinträchtigungen" oder „Menschen mit Handicaps" verweist nicht nur auf die sprachliche Problematik im Zusammenhang mit der Auseinandersetzung um Heterogenität und Inklusion. Bezeichnungen können in ihrer Kategorisierung die Problematik der essentialistisch-naturalistischen Deutungen bergen und zur Bedeutungsaufladung bzw. zur Ab- und Aufwertung beitragen. Um Stigmatisierungen, Homogenisierungen von Gruppen sowie Stereotypisierungen und Diskriminierungen zu vermeiden, wird der Behinderungsbegriff im vorliegenden Beitrag in Anlehnung an die Disability Studies als historische, kulturelle, gesellschaftliche und soziale Konstruktion (vgl. Köbsell, 2012; Waldschmidt, 2009) verstanden und verwendet. Ein solcher Zugang ermöglicht es, die strukturellen Bedingungen zum Ausgangspunkt der Betrachtungen zu machen, die eine gleichberechtigte gesellschaftliche Teilhabe *behindern*.

Ganzheitlichkeit, Freiwilligkeit) im Rahmen von spezifischen Aufgabenbereichen in der Zusammenarbeit (z. B. schulbezogene Angebote der Jugendarbeit, Übergang von der Schule in den Beruf, Schulsozialarbeit, erzieherische Hilfen) befördert werden können (vgl. Krüger & Stange, 2009, S. 113 ff.). Die Herausforderungen, die sich u. a. aus der prinzipiellen Selbstständigkeit der Institutionen Jugendhilfe und Schule ergeben können, werden dabei kritisch diskutiert. Ein erweiterter Bildungsbegriff wird entwickelt, der Kooperationsbemühungen unterschiedlicher Institutionen zu unterstützen vermag. Vorab wird jedoch der Begriff der Heterogenität, der den Ausgangspunkt für Inklusionsprozesse darstellt, erläutert.

2   Heterogenität als Chance und Herausforderung

Der Begriff der *Heterogenität*, der in bildungs- und erziehungswissenschaftlichen Zusammenhängen seit einigen Jahren Konjunktur erfährt, setzt immer einen Bezug auf etwas voraus (vgl. Budde, 2012; Walgenbach, 2014), da Andersartigkeit oder Unterschiedlichkeit nur in Abgrenzung zu einer jeweilig normierten *Homogenität* mit ihren spezifischen Gruppenmerkmalen als different erkannt werden können. Als hierarchisches Strukturierungsmerkmal vermag Heterogenität soziale Ungleichheit aufgrund spezifischer Lebenslagen, unzureichender Ressourcen, Positionierungen etc. zu produzieren.[2] Menschen können hierdurch z. B. Bildungschancen sowie gesellschaftliche und soziale Anerkennung verwehrt werden (vgl. Walgenbach, 2014, S. 29).

Heterogenität wird als soziale Tatsache angesehen wie auch als soziale Konstruktion verstanden, die spezifischen historischen Gegebenheiten unterliegt und prozesshaft Veränderungspotenziale birgt (vgl. Prengel, 2007). Sie stellt somit nicht nur eine rein deskriptive Dimension dar, die Unterschiede zu beschreiben versucht, sondern thematisiert zugleich die mit dem Prozess der Herstellung von Differenz verbundenen Hierarchisierungen in spezifischen gesellschaftlichen, organisationalen und interaktiven Kontexten (Makro-, Meso- und Mikroebene). Dies unterscheidet die Heterogenitätsdebatte in Bildungszusammenhängen u. a. von unkritischen Diversity-Diskursen bzw. vor allem von betriebswirtschaftlich orientierten Diversity-Management-Ansätzen (vgl. Engel, 2013, S. 42).

Bis heute zeichnen sich in Bildungsinstitutionen wie der Schule *Homogenisierungsprozesse* von Lerngruppen im Rahmen von Unterricht ab, da unterschiedliche Lernvoraussetzungen, z. B. soziale Herkunft, differente Lerntempi etc., individuell unzureichend berücksichtigt werden. Dies birgt nicht nur die Gefahr von Selektions- und Exklusionsprozessen, sondern beinhaltet auch die Fortsetzung sozialer Ungleichheit durch die Bildungsinstitution selbst. Heterogenität von Lerngruppen – wird sie als solche in Bildungszusammenhängen überhaupt wahrgenommen – gilt

---

2   Die Fragestellung, inwieweit und ob Differenzkategorien immer und automatisch mit Hierarchisierungsprozessen einhergehen müssen, kann an dieser Stelle nicht vertieft werden (vgl. Grisard, Jäger & König, 2013).

nicht selten als besondere Belastung im Lehrbetrieb. Wissensvermittlung, Pädagogik und Didaktik bergen besondere Herausforderungen bzw. werden von den Lehrenden im Zusammenhang mit heterogenen Lerngruppen als problematisch bewertet. Seltener lösen sich Bildungsinstitutionen von einer Defizitperspektive und Heterogenität wird als spezifische Chance oder Ressource erkannt (vgl. Walgenbach, 2014, S. 27).

Wird der Heterogenitätsbegriff jedoch im Sinne eines systematischen Analyseinstruments verwendet, so ergibt sich hieraus auch die Möglichkeit, soziale und gesellschaftliche Produktionsweisen, Machtdynamiken und Hierarchisierungsmuster sowie ihre jeweiligen Wechselbeziehungen (im Sinne von Intersektionalität[3]) zu erkennen und kritisch zu reflektieren. Für Schulen, die sich von jeher mit unterschiedlichen Lernausgangslagen ihrer Schülerinnen und Schüler konfrontiert sahen, bedeutet dies auch, sich als Institution selbstkritisch mit den eigenen Strukturbedingungen und Kulturmustern, aber auch mit den praktischen Herausforderungen (z. B. veränderten Lehr-Lern-Arrangements bzw. Didaktiken) auseinanderzusetzen, um soziale Ungleichheit nicht selbst zu reproduzieren.

Im Zuge von Inklusionsprozessen sollte es in der Institution Schule darum gehen, nicht nur die Kategorie „Behinderung" als Merkmal von Zuschreibungen und Exklusionsprozessen zu identifizieren, sondern weitere *Heterogenitätsdimensionen* in ihren wechselseitigen Überschneidungen als Ungleichheit produzierende Kategorien ebenfalls zu fokussieren, wenn ein Zuwachs an gesellschaftlicher Teilhabe für alle Schülerinnen und Schüler erwirkt werden soll. Unreflektierte Homogenisierungsprozesse, die das Unterrichtsgeschehen vereinfachen sollen, verhindern häufig, dass eine Anerkennung und eine positive Bewertung der Heterogenität der Lernenden erfolgen. Die Hierarchisierungsmuster und Machtdynamiken im Verhältnis zwischen der Lehrkraft und den Schülerinnen und Schülern, aber auch unter den Schülerinnen und Schülern selbst können unreflektiert dazu führen, dass Schule als Sozialisationsinstanz ihrem Auftrag der Qualifikation und gesellschaftlichen Integration nur unzureichend genügt. Mädchen und Jungen wird so Bildungsteilhabe verwehrt, was in der Folge nicht nur zu ihrer schulischen Exklusion führen kann, sondern häufig auch mit einer Verwehrung gesellschaftlicher Teilhabe generell einhergeht (vgl. Quenzel & Hurrelmann, 2010). Denn soziale Selektionsprozesse finden, wie das Bundesinstitut für Berufsbildung in einer aktuellen Publikation herausstellt, „an allen Übergängen unseres Bildungssystems statt. Am Übergang von der Schule in eine Berufsausbildung sind diese in Deutschland besonders ausgeprägt: nach schulischer Vorbildung, nach Geschlecht, nach Migrationshintergrund bzw. Staatsangehörigkeit und Region" (Bylinski & Vollmer, 2015, S. 10).

---

3   Das Konzept der Intersektionalität bietet die Möglichkeit, die Wechselwirkungen zwischen Ungleichheitskategorien zu fokussieren und damit im Rahmen von *Mehrebenenanalysen* Macht- und Herrschaftsverhältnisse zu erkennen (vgl. Winker & Degele, 2009, S. 14 f.).

3 Soziale Arbeit im Spannungsfeld zwischen Gesellschaft und Individuum

In modernen, offenen Gesellschaften werden starre Ordnungsgefüge zunehmend brüchig. Menschen sind aufgrund der Freisetzung aus Traditionen und vorgefertigten Lebensmustern deshalb zur Arbeit an der eigenen Individualisierung aufgefordert. Hieraus ergeben sich Chancen zur Ausdifferenzierung von Lebenswelten sowie eine Pluralisierung von Lebensstilen und Interessen. Heterogenität wird damit zur gesellschaftlichen Realität, die Menschen und Institutionen vor neue Herausforderungen stellt. Gesellschaftliche Vielfalt, die für Menschen nicht nur einen Zugewinn an Freiheit und Emanzipation verspricht, sondern zugleich durch Verunsicherungen und soziale Ungleichheit gekennzeichnet sein kann, beinhaltet für die Subjekte auch Überforderungs- und spezifische Konfliktpotenziale (vgl. Hamburger, 2012).

Soziale Arbeit bewegt sich im Spannungsfeld zwischen Gesellschaft, Individuum, Disziplin und Profession. Sie fokussiert konflikthafte Verhältnisse zwischen Individuen und Gesellschaft, indem sie analysiert, dass gesellschaftliche sowie institutionelle Anforderungen und Erwartungen häufig nicht deckungsgleich mit individuellen Möglichkeiten, Bedürfnissen und Interessen sind. Gesellschaftliche Verhältnisse, die zu sozialer Ungleichheit beizutragen vermögen, indem sie Menschen Partizipationsmöglichkeiten und einen angemessenen Zugang zu (materiellen und immateriellen) Ressourcen verwehren, können durch zahlreiche Konfliktkonstellationen gekennzeichnet sein. Dieser nimmt sich Soziale Arbeit an, indem sie im Idealfall versucht, gesellschaftliche Missstände aufzuzeigen und diese durch politisches Handeln zu verändern (vgl. Hamburger, 2015, S. 37–51). Sie setzt konkret und praktisch in ihren jeweiligen Handlungsfeldern (vgl. Kricheldorff, Becker & Schwab, 2012), z. B. in der Jugendhilfe, an den individuellen Lebens- und Problemlagen von Menschen an, um die Subjekte mittels spezifischer Arbeitsformen (*Gemeinwesen-, Gruppen- und Einzelfallarbeit*) und durch adäquate Handlungsmethoden zur Selbstermächtigung (*Empowerment*) zu befähigen (vgl. Herriger, 2002). Einerseits hinterfragt Soziale Arbeit im Idealfall gesellschaftliche Strukturen, die Teilhabemöglichkeiten für spezifische Bevölkerungsgruppierungen verunmöglichen bzw. erschweren. Andererseits versucht sie, in ihrer praktischen Arbeit zumindest die partielle Beteiligung an diesen Strukturen zu befördern. Sofern sie dieses Verhältnis bzw. die gesellschaftlichen Verhältnisse nicht kritisch reflektiert, läuft sie Gefahr, ebendiese Strukturen zugleich zu festigen und zu reproduzieren (vgl. Deller & Brake, 2014, S. 18 ff.).

In der Sozialen Arbeit geht es also darum, mittels institutioneller und professioneller Bildungs-, Beratungs- und Betreuungsarbeit sowie durch materielle Hilfen konkrete praktische Unterstützung und Sozialisationshilfen zu ermöglichen, um Menschen zur Selbstwirksamkeit sowie zur Eigengestaltung ihrer Lebenswelt und ihrer sozialen Interaktionen zu verhelfen bzw. sie dazu zu befähigen. Aufgrund ihres *doppelten Mandats* wirkt sie zugleich als Kontrollinstanz, die die Interessen des Staates zu berücksichtigen und zu gewährleisten hat (vgl. Braches-Chyrek, 2015, S. 11 ff.).

Soziale Arbeit, die die Zielsetzung gesellschaftlicher Teilhabe und sozialer Gerechtigkeit verfolgt, ist in Inklusionsprozessen in besonderer Weise gefordert. Als kritische Instanz hat sie normative Erwartungen und die damit verbundenen Strukturen von herrschenden, dominanten Mehrheiten mit ihren Hierarchisierungstendenzen und ihren Machtbeziehungen zu hinterfragen. Diskriminierungsstrategien, Zuschreibungs- und Exklusionsprozesse, die sich gegenüber Minderheiten in konkreten Interaktionen, aber auch in spezifischen Organisationslogiken zeigen können, sollten durch Soziale Arbeit aufgedeckt und verändert werden (vgl. Schwarzer, 2015, S. 37 ff.). Wenn Soziale Arbeit diesen Auftrag im Zusammenhang mit Inklusion in schulischen Kontexten wahrnehmen will, so kann sie durch ihren professionellen Zugang einen Beitrag zur Veränderung von Schule leisten sowie Schulentwicklungsprozesse befördern und unterstützen. Der *Jugendhilfe* und der *Schulsozialarbeit* können dabei besondere Aufgaben zukommen, weshalb im Folgenden die heutigen Herausforderungen für Familien und die damit verbundenen Aufgaben von Jugendhilfe und Schulsozialarbeit skizziert werden sollen.

4 Gesellschaftliche Transformationsprozesse und die Bedeutung von Kooperation

Die mit gesellschaftlichen Transformationsprozessen verbundenen Chancen, aber auch die Probleme, mit denen Familien und die in ihnen aufwachsenden Kinder heute konfrontiert werden, können Überforderungen und Erziehungsschwierigkeiten ebenso bedingen (vgl. Borchard, Henry-Huthmacher, Merkle, Wippermann & Hoffmann, 2008), wie sie in der Folge das schulische Lernen von Mädchen und Jungen zu erschweren vermögen. Kinder und Jugendliche, die aufgrund multifaktorieller Belastungsfaktoren (z. B. Armut, Behinderung, Geschlecht, Migration) innerhalb der Sozialisationsinstanz Familie unzureichende Betreuung, Erziehung und Förderung erhalten, sind deshalb auf besondere Unterstützung angewiesen, wenn soziale und gesellschaftliche Exklusionsprozesse durch Schule nicht weiter vorangetrieben werden sollen.

Damit wird auch deutlich, dass gilt: „Bildung ist mehr als Schule" (Bundesjugendkuratorium, 2002). Mädchen und Jungen eignen sich Wissen, Kritikfähigkeit, Selbstbestimmung und Handlungsfähigkeit nicht nur in und durch Schule an. An der Persönlichkeitsbildung und Weltaneignung sind Kinder und Jugendliche nicht nur selbst aktiv beteiligt. Auch die sie umgebende materielle und mediale Umwelt sowie die sozialen Interaktionen und Erfahrungen mit Eltern, Geschwistern, Gleichaltrigen und der Jugendhilfe beeinflussen im Rahmen von *informeller* und *nonformalisierter Bildung* die Entwicklung von Mädchen und Jungen (vgl. Thiersch, 2009). Strukturelle Rahmenbedingungen und soziale Interaktionserfahrungen tragen zur Selbstbildung bei, begünstigen Lernen oder aber erschweren bzw. verhindern Bildungsprozesse. Wenn Bildung also mehr meint als die Vermittlung schulischer Kenntnisse und zudem ungleiche Startchancen und Bildungsungleichheit in Deutschland bisher durch die Schule nur unzureichend kompensiert werden, wie es u. a. die PISA-Studien zeigen, ist es im Sinne von Inklusion und erweiterter Bildungsteilhabe aller Kinder und Jugendlichen notwendig, durch verbesserte Kooperationen und Vernetzung von Elternhaus, Schule und Jugendhilfe die Lebenssituation insbesondere derjenigen Mädchen und Jungen zu verbessern, die ansonsten das Risiko tragen, zu den Verliererinnen und Verlierern des Bildungssystems zu werden.

5   Bildung als Bindeglied zwischen unterschiedlichen Institutionen

Unter dem Vorzeichen von Inklusion rücken im aktuellen Diskurs vor allem erweiterte Zugänge zu Bildung und eine gleichberechtigte Bildungsteilhabe aller Schülerinnen und Schüler als Ziele in den Fokus. Dabei sind an gelingenden oder misslingenden Bildungsprozessen von Mädchen und Jungen unterschiedliche Sozialisationsinstanzen (Familie, Kindergarten, Schule, Jugendhilfe etc.) beteiligt, die ihren jeweiligen pädagogischen Beitrag zur Persönlichkeitsbildung und zum kognitiven Wissenserwerb leisten.

In sozialpädagogischen Bezügen vollziehen sich Bildungsprozesse, die Wissens- und Weltaneignung sowie im Rahmen sozialen Lernens auch die Persönlichkeitsbildung beinhalten (vgl. Fox, 2012, S. 92 ff.). Diese Bildungsprozesse sind dadurch gekennzeichnet, dass sie im Gegensatz zur Bildungsinstitution Schule u. a. auf Freiwilligkeit der Teilnahme setzen (z. B. in der Jugendarbeit, Schulsozialarbeit), auf Benotung verzichten und sich an den individuellen *Lebenswelten* (vgl. Grunwald & Thiersch, 2004, S. 13 ff.) der Kinder, Jugendlichen und ihrer Familien orientieren, ganzheitlich geprägte Bildungszusammenhänge offerieren sowie den Erwerb von Lebenskompetenzen zu fördern und zu unterstützen suchen, indem sie auch die kritische Auseinandersetzung mit Verhältnissen und Verhalten befördern (vgl. Thiersch, 2009, S. 34 ff.).

Die historisch gewachsene Trennung der unterschiedlichen Bildungsinstitutionen Schule und Jugendhilfe zu Beginn des 20. Jahrhunderts (vgl. Pötter, 2014, S. 4 ff.), die sich hieraus ergebenden unterschiedlichen pädagogischen Entwicklungslinien und Zugänge zum Bildungsbegriff sowie die differenten Aufgaben, Arbeitsformen und Methoden in Schule und Jugendhilfe sind durch einen allmählichen Wandel geprägt, der Annäherung und Kooperationen im Sinne von Inklusion zu begünstigen vermag.

6   Die Kooperation von Schule und Jugendhilfe
im Kontext von Inklusion

Wenn in diesem Abschnitt die Begrifflichkeit „Kooperation zwischen Schule und Jugendhilfe" verwendet wird, soll verdeutlicht werden, dass hiermit mehr als „Schulsozialarbeit" gemeint ist. Unterschiedliche Arbeitsfelder der Jugendhilfe, wie z. B.

Jugendverbandsarbeit, Jugendsozialarbeit, Jugendschutz oder Hilfen zur Erziehung, die im deutschen Sozialgesetzbuch rechtlich geregelt sind (SGB VIII), bieten erweiterte Kooperationsmöglichkeiten (vgl. Henschel, Krüger, Schmitt & Stange, 2009; Peters, 2014; vgl. dazu auch Heft 11–12/2014 der Zeitschrift „Sozialmagazin" zum Themenschwerpunkt „Inklusion in Handlungsfeldern und -konzepten der Sozialen Arbeit"). Auch ist zu berücksichtigen, dass sich die Zusammenarbeit nach Schulform, schulischem Einzugsgebiet, Zusammensetzung der Schülerinnen und Schüler usw. je individuell ausgestaltet, hier also nur allgemeine Zusammenhänge und Kooperationsmöglichkeiten aufgezeigt werden können.

Obwohl sich beide Systeme einander annähern und versuchen, ihre historisch, rechtlich und strukturell bedingten Unterschiede durch gelingende Zusammenarbeit zu nutzen, lässt sich bis heute eine *Versäulung* der unterschiedlichen Systeme feststellen (vgl. Krüger & Stange, 2009; von Saldern, 2009). Die Zusammenarbeit von zwei selbstständigen Institutionen wie der Schule und der Jugendhilfe mit ihrem jeweiligen Bildungsauftrag und einem gemeinsamen Erziehungsauftrag gestaltet sich bis heute nicht leicht, da sich die unterschiedlichen Sozialisationsinstanzen in der Regel spezifischer Inhalte, Arbeitsformen und Methoden bedienen. Zugleich verweisen aber diverse Aufgabenbereiche darauf, dass eine Zusammenarbeit sinnvoll erscheint (vgl. Henschel, 2013).

Kooperation bietet sich hinsichtlich der *Transitionen*, also z. B. beim Übergang von der Kindertagesbetreuung in die Grundschule, aber auch von der Schule ins Berufsleben (vgl. Galiläer, 2012) bzw. in die Ausbildung, an und ermöglicht hinsichtlich der Umsetzung von Inklusion erweiterte Perspektiven. Angebote der *Jugendarbeit* im Freizeitbereich können im Rahmen *schulbezogener Jugendarbeit* ebenso sinnvoll genutzt werden, wie sich beim *Kinder- und Jugendschutz* medienpädagogische Angebote oder solche zur Sucht- und Gewaltprävention (vgl. Henschel, 2014, S. 165 ff.) durch eine Kooperation mit öffentlichen oder freien Trägern der Jugendhilfe anbieten (vgl. Krüger & Stange, 2009, S. 14 ff.; Krüger & Zimmermann, 2009, S. 125 ff.). Die Leitziele der Jugendarbeit, wie z. B. *Partizipation* und der *Abbau von Zugangs- und Teilhabebarrieren*, bieten neben der *Orientierung an Jugendkulturen* vielfältige Möglichkeiten für inklusive Settings, auch und gerade im Ganztagsschulbetrieb (vgl. Voigts, 2014). Die Kooperation von Schule und Jugendhilfe beinhaltet dementsprechend mehr als Schulsozialarbeit. Auch wenn Schulsozialarbeit aufgrund verschiedener gesellschaftlicher, politischer und rechtlicher Entwicklungen in der Bundesrepublik Deutschland kein Schattendasein mehr führt, stellt sie dennoch nur einen spezifischen Teil von Jugendhilfe dar (vgl. exemplarisch Deutscher Verein für öffentliche und private Fürsorge e. V., 2014; Speck & Olk, 2010; Spies & Pötter, 2011).

Die Beförderung sozialen Lernens, Hilfen zur Konflikt- und Lebensbewältigung, ressourcenorientierte Ansätze zur Selbstermächtigung (Empowerment) sowie Themen wie Chancen- und soziale Gerechtigkeit bilden innerhalb der Sozialisationsinstanz Schule in der Regel nachgeordnete Inhalte. Lehrkräfte verfügen darüber hinaus mitunter nur unzureichend über pädagogisches Rüstzeug hinsichtlich der Bearbeitung dieser Themenkomplexe. Deshalb können Unterstützungsangebote der

Jugendhilfe nicht nur Bildungsbenachteiligungen von Mädchen und Jungen im Sinne von Inklusion entgegenwirken, sondern zusätzlich auch zu deren Persönlichkeitsentwicklung beitragen. Da zudem erzieherische familiäre Probleme häufig erst im schulischen Kontext sichtbar werden, sich hier z. B. in Form von Unruhe, Hyperaktivität oder Aggression im Verhalten der Schülerinnen und Schüler äußern können, bietet die Zusammenarbeit mit der Jugendhilfe („Hilfe zur Erziehung", SGB VIII, § 27) besondere Möglichkeiten im Hinblick auf die Förderung und Unterstützung von Mädchen und Jungen, die im eigenen Elternhaus unzureichende Erziehungskompetenzen ihrer Eltern erfahren (vgl. Pudelko, 2014). Hilfreich könnte es hier sein, wenn sich die Mitarbeiterinnen und Mitarbeiter des Trägers der erzieherischen Hilfen und die Lehrkräfte der Schule miteinander austauschten und Kontakte zwischen den am Sozialisations-, Bildungs- und Erziehungsprozess Beteiligten regelmäßig und verpflichtend erfolgten (vgl. Ricking, 2013, S. 117 ff.).

6.1   Auf- und Ausbau von Erziehungs- und Bildungspartnerschaften inklusiv gestalten

Eltern tragen große Verantwortung in der Betreuung, Bildung und Erziehung ihrer Kinder. *Elternarbeit* bildet deshalb einen wichtigen Beitrag zur Unterstützung der Entwicklung und Förderung von Kindern und Jugendlichen. *Erziehungs- und Bildungspartnerschaften* zwischen Eltern, Jugendhilfe und Schule sollten daher ein weiteres wichtiges Element in der Kooperation darstellen. Die Notwendigkeit des Auf- bzw. Ausbaus von Erziehungs- und Bildungspartnerschaften ergibt sich auch aufgrund der Zunahme von öffentlicher Kleinkinderziehung, vorschulischer Betreuung, Bildung und Erziehung im Zuge veränderter gesellschaftlicher und ökonomischer Bedingungen (Vereinbarkeit von Familie und Beruf, veränderte Geschlechterrollen, demografischer Faktor etc.). Gelungene Kommunikation zwischen Eltern, Schule und Jugendhilfe wie auch der Auf- bzw. Ausbau einer förderlichen Lern- und Entwicklungsumgebung für Mädchen und Jungen können durch Partnerschaften und Kooperationen unterstützt werden. Insbesondere unter dem Vorzeichen der Inklusion, in deren Folge sich bei Eltern ein erhöhter Beratungsbedarf aus vielfältigsten Gründen (Verunsicherungen in Bezug auf inklusive Beschulung, Leistungserbringung etc.) abzeichnet, sind Beratungskompetenzen und entsprechende Beratungsleistungen erforderlich, die sowohl von Lehrkräften als auch von Sozialarbeiterinnen und Sozialarbeitern in Schule und Jugendhilfeeinrichtungen erbracht werden können und sollten.

6.2   Inklusive Schulentwicklung durch Kooperationen befördern

Inklusion erfordert eine engere Zusammenarbeit unterschiedlicher Fachkräfte. Von Kooperationsbeziehungen – sofern sie arbeitsteilig strukturiert, organisatorisch fest verankert und systematisiert von den unterschiedlichen Berufsgruppen (Lehrkräf-

ten, Sozialarbeiterinnen, Sozialarbeitern und anderen Fachkräften) geführt werden
– profitieren nicht nur die Schülerinnen und Schüler und deren Familien, sondern es
können auch inklusive Schulentwicklungsprozesse angestoßen, weiterentwickelt und
kritisch reflektiert werden (vgl. Moldenhauer, 2014). Die hiermit verbundene Ent-
lastungsfunktion für die Lehr- und anderen Fachkräfte kann zusätzliche Ressourcen
aktivieren, sofern die arbeitsteiligen Prozesse konstruktiv verlaufen und sich durch
Gleichberechtigung, Wertschätzung, Akzeptanz und Anerkennung der jeweiligen
Fachlichkeit auszeichnen. Multiprofessionelle oder transdisziplinäre Teams, die sich
auf „Augenhöhe" begegnen und die Bereitschaft zeigen, wechselseitig voneinander
zu lernen, sich auf gemeinsame realistische Zielsetzungen und gleichberechtigte,
arbeitsteilige Prozesse zu verständigen, können inklusive Schulentwicklungsprozesse
begünstigen (vgl. Speck, Olk & Stimpel, 2011; Werning, 2011).[4] Auch der Schulleitung
kommt hier eine wichtige Rolle zu, denn sie muss dafür Sorge tragen, dass eine Ein-
bindung der Jugendhilfekolleginnen und Jugendhilfekollegen auch auf struktureller
Ebene verankert wird (z.B. Teilnahme an Konferenzen, Einrichtung eines Arbeits-
platzes an der Schule etc.).

Gleichzeitig bedarf es bei der Weiterentwicklung der Kooperationsbeziehungen
in inklusiven Kontexten Organisationsbedingungen und Ressourcen (zeitlich, räum-
lich, finanziell), wenn Schulsozialarbeit oder die Kooperationsbeziehungen zwischen
Schule und Jugendhilfe nicht nur durch sogenannte „Feuerwehrfunktionen" gekennzeichnet bleiben sollen. Denn Jugendhilfe und Schulsozialarbeit richten sich im ersten
Zugang als Präventions-, Betreuungs-, Erziehungs-, Beratungs- und Bildungsangebo-
te an alle Mädchen und Jungen und ihre Familien. Damit dienen sie also nicht nur
der „Gefahrenabwehr und Problembewältigung", für die sie im Rahmen von Schule
mitunter funktionalisiert werden (vgl. Spies & Pötter, 2011). Die Öffnung der Schule
und der Jugendhilfe in den *Sozialraum* wie auch ein *ganzheitlicher Zugang*, der sich
aus der Kooperation mit den vielschichtigen vorhandenen *sozialen Netzwerken* und
Institutionen des Sozialraums speist, die an der Sozialisation, Erziehung und Bildung
von Kindern und Jugendlichen beteiligt sind (vgl. Stange, 2012), können Inklusion
ebenfalls befördern und unterstützen. Schulentwicklung bedarf der an ihr beteiligten
unterschiedlichen Berufsgruppen, weil so eher gewährleistet ist, dass Schulen ihre
„blinden Flecke", ihre Exklusionsmechanismen, aber auch ihre Entwicklungspotenzi-
ale in der Inter- bzw. Transdisziplinarität zunehmend erkennen können.

Schulentwicklung stellt somit eine Daueraufgabe dar. Durch Schulstruktur- und
Schulkulturveränderungen, wie sie im Index für Inklusion (Boban & Hinz, 2003)

---

4   Erschwerend können sich in Bezug auf den Ausbau von Kooperationen u.a. unterschied-
    liche Anwesenheits- und Arbeitszeiten von Lehrkräften, Sozialarbeiterinnen und Sozi-
    alarbeitern an den Schulen auswirken. Unterschiedliche Arbeitskulturen (strukturierte
    Selbstreflexion durch kollegiale Beratung/Supervision und Teambesprechungen vs. soge-
    nanntes „Einzelkämpfertum") und eine unterschiedliche Bezahlung der Fachkräfte (vgl.
    Krüger, 2009, S. 162 f.) können für Konfliktpotenzial sorgen. Verabredete und strukturier-
    te Verträge vermögen Erwartungen zu klären und Rahmenbedingungen von Kooperatio-
    nen zu unterstützen (vgl. Schmitt, 2009).

dargestellt werden, der als unterstützendes Handwerkszeug in multiprofessionellen oder transdisziplinären Teams genutzt werden kann, wird der Prozess der Inklusion zusätzlich unterstützt und begleitet. Mittels geeigneter Organisations- und Strukturmaßnahmen wie auch durch die Bereitstellung von finanziellen, personellen und räumlichen Ressourcen müssen Kooperationen zwischen Schule und Jugendhilfe unterstützt werden, wenn Inklusion und damit die Verbesserung der Beteiligungschancen von Mädchen und Jungen sowie ihren Familien hinsichtlich Bildungszugängen und Bildungsprozessen erreicht werden sollen.

7   Folgerungen für die Aus- und Fortbildung von Lehrkräften und in der Sozialen Arbeit Tätigen

Die Umsetzung von Inklusion in den bisher skizzierten Bildungsinstitutionen korrespondiert mit den Einstellungen der an diesem Prozess beteiligten Professionellen (vgl. Forsa, 2015; Hellmich & Görel, 2014; Heyl & Seifried, 2014, S. 58 f.). Sie ist also auch abhängig davon, wie Lehrkräfte, Sozialarbeiterinnen und Sozialarbeiter den Begriff der Behinderung definieren (vgl. Steinert & Chilla, 2011), inwiefern sie ihrem pädagogischen Handeln einen erweiterten Inklusionsbegriff zugrunde legen und wie sie sich auf die Zusammenarbeit in transdisziplinären Teams vorbereitet fühlen. Um die Selbstwirksamkeit und die Zusammenarbeit der unterschiedlichen Fachkräfte zu befördern, kommt daher der Aus- und Fortbildung der jeweiligen Berufsgruppen große Bedeutung zu (vgl. Hillenbrand et al., 2013, S. 4 f.).[5] Aus der Sicht des Lehramtsstudiums formuliert Münch (2011) wie folgt:

> Bildung und Erziehung in inklusiven Settings sind sowohl in der Lehrerbildung als auch im Schulalltag nur in transdisziplinärer Zusammenarbeit zu leisten. Der Vernetzung der Bildungswissenschaften mit den Fachwissenschaften, Fachdidaktiken und der Sonderpädagogik kommt so eine hohe Bedeutung zu. Übergreifende Ziele sind die Vermittlung theoretischer Grundlagen, die theoretisch-konzeptuelle Durchdringung und Analyse selbst erfahrener Praxis und eine erweiterte Urteils- und Dialogfähigkeit. Die zu einer inklusiven Orientierung korrespondierenden Konzepte selbstverantworteten und kooperativen Lernens in der Schule bedürfen der vorherigen reflektierten Erfahrung im Studium bzw. in der eigenen Lernbiographie, insbesondere auch im Rahmen *gemeinsamer Lehrveranstaltungen* mit Studierenden aller Lehrämter, solange die separierten und separierenden Strukturen getrennter Lehrämter noch nicht aufgehoben sind. (Münch, 2011, S. 5, Hervorhebung im Original)

---

5   Bisher liegen vor allem aktuelle empirische Befunde hinsichtlich des Professionsverständnisses und bezüglich der Kooperationen von Grundschul- und Sonderschulpädagoginnen und -pädagogen vor (vgl. Lichtblau, Blömer Jüttner, Koch, Krüger & Werning, 2014). Eine Forschungslücke gilt es hinsichtlich der Zusammenarbeit von Lehrkräften und in der Sozialen Arbeit Tätigen im Kontext von Inklusion zu schließen (erste Zugänge finden sich bei Bretländer, Köttig & Kunz, 2015).

Auch das Theorie-Praxis-Verhältnis erweist sich für angehende Lehrkräfte als ausbaufähig innerhalb des Studiums, denn eine systematische Begleitung von Schulpraktika in Kooperation zwischen Schule und Hochschule gestaltet sich in Deutschland vereinzelt noch schwierig (vgl. Amrhein, 2011). Angeleitete Selbstreflexion wie auch die Vermittlung von Rechts- und Strukturkenntnissen sollten im Lehramtsstudium ebenso verankert sein. Auch die Ausbildung von Vernetzungs- und Kooperationskompetenzen, Fähigkeiten zur Teamentwicklung und kollegialen Beratung, sowohl im Studium als auch im beruflichen Alltag der Fachkräfte, können die professionelle Handlungsfähigkeit der unterschiedlichen Berufsgruppen befördern. Deshalb haben auch die Hochschulrektorenkonferenz (HRK) und die Kultusministerkonferenz (KMK) auf die Herausforderungen im Inklusionsprozess reagiert und ihre Kompetenzstandards im Zuge der Ratifizierung der UN-Behindertenrechtskonvention hinsichtlich der Ausbildung zukünftiger Lehrkräfte angepasst (vgl. HRK & KMK, 2015). Die vom Bund seit 2014 finanzierte „Qualitätsoffensive Lehrerbildung" (Gemeinsame Wissenschaftskonferenz, 2013) versucht im wettbewerblich ausgerichteten Bund-Länder-Programm ebenfalls, „Hochschulen in ihren Bemühungen [zu] unterstützen, die Lehramtsausbildung zu reformieren und die Qualität nachhaltig zu verbessern", wie das Bundesministerium für Bildung und Forschung festhält (BMBF, 2014). *Sozialökologische Zugänge*, *Vernetzung* und *Kooperationen* mit Eltern und ihren Kindern sowie mit weiteren sozialen Akteurinnen und Akteuren des Sozialraums bilden das Feld alltäglichen beruflichen Handelns von Sozialarbeiterinnen und Sozialarbeitern. Innerhalb des Studiums und im Rahmen von Fortbildungen müsste es bei dieser Disziplin und Profession also stärker darum gehen, Kenntnisse über den schulischen Alltag, die (Selektions-)Funktion von Schule sowie die Strukturbedingungen und rechtlichen Bestimmungen der Institution zu vermitteln. Eine gewollte und gezielte Zusammenarbeit von Schule und Jugendhilfe, die unter Einbezug des jeweiligen sozialen Umfelds, der Lebenslagen und der unterschiedlichen Lernbedingungen von Mädchen und Jungen erfolgt, kann *präventiv und integrativ* wirken und somit Exklusionsprozessen vorbeugen bzw. diese verhindern. Sie kann zur Kompetenzentwicklung sowie zur Persönlichkeitsbildung von Kindern und Jugendlichen beitragen und ermöglicht neue Lern- und Erfahrungsräume, wenn Eltern, Lehrkräfte, Sozialarbeiterinnen und Sozialarbeiter lernen, sich sachlich und strukturell aufeinander zu beziehen. Hierbei ist es wichtig, die jeweiligen Kompetenzen und Grenzen anzuerkennen, sich aufeinander zuzubewegen und sich gegenseitig zu respektieren (vgl. Henschel et al., 2009; Stange et al., 2012).

Bildung, Betreuung und Erziehung frühzeitiger miteinander zu verzahnen, um einer historisch gewachsenen und künstlichen Trennung der Lernorte und hiermit nicht selten verbundenen Exklusionsprozessen entgegenzuwirken, wird nicht nur eine zukünftige Herausforderung für die Sozial-, Familien- und Bildungspolitik, sondern auch zunehmend Aufgabe von Hochschulen sein. Denn je frühzeitiger Kinder eine solche Zusammenarbeit erfahren, desto eher eröffnen sich für sie neue Entwicklungschancen und desto besser kann Aussonderungstendenzen entgegengewirkt werden.

8   Fazit

Inklusion erfordert neben praktischen pädagogischen Konzepten auch theoretische Zugänge. Diese sollten in der Lage sein, Normalitäts- und Wertvorstellungen kritisch infrage zu stellen wie auch soziale Ungleichheit produzierende Differenzkategorien hinsichtlich ihres Beitrags zur Konstruktion von Macht- und Herrschaftsverhältnissen zu analysieren. Auch Soziale Arbeit ist hierbei nicht vor „blinden Flecken" gefeit und sollte sich damit auseinandersetzen, inwieweit sie z. B. durch eine Fokussierung auf bestimmte Zielgruppen und entsprechende Zuschreibungen, durch Stereotypisierungen und Bewertungen selbst zu weiteren Diskriminierungen beiträgt bzw. zur Essentialisierung neigt.

Für die Zusammenarbeit von unterschiedlichen Berufsgruppen im Kontext von Inklusion gilt es zu lernen, anzuerkennen und wertzuschätzen, dass unterschiedliche professionelle und disziplinäre Zugänge als Bereicherung und nicht als Bedrohung angesehen werden müssen. Dies kann dabei helfen, Schule im Sinne von Inklusion weiterzuentwickeln und Aussonderungstendenzen entgegenzuwirken. Diskrete Zuschreibungsprozesse sollten deshalb auch in der Zusammenarbeit in multiprofessionellen bzw. transdisziplinären Teams vermieden werden, weil durch Einordnungen und Kategorisierungen häufig nicht nur auf Trennungen, sondern auch auf Unterordnung abgezielt wird (vgl. Bernstein & Inowlocki, 2015, S. 16 f.).

Da es bei der Umsetzung von Inklusion auch darum gehen muss, die Machtstrukturen und Asymmetrien auf den unterschiedlichen Ebenen – in der Zusammenarbeit der unterschiedlichen Disziplinen und Professionen, in den Strukturbedingungen und Organisationszusammenhängen – kritisch zu reflektieren, bleibt inklusive Schulentwicklung weiterhin keine leichte Aufgabe. Erschwert wird sie zusätzlich durch ein nach wie vor existierendes dreigliedriges Schulsystem mit Selektions- und Allokationsfunktion sowie durch eine Gesellschaft, die zunehmend auf Wettbewerb und Konkurrenz setzt (vgl. Becker, 2015). Das macht den begonnenen Inklusionsprozess nicht einfach, verweist aber auch darauf, dass in theoretischen Zugängen und in praktischer Umsetzung von Inklusionskonzepten bestehende gesellschaftliche Verhältnisse kritisch infrage gestellt werden sollten (vgl. Winkler, 2014).

Literatur

Amrhein, B. (2011). Inklusive LehrerInnenbildung – Chancen universitärer Praxisphasen nutzen. *Zeitschrift für Inklusion, 5* (3). Verfügbar unter: www.inklusion-online.net/index.php/inklusion-online/article/view/84/84 [30.06.2016].

Becker, U. (2015). *Die Inklusionslüge. Behinderung im flexiblen Kapitalismus.* Bielefeld: Transcript.

Bernstein, J. & Inowlocki, L. (2015). Soziale Ungleichheit, Stereotype, Vorurteile, Diskriminierung. In B. Bretländer, M. Köttig & T. Kunz (Hrsg.), *Vielfalt und Differenz in der Sozialen Arbeit. Perspektiven auf Inklusion* (S. 15–26). Stuttgart: Kohlhammer.

BMBF. (2014). *Qualitätsoffensive Lehrerbildung gestartet.* Pressmitteilung 067/2014. Verfügbar unter: https://www.bmbf.de/de/qualitaetsoffensive-lehrerbildung-gestartet-617.html [30.06.2016].

Boban, I. & Hinz, A. (2003). *Index für Inklusion. Lernen und Teilhabe in der Schule der Vielfalt entwickeln.* Entwickelt von Tony Booth & Mel Ainscow. Übersetzt und für deutschsprachige Verhältnisse bearbeitet. Halle: Martin-Luther-Universität Halle-Wittenberg.

Borchard, M., Henry-Huthmacher, C., Merkle, T., Wippermann, C. & Hoffmann, E. (2008). *Eltern unter Druck. Selbstverständnisse, Befindlichkeiten und Bedürfnisse von Eltern in verschiedenen Lebenswelten. Eine sozialwissenschaftliche Untersuchung von Sinus-Sociovision im Auftrag der Konrad-Adenauer-Stiftung e. V.* Berlin: Lucius & Lucius.

Braches-Chyrek, R. (Hrsg.).(2015). *Neue disziplinäre Ansätze in der Sozialen Arbeit. Eine Einführung.* Opladen: Barbara Budrich.

Bretländer, B., Köttig, M. & Kunz. T. (Hrsg.). (2015). *Vielfalt und Differenz in der Sozialen Arbeit. Perspektiven auf Inklusion.* Stuttgart: Kohlhammer.

Budde, J. (2012). Die Rede von der Heterogenität in der Schulpädagogik. Diskursanalytische Perspektiven. *Forum Qualitative Sozialforschung, 13* (2), Artikel 16.

Bundesjugendkuratorium. (2002). *Bildung ist mehr als Schule. Leipziger Thesen zur aktuellen bildungspolitischen Debatte.* Gemeinsame Erklärung des Bundesjugendkuratoriums, der Sachverständigenkommission für den Elften Kinder- und Jugendbericht und der Arbeitsgemeinschaft für Jugendhilfe. Bonn: BJK.

Bundesjugendkuratorium. (2012). *Inklusion: Eine Herausforderung auch für die Kinder- und Jugendhilfe.* Stellungnahme des Bundesjugendkuratoriums. Bonn: BJK.

Bylinski, U. & Vollmer, K. (2015). *Wege zur Inklusion in der beruflichen Bildung* (Wissenschaftliche Diskussionspapiere, Heft 162). Bonn: Bundesinstitut für Berufsbildung.

Degener T. & Mogge-Grotjahn, H. (2012). „All inclusive"? Annäherungen an ein interdisziplinäres Verständnis von Inklusion. In H.-J. Balz, B. Benz & C. Kuhlmann (Hrsg.), *Soziale Inklusion. Grundlagen, Strategien und Projekte in der Sozialen Arbeit* (S. 59–77). Wiesbaden: Springer VS.

Deller, B. & Brake R. (2014). *Soziale Arbeit.* Opladen: Barbara Budrich.

Deutscher Verein für öffentliche und private Fürsorge e. V. (Hrsg.). (2014). *Archiv für Wissenschaft und Praxis der sozialen Arbeit (Heft 1): Profil und Position der Schulsozialarbeit.* Freiburg: Lambertus.

Engel, A. (2013). Lust auf Komplexität. Gleichstellung, Antidiskriminierung und die Strategie des Queerversity. *Feministische Studien, 31* (1), 39–45.

Forsa. (2015). *Inklusion an Schulen aus Sicht der Lehrerinnen und Lehrer – Meinungen, Einstellungen und Erfahrungen. Ergebnisse einer repräsentativen Lehrerbefragung.* Berlin: forsa Politik- und Sozialforschung GmbH.

Fox, R. M. (2012). Erziehung und Gruppe – psychologische Aspekte. In W. Stange, R. Krüger, A. Henschel & C. Schmitt (Hrsg.), *Erziehungs- und Bildungspartnerschaften. Grundlagen und Strukturen von Elternarbeit* (S. 92–106). Wiesbaden: Springer VS.

Galiläer, L. (2012). Inklusive Übergänge? Barrieren am Übergang Schule – Beruf und die Rolle der Jugendsozialarbeit. In Kooperationsverbund Jugendsozialarbeit (Hrsg.), *Beiträge zur Jugendsozialarbeit* (Ausgabe 2) (S. 28–35). Berlin: Kooperationsverbund Jugendsozialarbeit.

Gemeinsame Wissenschaftskonferenz. (2013). *Bund-Länder-Vereinbarung über ein gemeinsames Programm „Qualitätsoffensive Lehrerbildung" gemäß Artikel 91 b des Grundgesetzes vom 12. April 2013.* Bonn: GWK.

Grisard, D., Jäger, U. & König, T. (Hrsg.). (2013). *Verschieden sein. Nachdenken über Geschlecht und Differenz*. Sulzbach (Taunus): Ulrike Helmer Verlag.

Grunwald, K. & Thiersch, H. (2004). Das Konzept Lebensweltorientierte Soziale Arbeit – einleitende Bemerkungen. In K. Grunwald & H. Thiersch (Hrsg.), *Praxis Lebensweltorientierter Sozialer Arbeit – Handlungszugänge und Methoden in unterschiedlichen Arbeitsfeldern* (S. 13–39). Weinheim: Juventa.

Hamburger, F. (2012). *Einführung in die Sozialpädagogik* (3., aktualisierte Auflage). Stuttgart: Kohlhammer.

Hamburger, F. (2015). Sozialpädagogik als Konfliktfeld. In R. Braches-Chyrek (Hrsg.), *Neue disziplinäre Ansätze in der Sozialen Arbeit. Eine Einführung* (S. 37–51). Opladen: Barbara Budrich.

Hellmich, F. & Görel, G. (2014). Einstellungen zur Inklusion und Vorerfahrungen aus dem „Gemeinsamen Unterricht" bei Lehrkräften in der Grundschule. In M. Lichtblau, D. Blömer, A.-K. Jüttner, K. Koch, M. Krüger & R. Werning (Hrsg.), *Forschung zu inklusiver Bildung. Gemeinsam anders lehren und lernen* (S. 48–61). Bad Heilbrunn: Klinkhardt.

Henschel, A. (2013). Partnerschaften. Die Zusammenarbeit von Eltern, Schule und Jugendhilfe. *Grundschule, 45* (7–8), 10–13.

Henschel, A. (2014). Geschlechterreflexive Gewaltprävention als Aufgabenbereich der Schulsozialarbeit. *Betrifft Mädchen, 27* (4), 165–169.

Henschel, A., Krüger, R., Schmitt, C. & Stange, W. (Hrsg.). (2009). *Jugendhilfe und Schule. Handbuch für eine gelingende Kooperation* (2. Auflage). Wiesbaden: VS Verlag für Sozialwissenschaften.

Herriger, N. (2002). *Empowerment in der Sozialen Arbeit. Eine Einführung* (2. Auflage). Stuttgart: Kohlhammer.

Heyl, V. & Seifried, S. (2014). „Inklusion? Da ist ja sowieso jeder dafür!?" Einstellungsforschung zu Inklusion. In S. Trumpa, S. Seifried, E. Franz & T. Klauß (Hrsg.), *Inklusive Bildung: Erkenntnisse und Konzepte aus Fachdidaktik und Sonderpädagogik* (S. 47–60). Weinheim: Beltz Juventa.

Hillenbrand, C., Melzer, C., Hagen, T., Werning, R., Heinrich, M. & Urban, M. (2013). *Ausbildung und Professionalisierung von Fachkräften für inklusive Bildung im Bereich der Allgemeinbildenden Schule. Kurzfassung der Expertise*. Linz: Bundeszentrum für Inklusive Bildung und Sonderpädagogik.

HRK & KMK. (2015). *Lehrerbildung für eine Schule der Vielfalt – Gemeinsame Empfehlungen von Hochschulrektorenkonferenz und Kultusministerkonferenz*. Berlin KMK.

Köbsell, S. (2012). Integration/Inklusion aus Sicht der Disability Studies: Aspekte aus der internationalen und der deutschen Diskussion. In K. Rathgeb (Hrsg.), *Disability Studies. Kritische Perspektiven für die Arbeit am Sozialen* (S. 39–54). Wiesbaden: Springer VS.

Kricheldorff, C., Becker, M. & Schwab, J. E. (Hrsg.). (2012). *Handlungsfeldorientierung in der Sozialen Arbeit*. Stuttgart: Kohlhammer.

Krüger, R. (2009). Entwicklung und Rahmenbedingungen der Schulsozialarbeit. In A. Henschel, R. Krüger, C. Schmitt & W. Stange (Hrsg.), *Jugendhilfe und Schule. Handbuch für eine gelingende Kooperation* (2. Auflage) (S. 152–164). Wiesbaden: VS Verlag für Sozialwissenschaften.

Krüger, R. & Stange, W. (2009). Kooperation von Schule und Jugendhilfe: die Gesamtstruktur. In A. Henschel, R. Krüger, C. Schmitt & W. Stange (Hrsg.), *Jugendhilfe und Schule. Handbuch für eine gelingende Kooperation* (2. Auflage) (S. 13–22). Wiesbaden: VS Verlag für Sozialwissenschaften.

Krüger, R. & Zimmermann, G. (2009). Strukturen, Leistungen und andere Aufgaben der Jugendhilfe. In A. Henschel, R. Krüger, C. Schmitt & W. Stange (Hrsg.), *Jugendhilfe und Schule. Handbuch für eine gelingende Kooperation* (2. Auflage) (S. 125–151). Wiesbaden: VS Verlag für Sozialwissenschaften.

Lichtblau, M., Blömer, D., Jüttner, A.-K., Koch, K., Krüger, M. & Werning, R. (2014). *Forschung zu inklusiver Bildung. Gemeinsam anders lehren und lernen.* Bad Heilbrunn Klinkhardt.

Moldenhauer, A. (2014). Schulsozialarbeit in inklusiven Schulentwicklungsprozessen. *Sozialmagazin, 39* (11–12), 40–46.

Monitoring-Stelle zur UN-Behindertenrechtskonvention. (2015). *Parallelbericht an den UN-Fachausschuss für die Rechte von Menschen mit Behinderungen anlässlich der Prüfung des ersten Staatenberichts Deutschlands gemäß Artikel 35 der UN-Behindertenrechtskonvention.* Berlin: Deutsches Institut für Menschenrechte.

Münch, J. (2011). *Chancengleichheit in der Differenz. Zur überfälligen Neuorientierung der Lehrerbildung auf ein inklusives Bildungssystem.* Verfügbar unter: www.hf.uni-koeln.de/data/gbd/File/Muench/muench_lehrerbildung.pdf [30.06.2016].

Oberlies, D. (2015). Recht im Kontext von Inklusion und Exklusion. In B. Bretländer, M. Köttig & T. Kunz (Hrsg.), *Vielfalt und Differenz in der Sozialen Arbeit. Perspektiven auf Inklusion* (S. 48–59). Stuttgart: Kohlhammer.

Peters, D. (2014). Schulsozialarbeit und die Frage der Zuständigkeit – Normen und Realitäten. In Deutscher Verein für öffentliche und private Fürsorge e. V. (Hrsg.), *Archiv für Wissenschaft und Praxis der sozialen Arbeit (Heft 1): Profil und Position der Schulsozialarbeit* (S. 16–27). Freiburg: Lambertus.

Pötter, N. (2014). Welche Aufgaben hat die Schulsozialarbeit? Geschichte, rechtliche Grundlagen und fachliche Profilierung. In Deutscher Verein für öffentliche und private Fürsorge e. V. (Hrsg.), *Archiv für Wissenschaft und Praxis der sozialen Arbeit (Heft 1): Profil und Position der Schulsozialarbeit* (S. 4–15). Freiburg: Lambertus.

Prengel, A. (2007). Diversity Education – Grundlagen und Probleme der Pädagogik der Vielfalt. In G. Krell, B. Riedmüller, B. Sieben & D. Vinz (Hrsg.), *Diversity Studies – Grundlagen und disziplinäre Ansätze* (S. 49–67). Frankfurt am Main: Campus.

Pudelko, T. (2014). Auswirkungen der Schulsozialarbeit auf die Hilfen zur Erziehung. In Deutscher Verein für öffentliche und private Fürsorge e. V. (Hrsg.), *Archiv für Wissenschaft und Praxis der sozialen Arbeit (Heft 1): Profil und Position der Schulsozialarbeit* (S. 48–56). Freiburg: Lambertus.

Quenzel, G. & Hurrelmann, K. (Hrsg.). (2010). *Bildungsverlierer. Neue Ungleichheiten.* Wiesbaden: VS Verlag für Sozialwissenschaften.

Ricking, H. (2013). Kooperative Förderung und interdisziplinäre Zusammenarbeit in Zeiten der Inklusion. In A. Spies (Hrsg.), *Schulsozialarbeit in der Bildungslandschaft. Möglichkeiten und Grenzen des Reformpotenzials* (S. 117–136). Wiesbaden: Springer Fachmedien.

Schmitt, C. (2009). Kooperationsvereinbarungen als Baustein gelingender Kooperationen. In A. Henschel, R. Krüger, C. Schmitt & W. Stange (Hrsg.), *Jugendhilfe und Schule. Handbuch für eine gelingende Kooperation* (2. Auflage) (S. 517–526). Wiesbaden: VS Verlag für Sozialwissenschaften.

Schwarzer, B. (2015). Gesellschaftliche Teilhabe als Grundlage sozialer Arbeit. In B. Bretländer, M. Köttig & T. Kunz (Hrsg.), *Vielfalt und Differenz in der Sozialen Arbeit. Perspektiven auf Inklusion* (S. 37–47). Stuttgart: Kohlhammer.

Speck, K. & Olk, T. (Hrsg.). (2010). *Forschung zur Schulsozialarbeit. Stand und Perspektiven.* Weinheim: Juventa.

Speck, K., Olk, T. & Stimpel, T. (2011). Auf dem Weg zu multiprofessionellen Organisationen? Die Kooperation von Sozialpädagogen und Lehrkräften im schulischen Ganztag. Empirische Befunde aus der Ganztagsforschung und dem Forschungsprojekt „Professionelle Kooperation von unterschiedlichen Berufskulturen an Ganztagsschulen" (ProKoop). *Zeitschrift für Pädagogik*, Beiheft 57, 184–201.

Spies, A. & Pötter, N. (2011). *Soziale Arbeit an Schulen. Einführung in das Handlungsfeld Schulsozialarbeit*. Wiesbaden: VS Verlag für Sozialwissenschaften.

Stange, W. (2012). Erziehungs- und Bildungspartnerschaften – Grundlagen, Strukturen, Begründungen. In W. Stange, R. Krüger, A. Henschel & C. Schmitt (Hrsg.), *Erziehungs- und Bildungspartnerschaften. Grundlagen und Strukturen von Elternarbeit* (S. 12–39). Wiesbaden: Springer VS.

Stange, W., Krüger, R., Henschel, A. & Schmitt, C. (Hrsg.). (2012). *Erziehungs- und Bildungspartnerschaften. Grundlagen und Strukturen von Elternarbeit*. Wiesbaden: Springer VS.

Steinert, C. & Chilla, S. (2011). Was verstehen angehende Regelschullehrkräfte unter „Behinderung"? Subjektive Theorien von Regelschullehrkräften und ihre Bedeutung für die inklusive Schule. In R. Benkmann, S. Chilla & E. Stapf (Hrsg.), *Inklusive Schule – Einblicke und Ausblicke* (S. 71–84). Immenhausen: Prolog.

Thiersch, H. (2009). Bildung und Sozialpädagogik. In A. Henschel, R. Krüger, C. Schmitt & W. Stange (Hrsg.), *Jugendhilfe und Schule. Handbuch für eine gelingende Kooperation* (2. Auflage) (S. 25–38). Wiesbaden: VS Verlag für Sozialwissenschaften.

Voigts, G. (2014). Inklusion als zentrale Orientierung in der Kinder- und Jugendarbeit. Herausforderung – Spannungsfeld – Auftrag. *Sozialmagazin, 39* (11–12), 57–63.

von Saldern, M. (2009). Schulstrukturen und Qualitätsentwicklung von Schule in der Bundesrepublik Deutschland. In A. Henschel, R. Krüger, C. Schmitt & W. Stange (Hrsg.), *Jugendhilfe und Schule. Handbuch für eine gelingende Kooperation* (2. Auflage) (S. 69–82). Wiesbaden: VS Verlag für Sozialwissenschaften.

Waldschmidt, A. (2009). Disability Studies. In M. Dederich & W. Jantzen (Hrsg.), *Behinderung und Anerkennung* (S. 125–133). Stuttgart: Kohlhammer.

Walgenbach, K. (2014). *Heterogenität – Intersektionalität – Diversity in der Erziehungswissenschaft*. Opladen: Barbara Budrich.

Werning, R. (2011). Inklusive Pädagogik – Eine Herausforderung für die Schulentwicklung. *Lernende Schule, 14* (55) 4–8.

Winkler, M. (2014). Inklusion – eine kritische Vergewisserung. *Sozialmagazin, 39* (11–12), 91–97.

Winker, G. & Degele, N. (2009). *Intersektionalität. Zur Analyse sozialer Ungleichheiten*. Bielefeld: Transcript.

Birgit Lütje-Klose, Björn Serke, Sara Kristina Hunger und Elke Wild

Gestaltung kooperativer Prozesse und Schulstrukturen als Merkmal effektiver Unterrichtung von Schülerinnen und Schülern mit sonderpädagogischem Förderbedarf im Lernen
Ergebnisse von Schulleitungsinterviews aus der BiLieF-Studie

Zusammenfassung

Die Rolle der Schulleitung wird in der allgemeinen Schulforschung als besonders bedeutsam für die Gestaltung kooperativer Prozesse und Strukturen herausgearbeitet, ist im Zusammenhang mit der Frage nach den Bedingungen für eine bestmögliche Unterstützung von Kindern und Jugendlichen mit sonderpädagogischem Förderbedarf aber bislang unterforscht. Der Beitrag untersucht diese Rolle und fragt danach, welche Bedeutung Kooperationsprozesse und -strukturen aus der Sicht der Schulleitungen für die schulische Förderung von Schülerinnen und Schülern mit Lernbeeinträchtigungen haben. Mittels einer kontrastiven Fallanalyse aus dem BiLieF-Projekt wird das Schulleitungshandeln in zwei formal gegensätzlichen Fördersettings analysiert: in einer Förderschule mit Förderschwerpunkt „Lernen" und einer inklusiv arbeitenden Grundschule. Trotz der unterschiedlichen institutionellen Bedingungen zeigt sich ein hohes Maß an Übereinstimmungen bei der Initiierung von kooperationsförderlichen Bedingungen im Kollegium und Maßnahmen zur effektiven Unterstützung der Schülerinnen und Schüler.

1   Kontextualisierung der Forschungsfrage und Einordnung in das BiLieF-Projekt

Schülerinnen und Schüler mit sonderpädagogischem Förderbedarf im Lernen werden in Deutschland traditionell mehrheitlich an speziellen Förderschulen für den Förderschwerpunkt „Lernen", seit der Ratifizierung der UN-Konvention über die Rechte von Menschen mit Behinderungen (VN-BRK, 2008) jedoch zunehmend auch an inklusiv orientierten Regelschulen[1] unterrichtet. So wurden im hier beforschten Bundesland Nordrhein-Westfalen (NRW) im Schuljahr 2014/2015 bereits 66.3% aller Primarschülerinnen und Primarschüler mit Förderschwerpunkt „Lernen" in allgemeinen Grundschulen beschult (MSW NRW, 2015). Deutschlandweit bestehen

---

1   Unter „inklusiv orientierten Regelschulen" werden hier solche Schulen verstanden, die sich um eine gemeinsame Unterrichtung aller Schülerinnen und Schüler unabhängig von Differenzlinien wie Geschlecht, ethnische bzw. soziale Herkunft oder besonderen Unterstützungsbedarf (Hinz, 2009) bemühen und die gleichberechtigte soziale Teilhabe aller auf der Grundlage inklusiver Werte anstreben (Ainscow & Miles, 2008, S. 23; vgl. auch Serke, Lütje-Klose, Kurnitzki, Pazen & Wild, 2015).

neben verschiedenen Modellen der gemeinsamen Beschulung aber weiterhin in großem Umfang auch spezielle Förderschulen.

Ein sonderpädagogischer Förderbedarf im Lernen ist durch schulische Lern- und Leistungsprobleme gekennzeichnet, die nicht nur kurzfristig bestehen und in der Regel eine sogenannte „zieldifferente Unterrichtung" erfordern. Dabei besteht keineswegs Einigkeit über die zugrunde liegenden Ursachen und Symptome; Lernbeeinträchtigungen können vielmehr mit ganz unterschiedlichen Problemlagen assoziiert sein. Hierzu gehören neben individuellen Faktoren wie kognitiven, sprachlichen oder Wahrnehmungsbeeinträchtigungen auch familiäre und schulische Kontextbedingungen wie ein Aufwachsen in sozioökonomisch benachteiligten Verhältnissen, psychosoziale Risikofaktoren oder ein wenig adaptiver Unterricht, die sich zu Entwicklungsrisiken kumulieren (Werning & Lütje-Klose, 2012).

In die BiLieF-Studie[2] wurden Schülerinnen und Schüler in NRW einbezogen, die im Jahr 2012 als sonderpädagogisch förderbedürftig im Förderschwerpunkt „Lernen" kategorisiert worden waren und im dritten Schuljahr einer inklusiven Grundschule oder einer Förderschule unterrichtet wurden (N = 425[3]). Dabei stand längsschnittlich und systemvergleichend die Frage nach ihrer Entwicklung im Lernen, in der psychosozialen Entwicklung und im Wohlbefinden sowie nach den schulischen und familiären Kontextbedingungen für eine bestmögliche Förderung im Fokus (Wild et al., 2015).

Bei den schulischen Leistungen und kognitiven Fähigkeiten zeigen die Ergebnisse der BiLieF-Studie – in Übereinstimmung mit anderen querschnittlichen Vergleichsstudien (z. B. Kocaj, Kuhl, Kroth, Pant & Stanat, 2014) – ein durchschnittlich niedrigeres Niveau der Förderschülerinnen und Förderschüler gegenüber den inklusiv beschulten Kindern. Dabei ist in allen Modellen eine breite Streuung der Leistungen vorzufinden, sodass von einer sehr heterogenen Schülerschaft auszugehen ist (Wild et al., 2015). Längsschnittlich sind kaum signifikante Schulformeffekte festzustellen: Die Weiterentwicklung ist in allen drei untersuchten Modellen kontinuierlich und nahezu gleich stark (Stranghöner, Otterpohl, Wild, Lütje-Klose & Schwinger, eingereicht). Bei der psychosozialen Entwicklung werden in mehreren anderen Studien Nachteile der inklusiv unterrichteten Kinder gegenüber Förderschülerinnen und Förderschülern berichtet (Möller, 2013). Längsschnittliche Vergleichsstudien zur Entwicklung von sozialer Integration und Wohlbefinden bei Schülerinnen und Schülern mit Förderschwerpunkt „Lernen" in den derzeit vorzufindenden Beschulungsmodellen der deutschen Bundesländer liegen (im Unterschied zur Schweiz, vgl. Bless, 2007;

---

2   Die „Bielefelder Längsschnittstudie zum Lernen in inklusiven und exklusiven Förderarrangements" (BiLieF, vgl. Wild et al., 2015) wird mit Mitteln des Bundesministeriums für Bildung und Forschung unter dem Förderkennzeichen 01JC1101 in der Förderlinie „Chancengleichheit und Teilhabe" gefördert. Die Verantwortung für den Inhalt dieses Beitrags liegt bei den Autorinnen und dem Autor.

3   Von diesen 425 Kindern wurden 180 an 49 Förderschulen „Lernen", 190 an 84 Grundschulen mit gemeinsamem Unterricht (GU) und 55 an 26 Grundschulen mit Unterstützung durch ein Kompetenzzentrum für sonderpädagogische Förderung (KsF) unterrichtet.

Eckhart, Haeberlin, Sahli Lozano & Blanc, 2011) bislang allerdings kaum vor. Die in der BiLieF-Studie untersuchten Kinder mit Förderschwerpunkt „Lernen" in NRW äußerten im Mittel sowohl in den Förderschulen als auch in den inklusiven Modellen ein hohes Wohlbefinden, wobei auch hier die Werte im positiven und im negativen Bereich über die formalen Settings hinweg stark streuen. Vor diesem Hintergrund ist davon auszugehen, dass nicht so sehr die distalen Faktoren des schulischen Modells als vielmehr die proximalen Faktoren der einzelnen Schule relevant sind für die Leistungs- und Wohlbefindensentwicklung.

Proximale Schulfaktoren können auf verschiedenen Ebenen beschrieben werden. Auf der Klassenebene gehören dazu u. a. die didaktisch-methodischen Orientierungen der Lehrkräfte (Lütje-Klose, Kurnitzki & Serke, 2015) und die Klassenkomposition (Kocaj, Kuhl, Rjosk, Jansen, Pant & Stanat, 2015). Auf der Ebene der Einzelschule sind neben den pädagogischen Haltungen im Kollegium (Serke et al., 2015; Textor, Kullmann & Lütje-Klose, 2014) besonders die kooperativen Strukturen und Prozesse von Bedeutung (Lütje-Klose & Urban, 2014), wobei es aus der allgemeinen Schulwirkungsforschung Hinweise darauf gibt, dass den Schulleitungen bei deren Initiierung und Gestaltung eine bedeutsame Rolle zukommt (Terhart & Klieme, 2006).

Im BiLieF-Projekt wird den proximalen Bedingungen der Entwicklungen auf der Basis qualitativer Daten aus ausgewählten inklusiven Grundschulen und Förderschulen nachgegangen, in denen die untersuchten Kinder besonders hohe vs. besonders niedrige Werte in der Leistung, der sozialen Integration in ihre Gruppe und im Wohlbefinden erreichten. Pro organisatorisches Modell wurde für die qualitative Analyse mittels eines selektiven Samplings (Kelle & Kluge, 2010) mindestens eine Projektschule mit hohen und eine mit niedrigen Werten bestimmt, in denen neben Gruppendiskussionen mit den Kernteams aus Grundschul- und Förderlehrkräften, teilnehmenden Beobachtungen und Dokumentenanalysen der Schulkonzepte auch *Schulleitungsinterviews* durchgeführt wurden. Das qualitative Vorgehen hat zum Ziel, ein tieferes Verständnis der schülerbezogenen Differenzen zwischen den Einzelschulen und Schulformen zu ermöglichen. Im Fokus steht dabei die Frage, welche schulkontextuellen Faktoren auf individueller, interaktioneller und institutioneller Ebene zu hoher sozialer Partizipation, positiver Leistungsentwicklung und hohem Wohlbefinden von Kindern mit Förderschwerpunkt „Lernen" beitragen.

Vor diesem Hintergrund soll untersucht werden, welche Rolle die Schulleitungen bei der Initiierung und Herstellung kooperationsförderlicher Prozesse und Strukturen zur effektiven Förderung der Schülerinnen und Schüler einnehmen. Dazu werden Gemeinsamkeiten und Differenzen zwischen den Schulleitenden der beiden Settings sonderpädagogischer Förderung, einer Förderschule „Lernen" und einer inklusiv orientierten Grundschule, eruiert.

2   Theoretische Grundlagen: Kooperation als Merkmal effektiver Schulen

Kooperation zwischen Lehrkräften der allgemeinen Schule und Lehrkräften für Sonderpädagogik (intraprofessionelle Kooperation) sowie mit weiteren professionell Handelnden (interprofessionelle Kooperation) wird in der schulischen Integrations- und Inklusionsforschung als entscheidende Gelingensbedingung für die adäquate Förderung einer zunehmend heterogenen Schülerschaft in inklusiven Kontexten bezeichnet (Urban & Lütje-Klose, 2014). Kooperation wird dabei als „auf der Gleichwertigkeit und gegenseitigem Vertrauen der Kooperationspartner/-innen beruhendes, zielgerichtetes und gemeinsam verantwortetes Geschehen interpretiert, in dem aufgrund von Aushandlungsprozessen die Schaffung bestmöglicher Entwicklungsbedingungen aller Kinder angestrebt wird" (Lütje-Klose & Urban, 2014, S. 115). Obwohl eine gelingende Kooperation als Merkmal guter Schulen (Terhart & Klieme, 2006) und Conditio sine qua non für eine inklusive Beschulung gilt, wird ein hohes Kooperationsniveau insgesamt nur selten erreicht (Holtappels, 2013) und stellt auch an inklusiven Schulen noch die Ausnahme dar (Gebhardt, Krammer, Schwab & Gasteiger-Klicpera, 2013).

Die Qualität der Kooperation wird durch verschiedene, sich gegenseitig bedingende Faktoren auf verschiedenen Ebenen beeinflusst (Reiser, Klein, Kreie & Kron, 1986): Auf der *individuellen Ebene* sind die Einstellungen und Bereitschaften von Lehrkräften zum kooperativen Handeln relevant für das Gelingen bzw. Misslingen von Inklusion (Urban & Lütje-Klose, 2014, S. 285 f.). Als kooperationsfördernd gelten eine wertschätzende Haltung gegenüber den Perspektiven und Expertisen anderer Professionen, eine gleichberechtigte Rollenverteilung und geteilte Verantwortung für alle Schülerinnen und Schüler. Insofern sind die Beziehungskonstellationen auf der *interaktionellen Ebene* bedeutsam, insbesondere die Frage nach der Ausgestaltung unterrichtsbezogener Kooperation im Sinne einer inklusiven Didaktik (Textor et al., 2014). Konflikte entstehen vor allem dann, wenn die Zuständigkeiten und Aufgaben der unterschiedlichen Professionen nicht transparent ausgehandelt werden (Werning & Arndt, 2015). Auf der *institutionellen Ebene* werden u. a. unzureichende Kooperationszeiten und -strukturen sowie fehlende personelle Ressourcen, vor allem eine mangelnde feste Verankerung von Lehrkräften für Sonderpädagogik im Kollegium, als problematisch beschrieben (ebd.). Dauerhafte und belastbare Teamstrukturen werden dagegen aus inklusiven Modellschulen berichtet (z. B. Begalke, Clever, Demmer-Dieckmann & Siepmann, 2011). Durch gelingende Kooperation können sich viele Vorteile ergeben: Lehrkräfte nehmen ihre Teams als „sozial-emotionale Entlastungs-/Rückzugsorte" (Serke, Urban & Lütje-Klose, 2014, S. 252) wahr, betonen die Erweiterung ihres professionellen Handlungsrepertoires in kooperativen Beziehungen und gestalten gemeinsam adaptive Lernarrangements, die sich positiv auf das Wohlbefinden der Kinder auswirken können (Kullmann, Geist & Lütje-Klose, 2015).

3 Die Rolle der Schulleitung bei der Gestaltung kooperativer Prozesse und Strukturen

Im Zuge inklusiver Schul- und Unterrichtsentwicklung ergeben sich neue inhaltliche und organisatorische Herausforderungen für Schulleitungen. Als Change Agents (Huber, 2009) gehört es zu ihren Aufgaben, Reformen umzusetzen sowie Innovationen auf der Schul- und Unterrichtsebene zu initiieren und effektiv zu steuern (Holtappels, 2013, S. 40). Wegen der rechtlichen Verpflichtung zur Umsetzung eines inklusiven Schulsystems sind die Leitungen aller Schulformen gefordert, die zum Teil ausgeprägten Widerstände des Kollegiums (und gegebenenfalls eigene) gegenüber Inklusion kollektiv zu überwinden und auch ihr Kompetenz- und Handlungsrepertoire, etwa in den Bereichen der Diagnostik und Förderplanung, zu erweitern. Amrhein (2014, S. 254) spricht daher von einem „dramatisch hohe[n] Bedarf an Professionalisierungs- und Unterstützungsmaßnahmen". Internationale Befunde verweisen auf entsprechende Tätigkeitsveränderungen: Schulleitende stellen Motoren für die „Implementierung, Umsetzung und Nachhaltigkeit inklusiver Bildung" sowie für die adäquate Förderung aller Schülerinnen und Schüler dar (Hillenbrand, Melzer & Hagen, 2013, S. 48; vgl. Billingsley & McLeskey, 2014). Auch in Deutschland wird dieses Forschungsfeld zurzeit erschlossen (vgl. Amrhein, 2014; Scheer, Laubenstein & Lindmeier, 2015; Sturm, Köpfer & Huber, 2015). Die Rollenausprägungen der Schulleitenden von Förderschulen, die in ihrer traditionellen Form partiell auslaufen und verstärkt als Beratungsinstanzen für allgemeine Schulen agieren, sind bislang noch wenig erforscht.

Für ein inklusionsfreundliches Leitungshandeln wird besonders der Ansatz der Distributed Leadership (Bonsen, von der Gathen, Iglhaut & Pfeiffer, 2002) als relevant erachtet. Im Unterschied zu traditionellen Leitungsmodellen, in denen Schulleitende als vorrangige Führungsinstanzen ihr Kollegium mittels expliziter Vorgaben und Entwicklungsaufträge leiten (Instructional Leadership, vgl. Köller, Möller & Möller, 2013), wird Leitung hierbei als kooperative Aufgabe verstanden und mit der Delegation bestimmter Leitungstätigkeiten an entsprechend ausgewiesene Personen im Kollegium verbunden (Huber, 2010, S. 216 f.). In besonders erfolgreichen Schulen motiviert die Schulleitung das Kollegium, sich für eine kollektive Vision zu engagieren, und initiiert als „leading learner" (Holly & Southwood, 1989, zitiert nach Krainz-Dürr, 1999, S. 11) die Entwicklung einer professionellen Lerngemeinschaft (Rolff, 2012, S. 203), die wesentlich durch geteilte Normen und Werte sowie die gemeinsame Verantwortung für das Lernen aller Schülerinnen und Schüler gekennzeichnet ist. Dabei wird der Vorbildcharakter betont: „Die kommunikative Praxis der Schulleitung, ihre Sensibilität, ihr eigenes Menschenbild, ihre pädagogischen Grundwerte und ihre eigene Kooperationsbereitschaft und Teamfähigkeit ist entscheidender Katalysator … für die Entwicklung eines Kollegiums zu einer Lerngemeinschaft" (Huber & Hader-Popp, 2006, S. 4 f.). Die damit verbundene „Deprivatisierung der Praxis" (Rolff, 2013, S. 122) sowie die Bereitschaft zur unterrichtsbezogenen Kooperation und kooperativen Förderplanung sind für inklusive Schulentwicklung von besonderer Bedeutung (Urban & Lütje-Klose, 2014).

4   Forschungsdesign

In der BiLieF-Studie wurden die Schulleitungen von sieben ausgewählten Fallschulen in leitfadengestützten, problemzentrierten Interviews nach ihrem Aufgaben- und Rollenverständnis im Zusammenhang mit der Schaffung bestmöglicher Bedingungen für die Förderung von Kindern mit Lernbeeinträchtigungen befragt. Die konkreten Fragen zur Gestaltung kooperativer Strukturen und Prozesse ergaben sich aus Hypothesen, die aus zuvor erstellten Dokumentenanalysen der Schulkonzepte sowie den Ergebnissen eines Online-Fragebogens für Schulleitungen abgeleitet worden waren. Für die vorliegende Analyse wurden exemplarisch die Interviews einer inklusiven Grundschule (Schule A) und einer Förderschule „Lernen" (Schule B) ausgewählt, in denen die befragten Schülerinnen und Schüler jeweils besonders hohe Werte in den Bereichen „schulisches Wohlbefinden" und „Schulleistung" erreicht hatten und die auch in der Dokumentenanalyse als Good-Practice-Schulen klassifiziert worden waren.

Mittels eines fallkontrastierenden Vorgehens (Asbrand, 2010) wurden diese beiden Interviews im Hinblick auf die Fragestellung analysiert, inwiefern sich schul(form-) spezifische Gemeinsamkeiten und Differenzen in Kooperationsstrukturen und -prozessen widerspiegeln. Es wird herausgearbeitet, welche Rolle die Schulleitungen bei der Initiierung und Steuerung von interner und externer Kooperation einnehmen und welche Wege sie verfolgen, um kooperative Strukturen zu schaffen. Weiter wird untersucht, wie sich dies aus der Sicht der Befragten auf die Entstehung kooperativer Prozesse in multiprofessionellen Teams sowie mittelbar auf die Entwicklung der Kinder mit sonderpädagogischem Förderbedarf auswirkt.

Die Schulleitungsinterviews wurden mit dem Verfahren der strukturierenden Inhaltsanalyse (Kuckartz, 2012) ausgewertet. In MAXQDA erfolgte die Konstruktion eines induktiv-deduktiven Kategoriensystems, das eine hohe Interraterreliabilität (> 80%) aufweist. Danach wurden ausgewählte Schlüsselstellen, die eine besonders hohe thematische Dichte bzw. Relevanz implizieren und einer komparativen Analyse dienlich sind, mit der dokumentarischen Methode fallkontrastierend ausgewertet, um divergierende und gemeinsame Ausprägungen zu identifizieren (Asbrand, 2010; Bohnsack, 2010). Um die schulformspezifischen Rahmenbedingungen adäquat zu berücksichtigen, die das Schulleitungshandeln beeinflussen, wurden die zuvor erstellten Fallzusammenfassungen der beiden Gruppendiskussionen mit in die Analyse einbezogen.

5   Fallvorstellung und -kontrastierung

Schule A arbeitet seit 1992 als *inklusive Grundschule* und liegt in einem „Stadtteil mit besonderem Erneuerungsbedarf". 80% der rund 200 Schülerinnen und Schüler wachsen in sozial schwachen Familien auf, über 50% sprechen Deutsch als Zweitsprache, 20% weisen einen sonderpädagogischen Förderbedarf auf. Die heterogene Schülerschaft wird in acht jahrgangsübergreifenden Lerngruppen (1–4) von einem multiprofessionellen Team unterrichtet: Das Kollegium aus zehn Grundschul- und vier Förderlehrkräften wird unterstützt durch mehrere Erziehende und Sozialarbeitende sowie Schulbegleitungen, die nicht nur im offenen Ganztag (offene Ganztagsschule OGS) eingesetzt werden, sondern zeitweise auch am Unterricht teilnehmen. Die Schulleiterin von Schule A, die selbst über eine Doppelqualifikation als Grund- und Förderschullehrerin verfügt, wünscht sich allerdings eine „noch engere Verzahnung" mit der OGS.

In *Schule B*, einer *Förderschule „Lernen"*, ist die Schulleiterin nach einer Fusion mit einer weiteren Förderschule für den Schwerpunkt „Emotionale und Soziale Entwicklung" an zwei Standorten zuständig. Die Schule ist ebenfalls eine Ganztagsinstitution in ländlicher Umgebung. Alle 170 Schülerinnen und Schüler wurden als lernbeeinträchtigt kategorisiert, 60% von ihnen leben in sozial benachteiligten Familien und etwa 40% weisen einen Migrationshintergrund auf. Die Kinder in der Unterstufe (1–4) werden jahrgangsübergreifend unterrichtet. Zum Zeitpunkt des Interviews waren in der Schule insgesamt 22 Förderlehrkräfte, neun pädagogische Mitarbeitende, eine Schulsozialarbeiterin und eine Kinderkrankenschwester tätig.

5.1   Institutionelle Ebene: Gemeinsames Leitbild, interne und externe Kooperationsstrukturen

Das gemeinsame *Leitbild* von Grundschule A basiert der Schulleiterin zufolge auf den Vorstellungen einer „Pädagogik der Vielfalt" und impliziert eine „Kultur der Wertschätzung, Anerkennung, Zugehörigkeit und Demokratie"; das „wichtigste Ziel [ist] ein positives Schulklima, in dem sich alle Beteiligten wohlfühlen". Vergleichbare Werte, vor allem die Vermittlung von Wertschätzung und Anerkennung, spiegeln sich auch im Leitbild von Förderschule B wider. An beiden Schulen nimmt die *interne, multiprofessionelle Kooperation* einen hohen Stellenwert ein. Einmal wöchentlich finden an Schule A im Stundenplan berücksichtigte Konferenzen oder Arbeitsgruppentreffen statt, z. B. Teambesprechungen der kooperierenden Klassen oder Entwicklungskonferenzen für Schulnovizinnen und Schulnovizen. Dreimal im Jahr werden Förderplankonferenzen abgehalten. Ein regelmäßiger Austausch zwischen den Förderlehrkräften und der Schulleitung ist einmal pro Woche festgesetzt. Seit 2010 besteht eine sogenannte Inklusionsgruppe, die aus Vertreterinnen und Vertretern des Kollegiums, der Schüler- und Elternschaft besteht und – zunächst mit Anschubunterstützung einer extern finanzierten Moderation – einmal pro Quartal tagt, um Schulentwicklungsprozesse mittels des Index für Inklusion (Boban & Hinz, 2003) zu initiieren. An Schule B sind die internen Kooperationsstrukturen ebenfalls institutionalisiert. Die Schulleiterin nennt Klassen-, Jahrgangs- und Stufenteams, in denen u. a. kollegiale Fallbesprechungen stattfinden, sowie eine Steuergruppe, in der Mitglieder der Stufenteams die Anliegen des Kollegiums vertreten. Beide Schulleiterinnen sehen es auf institutioneller Ebene als ihre Aufgabe an, die verschiedenen Besprechungen zu unterstützen und im Stundenplan entsprechende Zeitfenster vorzusehen.

Schule A bildet zudem im Rahmen der *externen Kooperation* viele Netzwerke mit Institutionen innerhalb ihres Stadtteils, mit den umliegenden Kindertagesstätten sowie mit Ergo- und Sprachtherapeutinnen, die Förderangebote im Ganztag offerieren. In Schule B ist die externe Kooperation explizit im Schulkonzept verankert und nimmt einen hohen Stellenwert ein. Neben Anstrengungen zur öffentlichen Sichtbarkeit arbeitet die Schule im Untersuchungszeitraum zugleich als Kompetenzzentrum für sonderpädagogische Förderung, als „Türöffner für Inklusion … und für Sonderpädagogik in der allgemeinen Schule", und wird von allen umliegenden Grundschulen nach Bedarf zur Beratung und stundenweisen präventiven Förderung angefragt. Die Schulleiterin betont ein großes Engagement bei der Forcierung schulischer Inklusion an allgemeinen Schulen und kooperiert zudem mit den Berufsbildungswerken: Die „Förderschule soll keine Insel, Glasglocke mehr sein".

5.2   Interaktionelle Ebene: „Klammertage", formelle und informelle Beziehungen im Kollegium

Auf der interaktionellen Ebene betont Schulleitung A (in Übereinstimmung mit den Gruppendiskussionsergebnissen), dass die Kooperation von den Lehrkräften als sehr positiv empfunden werde. Das engagierte Kollegium, „das sich auch privat ganz gut versteht", sei hilfsbereit, tausche Ideen und Material aus; dies sei etwas „ganz Besonderes". Begünstigt werde die Kooperationsintensität durch die geringe Anzahl der Lehrkräfte sowie die architektonische Verbindung zwischen je zwei jahrgangsübergreifenden Lerngruppen. Grundschul- und Förderlehrkräfte, die fast durchgängig in einer Teamteaching-Konstellation unterrichten, seien gleichwertig und fühlten sich gemeinsam für alle Schülerinnen und Schüler verantwortlich: „Eigentlich gibt's nicht meine und deine Kinder." Auch wenn das „eigentlich" darauf hindeutet, dass implizit doch eine Unterscheidung erfolgt, wird auf expliziter Ebene betont, dass die Unterrichtsverantwortung möglichst gerecht aufgeteilt werde. Die Grundschulleiterin betont, die Kooperationskompetenz von Lehrkräften stelle „ein relevantes Einstellungskriterium" dar.

Auch von der Leiterin von Schule B wird die Kooperation als sehr positiv beschrieben, was durch die Gruppendiskussionen bestätigt wird; „jeder ist offen für gegenseitige Beratung oder gemeinsame Materialnutzung", was durch die architektonische Gestaltung der Schule begünstigt werde. So ermögliche ein Zwischenraum mit

Materialien und Arbeitsplätzen je zwei Lerngruppen arbeitsteilige Zusammenarbeit und gegenseitige Unterstützung. Der Unterricht erfolge zeitweise in Doppelbesetzung; die Förderlehrkräfte planten und reflektierten diesen beinahe täglich gemeinsam, zumeist in einem informellen Kontext. Der Schulleiterin ist es wichtig, dass die Lehrkräfte an der Auswahl ihrer Teampartnerinnen und Teampartner beteiligt werden. Des Weiteren räumt sie den Teams ein hohes Mitspracherecht bei der Einsatzplanung in den umliegenden Grundschulen, bei der Unterrichtsverteilung und bei der Stundenplangestaltung ein. Durch den hohen Anteil externer Beratungen habe sich allerdings „die Interaktion im Kollegium verändert". Umso wichtiger ist es Schulleiterin B, sogenannte „Klammertage" zu initiieren, an denen gemeinsame Aktionen (z. B. Grillen) durchgeführt werden. Zudem verweist sie auf private Beziehungen (z. B. gemeinsame Konzertbesuche).

Beide Schulleiterinnen heben hervor, dass die *Kooperation mit den Eltern* ein wesentlicher Bestandteil des Schulkonzepts sei und sie den Eltern „mit Wertschätzung begegnen" würden. Schule B lädt alle Eltern im Rahmen des Überprüfungsverfahrens auf sonderpädagogischen Förderbedarf zu einer Schulführung ein, was zwar „zeitaufwendig" sei, aber Vorurteile abbaue. Bei Bedarf führe die Schulsozialpädagogin ein Elterntraining durch. In Schule A wird ein Erziehungsvertrag zwischen Eltern und Schule geschlossen; zudem wurde ein monatliches Elterncafé etabliert. Es sei dem Kollegium wichtig, die Eltern nicht nur bei aufkommenden Konflikten zu kontaktieren, sondern auch, wenn ihr Kind etwas Besonderes geleistet habe.

Des Weiteren benennen beide Schulleiterinnen gleichermaßen die *Herstellung von Gemeinsamkeit unter den Schülerinnen und Schülern* als zentrales Element ihres pädagogischen Handelns: Während die Förderschulleiterin etwa mit ihrer gesamten Lehrer- und Schülerschaft Klassenfahrten und Projekttage durchführt, legt die Grundschulleiterin besonderen Wert auf die Mitbestimmung aller Kinder im Rahmen gelebter demokratischer Strukturen (z. B. Klassenrat oder Kinderparlament) (vgl. dazu Lütje-Klose et al., 2015).

5.3   Individuelle Ebene: Rolle und Aufgabenverständnis der Schulleitungen

Die *Wertschätzung und Anerkennung* aller an Schule beteiligten Personen, die im Leitbild beider Schulen aufgeführt ist, wird von beiden Schulleitungen als wesentliches Merkmal ihrer Tätigkeit beschrieben. Dies betrifft die Beziehungen zu Kindern und Eltern, aber auch zu den Grundschul- und Förderlehrkräften, für die sich Schulleiterin A gleichermaßen ansprechbar und zuständig sieht. Schulleiterin B führt aus: „… die Wertschätzung, die wir unseren Schülern gegenüberbringen, bringen [wir] uns auch gegenüber; … jeder wird so angenommen, wie er ist." Sie versteht ihre Arbeit als Lehrerin und Schulleitende als „Berufung" und spricht sich vehement für eine Priorisierung adaptiver *Förderung* aus: „Die [Kinder] haben ein Recht auf optimale Förderung", daher seien alle Ressourcen bestmöglich auszuschöpfen. Ein Kind mit sonderpädagogischem Förderbedarf wertzuschätzen, bedeute auch, ihm etwas abzufordern, und durch die abgestimmten Förderplanungsprozesse hätten alle im Kollegium „gleiche Ziele … für die Schüler vor Augen".

Beide Leitungen sehen sich in einer *Fürsorgepflicht*: „Ich denk, da hab ich auch so ne Fürsorgepflicht gegenüber der Kollegin" (Schulleiterin B); sie übernehmen Verantwortung bei besonderen Belastungen: „wenn man merkt, in einer Lernfamilie oder bei einer Person wird's mal enger, dann gucken wir nach kurzfristigen Entlastungsmöglichkeiten" (Schulleiterin A). Dazu gehört auch, dass sich beide um zusätzliche Ressourcen (z.B. Sponsoring) bemühen, da sie die Landesmittel für eine optimale Förderung nicht als ausreichend ansehen.

Außerdem sehen beide Leitungen ihre Aufgabe in der *Personalentwicklung*: Sie wollen Professionalisierungsprozesse insbesondere im Hinblick auf (inklusiven) Unterricht, Diagnostik, Förderung und Beratung unterstützen. So äußert Schulleiterin A, die selbst viel Wert darauf legt, kontinuierlich an Fortbildungen teilzunehmen, dass alle im Kollegium einen unterschiedlichen (Fortbildungs-)Schwerpunkt für die inklusive Schul- und Unterrichtsentwicklung hätten. Es lässt sich erschließen, dass sie sich in der Rolle des „leading learner" sieht, wobei sie die besondere Expertise ihrer Kolleginnen und Kollegen in bestimmten Bereichen deutlich hervorhebt.

Bezogen auf ihren *Führungsstil* unterscheiden sich die beiden Leitungen deutlich. Schulleiterin A hat mit ihrem Kollegium im Kontext der Arbeit mit dem Index für Inklusion (Boban & Hinz, 2003) systematisch partizipative Strukturen entwickelt und delegiert eine Reihe von Leitungsaufgaben, die sich etwa auf Entscheidungen innerhalb einer Klasse oder eines Fachs beziehen, an die jeweiligen Teams. Eine große Rolle für Richtungs- und Strukturentscheidungen spielt dabei das Steuerungsteam. Zudem sind bestimmte Lehrkräfte mit Aufgaben wie dem Kontakt zu einzelnen externen Institutionen, Öffentlichkeitsarbeit etc. betraut, sodass man von Distributed Leadership sprechen kann.

Schulleiterin B hebt ebenfalls hervor, dass sie Kolleginnen und Kollegen an Leistungsaufgaben beteilige, für kurze Zeit habe „sogar" ein Team Aufgaben der Schulleitung übernommen. Allerdings sei durch den Ganztag sowie den Umfang schulexterner Beratungen die Komplexität der Leitungsaufgaben deutlich angestiegen, sodass dies nun nicht mehr im selben Maße möglich sei. Das lässt sich so deuten, dass Schulleiterin B angesichts der steigenden Komplexität ihrer Aufgaben im Kontext der inklusiven Schulentwicklung eher auf traditionelle Steuerungsformen zurückgreift, obwohl institutionalisierte Kooperationsformen innerhalb des Kollegiums bestehen. Dies ist angesichts des hohen Veränderungsdrucks (Fusionierung mit einer weiteren Förderschule, Zuständigkeit für die präventive Versorgung der Region) gut nachvollziehbar, birgt allerdings das Risiko einer Überlastung der Schulleitung und einer verringerten Partizipation der Lehrkräfte.

6 Ergebnisse der Fallkontrastierung und Kontextualisierung

Interne und externe Kooperationsstrukturen sind an beiden untersuchten Schulen, die formal konträre Systeme mit verschiedenen strukturellen Bedingungen (z. B. unterschiedlich ausgebildetes Personal, unterschiedliche Gruppenzusammensetzung und -größe) darstellen, in hohem Maße nachweisbar. Ausgeprägte schulformspezifische Differenzen lassen sich dagegen nicht feststellen. So spiegeln sich wesentliche Merkmale professioneller Lerngemeinschaften in Schulkonzept und -alltag sowohl der inklusiven Grundschule als auch der Förderschule wider. Für beide stellen Multiprofessionalität sowie gemeinsame Verantwortungsübernahme für alle Schülerinnen und Schüler eine wesentliche Bedingung für die Förderung im Sinne einer Individualisierung von Lernprozessen dar. Durch institutionalisierte Teambildungen und -strukturen wird ein „reflektierender Dialog" (Holtappels, 2013, S. 42) ermöglicht – nicht nur über Lernstände einzelner Kinder, sondern auch über (inklusive) Schul- und Unterrichtsentwicklung. Eine Bereitschaft zur „Deprivatisierung des Unterrichts" (ebd.) zeigt sich in den (zeitweisen) Doppelbesetzungen und Co-Teaching-Formen. Die unterrichtliche Kooperation wird von beiden Kollegien und Schulleiterinnen als positiv betrachtet. Die Unterrichtsbeobachtungen des Forschungsteams bestätigen diese Wahrnehmung, wenngleich sich in den Gruppendiskussionen nur wenige Äußerungen zur unterrichtlichen Kooperationsintensität einzelner Teams finden lassen. Auch muss offenbleiben, auf welchem Niveau etwa kollegiale Hospitationen oder Evaluationen von Unterrichtskonzepten als Merkmale professioneller Lerngemeinschaften erfolgen.

Beiden Schulleiterinnen kommt eine entscheidende Rolle bei der Initiierung und Steuerung von Kooperationsprozessen und -strukturen zu, wie auch in den Gruppendiskussionen ausgedrückt wird: Beide können als vorbildliche Netzwerkerinnen verstanden werden. Insbesondere die Grundschulleiterin zeigt großes Vertrauen in die Teams, bietet diesen vielfältige Entscheidungs- und schulische Mitgestaltungsmöglichkeiten und fördert Professionalisierung und schulische Innovationsprozesse im Rahmen der Arbeit mit dem Index für Inklusion (Boban & Hinz, 2003). Kooperationsförderliche, informelle Kontakte werden vor allem von der Leiterin der Förderschule unterstützt. Darüber hinaus zeigen sich eine wertschätzende Haltung und Fürsorge beider Schulleiterinnen gegenüber Kindern, Eltern und Lehrkräften.

Betrachtet man die dargestellten Ergebnisse vor dem Hintergrund weiterer aktueller Studien zur Rolle des Schulleitungshandelns im Rahmen inklusiver Schulentwicklungsprozesse, so lassen sich die Befunde schlüssig einordnen. In weitgehender Übereinstimmung mit den Ergebnissen der GeSchwind-Studie aus Rheinland-Pfalz (Laubenstein, Lindmeier, Seutter & Belting, 2015) und weiteren Analysen (Amrhein, 2014; Hillenbrand et al., 2013) zeigt sich bei den Befragten in NRW, dass die Unterstützung der Kooperationsqualität als besonders bedeutsam für ein inklusionsfreundliches Schulleitungshandeln hervorzuheben ist. Dazu gehören

- die Entwicklung von gemeinsamen Leitbildern und Visionen z. B. über schulinterne Fortbildungen mittels des Index für Inklusion (Boban & Hinz, 2003), aber auch über die Gestaltung informeller Situationen wie Schulfesten oder Ausflügen;
- die Schaffung möglichst günstiger stundenplantechnischer Voraussetzungen, um „gute Arrangements für gemeinsame Zeitressourcen" zu ermöglichen (Hillenbrand et al., 2013, S. 49), z. B. für Teambesprechungen oder Fallberatungen;
- effektive Planung, Steuerung, Dokumentation (z. B. Materialpool im Intranet) und Reflexion der Kooperationsformen und -ergebnisse;
- die Ausweisung ausgewählter Lehrkräfte als Teamsprecherinnen und Teamsprecher, die als Anreiz für ihr Amt einen „Ausgleich über Entlastungsstunden" (Harazd & Drossel, 2011, S. 36) erhalten können. Auf diese Weise symbolisieren Schulleitende u. a. Anerkennung und Wertschätzung für Kooperation;
- die Berücksichtigung personeller, materieller und zeitlicher Ressourcen und Restriktionen (vgl. Forsa, 2015), die auf den schulischen Inklusionsprozess einwirken und ihn gegebenenfalls konterkarieren könnten. Daher gilt es als eine wichtige Aufgabe von Schulleitungen, Potenziale ihrer Schule und Mitarbeitenden einerseits auszuschöpfen und diese andererseits zu unterstützen (Amrhein, 2014).
- Dafür ist es erforderlich, dass Schulleitende sowie die multiprofessionellen Teams um die vielfältigen Expertisen ihrer Mitglieder wissen, sie wertschätzen und nutzbar machen und weitere Professionalisierungsprozesse unterstützen.
- Zudem sollten Schulleitende als Expertinnen und Experten für Lehr- und Lernprozesse (Köller et al., 2013, S. 36) die (Weiter-)Entwicklung eines guten Unterrichts im Spannungsfeld individualisierender und kooperativer Elemente (Textor et al., 2014) sowie die Evaluation von Innovationen fördern. Die Unterrichtsgestaltung muss, wie beide Befragten zum Ausdruck bringen, auf hohen Erwartungen und Zielen basieren, die Schulleitungen und Lehrkräfte „an sich selbst, wechselseitig und an die Schüler haben sollten" (Köller et al., 2013, S. 38).

Für eine gelingende, unterrichtsbezogene Kooperation ist vor allem die bewusste Rollen- und Aufgabenverteilung zwischen Regelschullehrkräften und Lehrkräften für sonderpädagogische Förderung bedeutsam, die in inklusiven Settings immer wieder erneut auszuhandeln ist (Werning & Arndt, 2015; Kreis, Kosorok Labhart & Wick, 2014; Lütje-Klose & Urban, 2014). Empirische Befunde verweisen jedoch darauf, dass ein Defizit an nachhaltigen, ganzheitlichen und spiralförmigen Fortbildungs- und Beratungsangeboten besteht (Amrhein & Badstieber, 2013).

7   Fazit

Die Fallkontrastierung der beiden Good-Practice-Schulen zeigt, dass nicht nur Schulleitungen inklusiver Schulen, sondern auch Förderschulleitungen eine multidisziplinäre Zusammenarbeit für den Umgang mit heterogenen Lerngruppen als effektiv erachten und selbst als Vorbilder kooperativen Handelns agieren. Beide Schulleiterinnen sehen ihre Aufgabe darin, Rahmenbedingungen für eine hohe Kooperationsintensität zu schaffen, indem sie Teamstrukturen und -prozesse unterstützen. In beiden Kollegien lassen sich geteilte Werte und Visionen nachweisen, die offenbar eine gelingende Förderung aller Schülerinnen und Schüler leichter evozieren.

Mittels der im BiLieF-Projekt verfolgten Methodentriangulation (Befragung von Schülerinnen und Schülern, Gruppendiskussionen mit Lehrkräften und Schulleitungsinterviews) kann gezeigt werden, dass die herausgearbeitete hohe Kooperationsintensität einen proximalen Wirkfaktor darstellt, der möglicherweise an beiden Schulen die überdurchschnittlichen Outcomes der befragten und getesteten Kinder im psychosozialen und im Leistungsbereich mitbeeinflusst. Weiter ermöglichen es die eingesetzten Forschungsmethoden, verschiedene Akteursperspektiven auf kooperationsförderliche Strukturen und Prozesse zu erheben, aufeinander zu beziehen und im Sinne einer komparativen Analyse auszuwerten. Für die vorliegende qualitative Teilstudie sind bewusst Good-Practice-Schulen unterschiedlicher formaler Settings zur Identifizierung von gelingenden Strukturen, Kulturen und Handlungsstrategien ausgewählt worden. In den Schulen mit negativen Outcomes aus dem Sample der BiLieF-Studie treffen die dargestellten Schulleitungsmerkmale dagegen weniger stark zu (Serke et al., 2015). Anhand von zukünftigen kontrastiven Untersuchungen der Sichtweisen von Schulleitungen, an denen die Kinder hohe vs. niedrige Werte im Wohlbefinden und im Leistungsbereich aufweisen, können gegebenenfalls weitere Faktoren identifiziert werden, die Einfluss auf die kollegiumsinterne und -externe Kooperation nehmen.

Beide Schulleiterinnen akzentuieren neben den Entwicklungsbedingungen für die Schülerinnen und Schüler auch die Bedeutsamkeit des Wohlbefindens ihrer Lehrkräfte. In diesem Zusammenhang ergibt sich weiterer Forschungsbedarf, u.a. dazu, inwiefern Schulleitungen mit ihrem Kollegium schulische Inklusionsprozesse auch unter Berücksichtigung gesundheitlicher Aspekte gestalten (Amrhein, 2014). Zudem wird die Zusammenarbeit zwischen Schule und Mitarbeitenden des (offenen) Ganztags, die laut empirischen Analysen in den meisten Schulen bislang auf einem niedrigen Niveau angesiedelt ist (Böhm-Kasper, Dizinger & Heitmann, 2013), nicht weiter expliziert bzw. von Schule A als ausbaufähig wahrgenommen. In diesem Bereich wäre es erforderlich, die Kooperation zwischen Schul- und Ganztagspersonal im Hinblick auf die Rolle der Schulleitung zu erforschen. Die vorliegenden Interviews verweisen auf subjektive Rekonstruktionen der Schulleitenden bezogen auf ihre Rolle und ihre Optionen bei der Kooperationsförderung. Die Bedeutung der aufgezeigten Aspekte sollte zukünftig auch in quantitativen Befragungen von Schulleitungen überprüft werden.

Angesichts des von beiden Schulleitungen beklagten Defizits bei den Ressourcen zur wirksamen Umsetzung der inklusiven Schulreform muss betont werden, dass sich eine inklusive Schul- und Unterrichtsentwicklung für Schulleitende – aufgrund eigener Professionalisierungserfordernisse und als unzureichend wahrgenommener Unterstützungssysteme – als herausfordernde Aufgabe zeigt. Da Umsetzung und Wirksamkeit dieser hochkomplexen Innovation maßgeblich vom Schulleitungshandeln abhängig sein dürften, sollten zukünftige Weiterbildungsmaßnahmen für diese Zielgruppe die Ausgestaltung der Kooperation auf allen Ebenen des Kollegiums berücksichtigen, die bewusst zu gestalten, zu reflektieren und zu evaluieren ist.

Literatur

Ainscow, M. & Miles, S. (2008). Making education for all inclusive: where next? *Prospects, 38* (1), 15–34.

Amrhein, B. (2014). Inklusive Bildungslandschaften: Neue Anforderungen an die Professionalisierung von Schulleiterinnen und Schulleitern. In S. G. Huber (Hrsg.), *Jahrbuch Schulleitung 2014. Befunde und Impulse zu den Handlungsfeldern des Schulmanagements. Schwerpunkt Inklusion – Umgang mit Vielfalt* (S. 253–267). Köln: Wolters Kluwer.

Amrhein, B. & Badstieber, B. (2013). *Lehrerfortbildungen zu Inklusion – eine Trendanalyse.* Gütersloh: Bertelsmann-Stiftung.

Asbrand, B. (2010). *Dokumentarische Methode.* Verfügbar unter: www.fallarchiv.uni-kassel. de/wp-content/uploads/2010/07/asbrand_dokumentarische_methode.pdf [30.06.2016].

Begalke, E., Clever, M., Demmer-Dieckmann, I. & Siepmann, C. (2011). Inklusion an der Laborschule: Weg und Ziel. In S. Thurn & K.-J. Tillmann (Hrsg.), *Laborschule – Schule der Zukunft* (S. 64–77). Bad Heilbrunn: Klinkhardt.

Billingsley, B. & McLeskey, J. (2014). What are roles of principals in inclusive schools? In J. McLeskey, N. L. Waldron, F. Spooner & B. Algozzine (Eds.), *Handbook of effective inclusive schools: Research and practice* (pp. 67–79). New York: Routledge.

Bless, G. (2007). *Zur Wirksamkeit der Integration. Forschungsüberblick, praktische Umsetzung einer integrativen Schulform, Untersuchungen zum Lernfortschritt.* Bern: Haupt.

Boban, I. & Hinz, A. (2003). *Index für Inklusion. Lernen und Teilhabe in der Schule der Vielfalt entwickeln.* Entwickelt von Tony Booth & Mel Ainscow. Übersetzt und für deutschsprachige Verhältnisse bearbeitet. Halle: Martin-Luther-Universität Halle-Wittenberg.

Böhm-Kasper, O., Dizinger, V. & Heitmann, V. (2013). Interprofessionelle Kooperation an offenen und gebundenen Ganztagsgrundschulen. *Zeitschrift für Grundschulforschung, 6* (2), 53–68.

Bohnsack, R. (2010). *Rekonstruktive Sozialforschung – Einführung in qualitative Methoden.* Opladen: Barbara Budrich.

Bonsen, M., von der Gathen, J., Iglhaut, C. & Pfeiffer, H. (2002). *Die Wirksamkeit von Schulleitung. Empirische Annäherungen an ein Gesamtmodell schulischen Leistungshandelns.* Weinheim: Juventa.

Eckhart, M., Haeberlin, U., Sahli Lozano, C. & Blanc, P. (2011). *Langzeitwirkungen der schulischen Integration. Eine empirische Studie zur Bedeutung von Integrationserfahrungen in der Schulzeit für die soziale und berufliche Situation.* Bern: Haupt.

Forsa. (2015). *Inklusion an Schulen aus Sicht der Lehrerinnen und Lehrer – Meinungen, Einstellungen und Erfahrungen. Ergebnisse einer repräsentativen Lehrerbefragung.* Berlin: forsa Politik- und Sozialforschung GmbH.

Gebhardt, M., Krammer, M, Schwab, S. & Gasteiger-Klicpera, B. (2013). Zusammenarbeit zwischen KlassenlehrerIn und SonderpädagogIn in der Integration: Eine Untersuchung in integrativen Klassen in der Steiermark. *Heilpädagogische Forschung*, Nr. 2, 54–61.

Harazd, B. & Drossel, K. (2011). Formen der Lehrerkooperation und ihre schulischen Bedingungen – Empirische Untersuchung zur kollegialen Zusammenarbeit und Schulleitungshandeln. *Empirische Pädagogik, 25* (2), 145–160.

Hillenbrand, C., Melzer, C. & Hagen, T. (2013). Bildung schulischer Fachkräfte für inklusive Bildungssysteme. In H. Döbert & H. Weishaupt (Hrsg.), *Inklusive Bildung professionell gestalten – Situationsanalyse und Handlungsempfehlungen* (S. 33–68). Münster: Waxmann.

Hinz, A. (2009). Inklusive Pädagogik in der Schule – veränderter Orientierungsrahmen für die schulische Sonderpädagogik!? Oder doch deren Ende? *Zeitschrift für Heilpädagogik, 60* (5), 171–179.

Holtappels, H. G. (2013). Schulentwicklung und Lehrerkooperation. In N. McElvany & H. G. Holtappels (Hrsg.), *Empirische Bildungsforschung. Theorien, Methoden, Befunde und Perspektiven* (S. 35–61). Münster: Waxmann.

Huber, S. G. (2009). Schulleitung. In S. Blömeke, T. Bohl, L. Haag, G. Lang-Wojtasik & W. Sacher (Hrsg.), *Handbuch Schule: Theorie – Organisation – Entwicklung* (S. 502–511). Bad Heilbrunn: Klinkhardt.

Huber, S. G. (2010). Schulleitung international. In T. Bohl, W. Helsper, H. G. Holtappels & C. Schelle (Hrsg.), *Handbuch Schulentwicklung. Theorie – Forschung – Praxis* (S. 213–221). Stuttgart: UTB.

Huber, S. & Hader-Popp, S. (2006). Von Kollegen lernen: Professionelle Lerngemeinschaften. In A. Bartz, M. Dammann, S. G. Huber, T. Klieme, C. Kloft & M. Schreiner (Hrsg.), *PraxisWissen SchulLeitung* (81.15) (S. 1–8). Köln: Carl Link.

Kelle, U. & Kluge, S. (2010). *Vom Einzelfall zum Typus: Fallvergleich und Fallkontrastierung in der qualitativen Sozialforschung.* Wiesbaden: Springer.

Kocaj, A., Kuhl, P., Kroth, A. J., Pant, H. A. & Stanat, P. (2014). Wo lernen Kinder mit sonderpädagogischem Förderbedarf besser? Ein Vergleich schulischer Kompetenzen zwischen Regel- und Förderschulen in der Primarstufe. *Kölner Zeitschrift für Soziologie und Sozialpsychologie, 66* (2), 165–191.

Kocaj, A., Kuhl, P., Rjosk, C., Jansen, M., Pant, H. A. & Stanat, P. (2015). Der Zusammenhang zwischen Beschulungsart, Klassenkomposition und schulischen Kompetenzen von Kindern mit sonderpädagogischem Förderbedarf. In P. Kuhl, P. Stanat, B. Lütje-Klose, C. Gresch, H. A. Pant & M. Prenzel (Hrsg.), *Inklusion von Schülerinnen und Schülern mit sonderpädagogischem Förderbedarf in Schulleistungserhebungen* (S. 335–370). Wiesbaden: Springer.

Köller, O., Möller, J. & Möller, J. (2013). *Was wirkt wirklich? Einschätzungen von Determinanten schulischen Lernens.* München: Oldenbourg.

Krainz-Dürr, M. (1999). *Wie kommt Lernen in die Schule? Zur Lernfähigkeit der Schule als Organisation.* Innsbruck: Studien-Verlag.

Kreis, A., Kosorok Labhart, C. & Wick, J. (2014). Der Kooperationsplaner – ein Instrument zur Klärung von Aufgaben und Verantwortlichkeiten an integrativen Schulen. In A. Bartz, M. Dammann, S. G. Huber, T. Klieme, C. Kloft & M. Schreiner (Hrsg.), *PraxisWissen SchulLeitung* (47. Aktualisierungslieferung, 47.12) (S. 1–12). Köln: Carl Link.

Kuckartz, U. (2012). *Qualitative Inhaltsanalyse. Methoden, Praxis, Computerunterstützung.* Weinheim: Beltz Juventa.

Kullmann, H., Geist, S. & Lütje-Klose, B. (2015). Erfassung schulischen Wohlbefindens in inklusiven Schulen. In P. Kuhl, P. Stanat, B. Lütje-Klose, C. Gresch, H. A. Pant & M. Prenzel (Hrsg.), *Inklusion von Schülerinnen und Schülern mit sonderpädagogischem Förderbedarf in Schulleistungserhebungen* (S. 301–334). Wiesbaden: Springer.

Laubenstein, D., Lindmeier, C., Seutter, K. & Belting, S. (2015). *Gelingensbedingungen des gemeinsam Unterrichts an Schwerpunktschulen in Rheinland-Pfalz (GeSchwind): Abschlussbericht des Forschungsprojekts.* Bad Heilbrunn: Klinkhardt.

Lütje-Klose, B., Kurnitzki, S. & Serke, B. (2015). Deutungsmuster von Lehrkräften in Bezug auf die handlungsleitenden didaktischen Prinzipien eines entwicklungsförderlichen Unterrichts – Ergebnisse von Gruppendiskussionen in inklusiven und exklusiven Förderarrangements. In H. Redlich, L. Schäfer, G. Wachtel, K. Zehbe & V. Moser (Hrsg.), *Veränderung und Beständigkeit in Zeiten der Inklusion. Perspektiven Sonderpädagogischer Professionalisierung* (S. 224–240). Bad Heilbrunn: Klinkhardt.

Lütje-Klose, B. & Urban, M. (2014). Professionelle Kooperation als wesentliche Bedingung inklusiver Schul- und Unterrichtsentwicklung. Teil 1: Grundlagen und Modelle inklusiver Kooperation. *Vierteljahresschrift für Heilpädagogik und ihre Nachbargebiete, 81* (2), 112–123.

Möller, J. (2013). Effekte inklusiver Beschulung aus empirischer Sicht. In J. Baumert, V. Masuhr, J. Möller, T. Riecke-Baulecke, H.-E. Tenorth & R. Werning (Hrsg.), *Inklusion: Forschungsergebnisse und Perspektiven* (S. 15–37). München: Oldenbourg.

MSW NRW. (2015). *Auf dem Weg zur inklusiven Schule in NRW. Das „Erste Gesetz zur Umsetzung der VN-Behindertenrechtskonvention in den Schulen" (9. Schulrechtsänderungsgesetz) und begleitende Maßnahmen.* Verfügbar unter: www.schulministerium.nrw.de/docs/Schulsystem/Inklusion/Praesentation-Auf-dem-Weg-zur-inklusiven-Schule-in-NRW-August-2015.pdf [30.06.2016].

Reiser, H., Klein, G., Kreie, G. & Kron, M. (1986). Integration als Prozess. *Sonderpädagogik, 16* (3), 115–122 & *16* (4), 154–160.

Rolff, H.-G. (2012). Die Rolle der Schulleitung in Schulentwicklungsprozessen. In C. G Buhren & H.-G. Rolff (Hrsg.), *Handbuch Schulentwicklung und Schulentwicklungsberatung* (S. 203–221). Weinheim: Beltz.

Rolff, H.-G. (2013). *Schulentwicklung kompakt. Modelle, Instrumente, Perspektiven.* Weinheim: Beltz.

Scheer, D., Laubenstein, D. & Lindmeier, C. (2014). Die Rolle von Schulleitung in der Entwicklung des inklusiven Unterrichts in Rheinland-Pfalz. Vorstellung eines Forschungsdesigns im Rahmen der Schulbegleitforschung. *Zeitschrift für Heilpädagogik, 65* (4), 147–155.

Serke, B., Lütje-Klose, B., Kurnitzki, S., Pazen, C. & Wild, E. (2015). Gelingensbedingungen der sozialen Partizipation von SchülerInnen mit Lernbeeinträchtigungen in inklusiven Grundschulklassen – ausgewählte Ergebnisse von Gruppendiskussionen in Lehrerkollegien. In I. Schnell (Hrsg.), *Herausforderung Inklusion: Theoriebildung und Praxis* (S. 253–268). Bad Heilbrunn: Klinkhardt.

Serke, B., Urban, M. & Lütje-Klose, B. (2014). Teamarbeit und Team-Teaching in inklusiven Grundschulen. In E.-K. Franz, S. Trumpa, S. & I. Esslinger-Hinz (Hrsg.), *Inklusion: Eine Herausforderung für die Grundschulpädagogik* (S. 249–260). Baltmannsweiler: Schneider Verlag Hohengehren.

Stranghöner, D., Otterpohl, N., Wild, E., Lütje-Klose, B. & Schwinger, M. (eingereicht). *Inklusion vs. Exklusion: Der Einfluss des Schulsettings auf die Lese-Rechtschreibentwicklung von Kindern mit Förderschwerpunkt Lernen.*

Sturm, T., Köpfer, A. & Huber, S. G. (2015). Schulleitungen: Gestaltende einer inklusionsfähigen Schule – Begriffsklärung und Stand der Forschung. In S. G. Huber (Hrsg.), *Jahrbuch Schulleitung 2015: Befunde und Impulse zu den Handlungsfeldern des Schulmanagements* (S. 193–210). Köln: Wolters Kluwer.

Terhart, E. & Klieme, E. (2006). Kooperation im Lehrerberuf: Forschungsproblem und Gestaltungsaufgabe. *Zeitschrift für Pädagogik, 52* (2), 163–244.

Textor, A., Kullmann, H. & Lütje-Klose, B. (2014). Eine Inklusion unterstützende Didaktik. Rekonstruktionen aus der Perspektive inklusionserfahrener Lehrkräfte. In K. Zierer (Hrsg.), *Jahrbuch für Allgemeine Didaktik 2014* (S. 69–91). Baltmannsweiler: Schneider Verlag Hohengehren.

Urban, M. & Lütje-Klose, B. (2014). Professionelle Kooperation als wesentliche Bedingung inklusiver Schul- und Unterrichtsentwicklung. Teil 2: Forschungsergebnisse zu intra- und interprofessioneller Kooperation. *Vierteljahresschrift für Heilpädagogik und ihre Nachbargebiete, 81* (4), 283–294.

VN-BRK. (2008). *Gesetz zu dem Übereinkommen der Vereinten Nationen vom 13. Dezember 2006 über die Rechte von Menschen mit Behinderungen.* Bundesgesetzblatt, Teil II, Nr. 35, (S. 1419–1457). Köln: Bundesanzeiger-Verlag.

Werning, R. & Arndt, A.-K. (2015). Unterrichtsgestaltung und Inklusion. In E. Kiel (Hrsg.), *Inklusion in der Sekundarstufe* (S. 53–96). Stuttgart: Kohlhammer.

Werning, R. & Lütje-Klose, B. (2012). *Einführung in die Pädagogik bei Lernbeeinträchtigungen.* München: Ernst Reinhardt.

Wild, E., Schwinger, M., Lütje-Klose, B., Yotyodying, S., Gorges, J., Stranghöner, D. et al. (2015). Schülerinnen und Schüler mit dem Förderschwerpunkt Lernen in inklusiven und exklusiven Förderarrangements: Erste Befunde des BiLieF-Projektes zu Leistung, sozialer Integration, Motivation und Wohlbefinden. *Unterrichtswissenschaft, 43* (1), 7–21.

Ann-Kathrin Arndt

Zwischen (Unterrichts-)Alltag und fortwährender Entwicklung

Kooperation von Lehrkräften an inklusiven Schulen

Zusammenfassung

Die Kooperation der Lehrkräfte gilt als ein wesentliches Merkmal inklusiver Schule. Der Beitrag betrachtet die Kooperation von Lehrkräften (mit unterschiedlicher Qualifikation) an Jakob-Muth-Preisträgerschulen auf der Basis eines qualitativen Forschungsprojekts. Ausgehend von den Sichtweisen von Regelschullehrkräften, Lehrkräften für Sonderpädagogik und Schulleitungen werden zum einen die Relevanz der Zusammenarbeit und zum anderen zentrale Charakteristika der Gestaltung der Kooperation auf der Ebene der Schule fokussiert. Die Kooperation erscheint hierbei in verschiedener Hinsicht für die einzelnen Lehrkräfte sowie für die Schul- und Unterrichtsentwicklung bedeutsam. Mit Blick auf die schulweiten Strukturen der Teamarbeit unterstreichen die Ergebnisse u. a. die Bedeutung fester Teamzeiten. Die präsentierten Ergebnisse werden im Hinblick auf sich anschließende Forschungsfragen diskutiert.

1 Einleitung: Kooperation im Kontext inklusiver Schul- und Unterrichtsentwicklung

In der derzeitigen Auseinandersetzung mit schulischer Heterogenität ist der Begriff der Inklusion „allgegenwärtig" (Budde & Hummrich, 2014, o. S.). Entgegen der häufig zu beobachtenden Engführung auf die Bereiche „Behinderung" und „sonderpädagogischer Förderbedarf" fokussiert Inklusion ausgehend von einem weiter gefassten Verständnis grundlegend den Umgang mit Verschiedenheit im schulischen Kontext (vgl. Werning & Löser, 2010). Damit werden unterschiedliche, sich überschneidende Differenzlinien und (gesellschaftliche) Benachteiligungsstrukturen relevant (vgl. u. a. Budde & Hummrich, 2014). Inklusion zielt als fortwährender Prozess auf die Minimierung von Diskriminierung und die Maximierung von Teilhabe (vgl. u. a. Werning, 2014). In der Diskussion um Inklusion kann zwischen programmatischen Zugängen und stärker pragmatischen, auf die konkrete Realisierung bezogenen Perspektiven unterschieden werden, wie u. a. Clark, Dyson, Millward und Robson (1999, S. 173) herausstellen:

> Inclusion as a general principle can (and perhaps should) be advocated powerfully and simply. The attempted realisation of inclusion in practice, however, demands an engagement with the complexity and contradiction which come from its own nature as a resolution of a (necessarily bipolar) dilemma and from the complex nature of schools as organisations.

Statt einer Konzentration auf die Frage, ob eine Schule inklusiv ist oder nicht, sind in der Erforschung inklusiver Schulen damit stärker die Prozesse der Inklusion und Exklusion an allen Schulen zu fokussieren (vgl. ebd.).

Inklusion stellt einen „Auftrag für Schulentwicklungsprozesse" (Seitz & Scheidt, 2012, o. S.) dar. Dies ist vor allem dann bedeutsam, wenn sich Inklusion nicht auf einzelne „inklusive Inseln" in einer Schule begrenzen soll, wie es Lütje-Klose und Urban (2014, S. 119) ausgehend von der Studie von Amrhein (2011) formulieren. Internationale Forschungsergebnisse zeigen, dass es nicht *einen* Weg zur inklusiven Schule gibt und dass es Entwicklungen auf verschiedenen Ebenen bedarf (vgl. u. a. Dyson, 2010). Mit Blick auf die Zusammenarbeit betonen z. B. Lütje-Klose und Urban (2014, S. 113), „dass Inklusion und professionelle Kooperation zusammengehören wie zwei Seiten einer Medaille". Entsprechend wird Teamarbeit als „ein Schlüssel gelingender inklusiver Unterrichtsentwicklung" gesehen (Seitz & Scheidt, 2012, o. S.). Die unterrichtsbezogene Kooperation von Regelschullehrkräften und Lehrkräften für Sonderpädagogik gilt seit Beginn der schulischen Integration als wesentliche Gelingensbedingung. Wenngleich diese „primär … mit dem Ziel der Ermöglichung des Unterrichts" (Schwager, 2011, S. 93–94) angesichts der (erweiterten) Heterogenität der Lerngruppe verbunden wird, ist sie zugleich im Kontext der Zielsetzung der Unterrichtsentwicklung zu sehen (vgl. ebd.). So kann sich im Zusammenhang mit einem Unterrichtsentwicklungsprojekt auch die Kooperation der Lehrkräfte verändern (vgl. Arndt & Werning, 2013). Gleichzeitig erscheint die Kooperation selbst mitunter als „größte Herausforderung" (Trumpa, 2015, S. 276) und in dieser Hinsicht als „Schulentwicklungsaufgabe" (Lütje-Klose & Urban, 2014, S. 119). Dies kann u. a. darauf bezogen werden, dass sich die „Gemengelage zur Frage nach dem produktiven oder unproduktiven Moment von LehrerInnenkooperation … durch die Einführung inklusiver Settings … noch einmal potenziert" (Heinrich & Werning, 2013, S. 28).

Die Kooperation von Lehrkräften wird, auch unabhängig von den Fragen inklusiver Schulentwicklung, bereits seit vielen Jahren als Merkmal guter Schulen diskutiert und ist „im Diskurs um Unterrichts- und Schulentwicklung … zu einem zentralen Topos avanciert" (Idel, Baum & Bondorf, 2012, S. 141). Köker (2012, S. 90) unterscheidet zwischen einer „institutionelle[n] Relevanz" und einer „individuelle[n] Relevanz" der Lehrerinnen- und Lehrerkooperation. Die „institutionelle Relevanz" bezieht sich auf die verschiedenen Bereiche der Schulentwicklung (vgl. Rolff, 2010), die „individuelle Relevanz" umfasst die Be- bzw. Entlastung sowie die Professionalisierung der Lehrkräfte. Zudem wird vor allem ausgehend von Forschungsergebnissen zu professionellen Lerngemeinschaften als intensiver Form der Kooperation (vgl. Bohnsen & Rolff, 2006) herausgestellt, dass, wie es Ahlgrimm und Huber (2012, S. 372) zusammenfassen, „letztlich alle Lernenden in der Schule von Kooperation profitieren können". Jedoch wird gleichzeitig ein „Auseinanderklaffen von Anspruch und Wirklichkeit" (Terhart & Klieme, 2006, S. 163–164) deutlich, da Kooperation von Lehrkräften zu wenig bzw. „nicht in anspruchs- und wirkungsvollen Formen" realisiert wird (Terhart & Klieme, 2006, S. 163). Dies vorrangig auf das Autonomiestreben zurückzuführen, wird zugleich auf der Basis neuerer Studien hinterfragt (vgl. u. a.

Köker, 2012). Da auch angesichts der vielfach belegten fehlenden Kooperationszeit „eine einfache Kritik, Lehrkräfte seien eben kooperationsresistent, zu kurz greift" (Heinrich & Werning, 2013, S. 27), rücken förderliche bzw. hinderliche Bedingungen auf unterschiedlichen Ebenen in den Blick (vgl. u. a. Arndt & Werning, 2013; Köker, 2012). Grundlegend bedarf Kooperation der „gemeinsame[n] Verantwortung" und „Gelegenheit zur Zusammenarbeit" (Ahlgrimm & Huber, 2012, S. 375 unter Bezugnahme auf Inger, 1993). Für die inklusive Schulentwicklung werden in dieser Hinsicht die „regelmäßige Anwesenheit" der Sonderpädagoginnen und Sonderpädagogen in den allgemeinen Schulen und die „Beteiligung an den zentralen Gremien" als bedeutsam erachtet (Lütje-Klose & Urban, 2014, S. 119).

Als Beispiel u. a. für „dauerhafte und belastbare Teamstrukturen" (Lütje-Klose & Urban, 2014, S. 113) werden in der Auseinandersetzung mit inklusiver Schul- und Unterrichtsentwicklung u. a. die Preisträgerschulen des Jakob-Muth-Preises benannt (vgl. Lütje-Klose & Urban, 2014; Trumpa & Franz, 2014). Im vorliegenden Beitrag werden Ergebnisse eines qualitativen Forschungsprojekts zur Kooperation der Lehrkräfte an inklusiven Schulen aus der Sicht von Regelschullehrkräften, Lehrkräften für Sonderpädagogik und Schulleitungen an Jakob-Muth-Preisträgerschulen präsentiert. Hierbei werden zwei Fragestellungen verfolgt:

- Was macht ausgehend von den Perspektiven der Regelschullehrkräfte, Sonderpädagoginnen, Sonderpädagogen und Schulleitungen die *Relevanz der Kooperation der Lehrkräfte* an inklusiven Schulen aus (Abschnitt 3.1)?
- Was ist aus ihrer Sicht für die *Gestaltung der Kooperation* und die *schulweiten Strukturen der Teamarbeit* charakteristisch (Abschnitt 3.2)?

Da nicht zuletzt die individuelle Bedeutsamkeit die Bereitschaft zur Zusammenarbeit beeinflusst (vgl. Bonsen & Rolff, 2006), wird die Frage danach, *warum oder wozu* Lehrkräfte zusammenarbeiten sollen, somit nicht nur als eine „rhetorische" (Köker, 2012, S. 11) aufgefasst. Zudem erfolgt daran anschließend mit Blick auf die Ebene der Schule eine Auseinandersetzung mit der Frage danach, *wie* die Lehrkräfte zusammenarbeiten. Hierbei wird die übergeordnete Zielsetzung verfolgt, zu einem „Wissen über das Wissen im System" (Fend, 2008, S. 182) und somit zu einem vertieften Verständnis der Kooperation von Lehrkräften mit unterschiedlicher Qualifikation an inklusiven Schulen beizutragen. Die Ergebnisse werden abschließend hinsichtlich möglicher Implikationen für die Entwicklung der Kooperation an inklusiven Schulen sowie im Hinblick auf anknüpfende Forschungsfragen diskutiert (Abschnitt 4). Letzteres ist auch insofern bedeutsam, als gegenüber der stärkeren Fokussierung der Lerngruppe und des Unterrichts in der Integrationsforschung die Auseinandersetzung mit den Fragen inklusiver Schulentwicklung und damit mit der Ebene der gesamten Schule an Bedeutung gewonnen hat (vgl. Preuss-Lausitz, 2015, S. 412).

2   Zielsetzung und methodisches Vorgehen

Das Forschungsprojekt „Gute inklusive Schule" (2013–2014), eine wissenschaftliche Evaluation von Jakob-Muth-Preisträgerschulen, wurde in Kooperation mit der Bertelsmann-Stiftung am Institut für Sonderpädagogik der Leibniz Universität Hannover (Leitung: Prof. Dr. Rolf Werning) durchgeführt. Auf der Basis eines qualitativen, mehrperspektivischen Forschungsdesigns zielte das Projekt darauf ab, Qualitätskriterien, Bedingungen und Schulentwicklungsprozesse inklusiver Schulen ausgehend von den Sichtweisen der Regelschullehrkräfte, Sonderpädagoginnen, Sonderpädagogen, Eltern und Schulleitungen an zehn Jakob-Muth-Preisträgerschulen aufzuzeigen (vgl. Arndt & Werning, 2014).[1] Folgende Fragestellungen waren hierbei grundlegend:

- Was kennzeichnet aus der Sicht der Lehrkräfte, Eltern und Schulleitungen den inklusiven Schulentwicklungsprozess und die Praxis an ihrer Schule?
- Welche Kriterien und Bedingungen sind für eine gute inklusive Schule wesentlich?

Das im Sommer 2013 durchgeführte Sampling berücksichtigte u. a. Unterschiede hinsichtlich der Lage der Schule (Stadt/Land) und der soziokulturellen Hintergründe der Schülerinnen und Schüler. Insgesamt wurden fünf Schulen im Primarbereich, vier Schulen im Sekundarbereich (Gesamtschulen) und eine Schule mit Primar- und Sekundarbereich einbezogen. Neben öffentlichen Schulen umfasste das Sample zwei Privatschulen. Die untersuchten Schulen blicken auf unterschiedliche Zeiträume und Ausgangspunkte der integrativen bzw. inklusiven Schulentwicklung zurück; so hat beispielsweise eine Schule 1988 mit dem gemeinsamen Unterricht begonnen, eine andere 2003. Neben Schulen, die das Ziel des gemeinsamen Lernens von Schülerinnen und Schülern mit und ohne Behinderungen als Gründungsmerkmal beschreiben, umfasste das Sample Schulen, an denen die Zielsetzung der Integration bzw. Inklusion als Reaktion auf die Heterogenität der Schülerinnen und Schüler erscheint.

In dem Projekt wurden an jeder Schule Gruppendiskussionen mit Regelschullehrkräften, Lehrkräften für Sonderpädagogik und Eltern sowie Gruppendiskussionen bzw. Interviews mit Schulleitungen und an Gesamtschulen zum Teil auch mit Steuergruppenmitgliedern (nachfolgend vereinfachend „Schulleitung") durchgeführt. Insgesamt wurden 42 Gruppendiskussionen bzw. Interviews erhoben.[2] Im Rahmen der

---

1   Der Jakob-Muth-Preis wird seit 2009 von der Beauftragten der Bundesregierung für die Belange behinderter Menschen, der Bertelsmann-Stiftung und der Deutschen UNESCO-Kommission vergeben. Zur Zeit des Samplings waren bereits zwölf Schulen sowie ein Schulverbund ausgezeichnet worden.

2   Bei den Gruppendiskussionen wurde eine Anzahl von sechs Teilnehmenden angestrebt. Eine geringere Anzahl ergab sich u. a. dann, wenn zum Zeitpunkt der Diskussion weniger Sonderpädagoginnen und Sonderpädagogen an der Schule waren oder u. a. krankheitsbedingt weniger Regelschullehrkräfte daran teilnehmen konnten. Allen Beteiligten sei herzlich für das Interesse und die Mitarbeit an der Studie gedankt.

Auswertung der transkribierten Daten wurde zunächst mittels der zusammenfassenden qualitativen Inhaltsanalyse (vgl. Kuckartz, 2014; Mayring, 2008) der Daten von fünf Schulen ein Kategoriensystem erstellt, um daran anschließend das gesamte Material im Sinne einer inhaltlich strukturierenden Inhaltsanalyse (vgl. Kuckartz, 2014, S. 77 ff.) zu codieren. Hierbei wurden in Ergänzung zu der induktiven Vorgehensweise der zusammenfassenden Inhaltsanalyse Strategien des offenen Codierens (vgl. Strauss & Corbin, 1990) genutzt, um gegebenenfalls Anpassungen des Kategoriensystems vorzunehmen. Auf dieser Basis wurden für jede Schule wissenschaftliche Quellentexte (vgl. Behnken & Zinnecker, 2013) erstellt, welche die verschiedenen Perspektiven zusammenführten und als Grundlage für die schulübergreifende Auswertung dienten.

Der vorliegende Beitrag zielt auf eine Auseinandersetzung mit der Relevanz und der Gestaltung der Kooperation der Lehrkräfte an inklusiven Schulen aus der Sicht der beteiligten Professionellen, d. h. er konzentriert sich auf die Sichtweisen der Regelschullehrkräfte, Lehrkräfte für Sonderpädagogik und Schulleitungen. Auf der Basis einer vertiefenden Auswertung der Daten zum Themenbereich „Kooperation der Lehrkräfte" nimmt der Beitrag eine theoretisierende, verdichtende Beschreibung vor. Im Sinne eines explorativen Zugangs verfolgt der Beitrag die Zielsetzung, ausgehend von den Relevanzsetzungen der Lehrkräfte und Schulleitungen in den Gruppendiskussionen und Interviews verschiedene Facetten der Relevanz der Kooperation der Lehrkräfte an inklusiven Schulen sowie zentrale Charakteristika der Gestaltung der Zusammenarbeit aufzuzeigen.[3]

Vor dem Hintergrund der begrenzten Projektlaufzeit sind verschiedene Limitationen des Forschungszugangs zu berücksichtigen: So wurde z. B. nicht die *Praxis* der Kooperation erfasst (vgl. z. B. Idel, Baum & Bondorf, 2012); vielmehr steht im Folgenden die *Reflexion* der Kooperation durch die Professionellen im Vordergrund. Hierbei wird im Rahmen des qualitativen Forschungszugangs keine Repräsentativität der Aussagen, auch nicht bezogen auf die einzelnen Schulen bzw. Perspektiven, angestrebt. Entsprechend dem Prinzip der Offenheit (Flick, von Kardorff & Steinke, 2009) wurden in den einzelnen Gruppendiskussionen und Interviews unterschiedliche Relevanz- und damit Schwerpunktsetzungen vorgenommen. Dies wird genutzt, um ein breites Spektrum bezogen auf die Relevanz und zentrale Charakteristika der Gestaltung der Kooperation aufzuzeigen. Hierzu werden die Perspektiven von Regelschullehrkräften, Sonderpädagoginnen, Sonderpädagogen und Schulleitungen zusammengeführt; im Rahmen des gewählten Forschungszugangs zeigte sich keine grundlegende Divergenz der Sichtweisen. Die schulübergreifende Betrachtungsweise führt zu Vereinfachungen hinsichtlich der schulspezifischen Kontexte der Kooperation; unterschiedliche Herangehensweisen der einzelnen Schulen werden vor allem mit Blick auf die Gestaltung der Kooperation (Abschnitt 3.2) aufgegriffen.

---

3 Da im Material seitens der beteiligten Lehrkräfte und Schulleitungen keine begriffliche Differenzierung z. B. zwischen „Zusammenarbeit", „Kooperation" und „Teamarbeit" deutlich wurde, werden die Begriffe im Folgenden synonym verwendet (vgl. zu den begrifflichen Differenzierungen Köker, 2012).

3 Ergebnisse zur Kooperation der Lehrkräfte an inklusiven Schulen

Die Kooperation der Lehrkräfte wird an allen Schulen insgesamt positiv bewertet, wenngleich zum Teil auch thematisiert wird, dass nicht alles „optimal" (Schule 2_RL, 175) sei. Als grundlegendes Hindernis erscheinen hierbei die (sukzessive) gekürzten bzw. unsicheren personellen Ressourcen. Zudem werden Unterschiede zwischen den Teams an verschiedenen Schulen beschrieben, teilweise mit Verweis auf unklare Aufgabenverteilungen in einzelnen Teams. Das Klären von Aufgaben bezieht sich zugleich auf einen fortwährenden Prozess. Insgesamt wird – nicht nur bezogen auf den Bereich der Kooperation – betont: „wir sind nur auf'm Weg, [...] es ist nicht perfekt" (Schule 2_RL, 171). Während dies bereits auf die Frage der Gestaltung der Kooperation (Abschnitt 3.2) verweist, wird nachfolgend zunächst fokussiert, in welcher Hinsicht die Kooperation der Lehrkräfte aus der Sicht der Lehrkräfte und Schulleitungen wesentlich für die inklusive Schule ist.

3.1 „Teamarbeit ... das A und O hier bei uns" – Relevanz der Kooperation an inklusiven Schulen

Die Zusammenarbeit erscheint, wie das im Titel dieses Abschnitts aufgeführte Zitat einer Schulleitung beispielhaft verdeutlicht, essenziell für die inklusive Schule. Nachfolgend wird betrachtet, was diese Relevanz im Einzelnen ausmacht. Hierbei werden verschiedene Facetten der Relevanz der Kooperation herausgearbeitet:

- Gegenseitige Unterstützung und Entlastung,
- Unterricht und individuelle Förderung,
- Qualitätssicherung und Qualitätsentwicklung,
- professionelle Entwicklung und Haltung,
- Motivation und Arbeitszufriedenheit.

Diese Facetten sind zugleich – vor dem Hintergrund der Verschränkung der verschiedenen Bereiche der Schulentwicklung (vgl. Rolff, 2010) – nicht losgelöst voneinander, sondern vielmehr miteinander verbunden.

Gegenseitige Unterstützung und Entlastung

„Dass ... niemand alleine gelassen wird" (Schule 2_RL, 155), erscheint von grundlegender Bedeutung. Hierbei grenzen sich die Professionellen von der Annahme, dass Lehrkräfte alles können müssten, sowie von einem Verständnis der Lehrkraft als Einzelkämpferin bzw. Einzelkämpfer ab:

> Wir müssen uns ganz intensiv austauschen, [...]. Damit nie einer alleine mit Problemen gelassen ist, dann geht der Lehrer auch kaputt. [...] Gemeinschaftspraxis, lauter Ich-AGs,

die es so in den Schulen gibt […]. Jeder für sich, aber unter einem Dach […] das brauchen wir hier nicht, sondern wir brauchen einfach 'ne Teamarbeit. (Schule 3_SL, 7)

Die gegenseitige Unterstützung ist für die einzelnen Lehrkräfte entlastend, auch im Hinblick auf eine (situative) Überforderung: „das wirkt so diesem Burn-out-Problem so ein bisschen entgegen" (Schule 2_Sop, 13). Gleichzeitig trägt die Unterstützung wesentlich zu der Zielsetzung bei, „jedem Kind … gerecht zu werden" (Schule 2_Sop, 18). Hierbei wird auf eine fachliche Unterstützung in Bezug auf den Unterricht – sei es durch den Austausch von Materialien oder die gemeinsame Unterrichtsentwicklung (s. u.) – ebenso wie auf eine psychosoziale Unterstützung und Fürsorge verwiesen. Letztere ist nicht zuletzt aufgrund der Herausforderungen im Unterrichtsalltag bedeutsam: „man geht ja auch in der pädagogischen Arbeit manchmal durch tiefe Täler" (Schule 1_RL, 96). Zudem wird betont, dass die „Verantwortung wirklich gemeinsam getragen" werde (Schule 4_RL_Soz, 34). So ermögliche es u. a. die Klassenleitung zu zweit, sich „bei schwierigen Entscheidungen […] gegenseitig den Rücken zu stärken" (Schule 2_Sop, 13). Neben der gemeinsamen Entscheidungsfindung gilt es Entscheidungen der Einzelnen mitzutragen. Teamarbeit kann somit auch „das Recht auf den Fehler" (Schule 2_RL, 169) umfassen.

Unterricht und individuelle Förderung

Die Relevanz der Kooperation der Lehrkräfte für den Unterricht sowie für die vielfältigen Aktivitäten im Schulleben wird in verschiedener Hinsicht beschrieben. So hebt eine Lehrkraft mit Blick auf Unterrichtsentwicklung Folgendes hervor:

> Aber auch dies gemeinsame Unterrichtsentwickeln. Heutzutage werden an uns Lehrer so hohe Erwartungen gestellt. […] Wenn wir es aber gemeinsam in der Sachunterrichtskonferenz entwickeln, dann bekomm ich es hin, mithilfe der anderen einen Unterricht zu machen, mit dem ich selber zufrieden bin. (Schule 8_RL, 63)[4]

Die gemeinsame Unterrichtsentwicklung umfasst die Erarbeitung differenzierter schulinterner Curricula sowie z. B. damit verbundener Aufgabenformate und Materialien. Diese stellen als „Ideenpool" (Schule 2_Sop, 18) eine Grundlage für die Adaption im Rahmen der Unterrichtsvorbereitung bezogen auf die einzelnen Lerngruppen und Schülerinnen und Schüler dar. Für die individuelle Förderung und die differenzierte Unterrichtsgestaltung wird zudem die Zusammenarbeit im Unterricht als wesentlich erachtet, u. a. aufgrund der Möglichkeit, flexibel auf die individuellen Bedürfnisse der Schülerinnen und Schüler einzugehen. Zudem wird positiv bewertet, dass „von mehreren Seiten auf ein Kind geguckt wird und […] es bestmöglich im

---

4   Gleichzeitig wird hier neben der bereits darstellten gegenseitigen Unterstützung die Arbeitszufriedenheit (s. u.) als weiterer Aspekt der Relevanz der Kooperation von Lehrkräften angesprochen, was beispielhaft die Verschränkung der verschiedenen Facetten der Relevanz der Kooperation verdeutlicht.

Grunde gefördert werden" kann (Schule 4_Sop, 4; vgl. auch Arndt & Werning, 2016). Die Zusammenarbeit, auch außerhalb des Unterrichts, ermöglicht es, individuelle Lösungen zu finden: „es [ist] unheimlich wichtig, dass wir uns austauschen, weil es gibt nicht eine Lösung für ein Kind. [...] dass wir gleichziehen mit dem Kind, aber auch verschiedene Sachen auch mal ausprobieren" (Schule 4_RL_Soz, 24).

Qualitätssicherung und Qualitätsentwicklung

Gleichzeitig ist die Kooperation der Lehrkräfte bedeutend für schulweite Vereinbarungen, sei es zu einer veränderten Rhythmisierung oder zu bestimmten Ritualen. Teamarbeit schafft in dieser Hinsicht Verbindlichkeit. So formuliert eine Schulleitung bezogen auf die Umsetzung von Konzepten: „das muss auch so'n bisschen ... in den Teams geahndet werden" (Schule 3_SL, 15). Die Arbeit in Teams erscheint hier als Möglichkeit, darauf zu achten und damit in gewisser Weise zu kontrollieren, dass im Kollegium getroffene Vereinbarungen eingehalten werden. Darüber hinaus wird die Möglichkeit zur gegenseitigen Reflexion als bedeutsam erachtet: „eine ganz natürliche Qualitätssicherung ist schon dadurch [gegeben], dass wir in Teams arbeiten. [...] die Kollegen untereinander, ... ergänzen sich, reflektieren das, geben Rückmeldungen" (Schule 7_Sop, 22). Zudem können sich im Rahmen der Kooperation die Kompetenzen der einzelnen Lehrkräfte gegenseitig ergänzen: „Jeder hat so seine eigenen Stärken und die Schwächen gleichen sich so ein bisschen aus" (Schule 7_Sop, 16).

Professionelle Entwicklung und Haltung

Zugleich ermöglicht es die Teamarbeit, „voneinander [zu] lernen" (Schule 10_RL, 72). So wird u. a. ein „Kompetenztransfer" (Schule 5_SL, 37) im Rahmen der Kooperation von Regelschullehrkräften und Sonderpädagoginnen und Sonderpädagogen wahrgenommen (vgl. auch Arndt & Werning, 2016). Die Absprachen im Team, z. B. in der Unterrichtsvorbereitung, werden auch insofern als bedeutsam für die professionelle Entwicklung beschrieben, als „man auch nochmal ganz anders gezwungen [ist], den alten Unterricht [zu] durchdenken", u. a. mit Blick auf die Frage „wie ich mit Unterschieden [...] umgehe" (Schule 9_RL, 29). Die Kooperation der Lehrkräfte ist für die Entwicklung der Haltung relevant, sei es im Kontext einer „Leitzieldiskussion" (Schule 1_Sop, 23) oder gemeinsamer Fortbildungen:

> Also das Kollegium hat sich auch gemeinsam auch von der inneren Haltung und den Werten her entwickelt durch die vielen Gespräche [...]. Da waren bei jedem gewisse Ängste [...] jetzt mein ich schon den Umgang mit schwer gehandicapten Kindern [...]. Wenn dann aber die Kollegen, die als Erste diese Kinder in ihren Klassen haben, im Gespräch sind mit den anderen Kollegen, man diese Kinder erlebt, dann wächst im ganzen Kollegium auch die Bereitschaft, sich darauf einzulassen. (Schule 8_RL, 41)

Die Teamarbeit trägt in dieser Hinsicht zur Akzeptanz aller Schülerinnen und Schüler im Kontext der inklusiven Schulentwicklung bei.

Motivation und Arbeitszufriedenheit

In Verbindung mit den bereits aufgezeigten Facetten wird die Kooperation der Lehrkräfte als bedeutsam für die Motivation der Lehrkräfte beschrieben und trägt trotz einer als relativ hoch wahrgenommenen Arbeitsbelastung zur Arbeitszufriedenheit bei. Hierbei wird auf die „angenehme Atmosphäre" (Schule 3_RL, 196) oder z. B. die Bedeutsamkeit der Konferenzen für den Unterricht verwiesen: „wenn ich den Eindruck selber habe, dass mir das geholfen hat, […] für den Unterrichtsalltag" (Schule 6_RL, 24). Zudem trägt die gemeinsame Schulentwicklung zur Motivation bei: „Ich finde, es macht ungeheuer Spaß, die Entwicklung, das Miteinander, ohne Dogmatismus diese Schule zu entwickeln, das wünsche ich mir einfach, dass es so weitergeht" (Schule 8_RL, 109).

In der bisherigen Auseinandersetzung wurden z. B. mit den (Fach-)Konferenzen bereits Strukturen der Teamarbeit angesprochen. Diese werden im Folgenden beleuchtet. Hierbei wird der Schwerpunkt weniger auf z. B. teamspezifische Absprachen, sondern vielmehr auf die Ebene der (gesamten) Schule gelegt.

3.2 Gestaltung der Kooperation – Schulweite Strukturen der Teamarbeit

An allen untersuchten Schulen wird deutlich, dass sich die Zusammenarbeit nicht nur auf einzelne Lehrkräfte bezieht. Dies wird rückblickend zum Teil als eine wesentliche Veränderung beschrieben und kann gerade an größeren Schulen auch eine Herausforderung darstellen, z. B. wenn sich die Zusammenarbeit von Lehrkräften für Sonderpädagogik und Regelschullehrkräften zunächst nur auf einzelne Integrationsklassen bezog. Neben einem Zusammenwachsen des Kollegiums im Laufe der Zeit ist für die schulweite Kooperation grundlegend, dass „tragfähige Strukturen" (Schule 8_SL, 6) für die Teamarbeit etabliert wurden. Die Sonderpädagoginnen und Sonderpädagogen sind an allen Schulen in die Teamstrukturen eingebunden.[5] Betrachtet man die Frage, wie die Kooperation auf der Ebene der gesamten Schule übergeordnet gestaltet wird, erscheinen drei grundlegende Bereiche wesentlich:

- Zusammensetzung der Teams,
- (externe) Unterstützung der Teamarbeit,
- verbindliche Teamzeiten vor dem Hintergrund einer hohen Intensität des Austauschs.

---

5   Während an einer Schule seitens der Sonderpädagoginnen und Sonderpädagogen die Anbindung an verschiedene Förderzentren wichtig ist, wird es an den anderen neun Schulen als Vorteil erachtet, dass die Lehrkräfte für Sonderpädagogik fest an der Schule verortet sind (vgl. Arndt & Werning, 2016).

Zusammensetzung der Teams

Die Teamarbeit bezieht sich an den untersuchten Schulen auf verschiedene Konstellationen, so spielen u. a. lerngruppenbezogene Teams (Klassenteams), fach- und themenspezifische Teams sowie Jahrgangs- oder Stufenteams eine Rolle. Letztere tragen vor allem an größeren Schulen zu überschaubaren Teamgrößen bei und ermöglichen durch „kurze Wege" (Schule 4_RL_Soz, 25) einen intensiven Austausch (s. u.). Betrachtet man die Kriterien für die Zusammensetzung der klassenbezogenen Teams, so wird deutlich, dass an den Schulen auf unterschiedliche Weise eine Reduktion der Komplexität im Rahmen des Personaleinsatzes angestrebt wird: So liegt der Schwerpunkt zum Teil auf einem den studierten oder präferierten Fächern entsprechenden Einsatz. Alternativ rückt stärker eine Kontinuität auf der Beziehungsebene in den Vordergrund, indem Lehrkräfte Schülerinnen und Schüler (gemeinsam) über einen längeren Zeitraum begleiteten. Grundlegend scheint eine Kontinuität der Teams bedeutsam zu sein; gleichzeitig wird gegebenenfalls auf eine fehlende Passung der Kooperationspartnerinnen und Kooperationspartner mit veränderten Teams reagiert. Zudem werden die Erfahrungen, Expertisen – und damit Stärken (s. o.) – der einzelnen Lehrkräfte berücksichtigt.

(Externe) Unterstützung der Teamarbeit

An den Schulen wird die Teamarbeit und -entwicklung in verschiedener Hinsicht unterstützt. In Fortbildungen wird z. B. die kooperative Förderplanung oder die Zusammenarbeit im Unterricht fokussiert. So wird mit Blick auf Letztere betont: „man muss Teamteaching lernen" (Schule 1_Sop, 114). Entsprechend wird zum Teil negativ bewertet, dass der Themenbereich „Kooperation" in der Lehrerinnen- und Lehrerbildung wenig Berücksichtigung finde. Zudem nutzen verschiedene Schulen für die gemeinsame Unterrichtsentwicklung längerfristige Fortbildungen sowie externe Coaching- bzw. Beratungsangebote. Darüber hinaus wird (rückblickend) auf eine Unterstützung durch eine (längerfristige) Supervision verwiesen. Insbesondere an einer Gesamtschule erfolgt eine Begleitung des Teamentwicklungsprozesses durch ein Coaching für die (neuen) Teams. Die kontinuierliche Aufmerksamkeit für die Teamarbeit spiegelt sich auch darin wider, dass eine Schule z. B. die Wertschätzung im Kollegium als einen aktuellen Fokus in der Schulentwicklung benennt.

*Verbindliche Teamzeiten vor dem Hintergrund einer hohen Intensität
des Austauschs*

Seitens der Professionellen wird die Bedeutsamkeit eines intensiven Austauschs betont. Hierfür sind die an allen Schulen wöchentlich in unterschiedlichem zeitlichem Umfang realisierten verbindlichen Teamzeiten wesentlich. Diese beziehen sich auf die verschiedenen Teamkonstellationen; an einigen Schulen finden an einem festgelegten Nachmittag pro Woche rotierend verschiedene (Fach-)Konferenzen, Arbeitsgruppen bzw. Teamsitzungen statt. Mit dem festen Zeitrahmen wird u. a. die Möglichkeit verbunden, aktuelle Themen bzw. Anliegen zu bearbeiten und in dieser Hinsicht bestimmte „Dinge auch wegzuschaffen" (Schule 6_SL, 25). Mit der Verbindlichkeit wird auch eine effektive Gestaltung verbunden:

> Also wir wissen genau, wer arbeitet mit wem in welcher Gruppe zu welchem Ziel. Das führt auch zu Verbindlichkeiten, einmal was die Zeit angeht. Keiner hat Zeit. Zeit muss man sich immer nehmen. Und wenn es verabredet ist, möchte man, dass in dieser Zeit auch was Effektives gemacht wird. Also früher war das so, ja wir können unsere Teambesprechung auch am Telefon machen, ist doch ganz egal. (Schule 8_SL, 6)

Auch über die festen Teamzeiten hinausgehend wird der „permanente Austausch" (Schule 1_RL, 96) betont, u. a. um „relativ schnell reagieren" zu können (Schule 7_RLa_114). Entsprechend ist auch der Austausch „zwischen Tür und Angel" (Schule 8_RL, 17 f.) zentral. Als vorteilhaft wird hierfür neben den überschaubaren Teams (s. o.) ein gemeinsamer Raum für die Teamarbeit (z. B. im Jahrgang) bewertet. Zugleich wird der an verschiedenen Schulen formulierte Wunsch nach mehr „Kommunikationszeit" (Schule 2_SL, 138) u. a. damit begründet, dass „so zwischen Tür und Angel mal eben 'ne Botschaft" auch „völlig schief[gehen]" kann. Dies unterstreicht wiederum die dargestellte Bedeutsamkeit von gemeinsamen Teamzeiten. Vor diesem Hintergrund wird es an verschiedenen Schulen problematisiert, wenn diese Zeit nicht oder nicht für alle Lehrkräfte gleichermaßen als Teil der Arbeitszeit erfasst wird.

Darüber hinaus erscheint als eine zentrale Herausforderung in der Gestaltung der Kooperation, die Balance zu halten „zwischen Lehrerindividualität und Vereinbarung" (Schule 9_RL, 39), da in unterschiedlichem Maße an den Schulen nicht nur die gemeinsam geschaffenen Verbindlichkeiten, sondern auch die individuellen Gestaltungsmöglichkeiten der einzelnen Lehrkräfte betont werden. Über die Schwerpunktsetzung in diesem Beitrag hinausgehend erscheinen hierfür Aushandlungsprozesse und Absprachen in den einzelnen Teams von grundlegender Bedeutung, insbesondere für die konkrete Rollen- und Aufgabenverteilung. Dafür können die aufgezeigten Bereiche der Gestaltung der Kooperation auf der Ebene der Schule einen Rahmen darstellen.

4   Schlussfolgerung und Ausblick

Zusammenfassend zeigt sich mit Blick auf die Kooperation der Lehrkräfte (mit unterschiedlicher Qualifikation) an inklusiven Schulen, dass diese in verschiedener Hinsicht für die einzelnen Lehrkräfte, ihre professionelle Entwicklung und die Schul- und Unterrichtsentwicklung an inklusiven Schulen bedeutsam erscheint. Ausgehend von den in diesem Beitrag fokussierten Perspektiven der Lehrkräfte und Schulleitungen sind die „individuelle Relevanz" und die „institutionelle Relevanz" (Köker, 2012, S. 90) hierbei vielfach verschränkt, z. B. wenn, wie dargestellt, die gemeinsame Unterrichtsentwicklung in der Fachkonferenz sowohl zu einer Entlastung der einzelnen Lehrkraft als auch zur Entwicklung der Unterrichtsqualität und hierüber zur individuellen Arbeitszufriedenheit beiträgt. In dieser Hinsicht ist die Kooperation der Lehrkräfte bedeutsam sowohl für den (Unterrichts-)Alltag als auch für die fortwährende Entwicklung der Schule und des Unterrichts. Mit Blick auf die Entwicklung der Lehrerinnen- und Lehrerkooperation können vor diesem Hintergrund Herangehensweisen, welche diese beiden Orientierungen verbinden, gewinnbringend sein, wie z. B. die intensiveren und längerfristigen Formen der auf den Unterricht bezogenen Zusammenarbeit im Rahmen von Unterrichtsteams (vgl. Eschelmüller, 2013).

Inwiefern die verschiedenen aufgezeigten Facetten der Relevanz der Kooperation mit den unterschiedlich intensiven Formen der Kooperation (Gräsel, Fußangel & Pröbstel, 2006) verbunden sind, verweist zugleich beispielhaft auf eine anknüpfende Forschungsfrage. Basierten die hier dargestellten Ergebnisse auf der Reflexion der Kooperationspraxis durch die Professionellen, erscheint es mit Blick auf die genannte Anschlussfrage sinnvoll, auch zu untersuchen, inwiefern die hier herausgearbeitete Relevanz in den konkreten Praktiken hergestellt wird.

In Bezug auf die Haltung, die vielfach insbesondere als Voraussetzung für die inklusive Schul- und Unterrichtsentwicklung diskutiert wird, verweisen die Ergebnisse darauf, dass sie ebenso im Kontext des gemeinsamen Entwicklungsprozesses im Rahmen der Teamarbeit zu betrachten ist. Für die Entwicklung der Kooperation unterstreichen die dargestellten Ergebnisse hier das Potenzial gemeinsamer Fortbildungen. Die damit verbundenen Fragen danach, wie sich im Kontext der Kooperation von Lehrkräften eine (gemeinsame) inklusive Haltung entwickelt und wie dies (extern) unterstützt werden kann, verdeutlichen zugleich beispielhaft, dass es hier – auch in Ergänzung zur Untersuchung der individuellen Einstellung zu Inklusion – weiterer Forschung bedarf.

Dass Inklusion und damit verbunden die Kooperation der Lehrkräfte an den betrachteten Schulen kein „Insel- oder Schattendasein" (Amrhein, 2011, S. 10) (mehr) führt, zeigen die bewusste Gestaltung der Kooperation und die damit verbundenen schulweiten Strukturen. In diesem Zusammenhang wurden die Zusammensetzung der Teams, die (externe) Unterstützung der Teamarbeit sowie die verbindlichen Teamzeiten als wesentliche Bereiche auf der Ebene der Schule herausgearbeitet. Nicht zuletzt da diese Strukturen nur in begrenztem Maße von einzelnen Lehrkräften gestaltet werden können, verweisen die Ergebnisse hierbei auf die Bedeutung der Schulleitung an inklusiven Schulen. Dass die Gestaltung der Kooperation (weiterhin) herausfordernd sein kann, wurde u. a. mit Blick auf die Balancierung der Individualität der einzelnen Lehrkräfte bzw. Teams und die (schulweiten) Vereinbarungen gezeigt. Hier kann deutlich werden, dass das vielfach diskutierte Verhältnis von Kooperation und Autonomie auch für Lehrkräfte, die das Verständnis der Lehrkraft als Einzelkämpferin bzw. Einzelkämpfer für sich ablehnen, weiterhin relevant bleibt (vgl. zu dem Verhältnis auch Kelchtermans, 2006).

Vor dem Hintergrund der verschiedenen dargestellten Facetten der Kooperation kann zudem ein weiteres Spannungsfeld deutlich werden: So kann die Arbeit im Team sowohl mit einer gewissen gegenseitigen Kontrolle, nämlich indem in den Teams Vereinbarungen auch „geahndet" bzw. überprüft werden (sollen), als auch mit einem eher kreativen Entwickeln und Ausprobieren von Lösungen verbunden sein. Inwiefern diese Spannungsfelder in den einzelnen Teams relevant werden, kann als anschließende Forschungsfrage gefasst werden. Hiermit wird – in Ergänzung zu der im Beitrag gewählten schulübergreifenden Perspektive – zugleich die stärkere Berücksichtigung der schulspezifischen Kontexte und Entwicklungen relevant. Zudem wird grundlegend deutlich, dass Inklusion auf einen fortwährenden Prozess verweist, der sowohl Standards als auch ein kontinuierliches Hinterfragen und damit eine nicht dogmatische Herangehensweise umfasst: „Also wir sind immer im Prozess. […] Und ich glaube, […] dass wir einerseits Vorgaben haben, […] aber auch flexibel sind und Dinge ausprobieren" (Schule 8_RL, 56).

Literatur

Ahlgrimm, F. & Huber, S. G. (2012). Abschließende Betrachtungen. In S. G. Huber & F. Ahlgrimm (Hrsg.), *Kooperation* (S. 373–376). Münster: Waxmann.

Amrhein, B. (2011). *Inklusion in der Sekundarstufe.* Bad Heilbrunn: Klinkhardt.

Arndt, A. & Werning, R. (2013). Unterrichtsbezogene Kooperation von Regelschullehrkräften und Lehrkräften für Sonderpädagogik. In R. Werning & A. Arndt (Hrsg.), *Inklusion: Kooperation und Unterricht entwickeln* (S. 12–40). Bad Heilbrunn: Klinkhardt.

Arndt, A. & Werning, R. (2014). *Gute inklusive Schule. Wissenschaftliche Evaluation von Jakob-Muth-Preisträgerschulen. Bericht zu den schulübergreifenden Ergebnissen.* Unveröffentlichter Forschungsbericht. Hannover: Leibniz Universität Hannover.

Arndt, A. & Werning, R. (2016). Unterrichtsbezogene Kooperation von Regelschullehrkräften und Sonderpädagog/innen im Kontext inklusiver Schulentwicklung. Implikationen für die Professionalisierung. In V. Moser & B. Lütje-Klose (Hrsg.), *Schulische Inklusion* (Zeitschrift für Pädagogik, 62. Beiheft) (S. 160–174). Weinheim: Beltz.

Behnken, I. & Zinnecker, J. (2013). Narrative Landkarten. In B. Friebertshäuser, A. Langer & A. Prengel (Hrsg.), *Handbuch Qualitative Forschungsmethoden in der Erziehungswissenschaft* (4., durchgesehene Auflage) (S. 547–562). Weinheim: Beltz Juventa.

Bonsen, M. & Rolff, H.-G. (2006). Professionelle Lerngemeinschaften von Lehrerinnen und Lehrern. *Zeitschrift für Pädagogik, 52* (2), 167–184.

Budde, J. & Hummrich, M. (2014). Reflexive Inklusion. *Zeitschrift für Inklusion, 7* (4). Verfügbar unter: www.inklusion-online.net/index.php/inklusion-online/article/view/193/199 [30.06.2016].

Clark, C., Dyson, A., Millward, A. & Robson, S. (1999). Theories of Inclusion, Theories of Schools: deconstructing and reconstructing the ‚inclusive school'. *British Educational Research Journal, 25* (2), 157–177.

Dyson, A. (2010). Die Entwicklung inklusiver Schulen. Drei Perspektiven aus England. *Die Deutsche Schule, 102* (2), 115–126.

Eschelmüller, M. (2013). Unterrichtsentwicklung mit Unterrichtsteams in integrativen Schulen. In R. Werning & A. Arndt (Hrsg.), *Inklusion: Kooperation und Unterricht entwickeln* (S. 125–148). Bad Heilbrunn: Klinkhardt.

Fend, H. (2008). *Neue Theorie der Schule* (2., durchgesehene Auflage). Wiesbaden: VS Verlag für Sozialwissenschaften.

Flick, U., von Kardorff, E. & Steinke, I. (2009). Was ist qualitative Forschung? In E. von Kardorff, I. Steinke & U. Flick (Hrsg.), *Qualitative Forschung. Ein Handbuch* (7. Auflage) (S. 13–29). Reinbek bei Hamburg: Rowohlt.

Heinrich, M. & Werning, R. (2013). „It's Team-Time"? Unterrichtskooperation von Sonderpädagog/innen und Fachlehrkräften angesichts zeitlich knapper Ressourcen und asymmetrischer Beziehungen. *Journal für Schulentwicklung, 17* (4), 26–32.

Gräsel, C., Fußangel, K. & Pröbstel, C. (2006). Lehrkräfte zur Kooperation anregen – eine Aufgabe für Sisyphos? *Zeitschrift für Pädagogik, 52* (2), 205–219.

Idel, T.-S., Baum, E. & Bondorf, N. (2012). Wie Lehrkräfte kollegiale Kooperation gestalten. In S. G. Huber & F. Ahlgrimm (Hrsg.), *Kooperation* (S. 141–158). Münster: Waxmann.

Inger, M. (1993). Teacher Collaboration in Secondary Schools. centerfocus 2. National Center for Research in Vocational Education. Vefügbar unter: http://ncrve.berkeley.edu/centerfocus/cf2.html [16.08.2016].

Kelchtermans, G. (2006). Teacher collaboration and collegiality as workplace conditions. A review. *Zeitschrift für Pädagogik, 52* (2), 220–237.

Köker, A. (2012). *Bedeutungen obligatorischer Zusammenarbeit von Lehrerinnen und Lehrern.* Bad Heilbrunn: Klinkhardt.

Kuckartz, U. (2014). *Qualitative Inhaltsanalyse. Methoden, Praxis, Computerunterstützung* (2., durchgesehene Auflage). Weinheim: Beltz Juventa.

Lütje-Klose, B. & Urban, M. (2014). Professionelle Kooperation als wesentliche Bedingung inklusiver Schul- und Unterrichtsentwicklung. Grundlagen und Modelle inklusiver Kooperation – Teil 1. *Vierteljahresschrift für Heilpädagogik und ihre Nachbargebiete, 83* (2), 112–123.

Mayring, P. (2008). *Qualitative Inhaltsanalyse. Grundlagen und Techniken* (10., neu ausgestattete Auflage). Weinheim: Beltz.

Preuss-Lausitz, U. (2015). Wissenschaftliche Begleitung der Wege zur inklusiven Schulentwicklung in den Bundesländern – Versuch einer Übersicht. In I. Schnell (Hrsg.), *Herausforderung Inklusion. Theoriebildung und Praxis* (S. 402–430). Bad Heilbrunn: Klinkhardt.

Rolff, H.-G. (2010). Schulentwicklung als Trias von Organisations-, Unterrichts- und Personalentwicklung. In T. Bohl, W. Helsper, H. G. Holtappels & C. Schelle (Hrsg.), *Handbuch Schulentwicklung* (S. 29–36). Bad Heilbrunn: Klinkhardt.

Schwager, M. (2011). Gemeinsames Unterrichten im Gemeinsamen Unterricht. *Zeitschrift für Heilpädagogik, 62* (3), 92–98.

Seitz, S. & Scheidt, K. (2012). Vom Reichtum inklusiven Unterrichts – Sechs Ressourcen zur Weiterentwicklung. *Zeitschrift für Inklusion, 6* (1). Verfügbar unter: www.inklusion-online.net/index.php/inklusion-online/article/view/62/62 [30.06.2016].

Strauss, A. L. & Corbin, J. M. (1990). *Basics of qualitative research. Grounded theory procedures and techniques.* Newbury Park, CA: Sage.

Terhart, E. & Klieme, E. (2006). Kooperation im Lehrerberuf – Forschungsproblem und Gestaltungsaufgabe. Zur Einführung in den Thementeil. *Zeitschrift für Pädagogik, 52* (2), 163–166.

Trumpa, S. (2015). Bewältigungsstrategien von Grundschullehrerinnen bei der Übernahme von gemeinsamen Unterricht – Zwei Fallrekonstruktionen. In I. Schnell (Hrsg.), *Herausforderung Inklusion. Theoriebildung und Praxis* (S. 269–279). Bad Heilbrunn: Klinkhardt.

Trumpa, S. & Franz, E.-K. (2014). Inklusion: Aktuelle Diskussionslinien auf Makro-, Meso- und Mikroebene des Bildungssystems. In E.-K. Franz, S. Trumpa & I. Esslinger-Hinz (Hrsg.), *Inklusion. Eine Herausforderung für die Grundschulpädagogik* (S. 12–23). Baltmannsweiler: Schneider Verlag Hohengehren.

Werning, R. (2014). Stichwort: Schulische Inklusion. *Zeitschrift für Erziehungswissenschaft, 17* (4), 601–623.

Werning, R. & Löser, J. M. (2010). Inklusion: aktuelle Diskussionslinien, Widersprüche und Perspektiven. *Die Deutsche Schule, 102* (2), 103–114.

Silvia Greiten, Eva-Kristina Franz und Ina Biederbeck

Wodurch konturiert sich die sonderpädagogische Perspektive und wie gelangt sie in den inklusiven Unterricht an Regelschulen?

Befunde aus Gruppendiskussionen zu Erfahrungen aus der Netzwerkarbeit von Sonderpädagoginnen, Sonderpädagogen und Regelschullehrkräften

Zusammenfassung

Um inklusive Lehr-Lern-Settings in Regelschulen zu entwickeln, sind die sonderpädagogische Perspektive und deren Impulse für die fachliche Unterrichtsentwicklung zentral. Im Zentrum der hier vorgestellten Studie stehen die Fragen, wodurch sich diese „sonderpädagogische Perspektive" konturiert und wie sie in die Regelschule gelangt. Für die Untersuchung wurden Gruppendiskussionen mit Lehrpersonen geführt, die in Schulnetzwerken zu inklusivem Unterricht arbeiten. Solchen Netzwerken unterstellt man, dass sie systemübergreifende Erkenntnisse bieten können, da Erfahrungen aus unterschiedlichen Systemen einfließen. In dieser Studie wird die Kooperation zwischen Sonder- und Regelschullehrpersonen als entscheidendes Zugangstool der sonderpädagogischen Perspektive ins Regelschulsystem identifiziert. Die Befunde dokumentieren zudem grundlegende Unterschiede zwischen den Sichtweisen von Sonder- und Regelschullehrpersonen, wodurch sich die sonderpädagogische Perspektive im schulischen Handlungsfeld der Regelschule deutlich konturiert, systemische Fragen in den Fokus rücken und weiterführende Forschung unabdingbar wird.

1   Problemkontext

1.1   Sonderpädagogische Perspektive und Expertise

Die Sonderpädagogik wird in der Diskussion zur inklusiven Schul- und Unterrichtsentwicklung häufig als Motor der Inklusionsbewegung aufgefasst. Zum einen begründet sich dies durch sonderpädagogische Forschungs- und Ausbildungsschwerpunkte an Hochschulen und entsprechende Publikationen. Zum anderen schreibt man der Sonderpädagogik traditionell eine Subjektorientierung zu, welche anthropologische und ethische Fragen einschließt (Moser, 2008). Als Kennzeichen für die sonderpädagogische Perspektive gelten ein wertschätzender Blick auf das einzelne Kind sowie das Fachwissen über die Diagnostik spezifischer Lernausgangslagen und die daraus abzuleitende Förderung (Merz-Atalik & Franzkowiak, 2011). Unabhängig von der sonderpädagogischen Expertise erscheinen für einen gelingenden inklusiven Unterricht, neben der Haltung von Lehrpersonen als grundlegendem Faktor, die Kompetenzen des Diagnostizierens und des Differenzierens sowie eine gute Klassenführung als evident (Franz, Wacker & Heyl, 2016; Greiten, 2015a; Warwas, Hertel &

Labuhn, 2011). Gleiches gilt für die Bereitschaft und die Fähigkeit zur Kooperation, damit sich die sonderpädagogische Expertise in der Arbeit mit großen Gruppen von Schülerinnen und Schülern kumulieren kann. Entsprechende Kompetenzzuweisungen sind allerdings empirisch noch nicht abgesichert (Moser, Lütje-Klose, Seitz & Werning, 2012).

1.2 Kooperation als Tür zur sonderpädagogischen Perspektive im Regelschulsystem

Die Forschungslage zur Kooperation von Regelschullehrkräften, Sonderpädagoginnen und Sonderpädagogen ist bislang zu dünn (Arndt & Werning, 2013; Gräsel, Fußangel & Pröbstel, 2006; Trumpa, Franz & Greiten, 2016; Wessel, 2005). Dennoch lassen sich unterschiedliche Kooperationsformen beschreiben, die meist in einem Aushandlungsprozess hergestellt werden. Geklärt ist jedoch nicht, in welchen Formen sich als Teamarbeit verstandene Kooperation konkret vollzieht (Moser et al., 2012). Kooperationen scheinen einen entscheidenden Einfluss auf die Entwicklung beider Professionen zu haben, da sich u. a. „Differenzierung", „Auseinandersetzung mit curricularen Vorgaben" und „Reflexionen über Veränderungsprozesse" in der Kooperation als bedeutsame Entwicklungsaufgaben beider Professionen herauskristallisieren und sich die sonderpädagogische Perspektive darin besonders konturiert (Greiten, 2015b).

Hinsichtlich des gemeinsamen Unterrichts weisen Befunde darauf hin, dass eine langfristige Kooperation von Sonder- und Regelschullehrkräften, ein ausreichendes Zeitbudget im gemeinsamen Unterricht sowie feste Kooperationszeiten außerhalb des Unterrichts als Prädiktoren für gelingenden inklusiven Unterricht gelten können (Fennick & Liddy, 2001; vgl. Überblick in Werning & Löser, 2013). Allerdings scheinen zeit- und arbeitsintensivere Formen seltener zu sein als Formen mit weniger Absprachen. Der gemeinsame Unterricht im Teamteaching lässt sich kaum beobachten. Baum, Idel und Ullrich (2012, S. 14) umschreiben dieses Phänomen mit den folgenden Worten: „Je näher man dem Unterricht kommt, desto seltener wird zusammengearbeitet." Begründet wird dies mit der autonomen Position der Lehrkraft im Unterricht, welche durch die Kooperation eine Einschränkung erfahren könnte (Terhart & Klieme, 2006; Wessel, 2005). Zwar wird die Kooperation schulstufenunspezifisch als entlastend und für die Schülerinnen und Schüler als wichtige Ressource wahrgenommen (Scruggs, Mastropieri & McDuffie, 2007), trotzdem erweist sich für die Sekundarstufen das Fachlehrkräfteprinzip als hinderlich für Kooperationen. Darüber hinaus zeigen sich schulformspezifische Unterschiede: An Haupt- und Gesamtschulen lassen sich deutlich intensivere Kooperationsstrukturen feststellen als an Gymnasien (Arndt & Werning, 2013). Auch Qualitätsfragen sind zu stellen: Teamarbeit wird als qualitativ hochwertig angesehen, wenn die beteiligten Lehrkräfte hinsichtlich ihrer Persönlichkeiten und didaktisch-methodischen Präferenzen harmonieren. Zudem ist es wichtig, die Rollen- und Aufgabenverteilung transparent zu kommunizieren und Zuständigkeiten festzulegen (Arndt & Werning, 2013).

Trotz einiger Vorteile von Kooperationen kann der spezifisch sonderpädagogische Zugang für die Kooperation mit Regelschullehrpersonen auch zu einem Hindernis werden: Arndt und Werning (2013, S. 15) beschreiben unterschiedliche Perspektiven als Folge unterschiedlicher Wertigkeiten in der Ausbildung: Sonderpädagoginnen und Sonderpädagogen „are taught to see the trees" (Schwager, 2011, S. 95, zitiert nach Arndt & Werning, 2013, S. 15), wohingegen Regelschullehrkräfte die Gruppe im Blick haben – analog also gelernt haben „to see the forest" (ebd.). Bedeutsam ist auch, dass Sonder- und Regelschullehrkräfte zum Teil ein unterschiedliches Verständnis von „Fördern" und den auszubildenden „Kompetenzen" aufweisen (Franz, 2014; Greiten, 2014, 2015a), was zu Problemen in der Kommunikation und in der Handlungspraxis führen kann.

2   Kooperation in Netzwerken

Schul- und Unterrichtsentwicklung wird seit einigen Jahren nicht mehr allein als Aufgabe der einzelnen Schule verstanden, sondern als „partnerschaftliche Unternehmung von Schulverbünden und des die Schule umgebenden Systems" (Berkemeyer, Bos, Järvinen & van Holt, 2011, S. 117). Im Fokus stehen dabei der wechselseitige Austausch sowie das zweckgerichtete, konstruktive Zusammenwirken von Personen und Organisationen zur Erarbeitung und Weiterentwicklung von Lösungen komplexer Problemstellungen. Aufgrund der Gemengelage verschiedener Anforderungen, struktureller Rahmenbedingungen und der Vielzahl der am Prozess beteiligten Akteurinnen und Akteure stellt die Etablierung inklusiver Lehr-Lern-Formen ohne Frage eine solche komplexe Problemstellung dar. Netzwerke sind eine Möglichkeit, sich dieser Problemstellung ganz im Sinne einer professionellen Lerngemeinschaft (Bonsen & Rolff, 2006) auf kooperative Art und Weise anzunehmen (Killus & Gottmann, 2012).

Mitglieder eines Netzwerks agieren vor dem Hintergrund einer gemeinsamen Zielstellung; die Zusammenarbeit der beteiligten Akteurinnen und Akteure kennzeichnet sich dabei durch Gleichberechtigung bzw. Gleichrangigkeit sowie wechselseitiges Vertrauen und Interesse. In verschiedenen Studien wurden die Gelingensbedingungen schulischer Netzwerke erforscht. „Neben klaren Zielen und Erwartungen, der Beteiligung der Schulleitungen, gemeinsamen Arbeitstagungen und Fortbildungen, gegenseitiger Hospitation oder der Koordination von Terminen und Aktivitäten durch einen Koordinator bzw. eine Koordinationsschule wird ... Kooperation in Form eines ausgeglichenen Gebens und Nehmens herausgestellt" (Killus & Gottmann, 2012, S. 151). Netzwerkarbeit gelingt, wenn ihr ausreichend Zeit zur Verfügung gestellt und die Komplexität des Unterfangens berücksichtigt wird (Berkemeyer, Manitius, Müthing & Bos, 2009). Studien zeigen des Weiteren: Die Teilnahme an einem schulübergreifenden Netzwerk garantiert keine automatische Implementierung von

Innovationen – dazu bedarf es spezifischer aufgabenbezogener Kooperationsformen der Akteurinnen und Akteure innerhalb einzelner Institutionen sowie des Empfindens eines Bedarfs an einer Kooperation mit dem Kollegium (Killus & Gottmann, 2012).

In den vergangenen Jahren sind im Bildungs- und Schulbereich immer mehr Netzwerke zur systematischen Unterstützung von Schul- und Unterrichtsentwicklungsprozessen entstanden, zum Teil auch bildungspolitisch motiviert (für eine komprimierte Übersicht vgl. z. B. Berkemeyer et al., 2011; Huber & Krey, 2012). Netzwerke im oben genannten Sinne, die sich explizit mit Inklusion beschäftigen und in denen Regelschul- und Sonderlehrkräfte regelmäßig und systematisch an der Lösung komplexer Problemstellungen arbeiten, finden sich im deutschsprachigen Raum jedoch vergleichsweise selten.

In der Forschung zu Schulnetzwerken gibt es bisher nur wenige Hinweise darauf, welche Perspektiven die verschiedenen Akteurinnen und Akteure in Netzwerken zu inklusiver Unterrichtsentwicklung vertreten und welche Potenziale darin stecken. Hier knüpft der nachfolgende Abschnitt an, in dem Ergebnisse einer qualitativ ausgerichteten Studie zu den Erfahrungen aus der Netzwerkarbeit von Sonder- und Regelschullehrkräften der Sekundarstufen im Hinblick auf die sonderpädagogische Perspektive vorgestellt werden.

3   Design der Studie

Die im Herbst 2014 in Nordrhein-Westfalen durchgeführte Studie konzentriert sich auf die Fragen, was die Teilnehmenden unter einer „sonderpädagogischen Perspektive" verstehen, wie sich diese konturiert und wie sie in das Regelschulsystem gelangt. Es werden Befunde aus zwei Gruppendiskussionen mit Teilnehmenden aus schulischen Netzwerken zu inklusivem Unterricht vorgestellt. Die Stichprobengröße umfasste vier Netzwerke; zwei wurden nach dem Prinzip der Kontrastierung ausgewählt: Im ersten Netzwerk arbeiten drei Sonderpädagoginnen in einem Kompetenzzentrum miteinander, die verschiedene Förderschwerpunkte sowie Erfahrungen aus unterschiedlichen Förderschultypen und mit dem gemeinsamen Lernen einbringen. Gemeinsam entwickeln sie Konzepte für inklusiven Unterricht und sind damit in der Lehrkräftefortbildung und im eigenen Unterricht an Regelschulen tätig. Die zweite Gruppendiskussion wurde mit zehn Mitgliedern der Schulleitungen und didaktischen Leitungen (vier davon Männer) von fünf Gesamtschulen geführt, die seit eineinhalb Jahren in einem Netzwerk zum inklusiven Unterricht arbeiten. Die Kontakte zu den Netzwerken entstanden jeweils durch Anfragen an die Netzwerkleitungen.

Die Auswertung der Gesprächsrunden erfolgte mit der dokumentarischen Methode. Damit lassen sich Handlungsmuster rekonstruieren, die im Falle der Gruppendiskussionen von den Teilnehmenden beschrieben und durch Erfahrungen im gemeinsamen Kontext „verstanden" werden. In der Analyse des Diskurses gilt es, diese Handlungsmuster als kollektive Orientierungsmuster herauszuarbeiten und zu interpretieren (Bohnsack, 2010). Die Befunde werden in Form fokussierender Fallbeschreibungen der jeweiligen Gruppendiskussion dargestellt. Zudem werden die Orientierungsmuster zu den Fragestellungen der Studie beschrieben.

4 Befunde aus den Gruppendiskussionen

4.1 Netzwerk Sonderpädagoginnen

4.1.1 Sonderpädagogische Perspektive

Vier Orientierungsmuster füllen die Rahmung der sonderpädagogischen Perspektive, nämlich *„Blick auf den Einzelnen im sozialen System", „Beziehungsarbeit", „Binnendifferenziertes Unterrichten"* und *„Sonderpädagogische Spezialisierungen".*

Der „Blick auf den Einzelnen im sozialen System" kennzeichnet das vorrangige Orientierungsmuster und ist Konsens. Innerhalb dessen finden sich zwei Orientierungskomponenten; zum einen die *„Perspektive auf das einzelne Kind",* die sich in einem Begriffsfeld versprachlicht wie bei A: *„Blick auf das Kind"* (565), B: *„sensibles Gucken"* (591) oder C: *„der diagnostische Blick"* (432), und zum anderen das *„soziale System",* nämlich die Klasse. Das Orientierungsmuster enthält eine Kategorisierung, in der zwischen Schülerinnen und Schülern „der Klasse" und jenen „mit sonderpädagogischem Förderbedarf" (C: 90; A: 209; B: 975) unterschieden wird. In den Argumentationen fällt auf, dass sich durch die langjährige integrative Erfahrung und Kooperation mit Regelschullehrkräften der Blick von der Förderung einer Einzelnen oder eines Einzelnen auf die „Klasse" hin ausgerichtet hat. Die Schülerinnen und Schüler mit sonderpädagogischem Unterstützungsbedarf werden zwar fokussiert, aber explizit als Teil der Klasse wahrgenommen. C: *„[...] wirklich, das sind nicht meine und deine Schüler, es sind unsere Schüler, und ich möchte pädagogisch tätig werden für die Schüler, [...] auch f- für die gesamte Klasse, in der ich jetzt eingesetzt bin"* (89–93). Im weiteren Verlauf der Diskussion bestätigt auch A diese Orientierung und beschreibt eine Rollenveränderung:

> *„[...] es sind also – ist schon ne andere Rolle. Wobei ich auch, wenn ich jetzt im Unterricht dabei bin, natürlich auch immer auch für die andern – ich definier mich jetzt nicht so [...] ,Ich bin jetzt für dieses eine Kind und' (...), sondern dann helfe ich auch mit, wenn's sinnvoll ist"* (208–215).

Ein weiteres Orientierungsmuster ist die *„Beziehungsarbeit"* (A: 205 ff.; B: 309; C: 630).

> C: *„Weil, eh, ich finde Sonderpädagogik lebt eigentlich davon, dass man halt Beziehungsarbeit leistet."*
> A: *„Mh, mh. (zustimmend)."*
> C: *„Und dass man halt irgendwie ne b- ne Beziehung zu dem Kind aufbaut, da- un- und darauf eben das- das Kind Vertrauen hat, und, eh, ja, wir dadurch einfach diese- eh,*

bestimmte Maßnahmen eben halt, die auch über dieses, eh, schulische Lernen ja 'n Stück weit auch hinausgehen, ehm, auch wirklich durchführen können" (636–644).

Dieses Anliegen dokumentiert sich bei allen als bedeutsam und wird teilweise mit Fallbeschreibungen illustriert. Das Muster wird hier nicht näher ausgeführt, da seine Bedeutung in der Literatur bereits gut dokumentiert ist (vgl. Prengel, 2012).

Das dritte Orientierungsmuster steht im Kontext des Unterrichtens und fokussiert auf das „Differenzieren" im Sinne einer Unterstützung einzelner Schülerinnen und Schüler, wobei dieser Arbeitsbereich mit „Reduzieren" konnotiert ist (A: 114). Auch hierzu besteht Konsens darüber, dass dies eine zentrale sonderpädagogische Aufgabe sei, was in der Generalisierung über das Pronomen „wir" besonders hervortritt: I: *„Und wer reduziert diesen Stoff dann?"* A: *„Wir. (lacht) Also. Wir. (.)"* (117–118). In der anschließenden Diskussion beschreiben die drei Teilnehmerinnen, wie sie differenzieren, beispielsweise über inhaltliche Reduzierung (114), Wochenpläne (131), Mappenführung (469), das Führen von Hausaufgaben- und Schulbegleitheft (476–477), etwas noch einmal erklären, noch einmal reduzierter erklären (485–486), einen Schritt zurückgehen (489), fächerübergreifend und themenbezogen denken (739). An mehreren Stellen ist in diesem Orientierungsmuster auch ein Grenzpunkt markiert, der als Kritik formuliert wird. Exemplarisch zeigt sich dieser dann, wenn die Diskussionsteilnehmerinnen feststellen, dass einige fachcurricular vorgegebene Inhalte im integrativen Ansatz trotz Differenzierung nicht vermittelbar seien: A: *„Das ist auch nicht der Stoff, der für diese Kinder gemacht ist"* (772–773). Es ist geteilte Erfahrung, dass beispielsweise mathematische Funktionen oder die Analyse von Gedichten oder Novellen für förderorientierte Lernprozesse einzelner Schülerinnen und Schüler mit spezifischen Bedarfen keinen Sinn ergeben (676).

Als viertes Orientierungsmuster kristallisiert sich die *„Sonderpädagogische Spezialisierung"* heraus. Dieses Muster entfaltet sich durch Rekurrieren auf Gegenhorizonte zum Orientierungsmuster „Unterricht" und explizit zum integrativen Unterrichten im Regelschulsystem. Zwei Argumentationsmuster lassen sich skizzieren, nämlich die *„Spezialisierung durch den beauftragten Förderschwerpunkt"* und jenes der *„Spezialisierung in einem Fachbezug"*: Nach einer längeren Passage zwischen C und B, in der verschiedene Kooperationsformen zur Unterrichtsplanung und zu ihrer Unterrichtsaktivität diskutiert werden, eröffnet A einen Gegenhorizont, mit dem sie sich sowohl gegenüber ihren Kolleginnen als auch gegenüber dem Unterricht im Regelschulsystem absetzt:

A: *„Also ich hab, ich hab ne ganz andere Rolle, weil ich, eh, im Moment, eh, also, aus – mit emotionalem, sozialem Förderbedarf befasst bin, ne? Und eh, deshalb bin ich jetzt halt so in dieser Unterrichtsgestaltung und -planung gar nicht so mit drin. Also da geht es mehr so darum, vielleicht für einzelne Schüler mal Bedingungen zu besprechen. Was kann dem helfen, dass der jetzt, meinetwegen, sich besser auf die einzelnen Aufgaben konzentriert, oder was, ehm braucht der jetzt ganz konkret vielleicht ne Unterstützung, oder, ne? Ne besondere Bedingung"* (171–183).

Sie führt diese „besonderen Bedingungen" dann weiter aus als Gespräche mit den Eltern, Schülerinnen und Schülern und Lehrkräften, Beantragung eines Integrationshelfers sowie Testungen (184 ff.). A rekurriert auf den Förderschwerpunkt „emotionale-soziale Entwicklung", der für ihre Arbeit derzeit maßgeblich ist, und grenzt damit ihren Part in der Unterrichtssituation vom fachlichen Unterrichten ab. Sie verweist auf den spezifischen Förderbedarf Einzelner, nämlich die Unterstützung in Form von einzuhaltenden Regeln, Konzentrationsförderung usw. Damit platziert sie ihre spezifische sonderpädagogische Arbeit im Unterricht im Klassenverband. An einer anderen Stelle zeigt sich dieses Argumentationsmuster noch einmal, diesmal bezogen auf den Förderschwerpunkt „Lernen". A fokussiert die Relevanz dieses Förderschwerpunkts auf das „Denken vom Konkreten zum Abstrakten", das „handelnde Lernen", „bildhaftes" Arbeiten und „zeichnerisches" Arbeiten (535–559). Die Grundfrage von C, *„Was erschwert dem Kind das Lernen?"* (516), eröffnet Sonderpädagoginnen und Sonderpädagogen weitere Denkfiguren, um Handlungsoptionen zu erschließen. Auch hier dokumentiert sich die sonderpädagogische Perspektive im Unterricht.

Das zweite Argumentationsmuster bezieht sich auf einen konkreten Fachbezug wie das Fach Deutsch. In der Darstellung der Kooperation im Fachunterricht der neunten Klasse beschreibt A, dass sie den Kurs zur intensiveren Arbeitsmöglichkeit gelegentlich teile. Wenn jedoch Inhalte behandelt werden sollen, die sie sich nicht „zutraue", biete sie beispielsweise ein „Rechtschreibtraining" an (259–265). Hier dokumentiert sie eine Spezialisierung in einem Fachbezug.

Aus der Analyse der durch die gezielte Frage initiierten Passage zur sonderpädagogischen Perspektive (385–528) ist zu folgern, dass sich der spezifisch sonderpädagogische Zugang durch kontrastierende Bezugnahme auf das Regelschulsystem konturiert. Die Darstellungen sind in Dualismen eingebettet wie „Lernende mit und ohne Förderbedarf", „Fach- bzw. Klassenlehrer und Sonderpädagogen", „Lehrer mit fachlichem Wissen und Sonderpädagogen", „Lehrplan und individuelles Lernen". Das „spezifisch Sonderpädagogische" tritt durch die Dualismen, die sich als Gegenhorizonte identifizieren lassen, stärker hervor. B eröffnet die Passage im Modus des Auflistens und praktischen Handelns. Als spezifisch sonderpädagogisch beschreibt sie *„mehr Arbeitsblätter anders zu machen"* (397), *„größere Schrift"* (400) *„ein Arbeitspapier nicht so überladen"* (402), *„einfache Sätze auch für den Arbeitsauftrag aufschreiben"* (403), *„Zeichnungen nochmal deutlicher und größer machen"* (405), *„im Internet und aus Grundschulbüchern irgendwie Sachen zusammensuchen […] das zusammenschneiden, dann die Themen halt alles reduzieren"* (410) und von den Interessen des Kindes auszugehen, anstatt einfach einen Text zu einem Thema vorzugeben (414).

C bestätigt die Darstellungen und begründet diese Vorgehensweisen unter Verwendung des Pronomens „wir" für die Profession der Sonderpädagoginnen und Sonderpädagogen mit der „diagnostischen Seite" (426) und dem „diagnostischen Blick" (432). C: *„Und nicht, was muss ich jetzt laut Lehrplan machen? Ich glaub, da ist ein Unterschied. Also da ist der größte Unterschied überhaupt, dass ich halt – dass wir halt eben stärker diagnostisch gucken, was ist das Kind überhaupt in der Lage zu* tun" (436–439). A schließt sich den Ausführungen ihrer Kolleginnen an, bestätigt einmal mit „*Genau*" (435) und führt dann den Argumentationsstrang weiter, indem sie Unterstützung auch aus einer spezifischen förderpädagogischen Sicht einbringt. A: „*Und genauso auch, welche Unterstützung konkret braucht es, ne? Zum Beispiel bei Kindern, die Konzentrationsprobleme haben, ne? Wie vermeide ich, dass ihr Blick immer wieder auf andere Aufgaben fällt, zum Beispiel, ne?*" (444–448). Sie illustriert ihre Wahrnehmung situativ und entfaltet an einem Gegenhorizont das spezifisch Sonderpädagogische: „*Manche Kinder können hantieren und tun und trotzdem kriegen sie alles mit, ne? Aber unsere sonderpädagogischen – zu fördernden Kinder, die mit den Konzentrationsproblemen, ADHS oder so, die können das nicht*" (456–458).

In dem Dualismus zeichnet sie aber auch die Verschiebung der Perspektive auf die Klasse nach.

> A: „*Das heißt, die anderen können's eigentlich auch nicht, da ist manchmal auch hilfreich dann mal drau- genauer zu gucken, was machen die jetzt? Hör-wer hört denn hier eigentlich genau zu, ne? Auch das sind so Sachen, so Prozesse, die man eigentlich so mit in den Blick nimmt*" (458–462).

Sie stellt heraus, dass die Sonderpädagoginnen und Sonderpädagogen noch einmal eine besondere Sichtweise einnähmen. A: „*[…] also da haben wir, glaub ich nochmal ne andere Wahrnehmung*" (464–466). Eine Conclusio kennzeichnet das Ende der Passage in Form eines Zwischenfazits.

> A: „*Das stimmt. 'N geschulter Blick. Würd ich auch sagen. Viele Dinge sehen wir nochmal bewusster und klarer, die- die kann der Regelschullehrer, der so mit den fachl- Vermittlungen vom fachlichen Wissen irgendwie befasst ist auch, und auf so ne große Gruppe gu-guckt als Gesamtheit, gar nicht so im Blick haben*" (524–528).

Die sonderpädagogische Perspektive wird hier explizit vor dem Gegenhorizont des „fachlichen Wissens von Regelschullehrern" entfaltet.

4.1.2 Wie gelangt die sonderpädagogische Perspektive in das Regelschulsystem?

Im Diskursverlauf beginnt die Beantwortung der Frage mit der Beschreibung konkreter Optionen, nimmt dann aber schnell eine Wende hin zu Schwierigkeiten, die sich im System der Regelschule und des Fachunterrichts ergeben, nämlich Diskrepanzen zwischen dem Regelunterricht und den Bedingungen sonderpädagogisch orientierten Unterrichtens. Die Frage nach dem Wie induziert in der Gruppendiskussion zunächst prozessorientierte Antworten, welche auf eine positiv erlebte Handlungspraxis verweisen. Das Orientierungsmuster „*Kommunikation mit Kolleginnen und Kollegen*" dominiert den Verlauf und ist eng mit den Orientierungsmustern zur sonderpädagogischen Perspektive verwoben.

Zunächst antwortet A auf die Eingangsfrage. A: *„Ja, Kommunikation mit den, eh, Kollegen, die Beobachtung auch mitteilen, das ist schon mal ne ganz wichtige Sache"* (621–622). C bestätigt dies und ergänzt: *„[…] was halt ganz wichtig ist, ist für- find' ich, ne Bündelung, dass man viel in der Klasse ist, nach Möglichkeit alle Sonderpädagogikstunden […], weil man dadurch natürlich diese Beziehungsarbeit ganz anders leisten kann"* (626–630) In der Passage, der die Zitate entstammen, kristallisieren sich erneut die Orientierungsmuster *„Blick auf den Einzelnen"* und *„Beziehungsarbeit"* als spezifisch sonderpädagogisch heraus. Die Beobachtung und die (zeit)intensive Begleitung einer einzelnen Schülerin oder eines einzelnen Schülers mit sonderpädagogischem Unterstützungsbedarf im sozialen System des Klassenverbandes und die dadurch mögliche Beziehungsarbeit bringen die sonderpädagogische Perspektive auf zwei Wegen in das Regelschulsystem: zum einen durch die Arbeit mit Einzelnen im Raum der Klasse und im Beisein der Fachlehrperson und zum anderen durch die bewusste Kommunikation mit der Fachlehrkraft über diese Beobachtungen und die daraus abzuleitenden Handlungen. Erst anschließend diskutieren die Teilnehmerinnen die Kooperationsmöglichkeiten im gemeinsamen Unterricht als weiterer Weg des sonderpädagogischen Agierens. Das Orientierungsmuster *„Unterrichtliche Kooperation"* ist nachrangig.

Ab hier verläuft der Diskurs im Modus der Problematisierung, nämlich in Bezug auf das Aushandeln von Kooperationsmöglichkeiten mit wechselnden Fachlehrkräften und die Partizipationsmöglichkeiten von Schülerinnen und Schülern mit dem Förderbedarf „Lernen" an den durch die Fachcurricula vorgegebenen Inhalten. Die Problematisierung wird an bereits erläuterten Gegenhorizonten zum „Fachunterricht" und zur „Klasse" vorgenommen, womit kontrastierend argumentiert wird, dass ein themenbezogenes und interessegeleitetes Arbeiten systemisch an die Grenzen des Regelschulsystems stoße (739 ff.). Eine Conclusio dieses Diskursausschnitts kann als Kumulation der Problematisierung gekennzeichnet werden B: *„[…] man denkt, so: ,Ha, irgendwie fehlt noch für euch was'."* I: *„Mh. Man kann noch so wenig für euch hier tun."* Die Begrenzung der sonderpädagogischen Perspektive erweist sich als systemimmanent und fordert ausdrücklich eine systemische Veränderung, auch explizit im Umgang mit Fachcurricula und notwendigem themenbezogenem Arbeiten.

Auf die zweite vertiefende Frage, wie die sonderpädagogische Perspektive in den fachlichen Unterricht gelange, kommt das Orientierungsmuster *„Binnendifferenziertes Unterrichten"* zum Tragen: Als zentraler Weg wird die Binnendifferenzierung im Sinne der Reduzierung und Anpassung an spezifische Lernvoraussetzungen genannt, wobei auch betont wird, dass Fortbildungen der Fachkolleginnen und Fachkollegen notwendig seien. Die spezifisch sonderpädagogische Perspektive führt dann aber zu einer weiter gehenden Differenzierung, als Regelschullehrkräfte sie trotz Fortbildung planen.

> B: *„Aber wir sind dann schon manchmal geschockt, wenn man sieht, wie-, wo weit runter sie überhaupt differenzieren müssen. Das ist nicht nur: ,Ich mach jetzt die Aufgabe irgendwie 'n bisschen einfacher', sondern wirklich auch mal fast an die Grenze GB [geistige*

Behinderung] *gehen zu müssen, weil die lernbehinderten Schüler nicht so gut mitkommen"* (967–971).

Hier dokumentiert sich, dass Fortbildung von Fachlehrpersonen zur Binnendifferenzierung zwar den Weg ebnet, die sonderpädagogische Expertise jedoch sowohl den Grad der Differenzierung auf der Ebene von Aufgaben und Texten als auch weitere Materialien fokussiert. Der Austausch zwischen Fach- und Förderschullehrpersonen zu Differenzierungsbereichen und förderbedarfsspezifischen Begründungen wird als weiterer Weg beschrieben, welcher jedoch nicht problemlos sei. Die Wahrnehmung von C zum Anstoß der Fachkolleginnen und Fachkollegen zur Auseinandersetzung mit sonderpädagogischem Arbeiten drückt sich in der Fokussierungsmetapher *„integrativer Lerndruck"* (937) aus, was meint, dass die Veränderungen der Handlungspraxis der Lehrenden erst durch integrative Lerngruppen ihren Weg finden.

4.2   Netzwerk Regelschullehrkräfte an Gesamtschulen

Der Diskurs ist durch das Thema „Individualisierung" geprägt. Aus der Perspektive der an der Gruppendiskussion teilnehmenden Regelschullehrkräfte wird Inklusion als Teil der Unterrichtsentwicklung betrachtet, wobei die Individualisierung im Fachunterricht betont wird und nicht explizit sonderpädagogische Förderbedarfe einzelner Schülerinnen und Schüler im Zentrum stehen (16–19). Diese Rahmung zieht sich durch die gesamte Diskussion.

4.2.1 Sonderpädagogische Perspektive

Zur direkten Frage, was die sonderpädagogische Perspektive ausmache, äußern sich fünf Kolleginnen. Die Beantwortung erfolgt bei allen durch die Kontrastierung mit Gegenhorizonten in Form von Dualismen wie „standard- oder individuumsorientiert" (E: 340–341), „Perspektive auf die Klasse oder den Einzelnen" (K: 360–366), „zieldifferent oder zielgleich" (B: 382–394) oder „Spezialisierung der Regelschul- und Sonderpädagogen" (J: 405–436) und mündet in einer Passage zur unterrichtlichen Differenzierung, an der sich dann auch weitere Kollegen beteiligen (437–489). Die Kontrastierungen gehen auf Kooperationserfahrungen mit Sonderpädagoginnen und Sonderpädagogen zurück. E zieht für sich das Fazit: *„ist das 'ne ganz andere Herangehensweise als die wir haben"* (349).

Die aus der schon vorgestellten Gruppendiskussion bekannten Orientierungsmuster *„Blick auf den Einzelnen im sozialen System"*, *„Binnendifferenziertes Unterrichten"* und *„Sonderpädagogische Spezialisierungen"* finden sich auch hier wieder. Der „sonderpädagogische Blick" auf die Einzelne oder den Einzelnen dokumentiert sich in dieser Gruppe als sehr bedeutsam und tritt durch die Vielfalt an sonderpädagogischen Spezialisierungen explizit hervor: Alle klassischen Behinderungsformen stehen im Erfahrungsraum der im Netzwerk beteiligten Schulen. Das Argumentationsmuster ist dann auf die Folgen für die Binnendifferenzierung in der Planung und Umsetzung des Unterrichts mit sonderpädagogischen Kenntnissen zentriert.

4.2.2 Wie gelangt die sonderpädagogische Perspektive in das Regelschulsystem?

Als Orientierungsmuster für das Einbringen der sonderpädagogischen Perspektive werden aus der Sicht der Regelschullehrkräfte vorrangig *„strukturelle Konzepte zu Kooperationsformen"* beschrieben, beispielsweise im Stundenplan fixierte Team-stunden, gemeinsam genutzte Springstunden und der Umgang mit verschiedenen Abordnungsformen, die auf die „unterrichtliche Kooperation" ausgerichtet sind. Letztere bezieht sich in allen beteiligten Schulen auf die Fächer Deutsch, Mathe-matik und Englisch, nur selten werden andere Fächer einbezogen (31–140). Die Be-deutung der *„Doppelbesetzung"* und der dadurch möglichen Kooperation nimmt in der Diskussion einen großen Raum ein. D beschreibt die Doppelbesetzung mit zwei Begriffen *„Bündelung"* und *„Fächerung"* (104–115) und dokumentiert damit zwei For-men: Wenn mehrere Schülerinnen und Schüler mit Förderbedarfen in einer Klasse „gebündelt" sind, kann die Ressource der sonderpädagogischen Stunden dort erhöht sowie für die Kooperation und damit für den Lerneffekt zur sonderpädagogisch orientierten Unterrichtsentwicklung für beide Kooperierenden effektiver genutzt werden. Werden die Schülerinnen und Schüler auf mehrere Klassen verteilt, d.h. „gefächert", führt die nur wenige Stunden umfassende Doppelbesetzung zu einem geringen Nutzen, weil sich die sonderpädagogische Arbeit dann überwiegend auf die einzelnen Schülerinnen und Schüler bezieht.

Im Diskurs dokumentieren sich Konzeptveränderungen der Regelschul- und Sonderlehrkräfte in der Form, dass durch die Anforderungen des Regelschulunter-richts mit einem fachlichen Lehrplan und verbindlichen Zielen einerseits und den sonderpädagogischen Anforderungen andererseits ein Entwicklungsprozess einher-geht, der durch das Orientierungsmuster *„Kommunikation mit Kolleginnen und Kol-legen"* möglich wird. Diese Konzeptveränderung problematisieren drei Kolleginnen, exemplarisch:

> K: *„Und wenn ich gemeinsam Unterricht vorbereite, ähm, ist es natürlich auch inhaltlich oder auch kompetenzorientiert, geht der Regelschullehrer von seinem Lehrplan aus auch und natürlich bezieht er, äh, macht der die Analyse, die pädagogische Analyse: Wen habe ich? Schaffen die das? Können die das erreichen? Beziehungsweise über welchen Weg komme ich zu diesem Ziel? So, und der Sonderpädagoge geht vom Kind aus, was kann der leisten, wo kann ich überhaupt hinkommen, ne. Und hat nicht das so. Und da, da merkt man, dass da natürlich ganz viel erst mal Kommunikation bedeutet. Und für den Sonderpädagogen es schwerfällt, dann erst mal auch Regelunterricht zu, sozusagen, zu setzen. Ich merkte, merke, dass bei der Kollegin, die seit ein, zwei Jahren bei uns jetzt, äh, wo das unheimlich gewachsen ist, die auch zwischendurch gesagt hat: ‚Es hat langsam klick gemacht bei mir'"* (303–318).

Beide Professionen erleben eine systembedingte Kontrastierung ihres Handlungs-feldes, durch welche sich die sonderpädagogische Perspektive im Regelschulsystem entwickeln kann.

Die Dominanz des Orientierungsmusters „*Strukturelle Konzepte zu Kooperations-formen*" lenkt den Blick noch mehr auf die Regelschullehrkräfte. Ihre unterrichtliche Arbeit wird durch die Kooperation mit Sonderpädagoginnen und Sonderpädagogen und die Auseinandersetzung mit einzelnen Schülerinnen und Schülern mit Förder-bedarf sonderpädagogisch orientiert. Somit gelangt die sonderpädagogische Per-spektive nicht nur durch die Arbeit der Sonderpädagoginnen und Sonderpädagogen mit den ihnen zugeordneten Schülerinnen und Schülern, sondern auch durch den Einfluss auf die Unterrichtsgestaltung, vor allem in Form der Differenzierung durch die Fachlehrkräfte, in die Regelschule. Exemplarisch bringt dies J zum Ausdruck:

> „*So ne, wir haben zwar keine LB-Kinder* [Kinder mit Lernbehinderung], *aber Sprachen-kinder und die Sprachenkinder haben einfach Schwierigkeiten mit Sprache und da muss jede Aufgabe nochmal anders gestellt werden (zwei Teilnehmerinnen: Mh)* […] *Im Grunde ist das ein absoluter Gewinn, da eine kompetente Person sitzen zu haben, die über, ehm, andere Me-thoden verfügt, wie man Kinder 'n, ah, Sachverhalt nahe bringen kann oder sich erarbeiten lassen kann* […] *und diese Sonderpädagogin, find ich, die übt wunderbar mit den Kollegen, ehm, auch differenziert zu gucken. Und das ist ein steiniger Weg besonders für sie, weil sie da ganz viel Erfahrung hat und da so 'ne Gratwanderung ist.* […] *Also ich find den Blick unserer Sonderpädagogin total hilfreich und erweiternd*" (413–436).

Diese Einschätzungen werden von den meisten Diskussionsteilnehmerinnen und Diskussionsteilnehmern durch ähnliche Beschreibungen oder Zustimmungen ge-teilt.

In der Konkretion unterrichtlicher Zugänge ist das Orientierungsmuster „*Binnen-differenziertes Unterrichten*" das zentrale Thema. Es wird durch Gegenhorizonte wie spezifische Förderbedarfe und Regelstandards entfaltet und damit als Spannungsfeld aufgezogen. Zwei weitere Orientierungspunkte markieren personenbezogene und systemische Probleme. Es wird angemerkt, dass Differenzierung zu Stigmatisierung führen könne, dass aber vor allem die zeitliche Beanspruchung in der Unterrichts-vorbereitung und die fehlenden Materialien, insbesondere für die spezifischen För-derbedarfe, eine effektive Differenzierung behinderten. In der Diskussion wird deut-lich, dass die Erfahrungen aus der Handlungspraxis vor allem auf die notwendige inhaltliche Differenzierung verweisen (437–489).

5 Fazit

Wie die Analyseergebnisse aus den Netzwerken zeigen, können Sonderpädagogin-nen und Sonderpädagogen als entscheidende Trägerinnen und Träger der sonder-pädagogischen Perspektive im Regelschulsystem identifiziert werden. Dies zeigt sich in Orientierungsmustern der zu Wort kommenden Sonderpädagoginnen wie „*Blick auf den Einzelnen im sozialen System"*, *"Beziehungsarbeit"*, *"Binnendifferenziertes Unterrichten"* und *"Sonderpädagogische Spezialisierungen"*. Auch im Diskurs der Regelschullehrkräfte finden sich Orientierungsmuster im Hinblick auf inklusiven Unterricht, allerdings ohne die explizite Beschreibung von *"Beziehungsarbeit"*. Zudem ist festzuhalten, dass bei ihnen das Muster *"Binnendifferenzierung im Fachunterricht"* vorrangig ist.

Die Kooperation ist aus der Sicht beider Professionen für die sonderpädagogische Perspektive das entscheidende Zugangstool zum Regelschulsystem. Als Orientierungsmuster wurden im Diskurs mit den Sonderpädagoginnen *"Kommunikation mit Kolleginnen und Kollegen"* und *"Unterrichtliche Kooperation"* herausgearbeitet, Ersteres findet sich auch im Gesamtschulnetzwerk. Die Orientierungsmuster zur sonderpädagogischen Perspektive sind eng mit jenen zur Beantwortung nach dem Wie verwoben. Im Gesamtschulnetzwerk herrscht darauf bezogen zunächst das Muster *"Strukturelle Konzepte zu Kooperationsformen"* mit Betonung der notwendigen Doppelbesetzung im Unterricht vor, das deutlich weiter gefasst ist als das Muster *"Unterrichtliche Kooperation"* der Sonderpädagoginnen.

Für beide Professionen ist festzuhalten, dass die Kooperation sich vor allem auf die Binnendifferenzierung im Kontext der gesamten Klasse konzentrieren muss, wenn die sonderpädagogische Expertise ins System Eingang finden soll. Die beteiligten Sonderpädagoginnen und Sonderpädagogen entwickeln ein Verständnis für den Umgang mit Lehrplänen, verbindlichen Zielen und Qualifikationen. Bei den Regelschullehrkräften geht es vor allem um das Verstehen der Lernvoraussetzungen von Schülerinnen und Schülern mit sonderpädagogischem Unterstützungsbedarf.

Wie eingangs zu erwarten war, profitieren die Diskussionsteilnehmenden von der Vielfalt der im Netzwerk kumulierten Erfahrungen. Die Sonderpädagoginnen sind sich darin einig, dass die sonderpädagogische Expertise aus der Arbeit an verschiedenen Förderschulen resultiere, sie diese im Netzwerk konzeptionell einbringen und für den inklusiven Unterricht als gute Grundlage nutzen könnten. In der inklusiven Unterrichtsentwicklung profitieren sie ebenfalls von der Arbeit an anderen Regelschulen. So bringen sie Konzepte aus verschiedenen Förder- und Regelschulen ein.

Im Gesamtschulnetzwerk ist die Diskussion durch das Thema „Individualisierung" geprägt, das sich aus Überlegungen zum Unterricht für die heterogene Schülerschaft dieser Schulform ergab, mit der dominierenden Frage danach, wie „unterschiedliche Stärken und Leistungen der Schülerinnen und Schüler" berücksichtigt werden können. Aus der Perspektive der Regelschullehrkräfte wird Inklusion als Teil der Unterrichtsentwicklung betrachtet, dies aber mit Blick auf Individualisierung im Fachunterricht und explizit nicht mit der Fokussierung auf Schülerinnen und Schüler mit sonderpädagogischem Förderbedarf. Die Diskussionsteilnehmenden profitieren in diesem Netzwerk vor allem durch Erfahrungen der beteiligten Schulen mit unterschiedlichsten Behinderungsformen und jeweiligen Organisationskonzepten.

Die Befunde aus beiden Gruppendiskussionen zeigen die unterschiedlichen systemischen Perspektiven und zentrale Probleme der „inklusiven" Unterrichtsentwicklung- und -forschung auf: Unterrichtserfahrungen aus der Förderschule können nicht einfach auf den Unterricht an Regelschulen übertragen werden. Systemfragen sind zu stellen, ebenso wie Fragen zur didaktischen, methodischen und förderbezogenen Unterrichtsplanung und -gestaltung.

Literatur

Arndt, A.-K. & Werning, R. (2013). Unterrichtsbezogene Kooperation von Regelschullehrkräften und Lehrkräften für Sonderpädagogik. Ergebnisse eines qualitativen Forschungsprojektes. In R. Werning & A.-K. Arndt (Hrsg.), *Inklusion: Kooperation und Unterricht entwickeln* (S. 12–40). Bad Heilbrunn: Klinkhardt.

Baum, E., Idel, T.-S. & Ullrich, H. (Hrsg.). (2012). *Kollegialität und Kooperation in der Schule. Theoretische Konzepte und empirische Befunde.* Wiesbaden: Springer VS.

Berkemeyer, N., Bos, W., Järvinen, H. & van Holt, N. (2011). Unterrichtsentwicklung in schulischen Netzwerken. Analysen aus dem Projekt *Schulen im Team. Zeitschrift für Bildungsforschung, 1* (2), 115–132.

Berkemeyer, N., Manitius, V., Müthing, K. & Bos, W. (2009). Ergebnisse nationaler und internationaler Forschung zu schulischen Innovationsnetzwerken. *Zeitschrift für Erziehungswissenschaft, 12* (4), 667–689.

Bohnsack, R. (2010). Gruppendiskussionsverfahren und dokumentarische Methode. In B. Friebertshäuser, A. Langer & A. Prengel (Hrsg.), *Handbuch Qualitative Forschungsmethoden in der Erziehungswissenschaft* (S. 205–218). Weinheim: Juventa.

Bonsen, M. & Rolff, H.-G. (2006). Professionelle Lerngemeinschaften von Lehrerinnen und Lehrern. *Zeitschrift für Pädagogik, 52* (2), 167–184.

Fennick, E. & Liddy, D. (2001). Responsibilities and Preparation for Collaborative Teaching: Co-Teachers' Perspectives. *Teacher Education and Special Education, 24* (3), 229–240.

Franz, E.-K. (2014). Entwicklungsaufgaben der Lehrerprofessionalisierung im Kontext von Inklusion – hochschuldidaktische Rahmungen und ihre Wirksamkeit (Projekt ProfI). In S. Trumpa, S. Seifried, E.-K. Franz & T. Klauß (Hrsg.), *Inklusive Bildung: Erkenntnisse und Konzepte aus Fachdidaktik und Sonderpädagogik* (S. 122–136). Weinheim: Beltz Juventa.

Franz, E.-K., Wacker, A. & Heyl, V. (2016). Lehrerprofessionalität im Spannungsfeld inklusiver Bildung: Theoretische und empirische Modellierung eines erweiterten Kompetenzmodells als Grundlage für didaktisches Handeln von Lehrkräften. In G.-B. von Carlsburg, A. Gaizutis & A. Liimets (Hrsg.), *Strategien der Lehrerbildung. Zur Steigerung von Lehrkompetenzen und Unterrichtsqualität* (S. 307–319). Frankfurt am Main: Peter Lang.

Gräsel, C., Fußangel, K. & Pröbstel, C. (2006). Lehrkräfte zur Kooperation anregen – eine Aufgabe für Sisyphos? *Zeitschrift für Pädagogik, 52* (2), 205–219.

Greiten, S. (2014). „Fördern ist …" Fördern aus der Sicht von Sonderpädagogen und Regelschulpädagogen. In T. Bohl, A. Feindt, B. Lütje-Klose, M. Trautmann & B. Wischer (Hrsg.), *Friedrich Jahresheft 2014: Fördern* (S. 30–31). Seelze: Friedrich.

Greiten, S. (2015a). Modellierung von Kompetenzen zur Unterrichtsplanung mit dem Schwerpunkt der individuellen Förderung. In U. Riegel, S. Schubert, G. Siebert-Ott & K. Macha (Hrsg.), *Kompetenzmodellierung und Kompetenzmessung in den Fachdidaktiken* (S. 243–255). Münster: Waxmann.

Greiten, S. (2015b). Professionalisierung für den Unterricht mit heterogenen Lerngruppen in den Sekundarstufen – Befunde aus Gruppendiskussionen zur kooperativen Unterrichtspraxis. In H. Redlich, L. Schäfer, G. Wachtel, K. Zehbe & V. Moser (Hrsg.), *Veränderung und Beständigkeit in Zeiten der Inklusion. Perspektiven sonderpädagogischer Professionalisierung* (S. 261–272). Bad Heilbrunn: Klinkhardt.

Huber, S. G. & Krey, J. (2012). Schulnetzwerke – empirische Untersuchungen. In S. G. Huber & F. Ahlgrimm (Hrsg.), *Kooperation. Aktuelle Forschung zur Kooperation in und zwischen Schulen sowie mit anderen Partnern* (S. 223–246). Münster: Waxmann.

Killus, D. & Gottmann, C. (2012). Schulübergreifende und schulinterne Kooperation in Schulnetzwerken. In E. Baum, T.-S. Idel & H. Ullrich (Hrsg.), *Kollegialität und Kooperation in der Schule* (S. 149–165). Wiesbaden: Springer VS.

Merz-Atalik, K. & Franzkowiak, T. (2011). Das Projekt „Teacher Education for Inclusion (TE4I)" – Lehrerbildung für Inklusion, der European Agency for Development in Special Needs Education. *Zeitschrift für Inklusion, 5* (3). Verfügbar unter: http://www.inklusion-online.net/index.php/inklusion-online/article/view/85/85 [30.06.2016].

Moser, V. (2008). Die sonderpädagogische Rezeption der Systemtheorie. *Sonderpädagogische Förderung heute, 53* (4), 390–398.

Moser, V., Lütje-Klose, B., Seitz, S. & Werning, R. (2012). Ein inklusives Bildungssystem. Konsequenzen für seine Umsetzung. *Sonderpädagogische Förderung heute, 57* (4), 402–408.

Prengel, A. (2012). Humane entwicklungs- und leistungsförderliche Strukturen im inklusiven Unterricht. In V. Moser (Hrsg.), *Die inklusive Schule. Standards für die Umsetzung* (S. 175–183). Stuttgart: Kohlhammer.

Schwager, M. (2011). Gemeinsames Unterrichten im Gemeinsamen Unterricht. *Zeitschrift für Heilpädagogik, 62* (3), 92–98.

Scruggs, T. A., Mastropieri, M. A. & McDuffie, K. A. (2007). Co-Teaching in Inclusive Classrooms: A Metasynthesis of Qualitative Research. *Exceptional Children, 73* (4), 392–416.

Terhart, E. & Klieme, E. (2006). Kooperation im Lehrerberuf – Forschungsproblem und Gestaltungsaufgabe. Zur Einführung in den Thementeil. *Zeitschrift für Pädagogik, 52* (2), 163–166.

Trumpa, S., Franz, E.-K. & Greiten, S. (2016). Forschungsbefunde zur Kooperation von Lehrkräften – ein narratives Review. *Die Deutsche Schule, 108* (1), 80–92.

Warwas, J., Hertel, S. & Labuhn, A. S. (2011). Bedingungsfaktoren des Einsatzes von adaptiven Unterrichtsformen im Grundschulunterricht. *Zeitschrift für Pädagogik, 57* (6), 854–867.

Werning, R. & Löser, J. (2013). Besser gemeinsam als allein. Teamarbeit kann Unterricht und Schule verbessern. *Lernchancen, 16* (96), 20–23.

Wessel, J. (2005). *Kooperation im gemeinsamen Unterricht. Die Zusammenarbeit von Lehrern in der schulischen Integration hörgeschädigter Kinder und Jugendlicher.* Münster: Monsenstein und Vannerdat.

Vera Moser

Professionelle Kooperation in inklusiven Schulen aus sonderpädagogischer Perspektive

Zusammenfassung

In diesem Beitrag wird auf der Grundlage professionstheoretischer Überlegungen die Zusammenarbeit multiprofessioneller Teams in inklusiven Schulen aus der Perspektive der Sonderpädagogik diskutiert. Kritisch wird dabei betrachtet, inwiefern Kooperation als Praxis zu veränderten Aufgabenwahrnehmungen und veränderten beruflichen Selbstkonzepten führen kann.

1 Sonderpädagogische Professionalität auf dem Prüfstand

Die Vergewisserung über Merkmale und Identität sonderpädagogischen Handelns reißt nicht ab und soll im Folgenden nach einer knappen historischen Verortung am Beispiel schulischer Kooperation in inklusiven Schulen diskutiert werden. Unter „Inklusion" wird in diesem Beitrag in Anlehnung an Biewer (2009) eine nicht aussondernde, weitgehend auf Etikettierungen verzichtende Schule verstanden, die die wohnortnahe Beschulung aller Kinder realisiert und Ressourcen weitgehend system- (statt individuums)bezogen generiert.

Während die Frage nach der sonderpädagogischen Berufsidentität innerhalb der erziehungswissenschaftlichen Professionsdebatte in den 1990er-Jahren zunächst systematisch unter struktur-, system- und machttheoretischen Perspektiven in den Blick kam (vgl. hierfür den Band von Combe & Helsper, 1996, der allerdings sonderpädagogische Fragestellungen weitgehend ausklammerte), steht sie gegenwärtig im Kontext inklusiven Handelns. Bereits die wissenschaftliche Begleitforschung zur integrativen Beschulung in den 1980er- und 1990er-Jahren hatte die Frage danach aufgeworfen, welche Aufgaben Sonderpädagoginnen und Sonderpädagogen übernehmen sollten, ohne dabei durch pointierte Adressierung von Schülerinnen und Schülern mit sonderpädagogischen Förderbedarfen diese verstärkt zu „verbesondern" (vgl. z. B. Deppe-Wolfinger, Prengel & Reiser, 1990; Feuser & Meyer, 1987; Wocken et al., 1988). Und jüngst erhöhte die Empirische Bildungsforschung Anfang des neuen Jahrtausends den Druck, empirische Nachweise für Effekte pädagogischen Handelns zu erbringen. Sonderpädagogik kann also nicht mehr, wie Rock (2001, S. 186) überspitzt festhielt, allein „Sache des Herzens und der guten Gesinnung" bleiben, sondern bedarf einer theoretisch wie empirisch begründeten Selbstvergewisserung. Insofern setzten in jüngerer Zeit auch vergleichende Untersuchungen zur Berufswahlmotivation und zu berufsbezogenen Überzeugungen wie auch zu fachlichen Kompetenzen ein (vgl. zusammenfassend Moser, Kuhl, Redlich & Schäfer, 2014).

Systematisch betrachtet wandelte sich das *Persönlichkeitsparadigma* (besondere Persönlichkeitsmerkmale der Professionellen) in der Professionsforschung über das *Prozess-Produkt-Paradigma* (Effekte professionellen Lehrhandelns auf die Schülerinnen und Schüler) hin zum *Expertenparadigma*, wobei Letzteres insbesondere auf die Spezifik des Wissens, des Könnens und professioneller Überzeugungen sowie auf die Rekonstruktion ihrer Genese zielt (Krauss, 2011). Dabei warf Reh (2014) zuletzt die Frage auf, ob überhaupt noch von traditioneller Professionalisierungsforschung die Rede sein könne – oder ob nicht zumindest auch Expertisierungsprozesse zu untersuchen seien, die die Frage nach Autorisierung und fachlicher Referentialität im Kontext von Selbst- und Fremdzuschreibungen in den Mittelpunkt rücken. Diese Perspektive ist auch für die kooperative Zusammenarbeit in inklusiven Schulen von besonderem Interesse, denn die Wahrnehmung von beruflichen Aufgaben kann nicht allein der *Lizenz* (Ausbildung) und dem *Mandat* (Organisationsleitung) zugesprochen werden (vgl. Nittel, Schütz & Tippelt, 2014), sondern vollzieht sich vor allem auch auf der Ebene konkreter Aushandlungsprozesse, für deren Typologie in inklusiven Schulen bislang jedoch noch keine hinreichenden Erkenntnisse vorliegen.

In der eigenen Studie „Kompetenzen in Inklusiven Settings" (KIS; vgl. Moser & Kropp, 2015; KIS-Abschlussbericht: Moser & Kropp, 2014) konnte gezeigt werden, dass die Aufgabenwahrnehmung von Sonderpädagoginnen, Sonderpädagogen und Regelschullehrkräften ($N = 327$) keineswegs entlang der Ausbildungen der Beteiligten organisiert ist. Betrachtet man allein die Ergebnisse der quantitativen Befragung (die Studie bestand aus einer Fragebogenerhebung unter freiwillig teilnehmenden Lehrpersonen aller Schulformen, die über Praxis in inklusiven Schulen verfügen), so zeigen sich hier kaum Unterschiede. Offenbar werden die Aufgaben situativ neu verteilt, und zwar nicht zwangsläufig entlang von Ausbildungen (Lizenzen), wie Abbildung 1 aufzeigt.

Die Balken in Abbildung 1 geben die Umfänge der erhobenen Tätigkeitsbereiche nach Angaben der Befragten in Bezug auf deren Gewichtung in ihrem Arbeitsalltag an. Dabei zeigt sich lediglich auf der Ebene des Klassenunterrichts ein größerer Unterschied zwischen den Tätigkeiten von Sonderpädagoginnen und Sonderpädagogen und anderen Lehrkräften. Alle anderen erfragten Aufgabenbereiche werden nach Auskunft der Befragten in etwa gleichem zeitlichem Umfang wahrgenommen. Darüber hinaus konnte die Studie belegen, dass die Förderung der Schülerinnen und Schüler durch die Sonderpädagoginnen und Sonderpädagogen am häufigsten noch außerhalb des Klassenraums stattfindet, integrierte Förderkonzepte also weniger ausgeprägt sind, was eher für eine Kooperationsform, die auf Arbeitsteilung hinausläuft, spricht. Dies bestätigt Befunde aus der Fachliteratur (zuletzt Arndt & Werning, 2013), nach denen das Modell „Einer unterrichtet, einer assistiert" das häufigste Modell inklusiven Unterrichts in der Gegenwart ist – innere Differenzierung wird demnach noch häufig mit äußerer Differenzierung in Verbindung gebracht. Die hier auf quantitativer Ebene erhobenen geringen Unterschiede bezüglich der Aufgabenwahrnehmung unterschiedlicher Funktionsgruppen in inklusiven Settings sind aber möglicherweise auf qualitativer Ebene dennoch größer, wo es um die konkreten

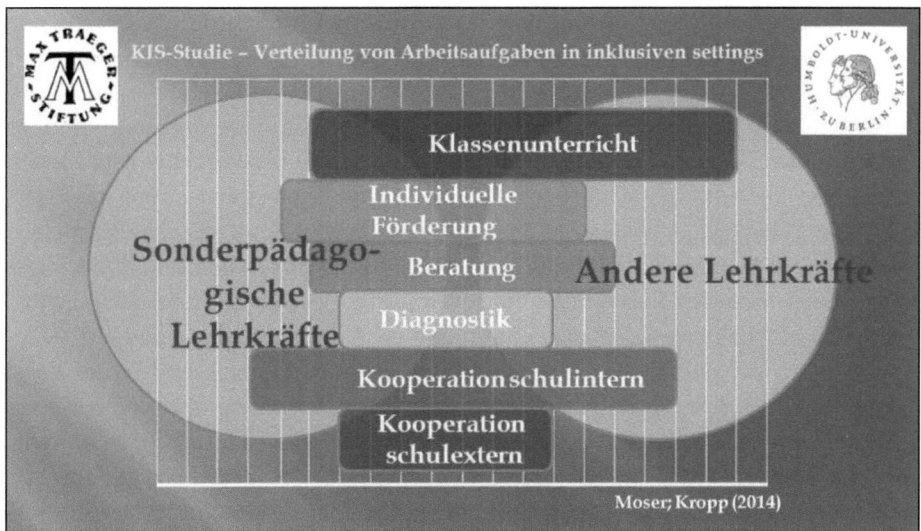

Abbildung 1:   Kompetenzstrukturmodell für inklusive Settings (Moser & Kropp, 2014, S. 26).

Verständnisse von Beratung, Kooperation, Diagnostik und Förderung geht. Diese Anschlusserhebung befindet sich derzeit für die Bereiche „Diagnostik" und „Förderung" in Vorbereitung.

Aus diesen vorläufigen Ergebnissen lässt sich der Schluss ziehen, dass die Berufsprofile von Regelschullehrkräften und Sonderpädagoginnen und Sonderpädagogen in inklusiven Schulen in Bezug auf das Verständnis der Wahrnehmung von Aufgaben in inklusiven Schulen nicht besonders unterschiedlich sind. Dennoch weisen qualitativ ausgerichtete Untersuchungen auf das Dilemma hin, dass das Festhalten an der eigenen Berufsidentität möglicherweise eine Schwierigkeit in Bezug auf die Entwicklung gemeinsamer Verständnisse von Beratung, Diagnostik, Förderung und Unterrichtung darstellt, wohingegen die Aufgabe tradierter beruflicher Identitäten zu Rollenkonfusionen und Beeinträchtigungen beruflicher Zufriedenheit führen kann (vgl. Arndt & Werning, 2016; Bender & Heinrich, 2016; Loeken, 2000). Insofern bedarf es hier weiterer Untersuchungen, die den Prozess der Kooperation qualitativ hinsichtlich Aufgabenwahrnehmungen und beruflicher Professionalisierungsprozesse zwischen professioneller Vorbildung (Lizenz) und den in den Institutionen verankerten Mandaten weiter in den Blick nehmen, denn Lütje-Klose und Willenbring (1999) schrieben schon vor mehr als 15 Jahren: „Kooperation fällt nicht vom Himmel". Im Forschungsprojekt „KosH – Kooperation im Kontext schulischer Heterogenität" wurde das Instrument des Kooperationsplaners entwickelt, das für solche Forschungen genutzt werden kann, weil hier die je individuelle Perspektive im Vergleich zu anderen Perspektiven sowie ein gemeinsamer Konsens thematisiert und protokolliert werden (vgl. Kreis, Kosorok Labhart & Wick, 2014).

2 Kooperation im Kontext von Teambildung und Schulentwicklung – eine Skizze theoretischer Annahmen und empirischer Befunde

Allgemein wird in der Kooperationsforschung festgestellt, dass Kooperation bisher in Deutschland eher die Ausnahme als die Regel sei und insofern eher eine Kür im Schulalltag darstelle (vgl. hierzu auch das einschlägige Themenheft 2/2006 der „Zeitschrift für Pädagogik"). Demgegenüber gibt es eine unverhältnismäßig umfangreiche Diskussion in Wissenschaft und Bildungspolitik über Kooperation und ihre Umsetzung. In der aktuellen Forschung finden sich derzeit vor allem Untersuchungen zu Formen und Qualitäten von Kooperation, weniger jedoch zur Inhaltsdimension.

Bezüglich der qualitativen Einschätzung von Kooperationen wird in der Regel ein gestuftes Modell zugrunde gelegt: von der Aufgabenteilung über gemeinsames Unterrichten bis hin zu Ko-Konstruktionen in der Unterrichtsplanung und Unterrichtsreflexion. Dabei ist allerdings auch bekannt, dass diese höchste Stufe der Kooperation nur in den seltensten Fällen gelingt, und andere, weniger intensive Kooperationsformen oftmals auch nur zeitweilig und manchmal auch unverbindlich stattfinden (vgl. Soltau & Mienert, 2009). Nach Gräsel, Fußangel und Pröbstel (2006) lassen sich diese drei Kooperationsformen unter Bezugnahme auf Little (1990) wie folgt einteilen:

a) *Austausch* (relativ unverbindlich und nur gelegentlich): z. B. Austausch von Informationen oder Material, Aufsuchen von Rat;
b) *arbeitsteilige Kooperation* (häufig, aber ohne verbindliche Struktur): z. B. regelmäßiger Austausch von Materialien, Verabredung von jeweiligen Aufgaben, die arbeitsteilig übernommen werden;
c) *ko-konstruktive Kooperation* (gemeinsame Arbeit an Problemen, Austausch über jeweilige Standpunkte zur Erarbeitung gemeinsamer Lösungen).

In einer Untersuchung von Soltau und Mienert (2009) konnten für diese drei Ebenen erhebliche Diskrepanzen in Bezug auf die Frage nachgewiesen werden, welche Kooperationsformen positiv bewertet und welche auch tatsächlich durchgeführt wurden – die Stichprobe umfasste 223 freiwillig teilnehmende Lehrkräfte aller Schulformen in Bremen. Einer allgemeinen positiven Befürwortung der Dimension „Kollegialer Austausch", die beispielsweise gegenseitiges Informieren über den Leistungsstand der Schülerinnen und Schüler, Materialsammlung, Unterrichtskonzeptionen oder Absprachen über den Umfang der Hausarbeiten umfasst, stehen nur gelegentliche oder seltene tatsächliche Umsetzungen in der Praxis gegenüber (vgl. Soltau & Meinert, 2009, S. 219). Vergleichbares gilt auch für die Dimension „Arbeitsteilige Kooperation": Hier findet sich eine hohe Wertschätzung der Entwicklung gemeinsamer Förderkonzepte, einer einheitlichen Evaluation, der Bereitstellung von Arbeitsblättern für Vertretungslehrkräfte, der Entwicklung gemeinsamer Unterrichtsziele sowie der Übernahme von Korrekturarbeiten bei überlasteten Kolleginnen und Kollegen, während dies in der Praxis selten bis nie stattfindet. Und auch für die Dimension

„Ko-Konstruktion" (Teamteaching, Entwicklung gemeinsamer Leistungsstandards, Supervision, kollegiale Unterrichtshospitation sowie gemeinsame Unterrichtsentwicklung und -durchführung) lässt sich die Diskrepanz zwischen einer hohen allgemeinen Wertschätzung und einer nur seltenen Umsetzung zeigen. Die Studie konnte darüber hinaus herausarbeiten, dass individuelle Teamfähigkeit, also Persönlichkeitsmerkmale der Einzelnen, wie auch strukturelle Gegebenheiten (feste Zeitfenster, Teamräume etc.) für tatsächlich realisierte Kooperationen ausschlaggebend sind.

Als wesentliche Hindernisse kooperativer Zusammenarbeit werden in der Forschung gegenwärtig *Zeit* (und damit verbunden Ressourcen), die *Beziehungsdimension* (gegenseitige Wertschätzung) sowie die Unklarheit der *Rollen- und Aufgabenverteilung* (Diffusität) (Arndt & Werning, 2013, S. 15) und auch mangelnde Erfahrung (Köker, 2012, S. 71 ff.) genannt. Daher wird Kooperation oftmals als Belastung erlebt (vgl. auch Köker, 2012, S. 220). Darüber hinaus seien auch „die Größe des Teams und Zeiten für Absprachen und gemeinsame Planung" ausschlaggebend für den Erfolg von Teamarbeit (Unger, 2012, S. 224) – je weniger Zeit der Austausch hat, als desto größer werden delegierendes, also arbeitsteiliges Zusammenarbeiten und als desto größer wird das Belastungsempfinden beschrieben (Unger, 2012, S. 225). Idealerweise sollten multiprofessionelle Teams aus fünf bis sieben Mitgliedern bestehen (Köker, 2012, S. 18). Schließlich wird auch die *fehlende gemeinsame Zielbindung* (was z. B. in Arbeitsbündnissen verhandelt werden sollte) als entscheidendes Hindernis für Kooperationen angesehen, denn wenn die Zusammenarbeit weder strukturell verankert ist noch diesbezügliche Zieldefinitionen erarbeitet wurden, ergibt Kooperation schlicht keinen Sinn (vgl. auch Sliwa, 2013, S. 37). Schumacher (2008, S. 287) stellte darüber hinaus fest, dass Lehrkräfte „Ziele von Veränderungsvorhaben als erreichbar wahrnehmen und Veränderungen als notwendig erachten" müssten, „damit sie bereit sind, Veränderungsvorhaben voranzutreiben".

3   Kooperation und Teambildung in inklusiven Schulen

Betrachtet man die Forschungslage zur Thematik der Inklusion und multiprofessionellen Kooperation genauer, so fällt auf, dass Kooperation inzwischen als zentrales Lösungsprinzip für die Gestaltung inklusiver Schulen gesehen wird: „Die Forderung nach Kooperation von Lehrkräften unterschiedlicher Professionen wird häufig mit der Hoffnung verbunden, dass darin die Lösung des Problems gesehen wird, um den unterschiedlichen Lernbedürfnissen und Lernmöglichkeiten der Kinder zu entsprechen" (Teumer, 2012, S. 31). Dabei wird der Zusammenhang von Kooperation und Teambildung in der Regel allerdings nicht trennscharf behandelt.

Teambildung ist ein zentraler Bereich im Kontext inklusiver Schulentwicklungsprozesse. Dieser Prozess muss von den Akteurinnen und Akteuren selbst geleistet werden, denn Schulentwicklung ist keineswegs eine Einbahnstraße von oben nach unten, also top-down, sondern mindestens in gleichem Umfang auch eine Bottom-up-Strategie – also die Gestaltung der Schule durch ihre eigenen Mitglieder von unten nach oben. Diese Gestaltungsfreiheit ist nicht nur politisch gewollt durch Rücknahme von Steuerungen von oben im Kontext von Deregulierungsstrategien, sie ist auch durch die Erfahrung und die Forschung gut begründet, denn Organisationen zeichnen sich durch eine eigene „Kultur" aus, die Gestaltungsfreiheiten ihrer Mitglieder zulässt. Aber die hierin verankerte individuelle Autonomie birgt auch immer ein Gefahrenpotenzial für Kooperation – ein Zuviel schadet kooperativen Einstellungen, ein Zuwenig der Motivation (vgl. Köker, 2012, S. 16). Insofern kann auch hier nur im Einzelfall ein Mittelweg ausgelotet werden.

Mit diesen losen Vorgaben geht die Gesellschaft aber das Risiko ein, nicht genau zu wissen, wie die Mitglieder eine Organisation ausgestalten, was sie unter „Inklusion" verstehen und wie sie diese konkret umsetzen. Denn die Umsetzungsprozesse werden derzeit höchstens noch vereinzelt durch einzelne wissenschaftliche Begleitungen, durch Fortbildungsveranstaltungen und durch sogenannte Schulinspektionen begleitet – dies in erster Linie ex post – und nicht in einem systematischen und kontinuierlichen Evaluationsprozess. Umgekehrt könnte man aber auch sagen: So viel Vertrauen muss sein in die Gestaltungskraft und Professionalität der Beteiligten.

Für diese komplexe Tätigkeit sind multiprofessionelle Teams eine Zentralstelle und diese Teams müssen auf konkrete Strukturen in den Schulen treffen, d.h., sie müssen längerfristig eingerichtet sein, sie müssen Zeit und Raum für Besprechungen haben und sie müssen sich auf eine konstruktive Zusammenarbeit einlassen, in der jede Perspektive und jede professionelle Vorbildung ihre gleiche Berechtigung und Wertschätzung hat. Damit kommen auch hohe Ansprüche an die Beteiligten ins Spiel, denn Kooperation verlangt, dass die Teammitglieder auch andere Sichtweisen aushalten und respektieren und dass sie ihre Person und ihr Arbeitsgebiet durch Kooperation nicht als bedroht, sondern eher als bereichert betrachten können. Teamarbeit verlangt damit grundlegend „geteilte Normen und Werte" (Eschelmüller, 2013, S. 134). Man könnte aus psychoanalytischer Perspektive auch von „Arbeitsbündnissen" sprechen (vgl. Teumer, 2012), die hier verhandelt und institutionalisiert werden müssen.

Nur auf dieser Geschäftsgrundlage können gemeinsame Lösungen überhaupt entwickelt werden. Dafür bedarf es unter Umständen auch einer externen Begleitung, die die Teambildungsprozesse anregt, vorstrukturiert, moderiert und im Krisenfalle auch supervidiert, also von außen beobachtet und diese Beobachtungen an das Team rückspiegelt. Denn, so ein Befund von Amrhein (2011) aus dem Land Nordrhein-Westfalen, Veränderungsprozesse sind im Kontext inklusiver Schulentwicklung nicht konfliktfrei: Es konnte eine große Beharrungskraft beobachtet werden, mit der die Beteiligten auf verordnete Veränderungsprozesse reagieren, und es zeigte sich, „dass die Lehrkräfte momentan in aussichtslose Schulentwicklungsprozesse geschickt werden, die viel Kraft kosten, Ressourcen binden, aber für keinen tiefgreifenden Wandel und somit nicht zu einer Optimierung der Lernsituation aller Schüler sorgen können. … Schulstrukturdebatte und Inklusionsdebatte müssen demzufolge miteinander verbunden werden, ansonsten hat inklusive Schulentwicklung langfristig keinen Erfolg" (Amrhein, 2011, S. 253 f.).

Teambildungsprozesse sind dabei mindestens dreidimensional: Erstens geht es um die konkret beteiligten Personen, ihr Wissen, ihre Kompetenzen, Einstellungen und Motivationen, zweitens um die Bestimmung von Aufgaben, die gelöst werden sollen, und schließlich geht es drittens um die Frage, auf welche Weise geeignete Lösungen entwickelt und durchgeführt werden. Der *Index für Inklusion* (Boban & Hinz, 2003) hat für diese drei Dimensionen andere Begriffe vorgeschlagen, nämlich dass es bei Inklusion um die Entwicklung geeigneter *Kulturen*, geeigneter *Praktiken* und geeigneter *Strukturen* gehe, die in gewisser Weise auch mit den genannten Ebenen der Kooperation korrespondieren.

Schon Feuser und Meyer (1987) schrieben im Rahmen der wissenschaftlichen Begleitforschung zur Integration in Bremen, dass Kooperation im Kontext von Teambildungen ein Herzstück der Integration sei; zur Umsetzung didaktisch-methodischer, lerntheoretisch-methodischer, interaktionaler und kommunikativer Einsichten beziehe sie sich auf alle am Unterricht beteiligten Personen. Dies verlange insbesondere auch großes persönliches Engagement hinsichtlich Motivation und Zielfindung. Hier wird explizit auf die Frankfurter Integrationsforschung Bezug genommen (vgl. Deppe-Wolfinger, Prengel & Reiser, 1990), die ebenfalls auf den hohen Stellenwert persönlicher Kompetenzen für gelingende Kooperation verwies wie auch auf eine ausgeprägte Selbst- und Fremdwahrnehmungsfähigkeit sowie auf ein angemessenes Selbstwertgefühl (man würde heute von Selbstwirksamkeitsüberzeugungen sprechen, die übrigens auch mit vorhandenen Kompetenzen korrelieren) (Feuser & Meyer, 1987, S. 170 f.). Grundsätzlich unverzichtbar seien a) ein identischer gemeinsamer Gegenstand, b) identische Ziele sowie c) eine Einigung über die Verfahren, wie diese Ziele zu erreichen seien (ebd.). Kooperation sei ein „planmäßiges neben- und miteinander arbeiten" im Sinne eines „funktionsteiligen Zusammenwirkens" der Beteiligten (Feuser & Meyer, 1987, S. 172). „Integrativer Unterricht verlangt letztlich im Sinne des Kompetenztransfers, ständig selbst neu zu lernen, seine Einstellungen und Haltungen zu revidieren, lieb und stabilisierend gewordene Rollen abzulegen und neue zu übernehmen" (Feuser & Meyer, 1987, S. 174).

Zusammenfassend lässt sich festhalten, dass eine *soziale Orientierung*, eine *gemeinsame Aufgabenorientierung* und eine *gemeinsame Zielbindung* für die Durchführung von Kooperationen relevant sind. Dafür benötigt man Personen, die sich auf ein *fortlaufendes eigenes Lernen* einstellen wollen, die *konfliktfähig* sind und die in diesen Tätigkeiten mehr Chancen als Risiken sehen. In ihrer Untersuchung von kooperativen Tätigkeiten in Brandenburger Schulen kam Teumer (2012, S. 35) zu dem vergleichbaren Schluss, dass „Beziehungskonstellationen und die Verteilung der Arbeitsaufgaben als wesentliche Einflussfaktoren auf den Verlauf und das Ergebnis der Kooperation zu sehen sind". Demgegenüber halten Arndt und Werning (2013) allerdings eher ernüchternd fest: „In Hinblick auf die Kooperation an Schulen wird übergreifend festgestellt, dass unterschiedliche Varianten der Kooperation praktiziert werden … Intensivere Formen der Kooperation werden dabei weniger praktiziert. Es gilt: ‚Je näher man dem Unterricht kommt, desto seltener wird zusammengearbeitet' (Idel, Heiner & Baum, 2012, S. 14)." (Arndt & Werning, 2013, S. 13).

Dies ist schließlich ein Plädoyer dafür, Teambildungen fest im Schulkonzept zu verankern, deren Aufgabenbereiche zu definieren, aber die Umsetzung dieser Aufgaben der individuellen Gestaltung der Teampartnerinnen und Teampartner zu überlassen. Bremen hat beispielsweise mit dem Modell der „Zentren für unterstützende Pädagogik" (ZuP) eine gute Grundlage geschaffen, um Kooperationen innerhalb von Teambildungen zu institutionalisieren (vgl. Haas & Arndt, 2015). Vergleichbares berichtet Köpfer (2012) über ein kanadisches Modell, in welchem sogenannte „Methods & Resource Teams" als Koordinationsstelle einer inklusiven Schule eingerichtet wurden. Hier haben zwei zusätzliche Lehrkräfte einen eigenen Raum, fungieren als Case-Managerinnen und Case-Manager, koordinieren die Zusammenarbeit und moderieren Teambesprechungen (Köpfer, 2012).

4 Professionelle Lerngemeinschaften – Kooperationsmodell der Zukunft?

Es wurde also deutlich, dass Kooperation strukturell verankert sein muss und die kooperierenden Teams gemeinsame Ziele und Aufgaben und gegenseitiges Vertrauen, aber auch Gestaltungsautonomie benötigen (Köker, 2012, S. 24). Zudem bedarf es auch intrinsischer Motivation im Schulentwicklungsprozess. Immer lauter wird nun derzeit der Ruf nach der Einrichtung sogenannter „professioneller Lerngemeinschaften" (vgl. dazu in diesem Band Lütje-Klose, Serke, Hunger & Wild, 2016), bei denen die Entwicklung ihrer Mitglieder ein weiteres hohes Ziel darstellt: „Die Mitglieder Professioneller Lerngemeinschaften betrachten sich als lebenslang lernend" (Köker, 2012, S. 30) – sie konstruieren selbst „Sinn" über das, was zu erreichen ist, entscheiden, welche Wege dafür nötig sind, und tragen relevante Informationen und Materialien zusammen. Mit diesem Konzept wird noch eine weitere Dimension betont, die zwar bereits in der älteren Kooperationsforschung beschrieben, aber nicht als dominantes Merkmal herausgearbeitet wurde, nämlich dass sich durch die Zusammenarbeit neue Entwicklungsmöglichkeiten für alle Beteiligten ergeben, für die sie wiederum offen sein sollten:

> Eine Lerngemeinschaft ist eine Gemeinschaft, wofür die wichtigste Bedingung der Mitgliedschaft ist, dass die Person eine lernende ist – ob man Schüler/Schülerin, Lehrer/Lehrerin, Schulleiter/-leiterin, Eltern oder Mitarbeiter/Mitarbeiterin genannt wird. Alle. … Wenn sich die Erwachsenen in einem Schulhaus dem hohen und aufrichtigen Ziel verpflichten, ihr eigenes Lernen und das Lernen ihrer Kollegen zu begünstigen, wird einiges geschehen: Sie verlassen die Reihen der Seniorität, des weisen Priestertums, der Gelehrten und werden zu erstklassigen Mitgliedern der Lerngemeinschaft. Und wenn die Erwachsenen anfangen, ihr eigenes Lernen ernst zu nehmen, Wert darauf zu legen und es voranzutreiben, nehmen Schülerinnen und Schüler das wahr. Wenn diese sehen, dass einige der wichtigsten Vorbilder in ihrem Leben lernen, werden sie auch lernen – und leisten. Daher ist das Lernen der Erwachsenen in unseren Schulen fundamental und keine

Bagatelle. Schulen sind dazu da, um das Lernen aller zu begünstigen. (Barthes, 2000, S. V, zitiert nach Schratz, Schwarz & Westfall-Greiter, 2012, S. 48 f.)

Das Konzept professioneller Lerngemeinschaften stellt damit ein Herzstück moderner Schulentwicklung dar, weil es Schule als „lernende Organisation" versteht und damit den Selbststeuerungsprozess sogenannter „autonomer Schulen" unterstreicht. Inwiefern dieser Prozess, in dessen Mittelpunkt auch die kooperative Zusammenarbeit steht, im Kontext der Umsetzung von Inklusion einen geeigneten äußeren Rahmen erhält (ausreichende Ressourcen, angemessene Qualifizierungsmaßnahmen, angemessene Unterstützung von Schulentwicklungsprozessen, angemessene externe Evaluation durch Schulinspektionen etc.), steht derzeit im Ermessen des politischen Verhandlungsraums. Denn eine alleinige Rückführung von Schulentwicklung auf das Ethos der Beteiligten stellt einen Rekurs auf das alte Persönlichkeitsparadigma der Professionsforschung dar.

Aus der Sicht der Forschung bedarf es daher der schon beschriebenen Rekonstruktion von Aushandlungsprozessen neuer pädagogischer Handlungsformen mit Bezug zu erworbenen Lizenzen und institutionellen Mandaten, die die Inhaltsebene (und nicht vorwiegend die Form) der Kooperation in den Blick nimmt. So ist bisher weder beantwortet, welcher strukturelle Zusammenhang zwischen Kooperation und Teambildung besteht, noch ist klar, ob lizenznahe Handlungsformen unweigerlich zu einer minderen Qualität kooperativen Handelns führen oder inwieweit bestimmte strukturelle Arrangements zu einem Mehr an ko-konstruktiven Kooperationsformen führen. Hier wäre auch die Frage zu beantworten, inwiefern Kompetenztransfer gelingt und in welchem Kontext und in welcher Form Expertisierungsprozesse beobachtbar sind. Insgesamt könnte auch herausgearbeitet werden, in welcher Hinsicht Kooperationen in inklusiven Schulen Gewinne, aber auch Verluste für die Beteiligten darstellen und inwiefern Kooperationen und Teambildungen tatsächlich zu einer Qualitätssteigerung in inklusiven Schulen beitragen. Denn schließlich haben Kooperation und Teamarbeit immer auch Effekte auf die berufliche Identität.

Literatur

Amrhein, B. (2011). *Inklusion in der Sekundarstufe. Eine empirische Analyse*. Bad Heilbrunn: Klinkhardt.

Arndt, A.-K. & Werning, R. (2013). Unterrichtsbezogene Kooperation von Regelschullehrkräften und Lehrkräften der Sonderpädagogik. Ergebnisse eines qualitativen Forschungsprojektes. In R. Werning & A.-K. Arndt (Hrsg.), *Inklusion: Kooperation und Unterricht entwickeln* (S. 12–40). Bad Heilbrunn: Klinkhardt.

Arndt, A.-K. & Werning, R. (2016). Unterrichtsbezogene Kooperation von Regelschullehrkräften und Sonderpädagog/innen im Kontext inklusiver Schulentwicklung. Implikationen für die Professionalisierung. In V. Moser & B. Lütje-Klose (Hrsg.), *Schulische Inklusion* (Zeitschrift für Pädagogik, 62. Beiheft) (S. 160–174). Weinheim: Beltz.

Bender, S. & Heinrich, M. (2016). Alte schulische Ordnung in neuer Akteurskonstellation? Rekonstruktionen zur Multiprofessionalität und Kooperation im Rahmen schulischer

Inklusion. In V. Moser & B. Lütje-Klose (Hrsg.), *Schulische Inklusion* (Zeitschrift für Pädagogik, 62. Beiheft) (S. 90–104). Weinheim: Beltz.

Biewer, G. (2009). *Grundlagen der Heilpädagogik und Inklusiven Pädagogik.* Bad Heilbrunn: Klinkhardt.

Boban, I. & Hinz, A. (2003). *Index für Inklusion. Lernen und Teilhabe in der Schule der Vielfalt entwickeln.* Entwickelt von Tony Booth & Mel Ainscow. Übersetzt und für deutschsprachige Verhältnisse bearbeitet. Halle: Martin-Luther-Universität Halle-Wittenberg.

Combe, A. & Helsper, W. (1996). *Pädagogische Professionalität. Untersuchungen zum Typus pädagogischen Handelns.* Frankfurt am Main: Suhrkamp.

Deppe-Wolfinger, H., Prengel, A. & Reiser, H. (Hrsg.). (1990). *Integrative Pädagogik in der Grundschule: Bilanz und Perspektiven der Integration behinderter Kinder in der Bundesrepublik Deutschland 1976–1988.* München: Deutsches Jugendinstitut.

Eschelmüller, M. (2013). Unterrichtsentwicklung mit Unterrichtsteams. In R. Werning & A.-K. Arndt (Hrsg.), *Inklusion: Kooperation und Unterricht entwickeln* (S. 125–148). Bad Heilbrunn: Klinkhardt.

Feuser, G. & Meyer, H. (1987). *Integrativer Unterricht in der Grundschule. Ein Zwischenbericht.* Solms-Oberbiel: Jarick Oberbiel.

Gräsel, C., Fußangel, K. & Pröbstel, C. (2006). Lehrkräfte zur Kooperation anregen – eine Aufgabe für Sisyphos? *Zeitschrift für Pädagogik, 52* (2), 205–219.

Haas, B. & Arndt, I. (2015). Zum aktuellen Stand der Umsetzung der UN-Behindertenrechtskonvention (UN-BRK) in Bremen. *Gemeinsam Leben, 23* (4), 255–260.

Idel, T.-S., Heiner, U. & Baum, E. (2012). Kollegialität und Kooperation in der Schule – Zur Einleitung in diesen Band. In E. Baum, T.-S. Idel & H. Ullrich (Hrsg.), *Kollegialität und Kooperation in der Schule: Theoretische Konzepte und empirische Befunde* (S. 9–25). Wiesbaden: Springer.

Köker, A. (2012). *Bedeutungen von obligatorischer Zusammenarbeit von Lehrerinnen und Lehrern. Eine neue Perspektive auf Professionelle Lerngemeinschaften.* Bad Heilbrunn: Klinkhardt.

Köpfer, A. (2012). Das Methods & Resource Team als Koordinationsstelle einer inklusiven Schule. In mittendrin e. V. (Hrsg.), *Eine Schule für alle. Inklusion umsetzen in der Sekundarstufe* (S. 322–325). Mülheim an der Ruhr: Verlag an der Ruhr.

Krauss, S. (2011). Das Experten-Paradigma in der Forschung zum Lehrerberuf. In E. Terhart, H. Bennewitz & M. Rothland (Hrsg.), *Handbuch der Forschung zum Lehrerberuf* (S. 171–191). Münster: Waxmann.

Kreis, A., Kosorok Labhart, C. & Wick, J. (2014). Der Kooperationsplaner – ein Instrument zur Klärung von Arbeitsfeldern und Verantwortlichkeiten an integrativen Schulen. In A. Bartz, M. Dammann, S. G. Huber, T. Klieme, C. Kloft & M. Schreiner (Hrsg.), *PraxisWissen SchulLeitung* (47. Aktualisierungslieferung, 47.12) (S. 1–12). Köln: Carl Link.

Little, J. W. (1990). The persistence of privacy: Autonomy and initiative in teachers' professional relations. *Teachers College Record, 91* (4), 509–536.

Loeken, H. (2000). *Erziehungshilfe in Kooperation. Professionelle und organisatorische Entwicklungen in einer kooperativen Einrichtung von Schule und Jugendhilfe.* Heidelberg: Universitätsverlag Winter.

Lütje-Klose, B., Serke, B., Hunger, S. K. & Wild, E. (2016). Gestaltung kooperativer Prozesse und Schulstrukturen als Merkmal effektiver Unterrichtung von Schülerinnen und Schülern mit sonderpädagogischem Förderbedarf im Lernen – Ergebnisse von Schulleitungsinterviews aus der BiLieF-Studie. In A. Kreis, J. Wick & C. Kosorok Labhart (Hrsg.), *Kooperation im Kontext schulischer Heterogenität* (S. 109–125). Münster: Waxmann.

Lütje-Klose, B. & Willenbring, M. (1999). „Kooperation fällt nicht vom Himmel" – Möglichkeiten der Unterstützung kooperativer Prozesse in Teams von Regelschullehrerin und Sonderpädagogin aus systemischer Sicht. *Behindertenpädagogik, 38* (1), 2–31.

Moser, V. & Kropp, A. (2014). *Kompetenzen in Inklusiven Settings (KIS). Abschlussbericht.* Berlin: Humboldt-Universität zu Berlin.

Moser, V. & Kropp, A. (2015). Kompetenzen in Inklusiven Settings (KIS) – Vorarbeiten zu einem Kompetenzstrukturmodell sonderpädagogischer Lehrkräfte. In T. Häcker & M. Walm (Hrsg.), *Inklusion als Entwicklung. Konsequenzen für Schule und Lehrerbildung* (S. 185–212). Bad Heilbrunn: Klinkhardt.

Moser, V., Kuhl, J., Redlich, H. & Schäfer, L. (2014). Beliefs von Studierenden sonder- und grundschulpädagogischer Studiengänge. *Zeitschrift für Erziehungswissenschaft, 17* (4), 661–678.

Nittel, D., Schütz, J. & Tippelt, R. (2014). *Pädagogische Arbeit im System des lebenslangen Lernens. Ergebnisse komparativer Berufsgruppenforschung.* Weinheim: Beltz Juventa.

Reh, S. (2014). Prekarisierung der Profession. Historische Autorisierungsmuster zwischen Profession und Expertise. In F. Kessl, A. Polutta, I. van Ackeren, R. Dobischat & W. Thole (Hrsg.), *Prekarisierung der Pädagogik – Pädagogische Prekarisierung? Erziehungswissenschaftliche Vergewisserungen* (S. 27–42). Weinheim: Beltz Juventa.

Rock, K. (2001). *Sonderpädagogisches Handeln unter der Leitidee der Selbstbestimmung.* Bad Heilbrunn: Klinkhardt.

Schratz, M., Schwarz, J. F. & Westfall-Greiter, T. (2012). *Lernen als bildende Erfahrung. Vignetten in der Praxisforschung.* Innsbruck: Studien-Verlag.

Schumacher, L. (2008). Einflussfaktoren der Veränderungsbereitschaft von Lehrkräften. In E.-M. Lankers (Hrsg.), *Pädagogische Professionalität als Gegenstand empirischer Forschung* (S. 279–290). Münster: Waxmann.

Sliwa, A.-J. (2013). *Die Erklärung der empirisch widersprüchlichen Befunde, dass Lehrkräfte eine positive Einstellung zur Kooperation haben, sie im schulischen Alltag aber nur im geringen Maße realisieren.* Unveröffentlichte Masterarbeit, Humboldt-Universität zu Berlin.

Soltau, A. & Mienert, M. (2009). Teamorientierung und Einstellungen zu Formen der Lehrerkooperation bei Lehrkräften. *Psychologie in Erziehung und Unterricht, 56* (3), 213–223.

Teumer, S. (2012). *Beratung als Herausforderung für Grund- und Förderschullehrkräfte im Spannungsfeld der Neugestaltung des Schulanfangs. Fallporträts im Spiegel des Arbeitsbogenkonzepts.* Bad Heilbrunn: Klinkhardt.

Unger, M. (2012). Zusammenarbeit von Grund- und Förderschullehrkräften im Rahmen regionaler Integrationskonzepte in Niedersachsen. In S. Seitz, N.-K. Finnern, N. Korff & K. Scheidt (Hrsg.), *Inklusiv gleich gerecht? Inklusion und Bildungsgerechtigkeit* (S. 222–227). Bad Heilbrunn: Klinkhardt.

Wocken, H., Hinz, A., Antor, G., Boban, I., Müller, H., Rohde, F., Holtz, F., Poppe, M., Treeß, U. & Sierck, U. (1988). *Integrationsklassen in Hamburger Grundschulen. Eine Bilanz des Schulversuchs.* Hamburg: Curio.

Patrik Widmer-Wolf

Erweitertes Verständnis beruflicher Autonomie für Sonderpädagoginnen und Sonderpädagogen in der Zusammenarbeit mit Lehrkräften in inklusiven Schulen

Zusammenfassung

An die interprofessionelle Zusammenarbeit werden vonseiten der Bildungspolitik hohe Erwartungen formuliert. Dabei stellen tradierte Berufsselbstverständnisse für die Gestaltung der Zusammenarbeit eine Herausforderung dar. Fachpersonen für Sonderpädagogik erleben sich in ihrer Arbeit unterschiedlich autonom. Am Beispiel einer rekonstruktiven Fallstudie zu Handlungsorientierungen multiprofessioneller Klassenteams werden drei typische Muster zur Realisierung der beruflichen Autonomie in der Zusammenarbeit dargestellt. Der Beitrag geht der Frage nach, wie die Autonomie sonderpädagogischer Berufsgruppen im inklusiven Unterricht realisiert werden kann, ohne dabei die Separierung zu befördern.

1   Einleitung

Im inklusiven[1] Schulalltag sind verschiedene Pädagoginnen und Pädagogen mit unterschiedlichen Professionshintergründen angehalten, ihre Expertisen einzubringen, ihre Funktionen und Aufgaben wahrzunehmen und gemeinsam die Qualität und die Nachhaltigkeit eines inklusiven Unterrichts zu verantworten. Nebst den Lehrpersonen sind dies Fachpersonen mit einer sonderpädagogischen Ausbildung, Fachlehrpersonen für Deutsch als Zweitsprache oder solche mit therapeutischem oder pflegerischem Hintergrund. Die Zusammenarbeit innerhalb eines solchen Teams geht mit normativen Erwartungen an die Akteurinnen und Akteure einher, wie dies beispielsweise die deutsche Kultusministerkonferenz (KMK) in ihrem Beschlusspapier „Inklusive Bildung von Kindern und Jugendlichen mit Behinderungen in Schulen" zum Ausdruck bringt: „Das setzt voraus, dass sich die Beteiligten auf unterschiedliche Formen der Zusammenarbeit einlassen. Eine wichtige Bedingung ist die Bereitschaft, sich selbst gleichzeitig gestaltend und lernend in diesen Prozess einzubringen. … Eine ausgewogene Balance zwischen Verlässlichkeit, Stabilität und Veränderung gehört zum beruflichen Selbstverständnis der Lehrkräfte. Dazu müssen

---

1   Mit der Inklusionsdebatte erhielt der Begriff der Integration ein erweitertes Verständnis, wonach von einer Hierarchisierung unterschiedlicher Heterogenitätsdimensionen abgesehen wurde (vgl. Boban & Hinz, 2009; Hinz, 2004; Prengel, 1995, 2001). Aus der Debatte wurde zugleich deutlich, dass der Integrationsbegriff von prominenten Vertreterinnen und Vertretern stets im umfassenden Sinne von „Inklusion" verstanden wurde (vgl. Sander, 2003, S. 315). Im vorliegenden Beitrag wird der Begriff der Inklusion im Bewusstsein dessen verwendet, dass ein „inklusiver Unterricht" zurzeit kaum eine gängige Praxis bezeichnet.

Formen professioneller Zusammenarbeit entwickelt werden" (KMK, 2011, S. 18–19, 21). Auch im Rahmen des Bildungsmonitorings finden sich mitunter Indikatoren zur Überprüfung der Qualität der Zusammenarbeit. So werden beispielsweise ein regelmäßiger interdisziplinärer Erfahrungsaustausch sowie die gemeinsame Verantwortung für die Planung von Fördermaßnahmen eingefordert (vgl. u. a. Landwehr, 2012, S. 18–19).

Die unterschiedlichen Berufsgruppen im inklusiven Unterricht bilden sich in der Regel in unterschiedlichen Lern- und Studiengängen aus. Entsprechend der beruflichen Qualifikation werden unterschiedliche Wissenskomplexe vermittelt. Gerade im inklusiven Schulalltag überschneiden sich jedoch die Aufgabenbereiche der verschiedenen Professionsgruppen häufig. Schulische Heilpädagoginnen und Heilpädagogen sollten neben ihren diagnostischen Kompetenzen über fachdidaktische Kenntnisse verfügen und Lehrpersonen kommen nicht umhin, sich mit Fördermaßnahmen bei Lernbeeinträchtigungen auseinanderzusetzen. Auch im Bereich der Sprachförderung zeigen sich zahlreiche Überschneidungen zwischen den traditionellen Aufgabenbereichen der Logopädie, Deutsch als Zweitsprache sowie dem „regulären" Sprachunterricht. Die interprofessionelle Zusammenarbeit kann somit unweigerlich zu professionsspezifischen Dilemmata, Diffusion und Verunsicherung führen (vgl. Wocken, 1996). Aus einer rein disziplinären Warte können solche Erfahrungen als deprofessionalisierend bewertet werden, weil damit vermeintliche Kernaufgaben und eindeutige Zuständigkeiten durch andere konkurriert werden. Insofern kann eine solche auf den *Professionsstatus* setzende Berufsauffassung als „flüchtiger Aggregatszustand" (Nittel, 2011, S. 48) erfahren werden. Demgegenüber muss im inklusiven Schulalltag ein erweitertes Verständnis von Professionalität zum Tragen kommen, auf dessen Grundlage für die sich durch die Zusammenarbeit konstituierenden Herausforderungen gemeinsame ko-konstruktive Lösungen entwickelt werden können. *Professionalität* zeichnet sich dadurch aus, solche „professionalisierungsbedürftigen" Handlungsfelder (vgl. Helsper & Tippelt, 2011, S. 277) zu erkennen, und erfordert integrationstypische Handlungskompetenzen (vgl. Widmer-Wolf, Bühler Müller & Kunz-Egloff, 2012, S. 28), weil diese sich nicht an eine einzelne zuständige Profession delegieren lassen.

2   Berufliche Autonomie in der Zusammenarbeit

Im Fachdiskurs zur Kooperation von Lehrpersonen stellt die *berufliche Autonomie* einen bedeutenden Faktor dar. Unabhängigkeit und Privatheit beschrieb Lortie (1975) in den 1970er-Jahren als zentrale Charakteristika des Lehrberufs. Aufgrund der vielfältigen Linien der Schul- und Unterrichtsentwicklung kann nach mehr als vierzig Jahren davon ausgegangen werden, dass sich das berufliche Selbstverständnis gewandelt und sich heute nur noch wenige Lehrpersonen als autarke „Einzelkämpferinnen und Einzelkämpfer" definieren. Die Autonomie im Lehrberuf nimmt jedoch in aktuellen Untersuchungen nach wie vor eine bedeutende Stellung ein. Van den

Broeck, Vansteenkiste, De Witte und Lens (2008, zitiert in Martinek, 2012, S. 27) stellten fest, dass das Erleben von beruflicher Autonomie mit *mehr Engagement* und *weniger Erschöpfung im Beruf* einhergeht. Martinek (2012, S. 33) konstatiert auf der Grundlage ihrer eigenen Untersuchung mit Lehrpersonen der Sekundarstufe I, dass Autonomieerfahrungen im Lehrberuf mit *mehr Resistenz* gegenüber *beruflichem, durch Bildungsreformen erzeugtem Druck* einhergehen können. Entsprechend ist gemäß einer Untersuchung von Rudow (1994) die *Einschränkung* des pädagogischen Handlungs- und Entscheidungsspielraums für Lehrpersonen der einflussreichste Faktor für das *Belastungserleben* im Lehrberuf (vgl. Rudow, 1994, zitiert in Martinek, 2012, S. 26). Im Hinblick auf die Zusammenarbeit im Lehrberuf wird zudem eine „gewisse Autonomie" als Voraussetzung betrachtet (vgl. Spieß, 2004, S. 199). In Bezug auf verschiedene Intensitätsgrade der Zusammenarbeit halten Gräsel, Fußangel und Pröbstel (2006) in den von ihnen beschriebenen Kooperationsformen zwischen Lehrpersonen fest, dass der niederschwellige Austausch die Autonomie weniger einschränke als die gemeinsame Arbeitsplanung und die ko-konstruktive Kooperation, bei der Lehrpersonen beispielsweise gemeinsam Standards für ihren Unterricht entwickeln (vgl. Fußangel & Gräsel, 2014, S. 851).

Auch wenn die Bedeutung von Autonomie in den referierten Untersuchungen nie explizit auf die *interprofessionelle Zusammenarbeit im inklusiven Schulalltag* bezogen wird, kann für die hier interessierende Thematik Folgendes festgehalten werden: Die Erfahrung von Autonomie ist für die Motivation und das Engagement im Lehrberuf bedeutsam und scheint in Bezug auf beruflichen Druck und Belastung einen wichtigen Faktor zur Bewältigung herausfordernder Situationen darzustellen. Weil jedoch im inklusiven Schulalltag die Aufgabenbereiche der verschieden sozialisierten Professionsgruppen Überschneidungen aufweisen und sich über die Praxis der Zusammenarbeit Situationen einstellen, die *gemeinsame* Lösungen erfordern, stellt sich die Frage, wie berufliche Autonomie in einem derart interdependenten Verhältnis verstanden werden kann.

3 Rekonstruktive Fallstudie zu Handlungsorientierungen in der Zusammenarbeit

Zur Beantwortung der Fragestellung werden die Ergebnisse einer qualitativen Fallstudie vorgestellt, die im Zusammenhang mit der Einführung einer neuen Schuleingangsstufe im Kanton Zürich durchgeführt wurde. Im altersdurchmischten Setting der sogenannten „Grundstufe" waren die beiden obligatorischen Kindergartenjahre sowie das erste Jahr der Grundschule zusammengefasst.[2] Dadurch sollte ein fließender Übergang zwischen den bisherigen Schulstufen geschaffen, die Verweildauer der Kinder flexibilisiert sowie die Integration von Kindern mit besonderem Bildungs-

---

2   Die Grundstufe wurde infolge einer Volksabstimmung im Kanton Zürich mittlerweile wieder in den herkömmlichen Kindergarten und die erste Klasse aufgeteilt.

bedarf ermöglicht werden. Die Teams in den Klassen der Grundstufe setzten sich jeweils aus der ehemaligen Kindergartenlehrperson, einer Lehrperson der Grundschule sowie einer Schulischen Heilpädagogin bzw. einem Schulischen Heilpädagogen zusammen.[3] Die Untersuchung wurde ursprünglich als ergänzende Studie zur umfassenden EDK-Ost-Studie im Projekt „4bis8" (vgl. Moser & Bayer, 2010; Vogt, Zumwald, Urech & Abt, 2010) in Auftrag gegeben, um vertiefende Erkenntnisse über die Integration von Kindern mit besonderem Bildungsbedarf zu gewinnen (vgl. Wagner-Willi & Widmer-Wolf, 2009). Die Ergebnisse sind im Rahmen einer Dissertation weiter vertieft worden. Dabei interessierte die Frage, wie die multiprofessionellen Klassenteams den besonderen Bildungsbedarf begründen und woran sie sich im Transformationsprozess orientieren, wenn sie individualisierte Fördersituationen für Kinder mit besonderem Bildungsbedarf im Schulalltag etablieren (vgl. Widmer-Wolf, 2014). In den 29 Gruppendiskussionen fokussierten die Klassenteams ihre konkrete Zusammenarbeit jeweils im Hinblick auf spezifische Schülerinnen und Schüler mit besonderem Bildungsbedarf.

Die Studie orientierte sich am methodologischen Rahmen der dokumentarischen Methode. Der Durchführung der Gruppendiskussionen lag ein Leitfaden zugrunde, der eine thematische Vergleichbarkeit zwischen den Gesprächen ermöglichen sollte. Die Gesprächsleitung achtete darauf, dass die Gruppe ihre relevanten Themen, Erfahrungen und Erlebnisse entfalten konnte (vgl. Bohnsack, 2008, S. 208 ff.). Die rekonstruktive Analyse zielte auf kollektive handlungsleitende Orientierungsmuster ab, welche die Klassenteams in ihren gemeinsamen Beschreibungen und ihren Erzählungen aus ihrer alltäglichen Praxis im Gespräch aktualisierten (vgl. Bohnsack, Nentwig-Gesemann & Nohl, 2001, S. 335). Die transkribierten Gruppendiskussionen wurden mit dem mehrschrittigen Verfahren der formulierenden und reflektierenden Interpretation analysiert. Über kontinuierliche Vergleiche innerhalb des empirischen Materials konnten typische Orientierungsmuster und deren Verankerung in spezifischen institutionellen Erfahrungen in einer Typologie systematisiert werden (vgl. Bohnsack, 2008; Nohl, 2012, 2013).

4   Typologie zur Zusammenarbeit im multiprofessionellen Klassenteam

Im Hinblick auf die Frage, woran sich multiprofessionelle Teams hinsichtlich ihrer Zusammenarbeit orientieren, lassen sich im empirischen Material drei typische Muster erkennen, die im Folgenden unterschieden werden sollen: Das Expertenteam, das Diffusionsteam sowie das Situationsteam. Anhand von exemplarischen Passagen aus den Gruppendiskussionen wird dargelegt, wie innerhalb der drei Teamtypen Arbeitsdomänen differenziert werden, indem sie voneinander separiert, ineinander

---

3   In die Untersuchung wurden auch Teams der weiterführenden Unterstufe einbezogen, in der sich meist zwei Lehrerinnen das Pensum aufteilen und dabei von einer Schulischen Heilpädagogin bzw. einem Schulischen Heilpädagogen ergänzt werden.

diffundiert oder aufeinander bezogen werden. Dabei soll insbesondere die Qualität der Autonomie in der Zusammenarbeit bei Fachpersonen für Sonderpädagogik beleuchtet werden.[4]

4.1 Expertenteams

Im Hinblick auf die Arbeitsteilung zeigt das folgende Team – bestehend aus den beiden Lehrerinnen (L_1 und L_2) und dem Schulischen Heilpädagogen (S) namens Max – eine ausgeprägte Separierung ihrer Arbeitsdomänen. Aus der Gruppendiskussion wird deutlich, dass dem Schulischen Heilpädagogen die Rolle des „Fachmanns" für die Lernentwicklung von Damian und eines weiteren Schülers (Elias) in den Fächern Mathematik und Sprache vollständig überantwortet wird: Ihm wird, wie das Beispiel zeigt, während des Klassenunterrichts die Entscheidung darüber überlassen, welche der vorgesehenen Lernaufgaben für die beiden Jungen angemessen sind (Y = Gesprächsleiter).

Passage „Und tschüss"

L_1: Dann entscheidet Max, <u>was</u> liegt für seine beiden Kinder drin und was nicht

S: ⌊Ja und denn

Y: Ja (..)

L_1: Und [...] das entlastet <u>mich,</u> ich weiß nicht, wie es dir geht, <u>extrem</u>

L_2: ⌊doch

L_1: (...) weil ich hab (.) wir können keine Verantwortung übernehmen für, für die zwei, Max ist die Fachperson und er entscheidet.

(Damian U: 25.4, 36–46)

Diese eindeutige Zuständigkeit des Schulischen Heilpädagogen für die beiden Jungen wird von den beiden Lehrerinnen als äußerst *entlastend* dargestellt. Als Konsequenz dieser Verantwortungsdelegation praktiziert dieses Klassenteam eine *ritualisierte Separierungspraxis* aus dem Unterricht hinaus. Damian darf jeweils gemeinsam mit einem weiteren Jungen mit besonderem Bildungsbedarf dem Klassenunterricht beiwohnen, allerdings unter Beobachtung des Schulischen Heilpädagogen.

L_1: Wenn wir feststellen, dass sie der Fragestellung und dem Unterrichtsaufbau nicht folgen können, dann müssen wir flexibel sein und sagen ((imitierend)): *Stopp und tschüss* (..)

Y: Tschüss heißt dann was?

L_1: Ja, dann nimmt sie der Max raus, weil das keinen Sinn macht, wenn sie dann eine ganze Lektion auf dem Stuhl herumrutschen und überhaupt nicht folgen können

---

4   Die Konsequenzen für die Fördersituationen von Kindern mit besonderem Förderbedarf werden in diesem Beitrag aus Platzgründen nicht ausgeführt (vgl. dazu Widmer-Wolf, 2014).

S: Also ich bin, bin natürlich noch ein bisschen so wie das Gewissen von denen beiden. Ich sage ihnen oft
   ((imitierend)) *ä, schaut dann, schaut*

L₁: ⌊*Genau, genau* ((lacht))

L₂: ⌊((lacht)) *schaut dann genau* ((lacht))

S: *dann genau, was da passiert* ((lacht)). Und ich stelle mir immer wieder die Frage, was haben jetzt die beiden
   vom Unterricht quasi mitgekriegt, ist es sinnvoll, dass die jetzt dort vorne sitzen und mithören und allenfalls
   mitmachen, oder muss ich sagen ne-ein, da ist zu wenig passiert.

(Damian U: 25.4, 83–110)

In dieser Passage wird die Mahnung des Schulischen Heilpädagogen gegenüber den beiden Jungen („Schaut dann genau") belustigend als gängige und allen bekannte Erfahrung markiert. Im Sinne eines stellvertretenden „mahnenden Gewissens" definiert er seine Rolle. Zeigen die beiden Jungen zu wenig Aufmerksamkeit oder beurteilt der Schulische Heilpädagoge den Nutzen des Zuhörens und Mitmachens im Klassenunterricht als zu gering, interveniert er entschieden, nimmt die beiden aus dem Klassenunterricht heraus und separiert sie im Nebenzimmer. Diese spontane Separierungspraxis geht mit einer ritualisierten Verabschiedungsgeste („und tschüss") einher. Die Tätigkeit des Schulischen Heilpädagogen steht in *unmittelbarer Abhängigkeit vom Unterricht der Lehrerinnen*. Seine Autonomie besteht darin, über den *Domänenwechsel* entscheiden zu können. Über diesen ritualisierten Separierungsautomatismus erleben sich die Lehrerinnen insofern als entlastet, als sie in ihrer Unterrichtsgestaltung auf die Voraussetzungen und Bedürfnisse der beiden Jungen keine weitere Rücksicht nehmen müssen und das bestehende Unterrichtsgeschehen aufrechterhalten können, weil kontinuierlich kompensatorische Leistungen übernommen werden.

In der Fallstudie konnte aufgezeigt werden, dass die Orientierung an separierten Arbeitsdomänen bei Schulischen Heilpädagoginnen und Heilpädagogen mit dem Prozess einer *Beauftragung* einhergeht. Sie fordern demnach bei den Regelschullehrpersonen einen Auftrag ein oder bekommen diesen zugewiesen. Über das hierarchisch anmutende Verfahren einer Beauftragung werden die Zuständigkeiten für bestimmte Kinder und Förderaspekte geklärt. Insofern spiegelt das Beauftragungsverfahren das der Separierungslogik zugrunde liegende Prinzip wider, *Verantwortungen und Zuständigkeiten voneinander zu separieren* und darüber überschaubare autonome Handlungsbereiche zu installieren (vgl. Widmer-Wolf, 2014, S. 134 ff.).

Interessant ist in diesem Zusammenhang beispielsweise, wie im Bereich der Logopädie eine vom Klassenunterricht abgekoppelte Arbeitsweise über mehrere Wochen plausibilisiert wird, was folgende Beschreibung eines Logopäden [S_2] in einem anderen Team deutlich macht.

Passage „Grundauftrag"

S_2: Wenn etwas ist, dann haben wir sofort die Möglichkeit, miteinander zu reden. Bis jetzt habe ich in den sechs Wochen
   seit dem Sommer habe ich meine Aufgabe gewusst: Artikulation, vor allem Artikulation, Mundmotorik und so. Ich
   hatte bis jetzt auch keine Aufträge oder Hinweise an die Lehrerinnen, weil ich noch immer nicht weiß, ob ich das von
   Ajatan jetzt wirklich verlangen kann. Dann könnte ich, wenn es so weit ist, dann kann ich den Lehrerinnen auch sagen
   ((imitierend)): *Ihr dürft den Ajatan jetzt korrigieren, sagen* ((klatscht in die Hände)): *Sag es nochmals (.) Mach's*

nochmals (.) Ich weiß von Herrn Käser, du kannst es. So, wenn das so weit ist, dann gebe ich das gerne weiter, aber im Moment habe ich in meinem Fachgebiet gearbeitet.

(Ajatan U: 26.50, 6–19)

Ohne Absprache mit den Lehrerinnen, „weiß" der Logopäde von Ajatan, was er zu tun hat: Er arbeitet an der Artikulation und an der Mundmotorik. Die Arbeitsfähigkeit des Logopäden ist nicht wie bei den Schulischen Heilpädagoginnen und Heilpädagogen von einer Beauftragung abhängig. Er plausibilisiert seine autonome, *vom Klassenunterricht abgekoppelte Arbeitsweise* mit einem *in seinem Fachgebiet definierten therapeutischen Grundauftrag.* Die noch unsichere diagnostische Bestimmung dessen, was hinsichtlich der sprachlichen Leistung selbstverständlich einzufordern ist und von daher keine Nachsicht mehr erlaubt, hinderte ihn, die beiden Klassenlehrerinnen aufzusuchen. Ist diese Grenze bestimmbar, wird er seine Kolleginnen informieren und sie dazu anleiten, Ajatan auch im Klassenunterricht zu korrigieren. In ermahnendem Gestus demonstriert er, wie die Lehrerinnen Ajatan dazu anhalten sollten, etwas wiederholend zu sagen, und wie sie ihn daran erinnern sollten, dass Herr Käser (der Logopäde) ihnen als Lehrerinnen mitgeteilt habe, dass er die Kompetenz besitze, dies richtig zu sagen.

Die Beispiele verdeutlichen, dass sich Expertenteams in erster Linie über ihren *Expertenstatus* definieren und sich als für bestimmte Aufgaben eindeutig zuständig verstehen. Die Expertise geht dabei mit eindeutigen Zuständigkeiten für Kinder und Kindergruppen einher. *Überschaubare Arbeitsdomänen werden mit Aufträgen versehen* und es wird versucht, diese möglichst voneinander abzugrenzen.

4.2   Diffusionsteams

In kritischer Distanzierung dazu, Arbeitsdomänen separierend zu gestalten, lehnt eine weitere Gruppe von Klassenteams *spezialisierte Aufgaben* für Schulische Heilpädagoginnen und Heilpädagogen gezielt ab. Stattdessen übernehmen sowohl Regelschullehrpersonen als auch Sonderpädagoginnen und Sonderpädagogen im Schulalltag ähnliche oder gleiche Aufgaben. Die gemeinsame Präsenz zur gleichen Zeit wird von solchen Teams beispielsweise dazu genutzt, die Klasse in zwei gleich große Gruppen aufzuteilen, wie dies die Lehrerin (L) im folgenden Beispiel darlegt.

Passage „Man müsste eigentlich"

L: Wir [...] haben eigentlich immer, also separat haben wir es gemacht, den Stoff einfach parallel, aber mit einer kleineren Gruppe. Aber eben [...] mir ist jetzt wirklich letzthin durch den Kopf und ich denke mir, eigentlich würde ich es lieber so machen, dass Isabell [Schulische Heilpädagogin S] vier Mal pro Woche mit den IF-Kindern [IF = integrative Förderung] arbeiten könnte und die anderen Kinder bei mir blieben, oder, weißt du, ob es wirklich die Halbklasse sein muss, ich denke, ja

S: ⌊Das muss man <u>überhaupt</u> nicht, ja

L: ⌊wenn man <u>das könnte</u> oder ich habe eben gehört, man <u>müsste</u> eigentlich.

(Diana U: 23.23, 11–20)

Die Lehrerin nutzt die Gruppendiskussion, um alternative Überlegungen zu ihrer bisherigen Praxis einzubringen. Demnach sieht sie die Arbeitsweise der Schulischen Heilpädagogin eher als separierten Kleingruppenunterricht für bestimmte Kinder. Sie stellt eine solche Praxis als eine dar, die eigentlich auch erwünscht wird („man müsste eigentlich"). Ihre zur eigenen Praxis des Halbklassenunterrichts distanzierte Sichtweise stellt sie somit in einen Zusammenhang mit vermeintlich konzeptionellen Vorgaben.

In mehreren Gruppendiskussionen wird deutlich, dass die *Spezifizierung* von Rollen und Aufgaben auch deshalb *abgelehnt* wird, weil eine solche im Rahmen einer separierenden Praxis zum Ausschluss der Schulischen Heilpädagoginnen und Heilpädagogen selbst aus dem Klassengeschehen führen könnte.

Passage „Hin und her gerissen"

S_1:   Sobald ich mich natürlich so etwas mehr jetzt in die individualisierende Idee begebe, dann bin ich wieder draußen, dann übernehme ich vielleicht nicht mehr eine ganze Gruppe. Also, das sind so Sachen, bei denen wir den Weg noch nicht gefunden haben, wie wir das machen wollen.

(Jean G I: 12.4, 51–59)

Bei der Übernahme gleicher Aufgaben wie die Klassenlehrpersonen stellt sich jedoch die unbefriedigende Situation ein, für Gestaltungsfragen im Unterricht nicht über gleiche zeitliche Ressourcen zu verfügen. Die Gleichstellung mit dem Aufgabenkatalog der Lehrpersonen steht mit der begrenzten Präsenz im Unterricht in einem unbefriedigenden Verhältnis, wie dies ein Schulischer Heilpädagoge (S) in der folgenden Passage ausdrückt.

Passage: „Lehrperson mit beschränktem Auftrag"

S: Ich bin so eine Art Teil von diesen drei Lehrpersonen, natürlich halt eben eine, mit einem, wie soll ich sagen, mit einem beschränkten Auftrag. Das empfinde ich manchmal schon noch als nicht so einfach. Wie viel gebe ich mich ein, wie viel muss ich mich auch drausnehmen? Das sind so Sachen, die mich immer wieder beschäftigen.

(Jean G II: 46.23, 120–126)

Die berufliche Autonomie wird in diesen Klassenteams gerade *nicht* über die spezialisierte Expertise definiert. Diese wird im Gegenteil im Schulalltag sogar eher marginalisiert. Die Autonomie für den Schulischen Heilpädagogen besteht darin, die *Gleichwertigkeit seiner Aufgaben mit denjenigen der Lehrpersonen* zu betonen. Diese Klassenteams betrachten ihre etablierte Praxis jedoch stets mit einem gewissen Unbehagen. Der Berufsauftrag der Fachpersonen für Sonderpädagogik *diffundiert* im Klassenunterricht. Gegenüber der Sichtbarkeit und der Erkennbarkeit deutlich abgegrenzter Domänen wird die eigene Umsetzung selbstkritisch als wenig konturiert, diffus und im Widerspruch zum eigentlichen Berufsauftrag reflektiert. Trotz ihrer expliziten Kritik an separierten Arrangements orientieren sich diese Klassenteams in der Reflexion ihrer eigenen Praxis gerade an solchen Separierungsmodellen. Insofern orientieren sich auch diese Klassenteams letztlich an separierten Domänen, wenngleich begleitet von Ambivalenz.

4.3 Situationsteams

In Kontrast zu den Expertenteams und Diffusionsteams charakterisieren sich die Klassenteams des Typus des Situationsteams durch ihr Bemühen, die unterschiedlichen beruflichen Perspektiven und Erfahrungen möglichst miteinander zu verbinden und aufeinander zu beziehen. Die berufliche Autonomie geht dabei mit einer *situativen Flexibilität* im Schulalltag einher. In solchen Klassenteams finden unterschiedliche Förderarrangements in unterschiedlichen Konstellationen von Schülerinnen und Schülern Eingang in den Unterricht. Zudem werden in solchen Teams für situative Herausforderungen, die sich im Schulalltag einstellen, spontan flexible Lösungen entwickelt, wie folgendes Beispiel verdeutlicht.

Passage „Rechnungsgruppe situativ aushandeln"

S1: Also bestimmte Sachen waren ja klar, einmal die Woche ist sie eine Stunde zu mir gekommen, habe ich mit ihr in der Zeit gearbeitet und ansonsten gab es einfach die Absprachen und es hat sehr gut geklappt. Also, ich bin dann wieder in der Klasse drin und arbeite mit ihr oder in der Kleingruppe oder auch mal in einem anderen Raum also, das

L: ⌊Ja-a und als wir feststellten, dass gewisse Unsicherheit im Rechnen entstehen, dann haben wir danach gleich mit Frau Scossa [Schulische Heilpädagogin S1] wieder reden können und haben gesagt ((imitierend)): *Könnte man da eine kleine Gruppe machen*, oder: *Könntest du mit zur Barbara (..)*. Dann hat sie gesagt: *Ja, aber dort wäre auch noch ein Kind und dort wäre auch noch ein Kind*. Und dann haben wir gerade eine kleine Rechnungsgruppe gemacht, in der sie basale Sachen nochmals wirklich festigen konnte.

(Barbara G II: 38.30, 54–66)

Aus der Darstellung wird deutlich, dass dieses Klassenteam aufgrund von Beobachtungen zu den Lernkompetenzen der Kinder *situativ* eine neue Gruppe zur Festigung grundlegender Lernschritte zusammengestellt hatte, mit der die Schulische Heilpädagogin daraufhin arbeitete. Die Beobachtungen aller Teammitglieder wurden in diese Lösungssuche einbezogen. Im Unterschied zu den in Abschnitt 4.1 beschriebenen Expertenteams handelt es sich um einen aus der *gemeinsamen Deutung der Situation* heraus *entwickelten Auftrag*. Dieser hat keine generelle Gültigkeit, sondern ist zeitlich begrenzt und stellt eine Antwort auf eine gemeinsam erkannte Herausforderung dar. Nicht das Markieren abgegrenzter Domänen oder das Definieren eindeutiger Zuständigkeiten kennzeichnet die Zusammenarbeit dieser Teams in erster Linie, sondern ihre Orientierung an gemeinsamen Herausforderungen. Es erstaunt denn auch wenig, dass der bei den Expertenteams rekonstruierte Prozess der *Beauftragung* in diesen Teams an keiner Stelle der Gruppendiskussionen auftaucht.

Sonderpädagoginnen und Sonderpädagogen geben in solchen Teams *Anregungen*, die über die Arbeit mit Einzelnen oder Kindergruppen hinausgehen. In einem weiteren Team stellte beispielsweise eine Logopädin über ihre Beobachtung in ihrem sprachtherapeutischen Setting sowie im Klassenunterricht fest, dass der spontane

Wechsel unter den Kindern von der Unterrichtssprache Hochdeutsch in Mundart gerade für den von ihr betreuten Jungen mit Artikulationsschwierigkeiten ein beträchtliches Kommunikationshemmnis darstellte, da er sich in der Standardsprache besser zu artikulieren vermochte. Als Konsequenz einer gemeinsamen Beratung setzten die Pädagoginnen im Klassenunterricht durch, dass jedes Kind das Recht hat, über ein vereinbartes Zeichen das Sprechen in der Standardsprache einzufordern (vgl. Widmer-Wolf, 2014, S. 175). In Situationsteams besteht ein Interesse am gegenseitigen Austausch, welcher letztlich durch das Zusammenführen verschiedener fachlicher Perspektiven als professioneller Zugewinn erlebt wird.

In den Gruppendiskussionen schildern solche Klassenteams eine ausgeprägte Bereitschaft, auch *Anregungen und Rückmeldungen von Kindern* in die Gestaltung und Modifikation des Schulalltags einzubeziehen. So stellt beispielsweise die zuvor bereits zitierte Schulische Heilpädagogin (S_1) fest, dass ihre anfänglich etablierte Einzelförderung von Barbara bei anderen Kindern zu Fragen bezüglich dieses Settings führte.

Passage „Warum immer mit der Barbara?"

S_1: Ich denk, es ist auch noch ein ganz wichtiger Aspekt, die Barbara nicht nur in der Einzelstunde zu haben mit diesem Sonderstatus, sondern auch wirklich in einer anderen Gruppe, in einer Kleingruppe und das ist jetzt am Montag auch wirklich gut gelaufen [...]. Und ich denke, Barbara ist sich ihrer Sprachproblematik bewusst, das kann sie auch formulieren, und es gibt Momente, da habe ich den Eindruck, sie fühlt sich nicht so wohl, wenn dann Kinder kommen und sagen ((imitierend)): *Warum musst du immer mit der Barbara allein arbeiten?* Also, das hatten wir jetzt grad am Montag, diese Situation, und, ähm, ich denk, von daher ist es auch ganz gut, wenn die anderen Kinder eigentlich sehen, wie auch <u>andere</u> Kinder, mit denen ich arbeite, und das wechselt und das ist nicht nur die Barbara.

(Barbara G I: 11.2, 28–53)

In ihrer Erzählung reflektiert die Schulische Heilpädagogin die ungünstige Wirkung des Einzelsettings auf Barbara sowie auf ihre Mitschülerinnen und Mitschüler, worauf sie schildert, ihr Förderarrangement in einer rotierenden Gruppe fortgesetzt zu haben.

In Abgrenzung zu den in Abschnitt 4.2 beschriebenen Diffusionsteams besteht bei Schulischen Heilpädagoginnen und Heilpädagogen in solchen Situationsteams keine grundlegende Abwehr dagegen, eine *spezielle* Rolle einzunehmen. Klassenunterricht, Einzel- und Gruppenförderung werden jedoch im *ko-konstruktiven fachlichen Austausch* immer wieder reflektiert und es werden „Brücken" zwischen den verschiedenen Arrangements hergestellt.

5 Erweitertes Verständnis von Autonomie

Die Analysen in Abschnitt 4.3 zeigen auf, dass berufliche Autonomie von Fachpersonen für Sonderpädagogik und die Akzeptanz ihrer Fachlichkeit im inklusiven Unterricht losgelöst von Separationsbestrebungen oder vom Rückzug auf disziplinäre Warten möglich zu sein scheinen. Situationsteams unterscheiden sich von den Expertenteams und den Diffusionsteams darin, dass sie *situative* Herausforderungen im Schulalltag als Ausgangspunkt für das *gemeinsame weitere professionelle Lernen* nutzen. Es sind dies spezifische Handlungsherausforderungen, die sich erst über die interprofessionelle Zusammenarbeit manifestieren und ansonsten nicht entstehen würden (vgl. Helsper & Tippelt, 2011, S. 272 ff.), beispielsweise die Nutzung der gemeinsamen Präsenzzeiten, der „Auftritt" des Teams vor der Kinderöffentlichkeit, das Bilden von Lerngruppen, die Gestaltung von Übergängen zwischen den verschiedenen Unterrichtsarrangements, die soziale Durchlässigkeit der Förderangebote, die Organisation der Zuwendung gegenüber bestimmten Kindern oder Gruppen von Schülerinnen und Schülern oder die Rhythmisierung und Abstimmung der unterschiedlichen Lernzeiten der Schülerinnen und Schüler. Im Umgang mit diesen „professionalisierungsbedürftigen" Situationen (Helsper & Tippelt, 2011, S. 277) misst sich die Fachlichkeit aller Beteiligten. Die Reflexions- und Analysekompetenzen sowie die Kreativität, dazu passende Lösungen zu entwickeln, sind *integrationstypische Kompetenzen* (vgl. Widmer-Wolf et al., 2012). Die Fachpersonen für Sonderpädagogik agieren in Situationsteams vor dem Hintergrund ihrer spezifischen Fachlichkeit. Es scheint, dass gerade der Verzicht darauf, voneinander abgegrenzte fachliche Domänen zu schaffen, und die Bereitschaft, situative Herausforderungen gemeinsam zu meistern, ein Klima ermöglichen, in dem eine *selbstverständliche Anerkennung von Fachlichkeit* möglich wird. Die berufliche Autonomie von Fachpersonen für Sonderpädagogik konstituiert sich demzufolge maßgeblich dadurch, die *gemeinsame Praxis im Klassenteam* analysieren und reflektieren zu können und hierfür fachlich versierte Lösungen zu entwickeln.

In der referierten Untersuchung wurde auch rekonstruiert, inwiefern die Handlungsorientierungen der Klassenteams in *institutionellen Erfahrungen* verankert sind. Dabei zeigte sich, dass gerade diejenigen Teams, welche ihre Arbeitsdomänen voneinander separieren oder deren Arbeitsbereiche diffundieren, mit ihren institutionellen Bedingungen *unzufrieden* waren bzw. über *erschwerende Erfahrungen* wie beispielsweise Teamkonflikte oder Marginalisierungen berichteten. Demgegenüber zeigten sich die Situationsteams mit den Rahmenbedingungen *zufrieden* und erlebten ihre Zusammenarbeit durchweg *positiv*. Dieser systematische Zusammenhang lässt sich damit erklären, dass streng arbeitsteilige Modelle mit Fixierungen auf die eigene Berufsrolle oder das Diffundieren der Expertisen in der Tendenz zu einem losen Nebeneinander führen, womit zugleich auch die *Erfahrung der gegenseitigen Unterstützung und des wechselseitigen Lernens* ausbleibt (vgl. auch Geiling, Geiling, Schnitzer, Skale & Thiel, 2008). Entgegen alltagstheoretischen Deutungen stellt sich Entlastung in der Zusammenarbeit nicht in erster Linie über eine arbeitsökonomisch begründete Abgrenzung überschaubarer Arbeitsdomänen ein, sondern über die gemeinsame Bearbeitung schulalltäglicher Herausforderungen. Ein systematischer Zusammenhang zwischen den Einschätzungen der Arbeitsverhältnisse und den effektiven institutionellen Bedingungen wie dem Pensenumfang der Teammitglieder, der Klassengröße, der Anzahl Kinder mit fremdsprachigen Eltern pro Klasse oder der Anzahl zugesprochener Ressourcen für die sonderpädagogische Förderung konnte nicht hergestellt werden (vgl. Widmer-Wolf, 2014, S. 184 ff.). Folglich muss der Art und Weise, wie die Zusammenarbeit in den Klassenteams gestaltet wird, auch *unabhängig von institutionellen Rahmenbedingungen* eine große Bedeutung bezüglich der Arbeitszufriedenheit beigemessen werden (vgl. auch Geiling et al., 2008).

6   Konklusion

Fußangel und Gräsel (2014) haben festgestellt, dass ko-konstruktive Formen der Kooperation die berufliche Autonomie von Lehrkräften weitaus mehr beeinträchtigen als niederschwelliger Austausch oder gemeinsame Vorbereitungen. Die Befunde dieser Untersuchungen beziehen sich jedoch weitgehend auf die Zusammenarbeit zwischen Lehrkräften mit *gleichem* Auftrag. Im vorliegenden Beitrag wurde hervorgehoben, dass sich die Arbeit in *multiprofessionellen* Teams durch Merkmale wie hohe *Interdependenz, gemeinsame Verantwortung* sowie *situative, durch die Zusammenarbeit bedingte Herausforderungen* auszeichnet. Vor dem Hintergrund dieser Charakteristika muss die theoretische Diskussion darüber, in welchen Arbeitsbündnissen sich Fachpersonen für Sonderpädagogik effektiv autonom erleben, vermutlich andere Akzente setzen. Der aus der Zusammenarbeit zwischen Lehrkräften mit gleichem Arbeitsauftrag gezogene Schluss, wonach die Wahrnehmung beruflicher Autonomie abnimmt, je unterrichtsnaher die Zusammenarbeit gestaltet wird, kann nicht unmittelbar auf multiprofessionelle Teams in inklusiven Schulen übertragen werden. Die typischen Herausforderungen der Zusammenarbeit sind in einem theoretischen Konzept zur beruflichen Autonomie zu berücksichtigen und in Folgestudien empirisch weiter zu spezifizieren.

Gerade solche Teams, in denen es gelingt, die sonderpädagogische Expertise bei situativen Herausforderungen in den Schulalltag einzubringen, und in denen auf diese Weise ein gemeinsames, professionelles Lernen möglich wird, verzeichnen eine hohe Zufriedenheit mit ihrer Arbeitssituation. In der Begleitung und Beratung von Schul- und Unterrichtsentwicklungsprozessen an inklusiven Schulen stellen die Belastung der Lehrpersonen und die Qualität der Zusammenarbeit zentrale Entwicklungsaufgaben dar. Es lohnt sich daher, ein besonderes Augenmerk auf die Art und Weise, *wie* multiprofessionelle Teams ihre Arbeit organisieren und ihre verfügbaren Ressourcen für die sonderpädagogische Förderung einsetzen, zu legen. Dies sollte insbesondere auch deshalb geschehen, weil der häufig hergestellte Zusammenhang zwischen den zugesprochenen Ressourcen für sonderpädagogische Maßnahmen und der Organisation der Zusammenarbeit offenbar nicht systematisch zu bestehen scheint. Insofern kann argumentiert werden, dass ein erweitertes Verständnis von Autonomie bei Fachpersonen für Sonderpädagogik maßgeblich dazu beiträgt, dass *professionelles Lernen im Team* eher möglich wird und sich *nachhaltige Entlastungserfahrungen* einstellen, was offenbar mit einer *positiven Einschätzung der Arbeitsbedingungen* einhergeht.

Literatur

Boban, I. & Hinz, A. (2009). Integration und Inklusion als Leitbegriffe der schulischen Heilpädagogik In G. Opp & G. Theunissen (Hrsg.), *Handbuch schulische Sonderpädagogik* (S. 29–36). Bad Heilbrunn: Klinkhardt.

Bohnsack, R. (2008). *Rekonstruktive Sozialforschung. Einführung in qualitative Methoden* (7., durchgesehene und aktualisierte Auflage). Opladen: Barbara Budrich.

Bohnsack, R., Nentwig-Gesemann, I. & Nohl, A.-M. (2001). *Die dokumentarische Methode und ihre Forschungspraxis. Grundlagen qualitativer Sozialforschung.* Wiesbaden: VS Verlag für Sozialwissenschaften.

Fußangel, K. & Gräsel, C. (2014). Forschung zur Kooperation im Lehrerberuf. In E. Terhart, H. Bennewitz & M. Rothland (Hrsg.), *Handbuch der Forschung zum Lehrerberuf* (2., überarbeitete und erweiterte Auflage) (S. 846–864). Münster: Waxmann.

Geiling, U., Geiling, T., Schnitzer, A., Skale, N. & Thiel, M. (2008). Evaluation der Wirkungen der förderdiagnostischen Begleitung und der systematischen Auswirkungen auf Grund- und Förderschulen. In K. Liebers, A. Prengel & G. Biewer (Hrsg.), *Die flexible Schuleingangsphase. Evaluation zur Neugestaltung des Anfangsunterrichts* (S. 163–247). Weinheim: Beltz.

Gräsel, C., Fußangel, K. & Pröbstel, C. (2006). Lehrkräfte zur Kooperation anregen – eine Aufgabe für Sisyphos? *Zeitschrift für Pädagogik, 52* (2), 205–219.

Helsper, W. & Tippelt, R. (2011). Ende der Profession und Professionalisierung ohne Ende? Zwischenbilanz einer unabgeschlossenen Diskussion. *Zeitschrift für Pädagogik, 57. Beiheft,* 268–288.

Hinz, A. (2004). Vom sonderpädagogischen Verständnis der Integration zum integrationspädagogischen Verständnis der Inklusion? In I. Schnell & A. Sander (Hrsg.), *Inklusive Pädagogik* (S. 41–74). Bad Heilbrunn: Klinkhardt.

KMK. (2011). *Inklusive Bildung von Kindern und Jugendlichen mit Behinderungen in Schulen (Beschluss der Kultusministerkonferenz vom 20.10.2011).* Verfügbar unter: www.kmk. org/fileadmin/veroeffentlichungen_beschluesse/2011/2011_10_20-Inklusive-Bildung.pdf [30.06.2016].

Landwehr, N. (2012). *Instrumente zur Schulevaluation und zur Schulentwicklung. Bewertungsraster zu den schulischen Integrationsprozessen an der Aargauer und der Solothurner Volksschule* (3., überarbeitete Auflage). Aarau & Solothurn: Departement Bildung, Kultur und Sport des Kantons Aargau & Departement Bildung und Kultur des Kantons Solothurn.

Lortie, D. C. (1975). *Schoolteacher. A Sociological Study.* Chicago: The University of Chicago Press.

Martinek, D. (2012). Autonomie und Druck im Lehrberuf. *Zeitschrift für Bildungsforschung, 2* (1), 23–40.

Moser, U. & Bayer, N. (2010). *EDK-Ost 4bis8. Schlussbericht der summativen Evaluation. Lernfortschritte vom Eintritt in die Eingangsstufe bis zum Ende der 3. Klasse der Primarstufe.* Bern: Schulverlag plus.

Nittel, D. (2011). Von der Profession zur sozialen Welt pädagogisch Tätiger? Vorarbeiten zu einer komparativ angelegten Empirie pädagogischer Arbeit. *Zeitschrift für Pädagogik, 57.* Beiheft, 40–59.

Nohl, A.-M. (2012). Dokumentarische Methode in der qualitativen Bildungs- und Arbeitsforschung: Von der soziogenetischen zur relationalen Typenbildung. In K. Schittenhelm

(Hrsg.), *Qualitative Bildungs- und Arbeitsmarktforschung. Grundlagen, Perspektiven, Methoden* (S. 155–182). Wiesbaden: Springer VS.

Nohl, A.-M. (2013). *Relationale Typenbildung und Mehrebenenvergleich: Neue Wege der dokumentarischen Methode.* Wiesbaden: Springer VS.

Prengel, A. (1995). *Pädagogik der Vielfalt. Verschiedenheit und Gleichberechtigung in Interkultureller, Feministischer und Integrativer Pädagogik* (2. Auflage). Wiesbaden: VS Verlag für Sozialwissenschaften.

Prengel, A. (2001). Egalitäre Differenz in der Bildung. In H. Lutz & N. Wenning (Hrsg.), *Unterschiedlich verschieden. Differenz in der Erziehungswissenschaft* (S. 93–107). Opladen: Leske + Budrich.

Rudow, B. (1994). *Die Arbeit des Lehrers. Zur Psychologie der Lehrertätigkeit, Lehrerbelastung und Lehrergesundheit.* Bern: Huber.

Sander, A. (2003). Von Integrationspädagogik zu Inklusionspädagogik. *Sonderpädagogische Förderung, 48* (4), 313–329.

Spieß, E. (2004). Kooperation und Konflikt. In H. Schuler (Hrsg.), *Organisationspsychologie – Gruppe und Organisation* (S. 193–250). Göttingen: Hogrefe.

Van den Broeck, A., Vansteenkiste, M., De Witte, H. & Lens, W. (2008). Explaining the relationships between job characteristics, burnout, and engagement: The role of basic psychological need satisfaction. *Work & Stress, 22* (3), 277–294.

Vogt, F., Zumwald, B., Urech, C. & Abt, N. (2010). *EDK-Ost 4bis8. Schlussbericht der formativen Evaluation 2010. Grund-/Basisstufe: Umsetzung, Unterrichtsentwicklung und Akzeptanz bei Eltern und Lehrpersonen.* Bern: Schulverlag plus.

Wagner-Willi, M. & Widmer-Wolf, P. (2009). *Kinder mit besonderem Förderbedarf in der Grundstufe. Schlussbericht zur Fallstudie INTEGRU (Integration in die Grundstufe) zuhanden der Bildungsdirektion des Kantons Zürich.* Zürich: Universität Zürich, Institut für Sonderpädagogik.

Widmer-Wolf, P. (2014). *Praxis der Individualisierung. Wie multiprofessionelle Klassenteams Fördersituationen für Kinder im Schulalltag etablieren.* Opladen: Budrich UniPress.

Widmer-Wolf, P., Bühler Müller, G. & Kunz-Egloff, B. (2012). Professionalisierung in berufsübergreifenden Weiterbildungslehrgängen. Integrationskompetenz für Lehrpersonen, Schulische Heilpädagoginnen und Heilpädagogen und pädagogisch-therapeutische Fachpersonen. *inklusive. Zeitschrift Spezielle Pädagogik und Psychologie, 2*, 27–29.

Wocken, H. (1996). Zur Aufgabe von Sonderpädagogen in integrativen Klassen. Eine theoretische Skizze. *Behindertenpädagogik, 35* (4), 372–376.

Reto Luder, André Kunz, Peter Diezi-Duplain und Raphael Gschwend

Multiprofessionelle Zusammenarbeit für inklusive Förderplanung

Zusammenfassung

Kinder mit besonderen pädagogischen Bedürfnissen sollen integrativ in der Regelklasse die passenden Hilfen und eine angemessene Förderung bekommen. Zur Planung dieser Förderung dient eine individuelle Förderplanung. Die anspruchsvolle Aufgabe integrativer Förderung erfordert eine professionelle Zusammenarbeit von Lehrpersonen, Sonderpädagoginnen und Sonderpädagogen und je nach Situation Fachpersonen aus Psychologie, Medizin, Sozialer Arbeit und weiteren Bereichen. Zur Unterstützung der multiprofessionellen Kooperation in der integrativen Förderung wurde das webbasierte Instrument „Interdisziplinäre Schülerdokumentation" (ISD) entwickelt. Es bietet eine Plattform, welche die Zusammenarbeit aller an der Förderung beteiligten Personen unterstützt. Die Plattform wird gemeinsam mit der Praxis im Rahmen eines Aktionsforschungsprojekts evaluiert und weiterentwickelt. Zu drei Messzeitpunkten werden dabei in zwei Partnerschulen Daten erhoben. In einem Mixed-Methods-Design werden quantitative und qualitative Methoden der Datenerhebung und Datenauswertung kombiniert (Fragebogen, Fokusgruppeninterviews, Dokumentenanalyse). Supervisionsgruppen mit Förderteams aus beiden Schulen ergänzen das Projekt. Der vorliegende Beitrag berichtet die Ergebnisse aus der ersten Datenerhebung. Sie zeigen auf, wie Kooperationsformen im Schulteam, die Praxis der Förderplanung und der integrativen Förderung sowie Einstellungen zur Integration in den beiden untersuchten Schulen ausgeprägt sind. Auf dieser Basis werden mögliche Entwicklungsperspektiven formuliert.

1   Integration durch multiprofessionelle Kooperation

Kinder mit besonderen pädagogischen Bedürfnissen sollen in der Schule möglichst optimal unterstützt werden. Sie sollen integrativ in der Regelklasse die passenden Hilfen bekommen und angemessen gefördert werden. Das Thema „Förderplanung" hat dabei eine zentrale Bedeutung. Eine Analyse internationaler Daten und Erkenntnisse gelangte zum Schluss, dass die Qualität der Lernstandserfassung und der Förderplanung die Qualität des Prozesses der Inklusion[1] entscheidend beeinflusst und dass die Entwicklung geeigneter diagnose- und förderplanungsbezogener Vorgehensweisen mit der Entwicklung inklusiver Praktiken eng verknüpft ist (Watkins, 2007). Entsprechend wurde von den Autoren dieses Beitrags zur Unterstützung der

---

[1]   In Anlehnung an die internationale Terminologie der zitierten Quelle wird hier der Begriff „Inklusion" verwendet. Abgesehen davon wird unter Berücksichtigung der in den Schweizer Schulgesetzen verwendeten Begrifflichkeit der Terminus „Integration" bzw. „integrative Förderung" verwendet. Gemeint ist damit die gemeinsame Schulung von Kindern mit und ohne besondere pädagogische Bedürfnisse bzw. mit und ohne attestierten sonderpädagogischen Förderbedarf in der gleichen Klasse.

Förderplanung eine webbasierte Plattform entwickelt, welche die Zusammenarbeit der verschiedenen an der integrativen Förderung beteiligten Personen unterstützt. Diese Plattform, die „Interdisziplinäre Schülerdokumentation" (ISD; vgl. www.pulsmesser.ch), wird im Rahmen eines Aktionsforschungsprojekts mit zwei Partnerschulen evaluiert und weiterentwickelt. Dabei werden die Kooperationsformen im Schulteam, Faktoren der Schulqualität aus der Schulentwicklungsforschung, die Praxis der integrativen Förderung sowie Einstellungen zur Integration analysiert.

1.1   Multiprofessionelle Kooperation in Förderteams

Integrative Förderung ist eine Aufgabe, die in der Praxis von multiprofessionellen Teams geleistet wird. Unter der Bezeichnung „multiprofessionelles Team" werden Personen aus verschiedenen Berufen verstanden, welche zum Zweck der Förderung eines oder mehrerer Kinder mit besonderen pädagogischen Bedürfnissen zusammenarbeiten. Dazu gehören in der Praxis oft Lehrpersonen, Fachpersonen für Sonderpädagogik sowie Fachpersonen aus dem pädagogisch-therapeutischen Bereich (z. B. Logopädie, Psychomotorik), der Medizin, der Psychologie oder der Sozialen Arbeit.[2] Die Zusammenarbeit umfasst beispielsweise die diagnostische Erfassung von Lern- und Verhaltensvoraussetzungen, die Führung von Standortgesprächen zur Förderplanung, die Formulierung individueller Förderpläne und die Durchführung der integrativen Förderung innerhalb und außerhalb des Klassenunterrichts. Des Weiteren kann auch die fachliche Beratung von Lehrpersonen durch Schulische Heilpädagogik, Therapie oder Schulpsychologie dazugehören.

1.2   Förderplanung als kooperativer Prozess

Eine multiprofessionelle Zusammenarbeit für die Förderung eines Kindes mit besonderen pädagogischen Bedürfnissen benötigt eine Struktur, welche mithilft, den Prozess zu steuern (Luder & Kunz, 2014). Ein solcher Förderplanungsprozessablauf besteht aus fünf unterschiedlichen Schritten (vgl. dazu in diesem Band Kunz, Zumwald & Luder, 2016):

1. diagnostische *Erfassung* der Voraussetzungen, des Lernstands, des Entwicklungsstands etc. als Sammlung von Daten zur Situation eines Kindes;
2. fachlich qualifizierte *Analyse* dieser Daten in Bezug auf sonderpädagogisch relevanten Förderbedarf;
3. sorgfältige *Planung* und *gemeinsam verantwortete Zielsetzung*;

---

2   Eine zentrale Rolle in der Zusammenarbeit kommt selbstverständlich auch den Eltern zu. Da es sich bei den Eltern jedoch nicht um professionelle Akteurinnen und Akteure handelt, werden sie nicht als Teil des professionellen Teams betrachtet, sondern als wichtige Partnerinnen und Partner dieses Teams in der Zusammenarbeit.

4. begleitete und kontrollierte *Umsetzung*;
5. anschließende *Reflexion und Evaluation* der Förderung.

Die Kooperation der verschiedenen Professionen im Kontext der integrativen Förderung wird in der Praxis oft als Herausforderung wahrgenommen (Chilla, 2012; Hinz, 2013; Kreie, 2009; Lindmeier & Beyer, 2011; Lütje-Klose, Urban, Werning & Willenbring, 2005). Pool Maag und Moser Opitz (2014) betonen Zusammenhänge zwischen Einstellungen und Kooperation im Schulteam und zeigen in ihrer Untersuchung, dass es für Förderlehrpersonen wichtig ist, die integrative Förderung gemeinsam mit den Klassenlehrpersonen planen zu können. Eine positive Einstellung der Klassenlehrpersonen zu integrativer Schulung ist dafür eine wesentliche Voraussetzung.

1.3   Einstellungen zur Integration

Die Auseinandersetzung mit Einstellungen ist im Rahmen der schulischen Integration ein wesentlicher Gegenstand, da Einstellungen gemeinsam mit anderen Faktoren entscheidend am Gelingen und Misslingen der praktisch gelebten Integration in der Schule beteiligt sind (Ajzen & Fishbein, 2005). Die Einstellungen zur Integration werden ihrerseits durch verschiedene Faktoren beeinflusst. Zu diesen Faktoren gehören Geschlecht und Alter der betreffenden Person, der persönliche Kontakt mit beeinträchtigten Menschen, die eigene Erfahrung mit integrativer Praxis in der Schule und die Lehrerfahrung, die Form der Beeinträchtigung oder Behinderung der betreffenden Kinder oder auch spezifische Schulungen zum integrativen Unterrichten (Avramidis, Bayliss & Burden, 2000; Avramidis & Kalyva, 2007; Blecker & Boakes, 2010; Heyl, Janz, Trumpa & Seifried, 2013; Urton, Wilbert & Hennemann, 2014). Auch spezifische Erfahrungen im integrativen Unterricht sowie Trainingsmaßnahmen haben positive Auswirkungen auf die Einstellungen der Lehrkräfte (de Boer, Pijl & Minnaert, 2011). Weitere Zusammenhänge gibt es zwischen Einstellungen zur Integration, Selbstwirksamkeit und Belastungserleben. Diese sind zusätzlich sowohl auf Individuums- als auch auf Kollegiumsebene ein wichtiger Faktor für eine gelingende integrative Schulentwicklung (Schaarschmidt, 2005). Aspekte, die erfolgreiche Schulen im Bereich der Integration auszeichnen, sind der aktuellen Diskussion zufolge somit eine *positive Einstellung zur Integration, gelingende und gut organisierte Kooperation innerhalb eines multiprofessionellen Schulteams zu den Themen „Förderplanung" und „Förderung" sowie geeignete Rahmenbedingungen, welche diese Kooperation unterstützen.*

1.4   Fragestellungen

Im vorliegenden Beitrag wird aus einem Aktionsforschungsprojekt berichtet, das zwei Schulen begleitet, die in ihrer Schulentwicklung einen Schwerpunkt im Bereich „Förderung und Förderplanung" gesetzt haben. In Weiterbildungen und im Schulprogramm werden Themen der Förderplanung sowie der integrativen Förderung und Unterstützung von Schülerinnen und Schülern mit besonderen pädagogischen Bedürfnissen fokussiert. Besondere Aufmerksamkeit wird dabei auch der multiprofessionellen Zusammenarbeit zwischen Lehrpersonen, Schulischen Heilpädagoginnen und Heilpädagogen sowie weiteren Fachpersonen geschenkt. In einer ersten Phase der Datenerhebung wurden folgende Teilfragstellungen fokussiert:

- Wie werden multiprofessionelle Kooperationsformen in diesen Schulen umgesetzt?
- Welche Vorgehensweisen bei der Förderplanung und bei der integrativen Förderung werden in konkreten Fallbeispielen realisiert und wie werden diese Vorgehensweisen von den beteiligten Personen erlebt?
- Wie wird die Plattform ISD zur Zusammenarbeit genutzt und wie wird ihr Nutzen für die Unterstützung der kooperativen Förderplanung eingeschätzt? Welche Informationen werden bei der Förderplanung erfasst und wie werden sie dokumentiert?
- Wie sind die Einstellungen zur Integration?

2 Methodik

Das Projekt verfolgt einen Aktionsforschungsansatz und begleitet über drei Jahre (2013 bis 2015) als Entwicklungsprojekt die Praxis in zwei Partnerschulen im Bereich der integrativen Förderplanung und Förderung. Der Kern von Aktionsforschung ist die gemeinsame Durchführung und (Weiter-)Entwicklung eines Projekts durch Akteurinnen und Akteure aus der Praxis und aus der Wissenschaft (Moser, 2015). Bezogen auf das Schulfeld bedeutet dies die systematische Untersuchung beruflicher Praxissituationen von Lehrpersonen in der Absicht, diese Praxis weiterzuentwickeln und zu verbessern (Altrichter & Posch, 2006). Handeln in der Praxis und die wissenschaftliche Auswertung dieses Praxishandelns werden dabei in einem zyklischen Prozess wechselseitig aufeinander bezogen: „Aus Forschungsaktivitäten ergeben sich neue Handlungsorientierungen und ein Handeln, das in einer nächsten Phase erforscht wird. Das Resultat dieser Forschungsaktivität führt wiederum zur Überprüfung der Handlungsorientierungen etc." (Moser, 2015, S. 61f.). Das Aktionsforschungsprojekt, aus dem die hier berichteten Ergebnisse stammen, wurde in drei Zyklen konzipiert, wobei jeder Zyklus aus den Schritten „Handlung in der Praxis", „Analyse durch wissenschaftliche Datenerhebung und Auswertung" sowie „Planung von weiteren Handlungsschritten auf der Grundlage der Ergebnisse" besteht. Die aktuellen Ergebnisse stammen aus dem ersten dieser drei Zyklen.

Aus methodischer Sicht sind im Rahmen der Aktionsforschung mehrperspektivische Zugriffe typisch. Mit dem Ziel, die Handlungsorientierung aus unterschiedlichen Blickwinkeln zu erfassen, werden verschiedene Instrumente eingesetzt, die sich gegenseitig ergänzen. Insbesondere ist es notwendig, qualitative und quantitative Verfahren zu kombinieren, um die mit der Forschungsfrage verbundenen Deutungsmuster qualitativ auszuwerten und gleichzeitig Häufigkeiten wichtiger Aspekte quantitativ belegen und gewichten zu können (Moser, 2015). Im vorliegenden Aktionsforschungsprojekt werden zu drei Messzeitpunkten in einem Mixed-Methods-Design sowohl quantitative als auch qualitative Daten erhoben und ausgewertet. Begleitende Supervisionsgruppen ergänzen das Projekt. Die aufeinander bezogenen Auswertungen der Daten erfolgen mit dem Ziel, die repräsentierten Handlungsorientierungen sowie die mit ihnen verbundenen Rahmenbedingungen der Praxissituationen zu beschreiben und zu analysieren.

2.1 Stichprobe

Zwei Schulen, die seit mehreren Jahren Erfahrung mit inklusiver Praxis haben und einen Schwerpunkt ihrer Schulentwicklung im Bereich der Förderplanung und der Förderung von Schülerinnen und Schülern mit besonderen pädagogischen Bedürfnissen gesetzt haben, wurden für die Teilnahme am Aktionsforschungsprojekt gewonnen. Für die Rekrutierung der Schulen wurde auf der Grundlage der Schulprogramme den Schulleitungen entsprechender Schulen eine Begleitung im Rahmen eines Aktionsforschungsprojekts über drei Jahre angeboten. Die beiden Schulen meldeten sich für die Teilnahme an diesem Projekt. Die Stichprobe (vgl. Tabelle 1) kann damit als Ad-hoc-Stichprobe eingeordnet werden, hat somit nicht repräsentativen Charakter und bezieht sich auf eine theoretisch ausgewählte Grundgesamtheit (Schulen mit Fokus auf Integration in ihrem Schulprogramm).

Tabelle 1: Stichprobenkennwerte

Kennwert	*N*	%
N total	74	100%
männlich	15	20%
weiblich	59	80%
Kindergarten	11	15%
Primarstufe	32	43%
Sekundarstufe I	27	36%
Klassenlehrpersonen	34	46%
Fachlehrpersonen	17	23%
Pädagogisch-therapeutische Mitarbeitende (PTM)	23	31%

Sämtliche Mitglieder der Schulteams wurden zu einem Messzeitpunkt (Juni 2014) mit einem standardisierten Fragebogen befragt. Im einen Schulteam[3] wurden 79 Personen zur Befragung eingeladen, im anderen Schulteam 42. Der Rücklauf betrug

---

3 Mit „Schulteam" wird die Gesamtheit aller an der Schule angestellten Lehr- und Fachpersonen bezeichnet. In Abgrenzung dazu wird in diesem Beitrag der Begriff „Team" oder „Förderteam" verwendet für Personen, die bei der integrativen Förderung einer Schülerin oder eines Schülers direkt miteinander kooperieren.

in der ersten Schule 59.5% und in der zweiten Schule 64.3%. Ein solcher Rücklauf ist für Untersuchungen an Schweizer Schulen zu erwarten und kann teilweise auf die starke zeitliche Belastung der Lehrpersonen zurückgeführt werden. Die befragten Personen verteilen sich bezüglich ihres Alters in zwei größere Gruppen zwischen 31 und 40 Jahren bzw. zwischen 51 und 60 Jahren. Viele Lehrpersonen unterrichten ein großes bis volles Pensum. Kleinstpensen von einer bis vier Lektionen sind relativ selten vertreten ($N = 3$).

2.2   Instrumente, Datenerhebung und Datenauswertung

Um einen mehrperspektivischen Blick auf die Handlungspraxis im Sinne der Aktionsforschung zu gewährleisten, werden in einem Mixed-Methods-Konzept quantitative und qualitative Daten erhoben. Hier berichtet werden diejenigen Instrumente, die im ersten Zyklus des Aktionsforschungsprojekts zum Einsatz kamen. Während das qualitative Instrumentarium für die beiden nachfolgenden Zyklen in der gleichen Form vorgesehen ist, kann der quantitative Fragebogen für die weiteren Zyklen anders ausfallen, da gewisse Daten nicht mehrmals erhoben werden müssen und Entwicklungen im Projekt gegebenenfalls nach einer quantitativen Erhebung von Daten verlangen.

2.2.1 Quantitative Daten

Die quantitative Datenerhebung erfolgte mittels eines Online-Fragebogens. Dieser Fragebogen umfasste neben Angaben zur Person (Alter, Ausbildung, Dienstzeit, derzeitige Funktion etc.) verschiedene validierte Skalen zu Aspekten der schulischen Kooperation, der Schulqualität und der Schulentwicklung sowie zu Einstellungen zur Integration (vgl. Tabelle 2). Des Weiteren wurden Informationen zu den praktizierten Kooperationsformen an der Schule erhoben (Art und Weise, Zeitgefäße, Themen und Häufigkeiten). Die Datenerhebung erfolgte mit der Software „Collector" von Survalyzer, die Datenauswertung mit der Software SPSS 11.

2.2.2 Qualitative Daten

Zur qualitativen Auswertung konnten drei unterschiedliche Datenquellen genutzt werden:

a) Daten aus den elektronischen Förderplanungsdokumentationen, welche in den Teams mit dem Tool „Interdisziplinäre Schülerdokumentation" (ISD) erstellt worden waren;
b) Verbaldaten aus Fallsupervisionen;
c) Verbaldaten aus mehreren Fokusgruppeninterviews.

Tabelle 2: Herkunft der verwendeten Skalen

Dimension	Quelle	$N_{(Quelle)}$	$M_{(Quelle)}$	$SD_{(Quelle)}$	$\alpha_{(Quelle)}$
Kollektive Selbst- wirksamkeit	Halbheer, Kunz & Maag Merki (2005), nach Schwarzer & Jerusalem (1999)	439	2.86	0.53	.71
Ist-Unterrichts- kooperation	Halbheer, Kunz & Maag Merki (2005), nach Scheerens & Bosker (1997)	430	2.48	0.55	.76
Kohäsion im Kollegium	Gerecht (2006), nach Scheerens & Bosker (1997)	2135	0.464	0.149	.66
Innovations- potenzial Team	Fußangel (2011); vgl. auch Wick, Kreis & Kosorok Labhart (2013)	1640	3.87	0.89	.77
Unterrichtsbezo- gene Belastung	Fußangel (2011); vgl. auch Wick, Kreis & Kosorok Labhart (2013)	1726	4.28	1.01	.84
Arbeitsüber- forderung	Halbheer, Kunz & Maag Merki (2005), nach Schwarzer & Jerusalem (1999)	443	2.06	0.58	.78
Einstellungen zur Integration	Kunz, Luder & Moretti (2010)	667	3.87	0.91	.85
Skala: IEP- Management	Eigenentwicklung auf der Basis der Items aus dem „Kooperati- onsplaner" von Kreis, Kosorok Labhart & Wick (2014)	73	0.78	0.33	.89
Skala: IEP-Imple- mentation	Eigenentwicklung auf der Basis der Items aus dem „Kooperati- onsplaner" von Kreis, Kosorok Labhart & Wick (2014)	73	0.68	0.37	.89
Skala: IEP- Reflection	Eigenentwicklung auf der Basis der Items aus dem „Kooperati- onsplaner" von Kreis, Kosorok Labhart & Wick (2014)	73	0.77	0.31	.83
Skala: IEP- Assessment	Eigenentwicklung auf der Basis der Items aus dem „Kooperati- onsplaner" von Kreis, Kosorok Labhart & Wick (2014)	73	0.63	0.37	.81

Anmerkungen:
N = Anzahl Lehrpersonen; M = Mittelwert; SD = Standardabweichung; α = Cronbachs Alpha; IEP = Individu- al Educational Planning.

Während es sich bei den ersten beiden Datenquellen um Produkte handelt, die Arbeitsergebnisse aus der Praxis der beteiligten Teams darstellen, wurden die Fokusgruppeninterviews zusätzlich mit einem klaren Erkenntnisinteresse aus der Forschungsperspektive durchgeführt, um die ersten beiden Datenquellen zu ergänzen. Die Transkriptionen der Verbaldaten wurden inhaltsanalytisch ausgewertet (deduktive qualitative Inhaltsanalyse mit einem vorbestehenden Kriterienraster[4] mittels der Software MAXQDA 11).

a) Daten aus elektronischen Förderplanungsdokumentationen

Die Lehrpersonen und pädagogisch-therapeutischen Fachpersonen dokumentierten ihre Praxis im Bereich „Förderplanung und Förderung" in elektronischer Form. Sie erfassten während des Schuljahres Förderplanungsdaten (Beobachtungen, Planungen und Notizen zu den geförderten Schülerinnen und Schülern) in der ISD. Diese ermöglicht einen passwortgeschützten und verschlüsselten Zugriff auf eine elektronische Schülerakte, die auf einem zentralen Server hinterlegt ist („Cloud-Lösung", vgl. Abbildung 1). Beobachtungen, Planungen, Notizen, Berichte, Dokumente etc. können abgelegt und mit Zielformulierungen sowie mit der „International Classification of Functioning, Health and Disability" (ICF, vgl. WHO, 2011) verknüpft werden. Die Informationen sind für alle dazu berechtigten Personen sichtbar. Suchfunktionen ermöglichen einen schnellen Zugriff und erlauben eine gezielte Auswahl für die Abfassung von Berichten. Diese Daten aus der ISD wurden ausgelesen und ausgewertet.

b) Verbaldaten aus Fallsupervisionen

Mit den Förderteams aus den beiden Schulen wurden während eines Schuljahres vier Supervisionstermine durchgeführt (insgesamt ca. 720 Minuten, acht besprochene Fallbeispiele). Diese Gespräche wurden aufgezeichnet und transkribiert. In Bezug auf die Auswahl der Fallsituationen, welche in den Supervisionen thematisiert wurden, waren die Teilnehmenden frei. Das heißt, sie wählten diejenigen Situationen aus, die ihnen für die Bearbeitung in der Supervision am gewinnbringendsten erschienen. Als ergänzende Informationen ebenfalls einbezogen wurden Protokolle von Förderplanungs- und Standortgesprächen zu den in den Supervisionen besprochenen Fallbeispielen.

c) Verbaldaten aus Fokusgruppeninterviews

Zusätzlich wurden zwei Gruppeninterviews (leitfadengestützte, semistrukturierte Interviews zu je ca. 60 Minuten) zur Nutzung der ISD und zur Praxis der Förderplanung durchgeführt, aufgezeichnet und transkribiert.

---

4   Das verwendete Kriterienraster kann an dieser Stelle aus Platzgründen nicht im Detail beschrieben oder vollständig abgebildet werden. Auf Anfrage können es die Autoren zur Verfügung stellen.

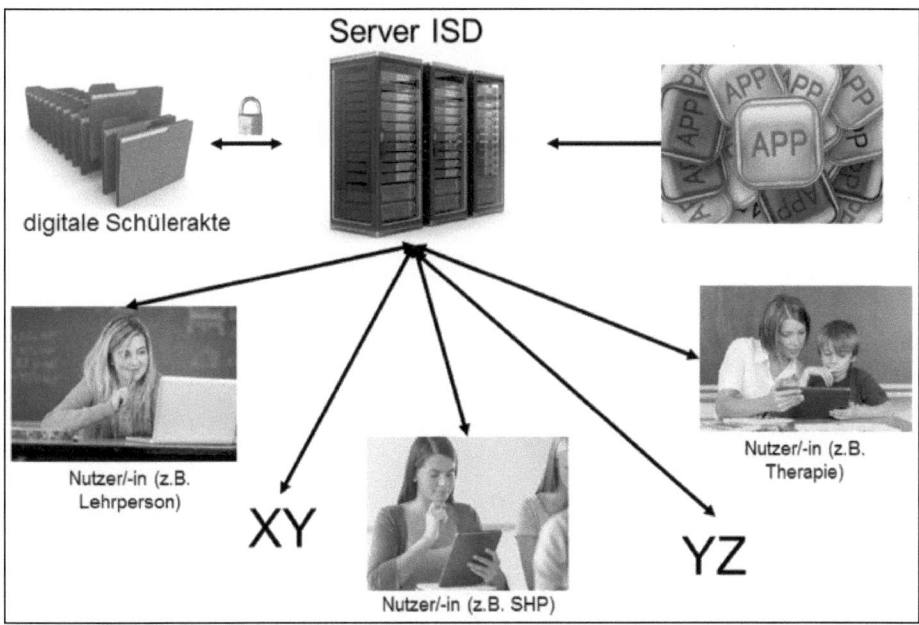

Abbildung 1:   Funktionsprinzip des Tools „Interdisziplinäre Schülerdokumentation" (ISD) (SHP = Schulische Heilpädagogin/Schulischer Heilpädagoge).

3   Ergebnisse

In diesem Beitrag werden die Ergebnisse des ersten Messzeitpunkts der Datenerhebung im Rahmen des beschriebenen Aktionsforschungsprojekts dargestellt. Dabei werden zuerst die quantitativen und anschließend die qualitativen Ergebnisse vorgestellt und im Anschluss daran aufeinander bezogen und gemeinsam Diskutiert.

3.1   Kooperationsformen

In unterschiedlichen Kooperationsgefäßen findet Zusammenarbeit statt, an der sich die meisten Teammitglieder beteiligen. Dabei können Kooperationsgefäße außerhalb des Unterrichts von solchen innerhalb des Unterrichts unterschieden werden (vgl. Abbildung 2).

Informelle Absprachen finden in der Zusammenarbeit außerhalb des Unterrichts sehr häufig statt. Regelmäßig bis häufig sind zudem die Absprachen bei Tandem-/Parallellehrpersonen. Werden einzelne Kooperationsanlässe im Unterricht betrachtet, so ist besonders die Zusammenarbeit für niveaudifferenzierten Unterricht häufig sowie diejenige Unterrichtsorganisation, bei welcher die Lehrperson den Lead hat und eine weitere Person eine unterstützende Rolle einnimmt bzw. der verantwortlichen Lehrperson hilft (Lehrperson und Helferin/Helfer). Die detaillierte Analyse

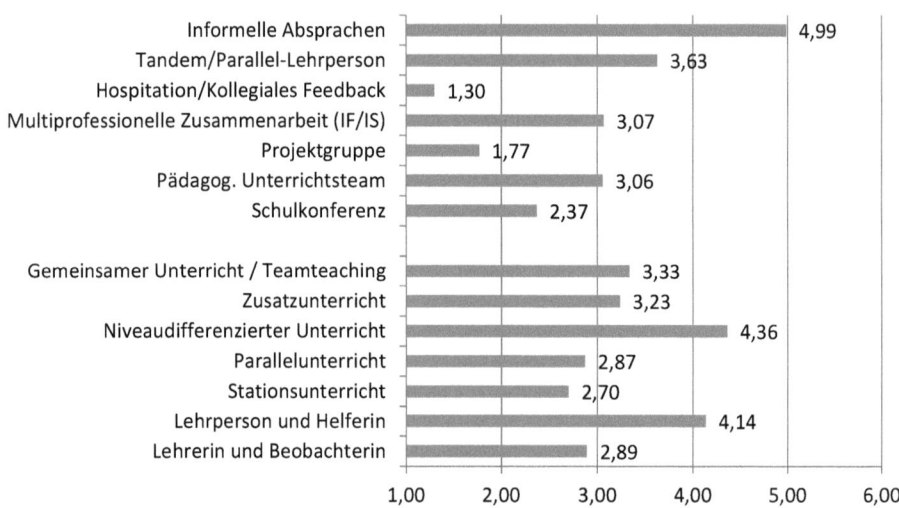

■ 1=fast nie (ein paar Mal im Jahr oder weniger), 2=ab und zu (einmal im Monat oder weniger), 3=regelmässig (ein paar Mal im Monat), 4=häufig (einmal in der Woche), 5=sehr häufig (ein paar Mal pro Woche), 6=immer (jeden Tag)

Abbildung 2: Kooperationsgefäße (IF = integrative Förderung; IS = integrierte Sonderschulung).

der Häufigkeiten, mit denen die Kooperationsgefäße genutzt werden, zeigt deutliche Unterschiede zwischen verschiedenen Personengruppen (vgl. Tabelle 3).

Bei der Betrachtung der Übersicht in Tabelle 3 fällt auf, dass die Klassenlehrpersonen die höchsten Werte aufweisen. Sie gaben an, in fast allen Formen am häufigsten zusammenzuarbeiten. Die pädagogisch-therapeutischen Mitarbeitenden kooperieren in unterrichtsbezogenen Formen ähnlich häufig, etwas weniger häufig in Formen außerhalb des Unterrichts. Des Weiteren zeigt sich, dass die Fachlehrpersonen nur in sehr geringem Ausmaß an der Kooperation beteiligt sind, sowohl innerhalb als auch außerhalb des Unterrichts. Einzig bei der Form „Hospitation/kollegiales Feedback" gaben sie an, ähnlich häufig zu kooperieren wie Klassenlehrpersonen.

Für die konkrete Zusammenarbeit bei der Förderplanung konnten mithilfe einer Faktorenanalyse vier Aspekte isoliert werden. Die IEP-Items („Individual Educational Planning") dazu wurden aus dem „Kooperationsplaner" (Kreis, Kosorok Labhart & Wick, 2014; Wick, Kreis & Kosorok Labhart, 2013) mit Blick auf ihre Relevanz für die einzelnen Phasen im Förderplanungsprozess ausgewählt (Luder & Kunz, 2014). Die thematischen Aspekte sind:

- Organisation von Förderplanungsprozessen wie Einbezug der Eltern, Formulieren von Förderzielen und Evaluation dieser Ziele sowie Zuteilung von Ressourcen und Maßnahmen und Evaluation dieser Ressourcenzuteilung (*IEP-Management*);
- Umsetzung von Förderplanungen im Unterricht über Adaptation von Unterricht und Inhalten, Erstellen von Förderplanungen sowie Umsetzung von innovativen

Tabelle 3:   Häufigkeiten der Nutzung unterschiedlicher Kooperationsgefäße aufgeteilt nach Berufsgruppen

	KLP			LP			PTM		
	N	M	SD	N	M	SD	N	M	SD
Schulkonferenz	34	2.53	0.71	13	1.92	1.04	23	2.26	0.75
Pädagogisches Unterrichtsteam	34	3.50	0.99	13	1.85	1.21	23	2.78	1.09
Projektgruppe	34	1.62	0.82	13	1.23	0.93	23	1.52	0.85
Multiprofessionelle Zusammenarbeit	34	2.59	1.91	13	1.00	0.91	23	3.22	1.76
Hospitation/kollegiales Feedback	34	1.29	0.94	13	1.23	0.93	23	1.13	0.34
Tandem-/Parallellehrperson	34	1.53	2.03	13	0.69	1.44	23	2.17	2.44
Informelle Absprachen	34	4.82	1.66	13	3.85	1.82	23	5.09	1.12
Lehrperson und Beobachterin/Beobachter	34	2.50	2.33	13	1.38	1.89	23	2.35	2.10
Lehrperson und Helferin/Helfer	34	3.44	2.43	13	1.92	2.29	23	3.00	2.35
Stationsunterricht	34	2.15	1.78	13	0.62	1.26	23	1.52	1.34
Parallelunterricht	34	2.18	1.93	13	0.85	1.77	23	2.04	1.92
Niveaudifferenzierter Unterricht	34	3.65	1.98	13	2.46	2.82	23	3.65	2.12
Zusatzunterricht	34	2.26	1.93	13	1.23	2.01	23	2.57	2.17
Gemeinsamer Unterricht/Teamteaching	34	2.50	1.94	13	0.38	0.65	23	3.04	2.27

Anmerkungen:
KLP = Lehrpersonen mit Funktion als Klassenlehrperson; LP = Fachlehrpersonen; PTM = pädagogisch-therapeutische Mitarbeitende; N = Anzahl Lehrpersonen; M = Mittelwert; SD = Standardabweichung.

Lernumgebungen unter besonderer Berücksichtigung des Klassenklimas (*IEP-Implementation*);

- Planung und Auswertung von Unterrichtsmethoden, Zielen und Maßnahmen für die Förderung sowie Analyse von Umweltfaktoren für das Lernen der Schülerinnen und Schüler (*IEP-Reflection*);
- Erfassung von Bedarf für besondere Förderung durch schulweite und auf den Unterricht bezogene Lernstandserfassungen, Screenings und Beobachtungen (*IEP-Assessment*).

Die Ergebnisse sind in Tabelle 4 dargestellt. Auf einer Skala zwischen 0 = „keine Kooperation" und 1 = „Kooperation findet statt" zeigt sich ein großer Anteil an Zusammenarbeit in den genannten Inhalten für die beiden Berufsgruppen der Klassenlehrpersonen (KLP) und der pädagogisch-therapeutischen Mitarbeitenden (PTM), während dies für die Fachlehrpersonen (LP) in geringerem Ausmaß zutrifft. Das Management von IEP sowie Reflexionsprozesse zu IEP weisen für die beiden interagierenden Gruppen (KLP und PTM) höhere Werte auf, als dies beim IEP-Assessment der Fall ist.

Tabelle 4: Inhaltliche Aspekte der Zusammenarbeit bei Förderplanung und Förderung

	Total			KLP			LP			PTM		
	N	M	SD	N	M	SD	N	M	SD	N	M	SD
Skala: IEP-Management	73	0.78	0.33	34	0.81	0.28	13	0.45	0.43	23	0.92	0.22
Skala: IEP-Implementation	73	0.68	0.37	34	0.71	0.34	13	0.38	0.42	23	0.82	0.31
Skala: IEP-Reflection	73	0.77	0.31	34	0.83	0.25	13	0.47	0.41	23	0.88	0.18
Skala: IEP-Assessment	73	0.63	0.37	34	0.71	0.33	13	0.35	0.46	23	0.73	0.27

Anmerkungen:
KLP = Lehrpersonen mit Funktion als Klassenlehrperson; LP = Fachlehrpersonen; PTM = pädagogisch-therapeutische Mitarbeitende; IEP = Individual Educational Planning; N = Anzahl Lehrpersonen; M = Mittelwert; SD = Standardabweichung.

3.2   Schulteam

Um die Situation an den beiden untersuchten Schulen einschätzen zu können, wurden Skalen zur Schulqualität und zur Kooperation eingesetzt, die bereits in früheren Studien verwendet worden waren. Im Bereich der Kooperation weisen die beiden untersuchten Schulen jeweils bedeutsam positiver ausgeprägte Mittelwerte auf als Schulen in bisherigen Vergleichsstudien (Evaluation in Pilotschulen des Kantons Graubünden: Luder, Kunz & Moretti, 2009; PEB-ZH – Pädagogische Entwicklungs-Bilanzen an Zürcher Mittelschulen: Maag Merki, Halbheer & Kunz, 2005). Unterrichtskooperation in Form von Koordination innerhalb eines Jahrgangs und über die Jahrgänge hinweg sowie fachspezifische und fächerübergreifende Zusammenarbeit finden eher statt (ES^5 = 0.51) und es wird eine stärkere Kohäsion im Team wahrgenommen (ES = 0.84). Die Teams geben zudem als eher zutreffend an (ES = 0.25), dass sie mit schwierigen Umständen umgehen und auch dann, wenn Systemzwänge vorhanden seien, die pädagogisches Qualität der Schule verbessern könnten. Die

---

5   Bei der Berechnung der Effektgröße ES (Cohen, 1988) wird der Mittelwertunterschied zwischen den beiden interessierenden Gruppen mit der gepoolten Standardabweichung in Beziehung gesetzt. Beim Vergleich der Stichprobe mit Referenzgrößen wurden Effektgrößen mit gepoolten Standardabweichung berechnet (Cohen, 1988). Nach Cohen (1988) werden Effektgrößen von $d > 0.20$ als moderat, von $d > 0.50$ als mittel und von $d > 0.80$ als groß bezeichnet.

Teams berichten im Durchschnitt, dass ein Innovationspotenzial eher vorhanden sei ($N = 73$, $M = 3.13$, $SD = 0.41$) und daher laufend über Projekte informiert werde, bereits gute Erfahrungen mit Schulentwicklung vorlägen und sich entsprechende Strukturen bewährt hätten.

Auch wenn die Arbeitsüberforderung in den beiden Schulen als geringer eingestuft wurde, als dies in der Studie „Pädagogische Entwicklungsbilanzen an Zürcher Mittelschulen" (PEB-ZH) (Halbheer et al., 2005, 2008; Maag Merki et al., 2005) der Fall war, so zeigt sich doch ein Mittelwert von $M = 1.97$ ($N = 73$, $SD = 0.49$), der nicht deutlich im ablehnenden Bereich liegt. Belastung erscheint somit als relevantes Thema auch in diesen beiden Schulen. Unterrichtsbezogene Belastungsfaktoren, wie dies z. B. unterschiedliche Lernvoraussetzungen der Schülerinnen und Schüler oder Unterrichtsstörungen durch Schülerinnen und Schüler darstellen, sind in beiden untersuchten Schulen jedoch deutlich geringer ($ES = -0.85$) als in einer Vergleichsstudie an Tagesschulen in Deutschland (vgl. Fußangel, 2011).

3.3   Einstellungen zur Integration

Mit der Skala EZI wurde die Einstellung zur Integration insgesamt erfasst. Im Vergleich mit der Referenzstichprobe (vgl. Kunz et al., 2010) erwiesen sich die Einstellungen zur Integration in den beiden untersuchten Schulen insgesamt leicht tiefer (Referenzstichprobe: $M = 3.83$, $SD = 1.00$; untersuchte Schulen: $M = 3.54$, $SD = 0.89$; $p = .047$; $ES = -0.26$). Zusätzlich zur globalen Einstellung zur Integration lassen sich in zwei Subskalen die Einstellungen zu den Aspekten „schulische Förderung" und „soziale Integration" differenzieren. Die Einstellungen zum Aspekt der sozialen Integration sind positiver als diejenigen zum Aspekt der schulischen Förderung. In der Subskala zum Aspekt der sozialen Integration zeigen sich keine signifikanten Unterschiede der untersuchten Schulen zur Referenzstichprobe. In der Subskala zum Aspekt der schulischen Förderung sind die Unterschiede hingegen signifikant (Referenzstichprobe: $M = 3.32$, $SD = 1.18$; untersuchte Schulen: $M = 2.98$, $SD = 1.01$; $p = .041$).

Werden die Erfahrungen mit Integration miteinbezogen, zeigen sich Unterschiede zwischen den Gruppen von Lehrpersonen ohne Erfahrung bzw. mit Erfahrung in integrativer Förderung. Bei der Gesamtskala „Einstellung zur Integration" sowie bei der Subskala zur schulischen Förderung sind diese Unterschiede signifikant (Mann-Whitney-U-Test), nicht jedoch bei der sozialen Integration. Einstellungen zur Integration sind bei Lehrpersonen der Sekundarstufe I weniger positiv als bei Lehrpersonen auf der Kindergarten- und Primarstufe, wobei sich der Unterschied in der Gesamtskala sowie bei der Subskala zur schulischen Förderung als signifikant erweist (Mann-Whitney-U-Test), nicht jedoch bei der Subskala zur sozialen Integration.

Zusammenhänge zwischen den aufgeführten Variablen und der Zielvariable EZI lassen sich in hohem Ausmaß bei der Sekundarstufe I ($r = -.53$***, $N = 73$), bei der kollektiven Selbstwirksamkeit des Teams ($r = .41^{***}$, $N = 73$) sowie bei der Erfahrung mit integrierter Förderung ($r = .46^{***}$, $N = 73$) finden. Im ersten Fall ergab sich ein negativer Zusammenhang, da eine Zugehörigkeit zur Sekundarstufe I als Lehrperson zusammen mit geringeren Werten in der Einstellung gegenüber Integration auftritt. Die anderen beiden Skalen zeigen einen positiven Zusammenhang. Ebenfalls positive und bedeutsame Zusammenhänge ergeben sich mit der selbst eingeschätzten Unterrichtskooperation sowie mit dem Innovationspotenzial im Team.

3.4   Praxis der Förderplanung und Nutzung der Plattform ISD

Die Ergebnisse zu den qualitativen Fragestellungen werden nach den jeweiligen Erhebungskontexten gegliedert dargestellt. Zuerst werden die Ergebnisse aus den Interviews aufgeführt und anschließend wird die Analyse aus den Fallbesprechungen in den Supervisionssitzungen berichtet.

3.4.1 Ergebnisse aus den Interviews

In den Fokusgruppeninterviews äußerten sich die Teilnehmenden zu Fragen der Erfassung und Dokumentation von Daten und Informationen bei der Förderplanung. Welche Daten und Informationen sind relevant und zu welchem Zweck werden diese anschließend genutzt? Tabelle 5 gibt eine zusammenfassende Übersicht über wichtige Aussagen und den dabei verfolgten Zweck.

Tabelle 5:   Relevante Daten und Informationen beim Schritt „Erfassen" im Förderplanungsprozess

Welche Daten werden erfasst und dokumentiert?	Zu welchem Zweck?
Daten zum Lernstand und zum Verhalten der Schülerin oder des Schülers (Beobachtungen, Testergebnisse, „alltägliche" Vorkommnisse, auffällige Vorkommnisse)	Informationsfluss gewährleisten
Fachliche und überfachliche Ziele sowie Feinziele und zugehörige Lerninhalte	Informationsfluss gewährleisten
Daten aus Abklärungen (Schulpsychologischer Dienst, Kinder- und Jugendpsychiatrischer Dienst, …)	Informationsfluss gewährleisten
Daten, die den Entwicklungsprozess dokumentieren	Positives festhalten

Die gegenseitige Information über Daten, die als relevant eingestuft werden, wird als wichtiger Aspekt der Förderplanung oft genannt und betont. Der Nutzen für das Team wird unter anderem in der Koordination im Hinblick auf die Zusammenarbeit gesehen, wie das folgende Zitat aus einem Interview veranschaulicht:

> „Und ich habe wie das Gefühl, wir werden mehr ernst genommen von den Eltern und in dem Sinn vom Kind. Das Kind merkt erstens, wie die Eltern dann auf uns reagieren,

und es merkt, dass wir voneinander wissen, wie du sagtest, was in der Logo [Logopädie] geschieht" (Fachlehrperson, Zitat 1).

Die Dokumentation von Lern- und Entwicklungsverläufen wird unter anderem in Bezug auf Übergänge (z. B. Klassenwechsel oder Schulwechsel) als wesentlich erachtet:

> „Bei A. ist er schon mit der Beschreibung gekommen, er habe immer Konflikte. Und bei uns ist es genauso weitergegangen, aber es ist total eine positive Entwicklung im Gang und er ist so an einem anderen Ort und ich musste die Ziele nun auch alle neu formulieren. Und wenn ich ihn einfach so weitergebe, ohne zu dokumentieren, wie er sich entwickelt und verändert hat und was die Bedingungen gewesen sind, weshalb er sich so positiv entwickeln konnte, dann sieht man nur das und denkt: Aha, jetzt kommt wieder so einer – und eigentlich ist er an einem anderen Ort" (Schulische Heilpädagogin, Zitat 2).

Eine weitere Fragestellung betraf die Form, in der die Informationen dokumentiert werden. Die Äußerungen der befragten Personen konnten zwei Kategorien von Dokumentationsformen zugeordnet werden:

1. *Kurzfristig-informelle Formen:* Falls die Kontakthäufigkeit hoch ist, z. B. bei vielen gemeinsamen Lektionen in derselben Klasse pro Woche, werden Daten und Informationen oft informell und eher mündlich ausgetauscht („Tür-und-Angel-Gespräche"). Diese Informationen betreffen laufende Planungen von Tag zu Tag, Informationsaustausch zu Unterrichtsformen sowie Planungen auf der Ebene der Einzellektion:

   > „Ich spreche mich vor allem mit der Klassenlehrperson ab. Zum Beispiel wenn sie mir sagt: ‚Ich arbeite am Thema Verb', bespreche ich mit ihr, was sie genau wann zum Thema Verb mache und wo es Sinn mache, dass ich mit allen auch ‚drinnen' bin und Teamteaching mache. Wo ich drinnen bin und Schüler ein vereinfachtes oder anderes Blatt haben und wo ich draußen bin. Und das alles wird abgesprochen, wenn ein neues Thema kommt oder spontan am Morgen, wenn sie mich fragt, was ich von diesem oder jenem halte, und ich finde es gut oder nehme sie [die Schülerin] raus. Dies wird nicht groß dokumentiert, das ist einfach mündlich" (Schulische Heilpädagogin, Zitat 3).

   Mündlichen Austausch gibt es auch sporadisch mit Personen, die Aufgabenhilfe erteilen oder Mittagstischbetreuung machen. Aus Datenschutzgründen sind Daten aus Abklärungen beim Schulpsychologischen Dienst oder Kinder- und Jugendpsychiatrischen Dienst oft nur über informelle Telefongespräche zugänglich. Testauswertungen werden nicht in die ISD eingetragen.

2. *Langfristig-formelle Formen:* Bei geringer Kontakthäufigkeit, z. B. bei ein bis zwei gemeinsamen Lektionen pro Woche, sowie für längerfristige Planungen werden formellere Formen des Austauschs festgelegt, beispielsweise zeitlich fixierte Telefonate, Austauschsitzungen, Austauschhefte etc. Zielformulierungen aus

Standortgesprächen und wichtige aktuelle Teilziele werden formell festgehalten, wie das folgende Zitat verdeutlicht: *„Also auch was da gemacht wurde, nicht nur irgendwelche Zielformulierungen, er soll das und das machen, sondern dass konkret steht, momentan wird daran gearbeitet"* (Schulische Heilpädagogin, Zitat 4). Formelle Formen sind zudem standardisierte Verfahren wie das Schulische Standortgespräch (SSG), welches ein Protokoll liefert, auch unter Anwesenheit von Personen des Schulpsychologischen Diensts und/oder des Kinder- und Jugendpsychiatrischen Diensts. Probleme hinsichtlich des Datenschutzes ergeben sich bei Berichten des Schulpsychologischen Diensts und des Kinder- und Jugendpsychiatrischen Diensts, welche die explizite Einverständniserklärung der Eltern bzw. der gesetzlichen Vertreterinnen und Vertreter des Kindes notwendig machen.

Die strukturierte Erfassung, allfällige Codierungen sowie die gemeinsame Analyse helfen im weiteren Förderplanungsprozess beim Evaluieren und bei der bilanzierenden Erfassung des Erreichten:

> „Ich drucke meine Unterlagen immer aus vor einem Gespräch. Das ist so ein Abbild. […] Ich schreibe dann mit Bleistift von Hand noch etwas rein, was ich noch nicht reinschrieb oder vergessen habe. Aber im Prinzip bildet es immer so etwa das letzte halbe Jahr ab und dies hilft mir extrem auch beim Schreiben der Lernberichte. Seit ich die Ziele auch habe, hilft mir dies bei den Lernberichten" (Schulische Heilpädagogin, Zitat 7).

Bei allen Aspekten bleibt die Forderung der am Projekt Beteiligten, administrativen Aufwand zu reduzieren, indem Dokumentationen nicht doppelt geführt werden müssen. Wichtig ist die Praktikabilität und dass man einen direkten Nutzen daraus ziehen kann, z.B. indem Lernberichte aus den Daten und Informationen entstehen oder Übergabeprotokolle einfach und schnell zusammengestellt werden können.

3.4.2 Ergebnisse aus den Fallbesprechungen

Die Fallbesprechungen in der Supervision verdeutlichen, dass die Beobachtungen und Wahrnehmungen der verschiedenen Teilnehmenden sehr breit gefächert sind. Sie betreffen unterschiedliche Themenbereiche und fokussieren unterschiedliche Fähigkeiten oder Eigenschaften der besprochenen Kinder. Dies reicht z.B. im Fallbeispiel von „Felicitas" (Name geändert) von Sprache über Wahrnehmung, Aufmerksamkeit und Sozialverhalten bis hin zu Mathematik. Dies ist ein Hinweis darauf, dass eine gemeinsame Analyse des Fallbeispiels, gefolgt von einer gemeinsamen Schwerpunktsetzung in der Förderplanung und in der Ausrichtung anhand gemeinsam vereinbarter Förderziele und Themengebiete, bisher noch nicht oder noch zu wenig klar geleistet wurde.

Die Fallbesprechungen zeigen auch, dass die Ebenen der Beobachtungen sehr unterschiedliche sind. Während einige Teilnehmende konkrete Beobachtungen schildern, sprechen andere bereits von sehr verdichteten Ansichten wie Diagnosekategorien oder Förderschwerpunkten. Einige Beobachtungen sind sehr allgemein gehalten, während andere präzise, disziplinäre Fachbegriffe verwenden. (Beides erscheint aus der Sicht der multiprofessionellen Zusammenarbeit eher problematisch; wünschenswert wäre eine präzise, aber in allgemein verständlicher Terminologie gehaltene Beschreibung konkreter Beobachtungen.) Schließlich fällt auf, dass bei den meisten Schilderungen Informationen über den jeweiligen Kontext fehlen, in dem eine Beobachtung oder eine Erfahrung gemacht wurde.

Ein oft wiederkehrendes Thema in den Interviews und Fallsupervisionen sind die Ressourcen für die integrative sonderpädagogische Unterstützung. Meistens werden diese Ressourcen als mangelhaft eingeschätzt. Unter den Teilnehmenden besteht meist Konsens darüber, dass mit mehr Ressourcen auch erfolgreicher gearbeitet werden könnte. Was allerdings wenig erläutert wird, sind Begründungen dazu, warum und wozu zusätzliche Ressourcen in dem jeweiligen Fallbeispiel benötigt würden. Die Zusammenstellung für das Beispiel „Felicitas" etwa zeigt, dass insgesamt mindestens acht Lektionen pro Woche für die zusätzliche Unterstützung von Felicitas zur Verfügung stehen. Eine koordinierte Planung dieser Ressourcen mit einer Fokussierung auf gemeinsam verantwortete Förderschwerpunkte und Förderziele fand jedoch nicht statt.

Die Analysen der Fallbesprechungen unterstreichen den Nutzen einer kontinuierlichen Verlaufsdokumentation bei der Einschätzung der Entwicklung der geförderten Kinder und bei der Evaluation der Wirksamkeit der sonderpädagogischen Förderung und Unterstützung.

4   Diskussion

In beiden untersuchten Schulen gaben die befragten Personen an, intensiv und in verschiedenen Formen zu kooperieren. Während Kooperation in Formen, die zum Auftrag der Lehrpersonen obligatorisch dazugehören (wie z. B. Schulkonferenz oder Projektgruppen), vorausgesetzt werden kann, ist dies bei anderen Formen (z. B. pädagogische Unterrichtsteams, kollegiales Feedback oder Teamteaching) nicht selbstverständlich. Bei der Häufigkeit der Nutzung verschiedener Kooperationsgefäße wurden die große Bedeutung und die Intensität informeller Absprachen deutlich. Dies kann ambivalent interpretiert werden: Einerseits sind informelle Formen der Zusammenarbeit ohne Planungs- und Dokumentationsaufwand flexibel möglich und für den Austausch und die Koordination im Alltag wesentlich. Andererseits werden informelle Formen oft nicht als professionelle Kooperation wahrgenommen und nicht explizit mit Arbeitszeit entschädigt, die Ergebnisse werden nicht dokumentiert und die Zusammenarbeit ist nicht verlässlich bzw. verbindlich. Dies kann zu Belastungen der beteiligten Personen führen.

In der Nutzung der Kooperationsgefäße zeigen sich Unterschiede zwischen verschiedenen Personengruppen, wobei die Klassenlehrpersonen von allen die höchsten Werte aufweisen. Dies ist ein Hinweis auf die zentrale Rolle, die ihnen bei der integrativen Förderung zusammen mit den Heilpädagoginnen und Heilpädagogen und anderen pädagogisch-therapeutischen Fachpersonen zukommt. Des Weiteren zeigt sich, dass die Fachlehrpersonen nur in sehr geringem Ausmaß an der Kooperation beteiligt sind, dies sowohl innerhalb als auch außerhalb des Unterrichts. Der geringe Einbezug der Fachlehrpersonen in die Kooperation ist zu bedauern, da sie in der integrativen Förderung eine wertvolle Ressource darstellen, die im Team zurzeit offenbar noch wenig genutzt werden kann.

Die Analyse der Kooperation zu verschiedenen inhaltlichen Aspekten der Förderplanung zeigt, dass ein großer Teil der Zusammenarbeit für die Organisation und die Administration von integrativer Förderung aufgewendet wird. Der Austausch über die Förderung an sich und über ihre Auswirkungen nimmt dagegen weniger Raum ein. Gleichzeitig ist der Wunsch nach diagnostischen Informationen zum Kind gemäß den Aussagen in den Interviews groß. Eine gute Dokumentation dieser Informationen in einem passenden Förderplanungssystem dürfte in dieser Situation wichtig sein. Die ISD wäre dazu geeignet, diese Funktion zu erfüllen.

Die Einstellungen zur Integration wurden ebenfalls untersucht. Entgegen den Erwartungen waren die Einstellungen zur Integration in den beiden untersuchten Schulen jedoch weniger positiv als in den Schulen einer Referenzstichprobe, dies vor allem in der Subskala zum Aspekt der schulischen Förderung. Eine mögliche Interpretation dieses Befunds lautet, dass die intensive Auseinandersetzung mit den methodischen und didaktischen Fragen der Unterrichtsgestaltung, die sich für Lehrpersonen bei der integrativen Förderung stellen, zu einer hohen Sensibilisierung für die Herausforderungen der adäquaten schulischen Förderung von Kindern mit besonderen pädagogischen Bedürfnissen führt. Lehrpersonen der Sekundarstufe I sind gegenüber Integration deutlich kritischer eingestellt als ihre Kolleginnen und Kollegen der Kindergarten- und Primarstufe. Eine Interpretation dafür ist, dass in der Sekundarstufe I im Vergleich zur Kindergarten- und Primarstufe eine stärkere Gewichtung von Schulleistungen und Stoffinhalten im Vordergrund steht. Dieser Unterschied wurde auch bereits in anderen Studien betont (Packard, Hazelkorn, Harris & McLeod, 2011; Pierson & Howell, 2013). Ein weiterer Faktor dürfte sein, dass auf der Sekundarstufe I mehr Personen am Unterricht einer Klasse beteiligt sind und diese dadurch weniger persönlichen Kontakt mit den betroffenen Schülerinnen und Schülern haben. Besonders die notwendige intensive Kooperation für die besondere Förderung und die Förderplanung wird dadurch erschwert (vgl. auch Agence européenne pour le développement de l'éducation des personnes présentant des besoins particuliers, 2005; Mastropieri & Scruggs, 2001).

In den qualitativen Daten lassen sich drei wichtige Komponenten der Zusammenarbeit in der Förderplanung erkennen: erstens die gegenseitige Information über als wichtig erachtete Daten zum Kind, zweitens die Koordination zwischen den Personen, die mit einem Kind arbeiten, und drittens die Dokumentation von Lern- und Entwicklungsverläufen. Innerhalb der ersten Komponente (Information) zeigte sich ein starkes Bedürfnis nach unmittelbarer Verfügbarkeit von Daten und Informationen sowie dafür geeigneten Erfassungsmöglichkeiten. Dabei wird es als wichtig angesehen, dass der Austausch von Beobachtungen auch tatsächlich genutzt wird. Daten nicht nur zu sammeln, sondern diese anschließend auch gemeinsam zu analysieren und zu verstehen und in diesem Prozess Informationen daraus zu gewinnen, ist ein wichtiger Schritt in einem multiprofessionell ausgerichteten Förderplanungsprozess. Hilfreich wäre dabei, vermehrt auch Kontextinformationen zu dokumentieren, damit die Analyse situationsspezifisch erfolgen kann und Rückschlüsse auf förderliche Lernkontexte gezogen werden können. Die ICF (WHO, 2011), welche dem webbasierten Tool ISD als mögliche Strukturierung von Daten zugrunde liegt, könnte bei den Leseprozessen von Daten als gemeinsame Sprache helfen. Innerhalb der zweiten Komponente (Koordination) wird die Passung von Form und Inhalt hervorgehoben. Die befragten Personen unterscheiden hier zwischen kurzfristig-informeller und langfristig-formeller Koordination und nutzen dafür jeweils spezifische Formen und Kooperationsgefäße, wie beispielsweise kurze Gespräche in der Pause oder organisierte Sitzungen im Förderteam. Die dritte Komponente (Dokumentation) wird besonders im Hinblick auf Übergänge (z. B. Stufenübertritt oder Wechsel der Lehrperson) als wesentlich erachtet. Für die befragten Personen ist dabei auch die Balance zwischen Aussagekraft der Dokumentation und administrativem Aufwand entscheidend: Letzterer darf in der Praxis nicht zu hoch werden.

In den Fallbesprechungen werden oft mangelnde Ressourcen als Barriere für eine effektive Förderung angeführt. In vielen Fällen kann die Forderung nach zusätzlichen Ressourcen jedoch inhaltlich nicht klar begründet werden und bleibt eher unspezifisch: Es entsteht der Eindruck, dass diffus „mehr Entlastung" gefordert wird, ohne jedoch zu definieren, wie diese konkret aussehen sollte und was damit zu erreichen wäre. Eine mögliche Empfehlung wäre, Anträge auf mehr Ressourcen mit einem klaren Bezug zu vereinbarten Förderzielen und mit einer Definition des damit zu erreichenden Effekts transparenter zu begründen.

Insgesamt weisen die Daten aus dem ersten Erhebungszeitpunkt des Aktionsforschungsprojekts auf mögliche Schwerpunkte in der weiteren Entwicklung der Handlungspraxis der beiden Schulteams hin: eine bewusstere und stärker geplante Nutzung verfügbarer Kooperationsgefäße, eine stärkere rezeptive Nutzung von Förderplanungsdokumentationen in der ISD (Ausrichtung der Punkte, die im Hinblick auf ihre Nutzung dokumentiert werden) und eine klarere Begründung des Bedarfs an Ressourcen anhand inhaltlicher, fallspezifischer Ziele und Inhalte. In einem nächsten Zyklus des Projekts werden die Schulteams diese Punkte umsetzen. Die zugehörigen Datenerhebungen und Analysen werden Aufschluss über die Effekte dieser Umsetzungen geben.

Literatur

Agence européenne pour le développement de l'éducation des personnes présentant des besoins particuliers. (2005). *Education Inclusive et Pratiques de Classe dans l'Enseignement Secondaire*. Odense: European Agency for Development in Special Needs Education.

Ajzen, I. & Fishbein, M. (2005). The influence of attitudes on behavior. In D. Albarracín, B. T. Johnson & M. P. Zanna (Eds.), *The handbook of attitudes* (pp. 173–221). Mahwah, NJ: Erlbaum.

Altrichter, H. & Posch, P. (2006). *Lehrerinnen und Lehrer erforschen ihren Unterricht. Unterrichtsentwicklung und Unterrichtsevaluation durch Aktionsforschung*. Bad Heilbrunn: Klinkhardt.

Avramidis, E., Bayliss, P. & Burden, R. (2000). A survery into mainstream teachers attitutes towards the inclusion of children with special emotional needs in the ordinary school in one local education authority. *Educational Psychology, 20* (2), 277–293.

Avramidis, E. & Kalyva, E. (2007). The influence of teaching experience and professional development on Greek teachers' attitudes towards inclusion. *European Journal of Special Needs Education, 22* (4), 367–389.

Blecker, N. S. & Boakes, N. J. (2010). Creating a learning environment for all children: are teachers able and willing? *International Journal of Inclusive Education, 14* (5), 435–447.

Chilla, S. (2012). Kooperation von Lehrkräften – Standort und Perspektiven. In R. Benkmann, S. Chilla, & E. Stapf (Hrsg.), *Inklusive Schule. Einblicke und Ausblicke* (S. 103–112). Immenhausen: Prolog.

Cohen, J. (1988). *Statistical power analysis for the behavioral sciences*. Hillsdale, NJ: Erlbaum.

de Boer, A., Pijl, S. J. & Minnaert, A. (2011). Regular primary schoolteachers' attitudes towards inclusive education: a review of the literature. *International Journal of Inclusive Education, 15* (3), 331–353.

Fußangel, K. (2011). *Skalenhandbuch zum Projekt „Kooperationsformen und Beanspruchungserleben an Halb- und Ganztagsschulen"*. Wuppertal: Bergische Universität Wuppertal.

Gerecht, M. (2006). *Schulqualität und Schulevaluation – Schulspezifische Rückmeldungen auf der Basis der Pädagogischen EntwicklungsBilanzen* (Materialien zur Bildungsforschung, Band 16). Frankfurt am Main: GFPF.

Halbheer, U., Kunz, A. & Maag Merki, K. (2005). *Pädagogische Entwicklungsbilanzen an Zürcher Mittelschulen. Indikatoren zu Kontextmerkmalen gymnasialer Bildung. Perspektive der Lehrpersonen: Schul- und Unterrichtserfahrungen. Skalen- und Itemdokumentation*. Zürich: Forschungsbereich Schulqualität & Schulentwicklung, Pädagogisches Institut, Universität Zürich.

Halbheer, U., Kunz, A. & Maag Merki, K. (2008). Kooperation zwischen Lehrpersonen in Zürcher Gymnasien: eine explorative Fallanalyse zum Zusammenhang zwischen kooperativ-reflexiven Prozessen in Schulen und schulischen Qualitätsmerkmalen. *Zeitschrift für Soziologie der Erziehung und Sozialisation, 28* (1), 19–35.

Heyl, V., Janz, F., Trumpa, S. & Seifried, S. (2013). Einstellungen zur Inklusion – Präsentation eines Forschungsprojektes. In T. Klauß & K. Terfloth (Hrsg.), *Besser gemeinsam lernen! Inklusive Schulentwicklung* (S. 61–82). Heidelberg: Universitätsverlag Winter.

Hinz, A. (2013). Inklusion – von der Unkenntnis zur Unkenntlichkeit!? – Anmerkungen zu einem Jahrzehnt Diskurs über schulische Inklusion in Deutschland. *Zeitschrift für Inklusion, 7* (1). Verfügbar unter: www.inklusion-online.net/index.php/inklusion/article/view/201/182 [30.06.2016].

Kreie, G. (2009). Integrative Kooperation. In H. Eberwein & S. Knauer (Hrsg.), *Handbuch Integrationspädagogik* (S. 404–411). Weinheim: Beltz.

Kreis, A., Kosorok Labhart, C. & Wick, J. (2014). Der Kooperationsplaner – ein Instrument zur Klärung von Aufgaben und Verantwortlichkeiten an integrativen Schulen. In A. Bartz, M. Dammann, S. G. Huber, T. Klieme, C. Kloft & M. Schreiner (Hrsg.), *PraxisWissen Schulleitung* (47. Aktualisierungslieferung, 47.12) (S. 1–12). Köln: Carl Link.

Kunz, A., Luder, R. & Moretti, M. (2010). Die Messung von Einstellung zur Inklusion (EZI). *Empirische Sonderpädagogik, 2* (3), 83–94.

Kunz, A., Zumwald, B. & Luder, R. (2016). Instrumente zur Strukturierung von Kooperation bei inklusiver Förderung – Bedeutung, Überblick und Einordnung mithilfe der Aktivitätstheorie. In A. Kreis, J. Wick & C. Kosorok Labhart (Hrsg.), *Kooperation im Kontext schulischer Heterogenität* (S. 53–74). Münster: Waxmann.

Lindmeier, B. & Beyer, T. (2011). Kooperation von Lehrkräften in verschiedenen Formen schulischer Inklusion. *Sonderpädagogische Förderung heute, 56* (4), 396–413.

Luder, R. & Kunz, A. (2014). Gemeinsame Förderplanung. In R. Luder, A. Kunz & C. Müller Bösch (Hrsg.), *Inklusive Pädagogik und Didaktik* (S. 55–71). Zürich: Publikationsstelle der PH Zürich.

Luder, R., Kunz, A. & Moretti, M. (2009). *Evaluation der Pilotprojekte im sonderpädagogischen Bereich im Kanton Graubünden. Schlussbericht.* Zürich: Forschungsgruppe Gesundheit und besondere pädagogische Bedürfnisse, Pädagogische Hochschule Zürich.

Lütje-Klose, B., Urban, M., Werning, R. & Willenbring, M. (2005). Sonderpädagogische Grundversorgung in Niedersachsen – Qualitative Forschungsergebnisse zur pädagogischen Arbeit in Regionalen Inklusionskonzepten. *Zeitschrift für Heilpädagogik, 56* (3), 82–94.

Maag Merki, K., Halbheer, U. & Kunz, A. (2005). *Gesamtbericht „Pädagogische Entwicklungs-Bilanzen (PEB)" Profile von Zürcher Mittelschulen.* Zürich: Forschungsbereich Schulqualität & Schulentwicklung, Pädagogisches Institut, Universität Zürich.

Mastropieri, M. & Scruggs, T. E. (2001). Promoting Inclusion in Secondary Classrooms. *Learning Disability Quarterly, 24* (4), 265–281.

Moser, H. (2015). *Instrumentenkoffer für die Praxisforschung.* Freiburg: Lambertus.

Packard, A. L., Hazelkorn, M., Harris, K. P. & McLeod, R. (2011). Academic Achievement of Secondary Students with Learning Disabilities in Co-Taught and Resource Rooms. *Journal of Research in Education, 21* (2), 100–118.

Pierson, M. R. & Howell, E. J. (2013). Two high schools and the road to full inclusion: A comparison study. *Improving Schools, 16* (3), 223–231.

Pool Maag, S. & Moser Opitz, E. (2014). Inklusiver Unterricht – grundsätzliche Fragen und Ergebnisse einer explorativen Studie. *Empirische Sonderpädagogik, 6* (2), 133–149.

Schaarschmidt, U. (2005). Potsdamer Lehrerstudie – ein erstes Fazit. In U. Schaarschmidt (Hrsg.), *Halbtagsjobber? Psychische Gesundheit im Lehrerberuf – Analyse eines veränderungsbedürftigen Zustands* (2. Auflage) (S. 141–160). Weinheim: Beltz.

Scheerens, J. & Bosker, R. J. (1997). *The foundations of educational effectiveness.* Oxford: Pergamon.

Schwarzer, R. & Jerusalem, M. (Hrsg.). (1999). *Skalen zur Erfassung von Lehrer- und Schülermerkmalen. Dokumentation der psychometrischen Verfahren im Rahmen der Wissenschaftlichen Begleitung des Modellversuchs Selbstwirksame Schulen.* Berlin: Freie Universität Berlin.

Urton, K., Wilbert, J. & Hennemann, T. (2014). Der Zusammenhang zwischen der Einstellung zur Inklusion und der Selbstwirksamkeit von Schulleitungen und deren Kollegien. *Empirische Sonderpädagogik, 6* (1), 3–16.

Watkins, A. (Ed.). (2007). *Assessment in Inclusive Settings: Key Issues for Policy and Practice.* Odense: European Agency for Development in Special Needs Education.

WHO. (2011). *Internationale Klassifikation der Funktionsfähigkeit, Behinderung und Gesundheit bei Kindern und Jugendlichen (ICF-CY).* Bern: Hans Huber.

Wick, J., Kreis, A. & Kosorok Labhart, C. (2013). *Skalenhandbuch zum Fragebogen für Fachpersonen für Sonderpädagogik in Primarklassen sowie Regellehrpersonen (Projekt KosH – Kooperation im Kontext schulischer Heterogenität).* Kreuzlingen: Pädagogische Hochschule Thurgau.

Tanja Sturm und Monika Wagner-Willi

Kooperation pädagogischer Professionen
Bearbeitung und Herstellung von Differenz in der integrativen Sekundarstufe

Zusammenfassung

In diesem Beitrag wird der Frage nachgegangen, wie kooperierende Lehrpersonen der Regel- und der Sonderpädagogik Differenzen zwischen Schülerinnen und Schülern im Fachunterricht Deutsch und Mathematik der Sekundarstufe I herstellen und bearbeiten. Dazu werden Situationen aus dem Deutsch- und aus dem Mathematikunterricht einer Integrationsklasse (8. Jahrgangsstufe) verglichen. Unsere Ausführungen basieren auf Ergebnissen aus Interpretationen von Unterrichtsvideos, welche durch Fotogramm- und Sequenzanalysen generiert wurden. Der Vergleich zeigt, dass sich in beiden kooperativen Unterrichtssituationen eine pädagogische Fachkraft für den unterrichtlichen Verlauf mit der gesamten Klasse verantwortlich zeigt, während die andere sich einzelnen (leistungsschwachen) Schülerinnen und Schülern zuwendet. Dabei wird deutlich, wie die rekonstruierten Varianten der Kooperation mit einem Unterrichtsverständnis verbunden sind, das Leistung individuell zuschreibt und eine gleichzeitige Auseinandersetzung aller Schülerinnen und Schüler mit dem gleichen inhaltlichen Gegenstand vorsieht. Schülerinnen und Schüler, denen die Lehrpersonen dies nicht zutrauen, erhalten kompensatorisch Unterstützung. Für das Projekt des inklusiven Unterrichts verdeutlicht der Beitrag das Risiko einer Reduktion darauf, dass Schülerinnen und Schüler mit und ohne „besonderen Bildungsbedarf" die Integrationsklasse gemeinsam besuchen.

1   Kooperation pädagogischer Professionen im inklusiven Unterricht

In der deutschsprachigen Erziehungswissenschaft werden zurzeit die Themen „Professionalisierung von Kooperation" und „Inklusion" als bedeutsam für die Schul- und Unterrichtsentwicklung diskutiert (vgl. Lütje-Klose, 2013; Maag Merki, Werner & Ehlert, 2013). Der Diskurs um *Inklusion* kann als Reaktion auf bildungspolitische Reformen verstanden werden, die seit der Ratifizierung der UN-Behindertenrechtskonvention (UN, 2006/2008) beobachtbar sind. Auch die Schweiz, aus der wir Forschungsbefunde präsentieren, hat die Konvention ratifiziert und verfügt über bildungspolitische Dokumente, in denen die integrative Beschulung einer separativen vorgezogen wird (EDK, 2007).

In der Erziehungswissenschaft werden die gemeinsame Beschulung aller Schülerinnen und Schüler sowie die Entwicklung einer „allgemeinen, integrativen Pädagogik" unter Berücksichtigung der Individualität aller Bildungs- und Erziehungsprozesse bereits seit Längerem diskutiert (z. B. Eberwein, 1998). Die Gestaltung des integrativen Unterrichts wurde seit den 1980er-Jahren wissenschaftlich begleitet (z. B. Schley & Köbberling, 1994) und didaktisch konzipiert (Feuser, 1998). Seit der

Jahrtausendwende hat „Inklusion" den Begriff der Integration im deutschsprachigen Diskurs abgelöst. Er steht in theoretischer Kontinuität zu Letzterem (Lütje-Klose & Urban, 2014) und beschreibt, weit gefasst, die Überwindung von Benachteiligung und Behinderung (Ainscow, 2008; Feuser, 2006). Daran knüpfen wir an und machen eine sozialwissenschaftlich-reflexive Perspektive geltend, die Behinderung in sozialen Situationen und Interaktionen verortet (Sturm & Wagner-Willi, 2015b) und verschiedene, sich überlagernde soziale Ungleichheitslagen in Wechselwirkung mit „besonderem Bildungsbedarf" (SKBF, 2014, S. 42) und Behinderung betrachtet (Katzenbach & Schroeder, 2007; Schildmann, 2012). Ein solches Verständnis eröffnet die Möglichkeit, organisationale Zuschreibungen als normative einzuklammern und soziale Prozesse der Herstellung von Behinderung und damit verbundene Folgen (z.B. Aussonderung) zu untersuchen. Die Überwindung von Behinderung, also Inklusion, bezieht sich in Schule und Unterricht auf fachliches und soziales Lernen. Vor diesem Hintergrund verstehen wir „Inklusion" und „Exklusion" als relationale analytische Begriffe (Luhmann, 2002).

In der qualitativen Unterrichtsforschung findet der Betriff „Heterogenität" eine differenztheoretische Wendung, derzeit mit einem Fokus auf Leistungsdifferenzen (vgl. z.B. Göhlich, Reh & Tervooren, 2013; Rabenstein, Reh, Ricken & Idel, 2013). Differenzen werden dabei als sozial hergestellt verstanden. Diese können Ausgangspunkt pädagogischer Initiierung von Lehr-Lern-Prozessen sein und/oder mit negativen Zuschreibungen bzw. mit weiteren Formen der Marginalisierung bzw. Behinderung einhergehen (Sturm, 2015). In der Unterrichtsforschung wurden bisher vor allem Lehrpersonen und ihre Konstruktion von Differenzen in der Interaktion mit den Schülerinnen und Schülern der Klasse fokussiert.

Die auf die „Regelschule" bezogene Forschung fasst den Gegenstandsbereich der *Kooperation von Lehrpersonen* weiter (Fußangel & Gräsel, 2011) als die Forschung der Inklusionspädagogik. Letztgenannte fokussiert vor allem das Teamteaching von Sonder- und Regellehrperson (Lütje-Klose & Urban, 2014; Urban & Lütje-Klose, 2014; Wocken, 1988). Untersuchungen zur unterrichtlichen Kooperation liegen für die Primarstufe (Haeberlin, Jenny-Fuchs & Moser Opitz, 1992) und für die Sekundarstufe vor (Köbberling & Schley, 2000, S. 227 ff.). Die grundlegende Schulentwicklungsaufgabe der Umsetzung von Inklusion stellt für die professionellen Akteurinnen und Akteure „einen Balanceakt zwischen Professionalisierung und Deprofessionalisierung" (Heinrich, Arndt & Werning, 2014, S. 59) dar. Innerhalb inklusiver Settings sind sie herausgefordert, Zusammenarbeitsformen zu entwickeln, die über eine Arbeitsteilung hinausgehen – und zugleich ihre professionellen Rollenverständnisse zu klären. Dies erfolgt – unter den Bedingungen der Zusammenarbeit – im Spannungsfeld der Aufrechterhaltung und Transformation der Identität in der eigenen professionellen Rolle, um im kooperativen Kontext „interdependente Aufgaben gemeinsam zu lösen" (Heinrich et al., 2014, S. 59). Innerhalb der Sekundarstufe umfasst dies aufseiten der Sonderpädagoginnen und Sonderpädagogen den „Aufbau gelingender Kooperation mit der Vielzahl der verschiedenen FachlehrerInnen" (Köbberling & Schley, 2000, S. 253 f.).

Fußangel und Gräsel (2011) sehen zudem eine Forschungslücke in Bezug auf fachkulturelle Prägungen der Kooperation, ohne sich dabei explizit auf Teamteaching zu beziehen. Im Rahmen unserer im Folgenden vorgestellten Studie betrachten wir die Kooperationspraxis von Fachlehrpersonen für Deutsch und Mathematik mit einer Schulischen Heilpädagogin in einer integrativen Sekundarstufenklasse und deren (Ko-)Konstruktion und Bearbeitung von (Leistungs-)Differenzen. Die empirische Basis stellt das vom Schweizerischen Nationalfonds (SNF) finanzierte Projekt „Herstellung und Bearbeitung von Differenz im Fachunterricht der Sekundarstufe I – eine Vergleichsstudie zu Unterrichtsmilieus in inklusiven und exklusiven Schulformen" (Laufzeit 2014–2017) dar.

2 Die Studie: Differenzkonstruktionen im Fachunterricht der Sekundarstufe I

2.1 Erkenntnisinteresse und theoretische Einbettung

Leitendes Erkenntnisinteresse der Studie ist es, die Herstellung und Bearbeitung von (Leistungs-)Differenzen im Fachunterricht inklusiver und exklusiver Schulformen der Sekundarstufe I zu rekonstruieren. Wir gehen von der Prämisse aus, dass Inklusion und Exklusion im Zusammenhang mit Differenzkonstruktionen und -bearbeitungen stehen. Hierbei knüpfen wir an die praxeologische Wissenssoziologie an und unterscheiden zwischen explizit-formalen bzw. kommunikativen Formen der Differenzkonstruktion und -bearbeitung einerseits und solchen auf der Ebene der konjunktiven Erfahrungen bzw. der Handlungspraxis andererseits (Bohnsack, 2014; Mannheim, 1980). Letztere, d. h. die impliziten Formen der Differenzherstellung und -bearbeitung, liegen im Zentrum des Erkenntnisinteresses. Differenzen und damit einhergehende Formen der Inklusion und Exklusion entstehen in – sich häufig wiederholenden – sozialen und interaktiven Prozessen und Praktiken (Bohnsack & Nohl, 2001). In Schule und Unterricht stellen „Leistung" und damit gekoppelte Verhaltenserwartungen eine zentrale Differenzkategorie dar, auf die Lehrpersonen rekurrieren (Sturm, 2015). In ihren Fokus geraten dabei vor allem Schülerinnen und Schüler, die die normativen Leistungs- und Verhaltenserwartungen irritieren (Weisser, 2005). Empirische Befunde verweisen auf ein der Praxis schulischer Organisationen inhärentes Spannungsverhältnis von Selektion und Bildung (Kronig, 2007), das die Folie dieser Unterscheidungen bildet. So erweist sich „Leistung" empirisch als zentraler Kern schulspezifischer „pädagogischer Differenzordnung" (Rabenstein et al., 2013, S. 675).

Im Unterricht werden Erziehungs- und Bildungsprozesse im Kontext formaler Regeln der Schule, sozialer Rollen und unterschiedlicher sozialer Milieus hervorgebracht und/oder behindert. Das in diesem Zusammenspiel potenziell entstehende „Organisationsmilieu" (Nohl, 2007, S. 65) begreifen wir in Bezug auf die fachunterrichtliche Praxis als „Unterrichtsmilieu" (Wagner-Willi & Sturm, 2012). In unserem

Projekt gehen wir der Frage nach, wie sich in der Unterrichtspraxis unterschiedliche Milieus von Schülerinnen und Schülern sowie von Lehrpersonen – im Sinne konjunktiver Erfahrungsräume – überlagern und wie institutionalisierte Regeln und Rollen als kommunikative, explizite Wissensformen und Beziehungen handlungspraktisch umgesetzt werden. Hierbei interessiert uns, welche Bedeutung Unterrichtsmilieus bei der Herstellung und Bearbeitung von Leistungsdifferenzen zwischen den Schülerinnen und Schülern bzw. zwischen spezifischen Gruppen von Schülerinnen und Schülern haben.

2.2   Sampling und Methoden

Die Auswahl der Fälle zielt auf die Kontrastierung von *Unterrichtsmilieus* in den Dimensionen „Schulform" und „Fachkulturen". Neben den Unterrichtsfächern Deutsch und Mathematik vergleichen wir dem Selbstverständnis nach inklusive mit exklusiven Schulformen, also integrative Schulformen der Sekundarstufe I mit Gymnasien. Der Besuch Letzterer sieht in der Schweiz leistungsbezogene Zulassungshürden vor (wie z. B. Mindestnoten in ausgewählten Fächern oder Aufnahmeprüfungen).

In die Erhebung beziehen wir je Schulform zwei Klassen ein. Im Zentrum stehen Unterrichtsvideos, die mit zwei einander ergänzenden Kameraperspektiven aufgenommen werden. Pro Fach und Klasse werden insgesamt sechs bis sieben Unterrichtsstunden videografiert. Zudem führen wir Interviews mit den Lehrpersonen und Gruppendiskussionen mit den Schülerinnen und Schülern zu ihren Unterrichtserfahrungen durch. Deren Auswertung erfolgt mit der dokumentarischen Methode (Bohnsack, 2014); bei den Videos kombinieren wir die Interpretation von Fotogrammen (Standbildern) mit einer Sequenzanalyse. Während Fotogramme einen Zugang zur *Simultaneität*, also zu den visuell erfassten körperlich-räumlich-szenischen Aspekten des Geschehens in ihrer Eigenlogik, ermöglichen, gelingt es anhand von Videosequenzen, die interaktive Praxis in ihrer Prozesshaftigkeit bzw. *Sequenzialität* zu rekonstruieren. Auf der Basis von Handlungsverläufen der Videos wählen wir Szenen für die Feinanalyse aus, die sich durch eine interaktive Dichte und den Bezug auf Schulleistungsdifferenzen auszeichnen. Die dokumentarische Methode sieht zwei Interpretationsebenen vor: die formulierende und die reflektierende Interpretation. Bei der Erstgenannten werden die Standbilder und Videosequenzen detailliert beschrieben, also u. a. das szenische Arrangement, die Gestik, die Mimik, die Körperhaltungen und die interaktiven Praktiken. Demgegenüber ist die reflektierende Interpretation auf das Wie gerichtet, also auf die Art und Weise, wie die Abgebildeten sich zueinander ins Verhältnis setzen, wie sie miteinander interagieren und welche Orientierungen dabei zugrunde liegen (Fritzsche & Wagner-Willi, 2015).

3   Kooperationsformen und Differenzkonstruktionen im Deutsch- und Mathematikunterricht

Unsere Ergebnisse basieren auf der komparativen Analyse von Fotogrammen und Videosequenzen des Deutsch- und des Mathematikunterrichts. Wie bei den Videosequenzen bilden interaktive Fokussierungen, Repräsentation, aber auch Brüche Kriterien der Auswahl von Fotogrammen. Aufgrund der gebotenen Kürze werden wir die szenische Choreografie der Fotogramme als Element der reflektierenden Interpretation ins Zentrum stellen und für den Deutschunterricht vertiefend einen Ausschnitt der Sequenzanalyse einbeziehen.

Die Daten wurden in einer Schule erhoben, die zwei Schulzüge integriert beschult: einen Schulzug mit „Grundansprüchen" und einen mit „erweiterten Ansprüchen" (SKBF, 2014, S. 89). In die einbezogene 8. Klasse sind zudem vier Schülerinnen und Schüler mit „besonderem Bildungsbedarf" (SKBF, 2014, S. 42) integriert. Die Klasse besteht aus sechs Mädchen und elf Jungen im Alter von 14 bis 15 Jahren. Der Fachunterricht wird in zweiwöchigen Epochen erteilt, in denen vor allem an Wochenplänen gearbeitet wird. Eine Epoche beginnt mit einer thematischen Einführung, dem sogenannten „Input", und endet mit einer Prüfung. Das Klassenteam besteht aus den Fachlehrpersonen und zwei Schulischen Heilpädagoginnen.

3.1   Fotogrammanalyse: Differenzbearbeitung während des Inputs in Deutsch

Das erste Fotogramm[1] (vgl. Abbildung 1) entstammt der fokussierten Videosequenz eines Inputs im Deutschunterricht, bei dem die Deutschlehrerin Frau Wyss in das Thema „Zeitformen der Verben" einführt. Neben ihr sind der Mathematiklehrer Herr Peters und die Heilpädagogin Frau Werner anwesend. Frau Wyss erteilt den folgenden Auftrag: „Ihr kriegt jetzt alle von mir zwei Begriffe; damit könnt ihr nicht viel anfangen. Ihr findet euch hier am großen Tisch zusammen und ihr versucht, aus den zwei Begriffen, die jeder mitbringt, euch mit den anderen so zusammenzusetzen, dass es Sinn macht." Die Schülerinnen und Schüler erhalten je zwei Papierstreifen, auf denen nach Zeitformen konjugierte Verben oder grammatikalische Fachbegriffe stehen. Die Schülerinnen und Schüler versammeln sich, ohne Zuteilung durch die Lehrpersonen, am Gruppentisch. Die Aufgabenbearbeitung verlagert sich zunehmend in den Handlungsraum der Mädchen.

Das ausgewählte Fotogramm entstammt der ca. dreiminütigen, zur Feinanalyse herangezogenen Videosequenz jener Phase des Inputs, in der Frau Wyss die bisherige Aufgabenbearbeitung kommentiert und mit den Schülerinnen und Schülern abschließt. Die Stelle (1 min 37 s) zeichnet sich durch hohe interaktive Dichte und

---

1   Die Fotogramme sind aus Anonymisierungsgründen unscharf dargestellt. Zudem wurden sämtliche Namen geändert.

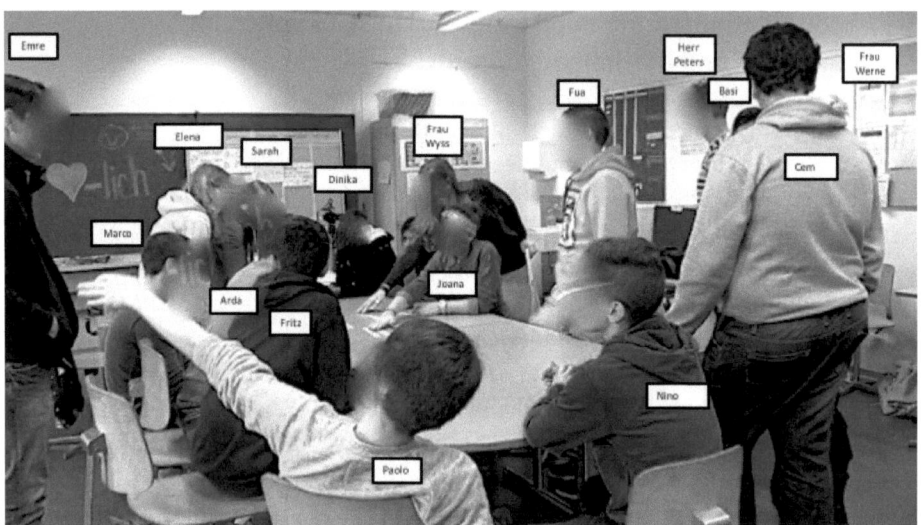

Abbildung 1:   Fotogramm 1 – Videosequenz „Input Deutsch" (1 min 37 s).

Brüche aus und ist zugleich repräsentativ für die Interaktionen zwischen den Lehrpersonen und den Schülerinnen und Schülern der Sequenz.

Während die Personen körperlich überwiegend auf die Papierstreifen auf dem Tisch gerichtet sind, unterscheiden sich ihre Kopfhaltungen, ihre Mimik und ihre Gestik bzw. die Formen ihrer Beteiligung am von der Deutschlehrerin initiierten Unterrichtsgeschehen. Ihre Positionen differieren in ihrer Relation zu Frau Wyss und Joana. Deren paralleles Hantieren mit Papierstreifen repräsentiert die stärkste Form der Beteiligung. Eine weitere, eher potenzielle Form der Beteiligung zeigen jene Personen, die körperlich auf die Papierstreifen am Tisch ausgerichtet sind. Sie könnten diese durch Vorbeugen oder das Ausstrecken des Arms ebenfalls erreichen und nehmen eine Zuschauerrolle ein. Gemeinsam mit Frau Wyss und Joana bilden sie eine Art „inneren Kreis" um die Papierstreifen. Eine weitere Form der (Nicht-) Teilnahme an dem genannten Geschehen am Tisch zeigen die Schüler Emre, Paolo und Nino, deren Kopf- und Körperhaltungen darauf verweisen, dass sie in eine gemeinsame Peer-Interaktion involviert sind. Sie müssten ihre Position im Raum stärker verändern, um an die Papierstreifen zu gelangen. Eine nur ausschnitthaft abgebildete Gruppe steht am Ende des Tisches. Die Beteiligten sind einander offenbar zugewandt und befinden sich am Rande des Geschehens um die Papierstreifen. Erkennbar ist ein Teil von Basils Stirn, wodurch sich zeigt, dass er sich vermutlich auf Cem ausrichtet, der seinerseits Basil zugewandt ist. Rechts von Cems Beinen sind der Ausschnitt eines schwarz bekleideten Beines und oberhalb seiner Schulter der Haarzipfel von Frau Werner zu sehen. Dass es sich dabei um diese Person handelt, wird auf dem zweiten Fotogramm (vgl. Abbildung 2) erkennbar. Herr Peters steht außerhalb der genannten Gruppierungen. Die unterschiedlichen Grade und Formen der Beteiligung korrespondieren mit drei Interaktionszentren.

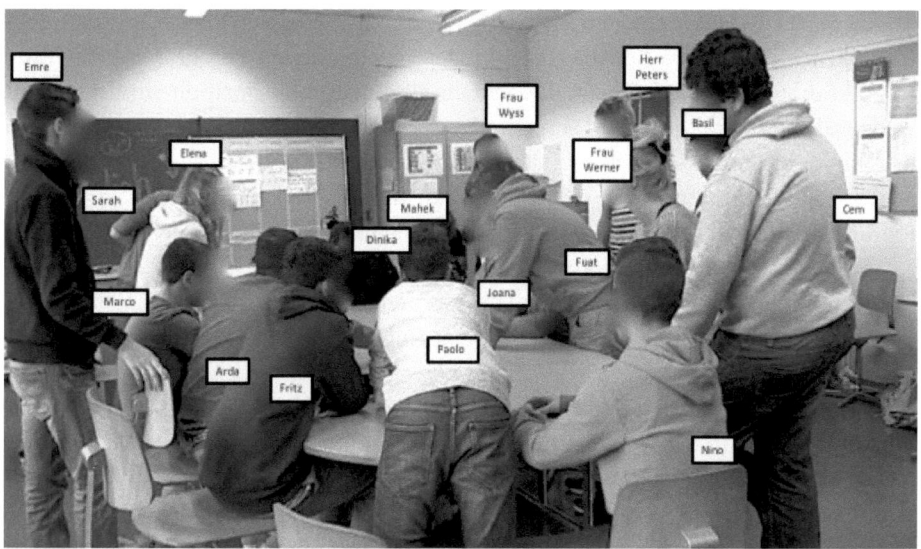

Abbildung 2:   Fotogramm 2 – Videosequenz „Input Deutsch" (2 min 24 s).

Das derselben Szene entnommene Fotogramm wurde im Sinne einer maximalen Kontrastierung gewählt. Die szenische Choreografie unterscheidet sich von der ersten durch die körperliche Ausrichtung fast aller Abgebildeten auf die Tischmitte – die der Bildmitte entspricht. Eine Ausnahme stellt Basil dar, der den Kopf zur gegenüberliegenden Tischseite richtet. Die Personen sind um das unterrichtliche Geschehen um die im Fotogramm nicht sichtbaren Papierstreifen zentriert. Auch hier unterscheidet sich ihr Involviertsein in dieses Geschehen: So lässt sich ein innerer Kreis, dem Fuat, Arda und eventuell Paolo angehören, von einem nächsten unterscheiden, zu dem Sarah, Elena, Marco, Fritz und Dinika zählen. Während die Personen des „inneren Kreises" unmittelbar nach den Papierstreifen greifen, ist dies den anderen, die als Zuschauende agieren, nicht möglich. Im Gegensatz zu einer noch weiter außen befindlichen Gruppe (Emre, Nino, Cem, Basil, Herr Peters und Frau Wyss) sind sie aber derart nah am Geschehen, dass sie durch eine leichte Positionsänderung ebenfalls an die Papierstreifen gelangen könnten. Die Personen in der äußeren Ellipse stehen fast alle mit Abstand zum Tisch, teilweise in der zweiten Reihe. Auch der am Tisch sitzende Nino nimmt einen gewissen Abstand zum Geschehen im inneren Kreis ein. Basil steht hinter zwei ebenfalls stehenden Personen, die seine Sicht auf das Geschehen um die Papierstreifen einschränken. Er fällt aus der Choreografie der drei anderen Gruppen, die fast wie verschachtelt mit nach außen hin abnehmender körperlicher Beteiligungsintensität angeordnet sind, heraus.

Die Fotogramme zeigen einen Kontrast in Bezug auf die Beteiligung der Anwesenden am von der Lehrerin initiierten Unterrichtsgeschehen. Choreografisch lässt das zweite Fotogramm eine gemeinsame Fokussierung auf *ein* Interaktionsgeschehen erkennen, während das erste mehrere parallele Interaktionen aufweist. Vor allem Basil nimmt eine Randposition ein; seine Teilhabe als Zuschauer ist durch die verdeckte Sicht auf das Geschehen stark eingeschränkt. Dieser sich körperlich-räumlich darstellende Ausschluss betrifft einen Jungen, der im ersten Fotogramm durch die Interaktion mit der Heilpädagogin ebenfalls eine marginale Position einnimmt und weder an der Interaktion der Fachlehrerin mit anderen Schülerinnen und Schülern noch an der Interaktion zwischen den männlichen Peers teilhat.

Die Interaktion zwischen den Jungen am unteren linken Rand des ersten Fotogramms hat sich im zweiten Fotogramm aufgelöst. Vor allem der Vergleich der Körperpositionen Paolos zeigt diese neue Orientierung auf das von der Lehrerin initiierte unterrichtliche Geschehen. Im zweiten Fotogramm lehnt sich Paolo mit dem Oberkörper und nach vorn gerichtetem Kopf weit über den Tisch. Vergleichbar stark ist die deutlichere Hinwendung zum unterrichtlichen Geschehen Fuats. Im Unterschied hierzu nehmen Joana und Frau Wyss eine ähnlich beobachtende Position ein wie Fuat zuvor. Nino lässt, trotz Aufrechterhaltung einer gewissen Distanz, mit seiner Kopfhaltung eine Ausrichtung an dem zentralen Tischgeschehen erkennen. Ähnliches kann für Emres Position im Fotogrammvergleich festgehalten werden. Die im ersten Fotogramm angedeutete Interaktion zwischen Frau Werner, Basil und Cem ist im zweiten aufgehoben: Anders als Basil ist Cem im zweiten Fotogramm an dem Geschehen um die Papierstreifen beobachtend beteiligt. Die sich im ersten Fotogramm dokumentierende Nähe der Heilpädagogin zu Cem und Basil findet sich auch im zweiten.

Insgesamt zeigen beide Fotogramme, dass nur wenige Personen entlang korporierter Praktiken in die der Klasse gestellte Aufgabe einbezogen sind, während die anderen zusehen oder parallel interagieren. Hierin dokumentieren sich strukturelle Elemente eines frontalen Unterrichtsarrangements, auch wenn die dafür typische Ausrichtung der Schülerinnen und Schüler an einer vor der Tafel agierenden Lehrperson zugunsten einer Anordnung um den Gruppentisch aufgehoben ist. So wird der unterrichtliche Gegenstand von wenigen stellvertretend für alle bearbeitet und die Lehrerin lenkt deren Vorgehen. Dieser Bruch dokumentiert sich auch zwischen der geschlossenen Aufgabenstellung, die nur *eine* richtige Lösung zulässt, und dem scheinbar offenen Unterrichtsarrangement. In diesem Zusammenhang steht auch die im ersten Fotogramm herausgearbeitete Entfaltung paralleler Interaktionen, vor allem diejenigen der Jungen, die mit ihren scherzenden Peer-Praktiken die offizielle Unterrichtskommunikation unterlaufen – bei gleichzeitiger Aufrechterhaltung einer (gebrochenen) körperlichen Ausrichtung auf die Papierstreifen, wodurch sie zugleich den formalen Rollenanforderungen der Teilnahme am Unterricht genügen.

Die Fotogramme zeigen zudem unterschiedliche Praxisformen der Lehrpersonen: Während die Position und die körperliche Haltung des Mathematiklehrers in beiden Fotogrammen auf Beobachtung verweisen, greift die Deutschlehrerin aktiv in das Geschehen am Tisch ein. Die Heilpädagogin hat hier eine Zwischenposition. Dies wird nicht nur im zweiten Fotogramm deutlich, in dem sie sich mit ihrer zum Geschehen „hinbewegenden" Körperhaltung und ihrer Mimik als aktive Zuschauerin präsentiert. Wie wir weiter unten (vgl. Abschnitt 3.3) anhand der Sequenzanalyse zeigen werden, übernimmt sie gegenüber der Fachlehrerin auch eine kompensatorische Funktion im Unterricht.

3.2 Fotogrammanalyse: Differenzbearbeitung während des Inputs in Mathematik

Das dritte Fotogramm (vgl. Abbildung 3) entstammt einem Input des Mathematikunterrichts der gleichen Klasse. Der Fachlehrer Herr Peters und Frau Werner, die beide nebeneinander am Lehrerpult sitzen, führen in das Thema „Negative Zahlen" ein. Die Klasse sitzt um den Gruppentisch. Ähnlich wie beim Deutsch-Input erhalten die Schülerinnen und Schüler eine auf Kooperation angelegte Aufgabe: Sie sollen innerhalb von zwei gegnerischen Gruppen, die der Lehrer als „Mannschaften" bezeichnet, kooperieren. Dabei sollen sie von der positiven Zahl 15 ausgehend in abwechselnden Spielzügen durch Subtraktionen zwischen 1 und 7 versuchen, als Erste die negative Zahl -15 zu erreichen. Nachdem die eine Gruppe zwei Spielrunden gewonnen hat, fordert Herr Peters vor allem die „Verliererinnen und Verlierer" auf, ihre weitere Strategie zu beraten: „Ihr müsst euch jetzt in der Gruppe besprechen, was genau ist passiert, dass ihr zweimal verloren habt … Da habt ihr die Protokolle, setzt euch zusammen, wir machen zwei, drei Minuten, besprecht euch und dann machen wir die entscheidende Runde."

Die szenische Choreografie ähnelt derjenigen des Deutschunterrichts: Die Mädchen sitzen in Pult- und Tafelnähe, die Jungen am anderen Tischende. Mit Ausnahme der Lehrpersonen sitzen hier jedoch alle am Tisch.

Frau Werner adressiert einerseits deutlich zugewandt, mit nach vorn gebeugtem Oberkörper und geneigtem Kopf, den sitzenden Schüler Paolo. Sie behält andererseits durch ihr Stehen eine die anderen überragende Körperposition bei. Ihr in die Hüfte gestemmter Arm verleiht ihr einen machtvollen Gestus, der ihre exklusiv stehende Position betont und damit eine Rollendifferenz gegenüber den Schülerinnen und Schülern sowie ihrem Kollegen markiert. Ihre Körperhaltung erlaubt es ihr, die Klasse durch wenige Bewegungen zu überblicken und damit eine kontrollierende Funktion wahrzunehmen. Diese asymmetrische Rollenkonstellation wird von der Körperhaltung des Fachlehrers Herrn Peters gebrochen: Er befindet sich vor Dinika in der Hocke, beide haben den Blick aufeinander gerichtet. Herr Peters nimmt im Raum eine ähnliche Position ein wie Frau Wyss im Deutschunterricht. Seine tendenziell Symmetrie herstellende Körperhaltung unterscheidet sich jedoch von derjenigen seiner Kollegin, ebenso wie die Einzeladressierung Dinikas, einer Schülerin mit „besonderem Bildungsbedarf". Wie im Deutsch- sind auch im Mathematikunterricht parallele Interaktionen – in Letztgenanntem über die Gruppengrenzen hinweg – erkennbar, jedoch ohne interaktive Brechung eines zentralen, das Unterrichtsgeschehen bestimmenden Interaktionszentrums, wie dies im ersten Fotogramm (vgl. Abbildung 1) zu erkennen ist. Die Angehörigen beider Mannschaften zeigen körperlich allerdings – im Unterschied zum eigentlichen Auftrag, die Strategie

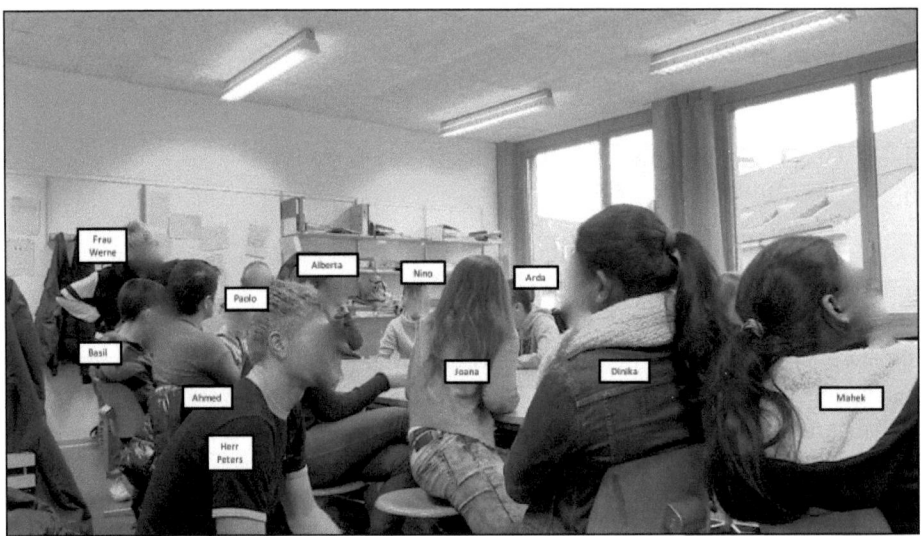

Abbildung 3:   Fotogramm 3 – Videosequenz „Input Mathematik" (11 min 15 s).

zu beraten – keine interaktiven Bezüge. Vielmehr dominieren die Interaktionen der Lehrpersonen mit Einzelnen. Vor allem Herr Peters zieht Dinika aus der Interaktion ihrer Mannschaft heraus und unterläuft damit ihre Möglichkeit, zur Erarbeitung einer gemeinsamen Strategie beizutragen.

Frau Werner befindet sich, wie im Deutschunterricht, am Tischende. Sie steht hinter den Jungen mit „besonderem Bildungsbedarf" und ist damit in ihrer Nähe, jedoch nicht unmittelbar bei ihnen. Zugleich ist sie aber in Interaktion mit einem anderen Schüler und nimmt eine eher klassenbezogene Körper-Raum-Position ein. Der Fotogrammvergleich verweist somit auf eine Differenz in der Art und Weise, wie die zwei Lehrpersonen sich zueinander und zu den Schülerinnen und Schülern ins Verhältnis setzen. Dies wird auch in der Analyse der Szene zum Deutschunterricht deutlich, auf die wir im Folgenden eingehen.

3.3   Sequenzanalyse: Differenzbearbeitung während des Inputs in Deutsch

Die Szene des Deutsch-Inputs enthält mehrere Sequenzen, die parallel und nacheinander verlaufen:

- Organisation der weiteren Bearbeitung der Gruppenaufgabe,
- angeleitete Bearbeitung der Gruppenaufgabe,
- spielerisches Papierschnippen,
- paralleles Unterrichtsgespräch zwischen der Schulischen Heilpädagogin und zwei Schülern,
- Suche nach der falschen Karte.

Wir greifen hier das besonders interessierende parallele Unterrichtsgespräch (0 min 05 s–1 min 04 s) heraus:

> Frau Werner tritt von hinten an Basil, der auf Abstand hinter der rechten Tischseite steht, heran. Sie berührt ihn flüchtig mit der linken Hand an seiner rechter Schulter und sagt leise: „(So) ihr zwei." Sie blickt in Cems Richtung, sagt leise „(Komm)", führt die Hände mit gestreckten Zeigefingern am Mund zusammen, beugt sich dabei leicht nach vorn, dreht den Kopf etwas zu Basil und sagt noch etwas (unverständlich), sich wieder aufrichtend. Basil tritt dabei zurück, während Cem (von rechts ins Kamerabild kommend) an Frau Werner herantritt, den Kopf in ihre Richtung wendet und mehrmals nickt (während Basil dadurch im Kamerabild von Cem verdeckt wird). Frau Werner blickt zu Cem, der wieder einen Schritt zurücktritt (und damit aus dem Kamerabild rückt, während Basil wieder ins Bild kommt), während sie fragt: „Weißt du, was aktiv und was." Frau Werner dreht den Kopf nach links zu Basil, tippt kurz mit ihren einander umfassenden Händen auf Brusthöhe in seine Richtung und sagt leise etwas (unverständlich). Dann führt sie ihre Hände mit gestreckten Zeigefingern wieder zum Mund, dreht den Kopf erneut in Cems Richtung, geht einen Schritt auf ihn zu und fragt: „Weißt du, was", deutet kurz mit ihren sich umfassenden Händen in Cems Richtung, „aktiv und was passiv, was das heißt?" Dabei hält Frau Werner ihre Hände vor der Brust und bewegt sie mehrmals rhythmisch vor und zurück. „Wenn ich dir sage", Frau Werner deutet mit dem linken Zeigefinger in Cems Richtung, „du bist aktiv?" Einen Moment später sagt sie, mit Kopfnicken: „Genau. Dann tut man etwas, ganz genau, dann macht man etwas." Dabei bewegt sie ihre Hände schnell aufeinander zu und wieder auseinander. Sie dreht sich zum Tisch, deutet darauf und sagt: „Schau mal (.) komm", und Cem tritt an den Tisch heran, wo er sich mit der linken Hand abstützt. Beide blicken dorthin, wo gerade Joana die Position einiger Papierstreifen verändert. Basil, der hinter beiden steht, tritt einen Schritt zur Seite und blickt zwischen Cem und Frau Werner auf den Tisch. Während Frau Werner Cem etwas zuflüstert und dieser sich anschließend fast synchron mit ihr über den Tisch beugt, tritt Basil im Hintergrund einige Schritte zur Seite und an den Tisch heran, wodurch sich sein Sichtfeld auf den Tisch offenbar verbessert.

Frau Werner wendet sich an Cem und Basil, die sich körperlich sofort auf sie ausrichten, und bespricht die Bedeutung von „aktiv", also die inhaltliche Voraussetzung der potenziellen Zuordnung der Begriffe zu den Verben. Sie initiiert dann die Rückkehr mit Cem an den Tisch, während Basil im Hintergrund bleibt. Parallel zum Klassengespräch der Deutschlehrerin gestaltet sie also ein Gespräch mit den beiden Schülern, in welchem sie das Unterrichtsthema anhand von Verständnisfragen zu einzelnen grammatikalischen Begriffen kurz bearbeitet, damit sich die beiden danach wieder im gemeinsamen Klassengespräch einfinden können. Die Sequenz, die sich wenig später wiederholt, lässt ein eingespieltes, unterrichtsbezogenes Interaktionssystem zwischen Frau Werner, Cem und Basil erkennen, das sich diskret im Hintergrund des von Frau Wyss inszenierten Lehrarrangements bewegt. Anders als die Fachlehrpersonen zeigt sich die Heilpädagogin für Cem und Basil zuständig. Sie richtet sich dabei inhaltlich an dem aus, was Frau Wyss vorgibt. Die zwei Schüler mit „besonderem Bildungsbedarf" haben offenbar keinen direkten Zugang zum Unterrichtsgeschehen, das die Fachlehrerin inszeniert. Diese Differenz gegenüber ihren Peers wird von der

Heilpädagogin performativ zur Darstellung gebracht und zugleich in Bezug auf die Fachinhalte kompensiert. Dabei stellt sie mit ihrer Adressierung Cems eine weitere Differenz her, und zwar zwischen den zwei Schülern. Beide Komponenten der unterrichtlichen Kooperation – Delegation und Kompensation (Katzenbach & Olde, 2011) – bedingen und stabilisieren sich gegenseitig. Dieses Muster pädagogischer Praxis mit personengebundenen Zuständigkeiten führt zu einer Marginalisierung Cems und Basils im von Frau Wyss initiierten Klassenunterricht.

4   Resümee und Perspektiven für die professionelle Kooperation im inklusiven Unterricht

Die exemplarische Sequenzanalyse und der Fotogrammvergleich zeigen, dass die Fachlehrpersonen und die Heilpädagogin ihre unterrichtliche Kooperation unterschiedlich gestalten. Dabei teilen sie das Verständnis von individuellen Leistungsunterschieden, die kompensatorisch zu bearbeiten wären, und die Unterrichtsperspektive, dass sich alle in gleicher Art und Weise mit dem gleichen inhaltlichen Gegenstand auseinandersetzen.

Für den Deutschunterricht konnte ein Muster rekonstruiert werden, bei dem die Deutschlehrerin in die inhaltliche Aufgabe des Unterrichts einführt und sich für das Vorankommen bei deren Bearbeitung verantwortlich zeigt, während die Heilpädagogin ihr assistiert, indem sie einzelne grammatikalische Begriffe herausgreift und deren Bedeutung mit Basil und – vor allem – Cem verständnissichernd bespricht. Ihre körperlichen Praktiken zeigen eine ‚vorbildhafte Rückkehr‘ in das Klassengeschehen. Sie ist dabei mit Cem und Basil in einer dyadischen bzw. triadischen Konstellation, die sich von der – wenn auch gebrochenen – Adressierung der Klasse durch die Fachlehrerin unterscheidet. Diese delegative Arbeitsteilung ist eng an die formalen Rollen gebunden, die separative Settings auszeichnen (Katzenbach & Olde, 2011). Eine gemeinsame Verantwortung für das Lernen *aller Schülerinnen und Schüler* und eine direkte Beteiligung von Cem und Basil an der Klassenaufgabe wird nicht erkennbar.

Im Mathematikunterricht findet ebenfalls eine Aufgabenteilung statt, wenngleich nicht vergleichbar konträr und gegenüber dem Deutschunterricht zudem in umgekehrter Form: Während Frau Werner in asymmetrischer Relation zu den Schülerinnen und Schülern mit potenziellem Blick auf die Gesamtklasse steht, interagiert Herr Peters dyadisch mit Dinika, einer Schülerin, der „besonderer Bildungsbedarf" zugeschrieben wird. Die unterschiedlichen Aufgaben (Unterstützung Einzelner und Blick auf die Klasse) werden im Mathematikunterricht von den pädagogischen Professionen weniger statisch bedient als im Deutschunterricht. Vielmehr dokumentiert sich eine geteilte Zuständigkeit beider Lehrpersonen für alle Schülerinnen und Schüler.

Die Gestaltung der professionellen Kooperation wird auch durch das jeweils von den Lehrpersonen geteilte Leistungs- und Unterrichtsverständnis gerahmt. Im Deutschunterricht wird die antizipierte Leistungsschwäche individuell zugeschrieben und mit einer spezifischen Adressierung durch die Heilpädagogin verbunden.

Im Mathematikunterricht hingegen wendet sich auch der Fachlehrer einer Schülerin mit „besonderem Bildungsbedarf" zu, während sich die Heilpädagogin für das unterrichtliche Klassengeschehen zuständig zeigt. Als unterrichtsfachübergreifende Gemeinsamkeit wird erkennbar, dass im Input explizit Kooperationsaufgaben gestellt werden, deren praktische Umsetzung dann aber durch die Adressierung Einzelner gebrochen wird. Im Deutschunterricht gehen mit der Transformation in eine vorwiegend individuelle Aufgabenbearbeitung – wie im ersten Fotogramm erkennbar (vgl. Abbildung 1) – temporäre, peerkulturelle Formen von „Unterleben" (Goffman, 1973) einher, die tendenziell subversiv die offizielle Unterrichtssituation unterlaufen. In den Fotogrammen beider Fächer interagieren Lehrpersonen mit Schülerinnen und Schülern, denen „besonderer Bildungsbedarf" zugeschrieben wird, was auf die implizite Relevanz dieser schuladministrativen Differenzkategorie für die unterrichtliche Praxis hinweist. Auch die Analysen weiterer Videoszenen deuten darauf hin, dass die gemeinsame Einführung in beiden Schulfächern durch derartige exklusive und kompensatorische Momente gebrochen wird (Sturm & Wagner-Willi, 2015a).

Die Kompensation von antizipierter Leistungsschwäche ist ambivalent, da sie zugleich die Marginalisierung der betroffenen Schülerin bzw. des betroffenen Schülers bekräftigt. Das heißt, es handelt sich hier um eine Überlagerung von Inklusion und Exklusion, bei der Teilhabe am fachlichen Klassengeschehen durch eine kompensatorische Praxis eröffnet werden soll, mit der jedoch eine Exklusion aus der *gemeinsamen* Aufgabenbearbeitung einhergeht. Dabei wird eine Orientierung am Professionsverständnis eines separativen Lehr-Lern-Arrangements (wie etwa in Kleinklassen) erkennbar, das den Unterrichtsgegenstand in vereinfachter Form mit einem höheren Anteil individueller Adressierung aufbereitet. Tendenzen der Deprofessionalisierung zeichnen sich gerade im Fall des angeführten Deutschunterrichts für die Heilpädagogin ab, da diese dem Risiko ausgesetzt ist, als für die „Defizite" zuständige „Fördertante" (Heinrich et al., 2014) verstanden zu werden. Zugleich dokumentiert sich, dass die einst in separativen Settings verorteten Bildungsgänge in – dem Selbstverständnis nach – inklusiven Settings reproduziert werden. Damit läuft das Projekt der Inklusion in einem solchen Unterricht Gefahr, darauf reduziert zu werden, dass der Unterricht von Schülerinnen und Schülern mit und ohne „besonderen Bildungsbedarf" gemeinsam besucht wird.

Literatur

Ainscow, M. (2008). Teaching for Diversity. The Next Big Challenge. In F. M. Connelly, M. Fang He & J. Phillion (Eds.), *The Sage Handbook of Curriculum and Instruction* (pp. 240–258). Los Angeles: SAGE.

Bohnsack, R. (2014). *Rekonstruktive Sozialforschung. Einführung in qualitative Methoden.* Opladen: Barbara Budrich.

Bohnsack, R. & Nohl, A.-M. (2001). Ethnisierung und Differenzerfahrung. *Zeitschrift für qualitative Bildungs-, Beratungs- und Sozialforschung, 2* (1), 15–36.

Eberwein, H. (1998). Sonder- und Rehabilitationspädagogik – eine Pädagogik für „Behinderte" oder gegen Behinderungen? Sind Sonderschulen verfassungswidrig? In H. Eberwein & A. Sasse (Hrsg.), *Behindert sein oder behindert werden? Interdisziplinäre Analysen zum Behinderungsbegriff* (S. 66–95). Neuwied: Luchterhand.

EDK. (2007). *Interkantonale Vereinbarung über die Zusammenarbeit im Bereich der Sonderpädagogik.* Verfügbar unter: www.edudoc.ch/static/web/arbeiten/sonderpaed/konkordat_d. pdf [30.06.2016].

Feuser, G. (1998). Allgemeine integrative Pädagogik und entwicklungslogische Didaktik. *Behindertenpädagogik, 28* (1), 4–48.

Feuser, G. (2006). Was bringt der Inklusionsbegriff? Perspektiven einer inklusiven Pädagogik. In F. Albrecht, M. Jödecke & N. Störmer (Hrsg.), *Bildung, Lernen und Entwicklung. Dimensionen professioneller (Selbst-)Vergewisserung* (S. 25–43). Bad Heilbrunn: Klinkhardt.

Fritzsche, B. & Wagner-Willi, M. (2015). Dokumentarische Interpretation von Unterrichtsvideografien. In R. Bohnsack, B. Fritzsche & M. Wagner-Willi (Hrsg.), *Dokumentarische Video- und Filminterpretation* (S. 131–152). Opladen: Barbara Budrich.

Fußangel, K. & Gräsel, C. (2011). Forschung zur Kooperation im Lehrerberuf. In E. Terhart, H. Bennewitz & M. Rothland (Hrsg.), *Handbuch der Forschung zum Lehrerberuf* (S. 667–682). Münster: Waxmann.

Goffman, E. (1973). *Asyle. Über die soziale Situation psychiatrischer Patienten und anderer Insassen.* Frankfurt am Main: Suhrkamp.

Göhlich, M., Reh, S. & Tervooren, A. (2013). Ethnographie der Differenz. Einführung in den Thementeil. *Zeitschrift für Pädagogik, 59* (5), 639–643.

Haeberlin, U., Jenny-Fuchs, E. & Moser Opitz, E. (1992). *Zusammenarbeit. Wie Lehrpersonen Kooperation zwischen Regel- und Sonderpädagogin in integrativen Kindergärten und Schulklassen erfahren.* Bern: Haupt.

Heinrich, M., Arndt, A.-K. & Werning, R. (2014). Von „Fördertanten" und „Gymnasialempfehlungskindern". Professionelle Identitätsbehauptung von Sonderpädagog/innen in der inklusiven Schule. *Zeitschrift für interpretative Schul- und Unterrichtsforschung, 3,* 48–71.

Katzenbach, D. & Olde, V. (2011). Beratungskompetenz im Spannungsfeld von Kooperation und Delegation: Spezifische Anforderungen an die professionelle Kompetenz an sonderpädagogischen Beratungs- und Förderzentren. In M. Diouani-Streek & S. Ellinger (Hrsg.), *Beratungskonzepte in sonderpädagogischen Handlungsfeldern* (S. 191–207). Oberhausen: Athena.

Katzenbach, D. & Schroeder, J. (2007). „Ohne Angst verschieden sein können". Über Inklusion und ihre Machbarkeit. *Zeitschrift für Inklusion, 2* (1). Verfügbar unter: www.inklusion-online.net/index.php/inklusion-online/article/view/176/176 [30.06.2016].

Köbberling, A. & Schley, W. (2000). *Sozialisation und Entwicklung in Integrationsklassen.* Weinheim: Beltz Juventa.

Kronig, W. (2007). *Die systematische Zufälligkeit des Bildungserfolgs. Theoretische Erklärungen und empirische Untersuchungen zur Lernentwicklung und zur Leistungsbewertung in unterschiedlichen Schulklassen.* Bern: Haupt.

Luhmann, N. (2002). *Das Erziehungssystem der Gesellschaft.* Frankfurt am Main: Suhrkamp.

Lütje-Klose, B. (2013). Inklusion – Herausforderung für Schul- und Unterrichtsentwicklung. *Pädagogik, 65* (9), 34–37.

Lütje-Klose, B. & Urban, M. (2014). Professionelle Kooperation als wesentliche Bedingung inklusiver Schul- und Unterrichtsentwicklung. Teil 1: Grundlagen und Modelle inklusiver Kooperation. *Vierteljahresschrift für Heilpädagogik und ihre Nachbargebiete, 83* (2), 112–123.

Maag Merki, K., Werner, S. & Ehlert, A. (2013). Lehrerkooperation als Entwicklungsmotor für Unterrichtsentwicklung? Ergebnisse eines Interventionsprojektes zur Förderung des selbstregulierten Lernens der Schülerinnen und Schüler. In M. Schüpbach, A. Slokar & W. Nieuwenboom (Hrsg.), *Kooperation als Herausforderung in Schule und Tagesschule* (S. 19–34). Bern: Haupt.

Mannheim, K. (1980). *Strukturen des Denkens*. Frankfurt am Main: Suhrkamp.

Nohl, A.-M. (2007). Kulturelle Vielfalt als Herausforderung für pädagogische Organisationen. *Zeitschrift für Erziehungswissenschaft, 10* (1), 61–74.

Rabenstein, K., Reh, S., Ricken, N. & Idel, T.-S. (2013). Ethnographie pädagogischer Differenzordnungen. *Zeitschrift für Pädagogik, 59* (5), 668–690.

Schildmann, U. (2012). Verhältnisse zwischen Inklusiver Pädagogik und Intersektionalitätsforschung: sieben Thesen. In S. Seitz, N.-K. Finnern, N. Korff & K. Scheidt (Hrsg.), *Inklusiv gleich gerecht? Inklusion und Bildungsgerechtigkeit* (S. 93–99). Bad Heilbrunn: Klinkhardt.

Schley, W. & Köbberling, A. (1994). *Integration in der Sekundarstufe. Erfahrungsschritte, Problemfelder und Entwicklungsrichtungen in Hamburger Schulen mit Integrationsklassen.* Hamburg: Curio Verlag Erziehung und Wissenschaft.

SKBF. (2014). *Bildungsbericht Schweiz 2014*. Aarau: Schweizerische Koordinationsstelle für Bildungsforschung.

Sturm, T. (2015). Herstellung und Bearbeitung von Differenz im inklusiven Unterricht. In K. Bräu & C. Schlickum (Hrsg.), *Soziale Konstruktionen in Schule und Unterricht. Zu den Kategorien Leistung, Migration, Geschlecht, Behinderung, Soziale Herkunft und deren Interdependenzen* (S. 223–234). Opladen: Barbara Budrich.

Sturm, T. & Wagner-Willi, M. (2015a). ‚Leistungsdifferenzen' im Unterrichtsmilieu einer inklusiven Schule der Sekundarstufe I in der Schweiz. *Zeitschrift für Qualitative Forschung, 16* (2), 231–248.

Sturm, T. & Wagner-Willi, M. (2015b). Praktiken der Differenzbearbeitung im Fachunterricht einer integrativen Schule der Sekundarstufe – zur Überlagerung von Schulleistung, Peerkultur und Geschlecht. *Gender, 7* (1), 64–78.

UN. (2006/2008). Übereinkommen über die Rechte von Menschen *mit Behinderungen* (dreisprachige Fassung, Bundesgesetzblatt Jahrgang 2008, Teil II, Nr. 35, ausgegeben zu Bonn am 31. Dezember 2008). Verfügbar unter: www.un.org/depts/german/uebereinkommen/ar61106-dbgbl.pdf [30.06.2016].

Urban, M. & Lütje-Klose, B. (2014). Professionelle Kooperation als wesentliche Bedingung inklusiver Schul- und Unterrichtsentwicklung. Teil 2: Forschungsergebnisse zu intra- und interprofessioneller Kooperation. *Vierteljahresschrift für Heilpädagogik und ihre Nachbargebiete, 83* (4), 283–293.

Wagner-Willi, M. & Sturm, T. (2012). Inklusion und Milieus in schulischen Organisationen. *Zeitschrift für Inklusion, 6* (4). Verfügbar unter: www.inklusion-online.net/index.php/inklusion/article/view/185/173 [30.06.2016].

Weisser, J. (2005). *Behinderung, Ungleichheit und Bildung. Eine Theorie der Behinderung.* Bielefeld: Transcript.

Wocken, H. (1988). Kooperation von Pädagogen in integrativen Grundschulen. In H. Wocken, G. Antor & A. Hinz (Hrsg.), *Integrationsklassen in Hamburger Grundschulen: Bilanz eines Modellversuchs* (S. 199–274). Hamburg: Curio Verlag Erziehung und Wissenschaft.

Carmen Kosorok Labhart und Christoph Maeder

Aushandlungsordnungen multiprofessioneller Teams an einer integrativen Primarschule

Ethnografische Einblicke

Zusammenfassung

In den laufenden integrativen Bildungsreformen steht insbesondere das pädagogische Fachpersonal unter Innovations- und Erwartungsdruck. Es stehen zentrale Veränderungen auf verschiedenen Ebenen der Schule an, welche Auswirkungen auf den alltäglichen Umgang des pädagogischen Fachpersonals mit der sozialen Heterogenität der Schülerinnen und Schüler haben. Personen mit verschiedensten Funktionen sind nun an der Ausgestaltung der Förderung von Kindern mit besonderem Bildungsbedarf beteiligt. Unterschiedliche Ausbildungen, Herangehensweisen und Zielvorstellungen der beteiligten Personen beeinflussen die Zusammenarbeit. Zudem sind die bestehenden formellen wie auch informellen Strukturen, Regeln und Ziele oft abstrakt und uneindeutig. Klare Handlungsanweisungen fehlen, was Aushandlungen erforderlich macht. Im vorliegenden Beitrag werden Daten und erste Erkenntnisse aus dem laufenden Dissertationsprojekt „Alltägliche Kooperationsprozesse und -praktiken in integrativen Schulen" präsentiert. Im Fokus der Studie steht die alltägliche Ausgestaltung von Kooperationsprozessen und -praktiken zwischen Lehrpersonen und Fachpersonen für Sonderpädagogik sowie weiteren an der Förderung von Kindern mit besonderem Bildungsbedarf beteiligten Personen an einer integrativen Primarschule und im dazugehörigen Kindergarten im Kanton Thurgau (Schweiz). Die Schule wurde während zehn Monaten teilnehmend beobachtet. Es bestehen ein inhaltliches (Wie organisiert das pädagogische Fachpersonal die Zusammenarbeit?) und ein methodologisch-theoretisches Interesse. Ergründet werden soll, inwiefern sich das Konzept der Aushandlungsordnung sowie weitere Konzepte aus der US-amerikanischen Berufssoziologie als theoretische Rahmung für die Analyse des empirischen Materials zur Zusammenarbeit im Setting der Primarschule eignen. Die Ergebnisse verweisen darauf, dass das pädagogische Fachpersonal in verschiedenen Spannungsfeldern agieren muss. Insbesondere nicht verankerte Kooperationsstrukturen und Unterschiede im Umgang mit Zeit und Planung erzeugen einen fortwährenden Aushandlungsbedarf zwischen den beteiligten Personen.

1 Ausgangslage

In der Schweiz wurde mit dem per 1. Januar 2004 in Kraft gesetzten Behindertengleichstellungsgesetz (Schweizerische Eidgenossenschaft, 2002) und dem Sonderpädagogik-Konkordat „Interkantonale Vereinbarung über die Zusammenarbeit im Bereich der Sonderpädagogik" aus dem Jahre 2007 (EDK, 2007) die gesetzliche Grundlage für integrative Schulen geschaffen. Eine Folge dieser bildungspolitischen Reformen ist die wachsende Bedeutung der Kooperation zwischen Regelklassenlehrpersonen, Fachpersonen für Sonderpädagogik[1] und weiteren Fachpersonen (vgl. z. B. Baumann, Henrich & Studer, 2012; Kreie, 2009; Luder, Gschwend, Kunz & Diezi-Duplain, 2011; Nevin, Thousand & Villa, 2009; Scruggs, Mastropieri & McDuffie, 2007).

Wenn Kooperation im Schulbereich in der Vergangenheit zum Forschungsgegenstand wurde, stand mehrheitlich die Kooperation zwischen Lehrpersonen im Zentrum des Interesses. Verschiedenste neuere Studien berufen sich auf die Definition von „Lehrerinnen- und Lehrerkooperation" nach Gräsel, Fußangel und Pröbstel (2006). Die Autorinnen und der Autor formulieren die drei Kernbedingungen 1) gemeinsame Ziele und Aufgaben, 2) Vertrauen und 3) Autonomie, welche Lehrerinnen- und Lehrerkooperation von anderen kollegialen Interaktionen abgrenzen (ebd., S. 207–208). Darauf aufbauend unterscheiden sie drei Formen von Kooperation: a) Austausch b) Arbeitsteilige Kooperation und c) Ko-Konstruktion (ebd., S. 209–210). Eine ähnliche *Strukturierung* von Kooperation nehmen Steinert, Klieme, Maag Merki, Döbrich, Halbheer und Kunz (2006) auf der Basis von Lehrpersonenbefragungen vor. Sie unterscheiden Kooperation in Schulen auf *fünf verschiedenen Stufen* (Fragmentierung, Differenzierung, Koordination, Interaktion und Integration) (vgl. ebd., S. 195–196).

Den positiven empirischen Belegen dafür, dass in nachweislich guten Schulen das Ausmaß an Kooperation höher und vor allem die Art der Kooperation anspruchsvoller ist als in weniger erfolgreichen Schulen (vgl. z. B. Terhart & Klieme, 2006, S. 163), stehen auch kritische Stimmen gegenüber, welche darauf hinweisen, dass es in der Schulforschung erst wenige Belege dafür gebe, dass sich das Ausmaß an Kooperation unter allen Umständen als insgesamt förderlich erweise. Einerseits müssen der faktische Nutzen und andererseits auch das damit verbundene Konfliktniveau untersucht werden, denn Kooperation kann durchaus auch als kontraproduktiv und konfliktfördernd erlebt werden (vgl. Fend, 2008, S. 192; Steinert et al., 2006, S. 188). Des Weiteren kann es in Schulen zu einem „Druck zur Kooperation" (Halbheer & Kunz, 2009, S. 75) oder umgekehrt zu „Pseudokooperationen" (ebd.) kommen. Kooperation muss deshalb nicht von vornherein positiv sein (vgl. Rüegg, 2000, S. 36). Versucht man jedoch ganz allgemein, ein Fazit aus den Ergebnissen der Kooperationsforschung zu ziehen, deutet vieles darauf hin, dass man sich durch eine systematische Kooperation eine Qualitätsverbesserung verschiedenster Entwicklungsprozesse im Unterricht und in der Schule erhofft (Fullan & Miles, 1992; Fußangel, 2008; Scheerens & Bosker, 1997).

Während bei der Förderung von Schülerinnen und Schülern mit besonderem Bildungsbedarf das Netzwerk an spezialisierten Fachpersonen in den letzten Jahren immer größer wurde, sind in der Schweiz derzeit Entwicklungen im Gang, welche die Anzahl Personen, die an der Förderung beteiligt sind, wieder verringern möchten. Im Kanton Zürich beispielsweise wurde im Schuljahr 2013 ein auf fünf Jahre angesetztes Projekt mit dem Namen „Fokus Starke Lernbeziehungen" lanciert, in dessen Rah-

---

1 Mit der Bezeichnung „Fachpersonen für Sonderpädagogik" sind in der Schweiz beispielsweise Schulische Heilpädagoginnen und Heilpädagogen (SHP), Logopädinnen und Logopäden sowie Psychomotoriktherapeutinnen und Psychomotoriktherapeuten gemeint. In diesem Beitrag stehen ausschließlich die SHP im Fokus des Interesses.

men festgehalten wird, „dass in der Regel zwei Lehrpersonen möglichst alle Fächer unterrichten und zumindest teilweise auch die Ziele aus den Unterstützungs- und Fördermaßnahmen für Schülerinnen und Schüler mit besonderen pädagogischen Bedürfnissen übernehmen. Es soll aufgezeigt werden, ob durch die Reduktion der Anzahl Lehrpersonen der Aufwand von Koordination und Absprachen verringert und die Lernbeziehung zwischen Lehrperson und Schülerinnen und Schülern verstärkt werden kann" (VSA ZH, 2012, o. S.). Möglichst viele Spezialfunktionen (u. a. integrative Förderung, Deutsch als Zweitsprache, Begabtenförderung sowie teilweise auch Therapien) sollen integral von zwei Lehrpersonen übernommen werden (Lienhard-Tuggener, 2013). Verschiedentlich wurde darauf hingewiesen, dass in großen Teams Schnittstellen zeitaufwendiger werden und die Klarheit darüber, wer wofür verantwortlich ist, leiden kann (vgl. z. B. Lienhard-Tuggener, 2013; Unger, 2012).

Das Interesse an Kooperationsprozessen in integrativen Schulen – und somit das Interesse an der Schnittstelle zwischen Regel- und Sonderpädagogik – ist in den letzten Jahren stark angestiegen (Baumann et al., 2012; Joller-Graf, 2004; Reh & Breuer, 2012; Thommen, Anliker & Lietz, 2008). Erste Studien wurden in der Schweiz jedoch bereits in den 1990er-Jahren durchgeführt (vgl. Haeberlin, Jenny-Fuchs & Moser Opitz, 1992). Die bislang vorliegenden Studien zu Kooperation im integrativen Kontext stützen sich mehrheitlich auf selbstberichtete Daten wie Interviews oder Fragebogen. Einzelne Studien beziehen auch Videodaten mit ein, wobei sich diese videografierten Kooperationsanlässe meist auf vorgegebene Modelle wie zum Beispiel das Fachspezifische Unterrichtscoaching nach Staub, West und Bickel (2003; Staub & Kreis, 2013) stützen (z. B. Thommen et al., 2008) und nicht die alltägliche Kooperation betrachtet wird. Was genau in diesen Kooperations- und Aushandlungsprozessen geschieht, wurde bisher – mit wenigen Ausnahmen (z. B. Arndt & Werning, 2013; Reh & Breuer, 2012) – erst wenig untersucht. Dies erstaunt, weil es mittels teilnehmender Beobachtung möglich ist „Verhalten in vivo zu erfassen und zu dokumentieren sowie die Beobachteten direkt im Anschluss an die Situation zu befragen. So geraten Alltagshandeln und Alltagssituationen in den Blick, die den Befragten häufig nicht bewusst sind und dadurch nur schwer direkt erfragt werden können" (Friebertshäuser, 1997, S. 505).

2   Die Idee der Aushandlungsordnung

Im Folgenden werden wir den Negotiated-Order-Ansatz nach Strauss (1978) und einige Konzepte aus der US-amerikanischen Berufssoziologie für die theoretische Analyse der Ausgestaltung der Zusammenarbeit im Setting der Primarschule vorstellen. Ein solches Verständnis eröffnet *erstens* die Möglichkeit, bei Aushandlungsprozessen den Blick weg von Einzelpersonen zu lenken und somit die involvierten Lehrpersonen von den vielfältigen unerwünschten Zuschreibungen, die immer auf die individuelle Ebene zielen, zu entlasten. Denn eine starke Vermutung dieser Herangehensweise liegt darin, dass es weniger individuelle, sondern vielmehr organisatorische Faktoren sind, die eine erfolgreiche Zusammenarbeit behindern. Mit einer berufssoziologischen Analyse sollte die strukturelle Bedingtheit eines Problems unabhängig von konkreten Personen erkennbar werden. *Zweitens* können empirische Zugänge auf ein Begriffs- und Konzeptreservoir zurückgreifen, das sich in organisations- und arbeitssoziologischen Untersuchungen in den letzten 40 Jahren immer wieder und auch in den unterschiedlichsten Berufsfeldern bewährt hat.

In den 1960er- und 1970er-Jahren wurde von Anselm Strauss und Mitarbeitenden (Strauss, 1978; Strauss, Schatzman, Ehrlich, Bucher & Shabshin, 1963) ein bis heute wichtiger und in arbeits- und berufssoziologischen Untersuchungen oft verwendeter Begriff geprägt, der im Laufe seiner Wirkgeschichte (z. B. Day & Day, 1977; Fine, 1984; Nadai & Maeder, 2007) immer weitere Präzisierungen und neue Anwendungsbereiche erfahren hat: die *Aushandlungsordnung* (Negotiated Order). Mit diesem Begriff wird die Tatsache gefasst, dass professionelles Handeln (Oevermann, 1996) innerhalb von Organisationen durchweg in mehrdimensionalen Spannungsfeldern zwischen beruflichen oder professionellen Orientierungen und den lokalen organisatorischen Regelsystemen erfolgt. Diese Spannungsfelder zwischen Organisation und Profession erzeugen systematisch immer wieder Ungewissheitszonen und Abgrenzungsprobleme für die Beteiligten, bei denen es darum geht, was professionell gültig, richtig und erwünscht ist und was angesichts der gegebenen Beschränkungen tatsächlich möglich ist. Diese Struktur auferlegt allen von ihr betroffenen Handelnden einen im Prinzip nie endenden Aushandlungs- und Klärungsbedarf darüber, was nun der eigentliche Fall, welches die relevante Sache oder was überhaupt das zu behandelnde Problem sei und wie von wem wann damit umgegangen werden solle oder müsse. In den von Strauss et al. (1963) untersuchten Organisationen konnte beobachtet werden, wie verschiedene Professionelle unterschiedliche Taktiken anwendeten und (explizite und implizite) Regeln immer wieder geschickt verletzt wurden, wenn dies passend war oder ein Notfall es erforderte. „Stretching the rules is only a further tactic, which itself is less attributable to human nature than to an honest desire to get things accomplished as they ought, properly, to get done" (Strauss et al., 1963, S. 152). Zudem sind Regeln mehrdeutig und teilweise bestehen auch Widersprüche zwischen bestimmten Regeln. Einmal getroffene Vereinbarungen haben nur eine bestimmte Zeit Gültigkeit und werden von den Akteurinnen und Akteuren immer wieder infrage gestellt und neu gedeutet. Strauss (1978, S. 235) postuliert, dass solche Aushandlungsprozesse im Prinzip für jegliche sozialen Ordnungen konstitutiv seien, aber in beruflichen Kontexten unter der verstärkten Anforderung zur Kooperation besonders ausgeprägt beobachtbar würden.

Neben den Interaktionsprozessen und den sich daraus ergebenden Taktiken wird im Negotiated-Order-Ansatz der Aushandlungsprozess hinsichtlich zweier unterschiedlicher kontextueller Einbettungen untersucht: hinsichtlich des Verhandlungskontexts und hinsichtlich des strukturellen Kontexts. Der Verhandlungskontext beschreibt, „[w]hat each interacting person knows … along with his recognition of the other's awareness of his own definition – the total picture as a sociologist might construct it" (Strauss, 1978, S. 99). Der Fokus liegt hier auf der spezifischen Konstellation während der konkreten Verhandlungssituation. Der strukturelle Kontext erfasst demgegenüber umfassendere Merkmale des Interaktionsprozesses. Diesbezüglich stellt Strauss (1978, S. 99 f.) für die empirische Analyse verschiedene relevante Strukturmerkmale zur Verfügung, etwa die Anzahl der Verhandlungspartnerinnen und Verhandlungspartner, ihre (berufliche) Erfahrung und wen sie darin repräsentieren sowie die Frage, ob die Verhandlung einmalig oder wiederholt stattfindet bzw. ob sie einen Teil einer ganzen Verhandlungsserie darstellt. Außerdem interessieren das Machtgefälle in der betreffenden Beziehung, die subjektive Bedeutung der Verhandlung für die Akteurinnen und Akteure, die Sichtbarkeit der Verhandlung für andere, die Anzahl und die Komplexität der behandelten Themen, die Deutlichkeit der Legitimitätsgrenzen der verhandelten Themen sowie die Optionen der Akteurinnen und Akteure, die Verhandlung zu umgehen oder abzubrechen.

Der Begriff der Aushandlungsordnung gehört heute in das allgemeine Repertoire von Konzepten dessen, was mit dem Terminus einer *begründeten Theoriebildung* (Grounded Theory) gefasst wird. Damit wird die von Anselm Strauss und Barney Glaser in den 1960er-Jahren begonnene und im symbolischen Interaktionismus verankerte Unternehmung adressiert, die nicht nur das Feld der medizinsoziologischen Berufsforschung, sondern auch die Sozialwissenschaften insgesamt bereichert hat.

In unserem Beitrag richten wir den Fokus auf Interaktionen zwischen Fachpersonen für Sonderpädagogik und Regellehrpersonen sowie weiteren an der unterrichtlichen Integration beteiligten Fachpersonen (z. B. Schulleitung, Schulpsychologinnen und Schulpsychologen). Goffman (1969, S. 18) definiert „Interaktion" als die wechselseitige Handlungsbeeinflussung, die Individuen aufeinander ausüben, wenn sie füreinander anwesend sind. Akteurinnen und Akteure sind in sozialen Situationen einem permanenten Prozess der Interpretation und Definition unterworfen. Sie beziehen sich in ihrem Verhalten absichtsvoll aufeinander und reagieren auf das, was andere sagen (Heinzel, 2009). Dabei interessiert uns, wie Rollen in unterschiedlichen Situationen zugewiesen und eingenommen werden. Dies kann auch das aus der Theatermetaphorik stammende Konzept der „Vorder- und Hinterbühne" von Goffman (1983) aufzeigen. Es werden möglichst viele Formen von Kooperation, insbesondere auch informelle, in den Blick genommen: Was passiert genau auf der Hinterbühne, wenn Außenstehende lediglich eine „Nicht-Kooperation" feststellen? Wie wird professionelle Leistung inszeniert? Inwiefern gelingt es den Fachpersonen für Sonderpädagogik im integrativen Setting, bestimmte Problemfelder zu besetzen und darin ihre spezifische Handlungslogik zur Geltung zu bringen? Damit ist erstens die Frage des professionellen Monopols bzw. eines „exclusionary shelter" (Freidson, 1986, zitiert nach Nadai, Sommerfeld, Bühlmann & Krattiger, 2005, S. 12) im Sinne einer exklusiven Zuständigkeit für die Bearbeitung bestimmter schulischer Aufgaben angesprochen. Zweitens steht die Autonomie der Fachpersonen für Sonderpädagogik in der Kontrolle über ihre Aufgaben und Bearbeitungsweisen zur Debatte – oder anders formuliert: Inwiefern gelingt es der Sonderpädagogik im integrativen Setting, eine stabile Grenze zu ziehen und diese effektiv zu reproduzieren?

3   Methode

Die vorliegende Untersuchung ist eine ethnografische Vertiefungsstudie der Studie „KosH – Kooperation im Kontext schulischer Heterogenität" (Kreis, 2015). Als Grundlage für die Fallauswahl dienten die Ergebnisse aus der Fragebogenuntersuchung. Im Rahmen der KosH-Hauptstudie erfolgten mittels anderer methodischer Zugänge (Gruppeninterviews, Onlinejournaleinträge sowie Fragebogen) bereits Einblicke in das Forschungsfeld. Die Feldforschung begann im Herbst 2012. Im Fokus standen dabei Unterricht, dessen Vorbereitung und Reflexion durch die professionellen Pädagoginnen und Pädagogen sowie jegliche Interaktionen und jeglicher Austausch zwischen Fachpersonen für Sonderpädagogik, Regellehrpersonen und weiterem pädagogischem Personal in diesem Zusammenhang (Kosorok Labhart, 2012).

3.1   Feld

Auf der allgemeinsten Ebene umfasst das „Feld" dieser Untersuchung eine Primarschule im Schweizer Kanton Thurgau. Ausgewählt wurde eine Schule, welche sich in allen Skalen der Fragebogenuntersuchung zum Konstrukt „Kooperation" signifikant von den anderen Schulen unterschieden hatte. Die Ergebnisse deuten darauf hin, dass die schulischen und individuellen Kontextbedingungen (Arbeitsaufwand/ Belastung, Arbeitsengagement und Innovation, Klima, Kooperationsstrukturen und -bereitschaft), entsprechende Kooperationsaktivitäten (gemeinsames Ziel, Austausch, unterrichtsbezogene Kooperation, auf Schülerinnen und Schüler bezogene Kooperation) und deren Erleben (Entlastung durch Kooperation, fachlicher Nutzen, Arbeitsentlastung) in dieser Schule von allen Beteiligten sehr positiv bewertet wurden (Kreis, Wick & Kosorok Labhart, 2013).

In der betreffenden Schule arbeiten zwei Fachpersonen für Sonderpädagogik. Die eine deckt mit ihrer Arbeit den Kindergarten sowie die erste und die zweite Klasse ab, die andere arbeitet mit den Lehrpersonen und den Kindern der dritten bis sechsten Klasse. Die teilnehmende Beobachtung fand in erster Linie während der alltäglichen Arbeit dieser beiden Fachpersonen statt, da auf diese Weise während eines kürzeren Zeitraums eine größere Anzahl wie auch Vielfalt an Kooperationspraktiken zwischen den Fachpersonen für Sonderpädagogik und den Lehrerpersonen zu beobachten waren.

3.2   Datenerhebung und Datenauswertung

Die ausgewählte Schule wurde von der Autorin während zehn Monaten begleitet. Die im Rahmen der teilnehmenden Beobachtung erhobenen Daten umfassen vor allem Feldprotokolle aus Unterrichtsbesuchen sowie transkribierte Tonbandaufnahmen von Gesprächen. Des Weiteren wurden, meist im Anschluss an einen Feldtag, ethnografische Interviews und Leitfadeninterviews mit Fachpersonen für Sonderpädagogik und

Regellehrpersonen durchgeführt, um die Perspektive der Erforschten sowie ihr Relevanz- und (Be-)Deutungssystem kennenzulernen (vgl. Friebertshäuser, 1997, S. 512). Die Beobachtungen konnten in ganz unterschiedlichen Settings durchgeführt werden. Dazu gehörten Sitzungen (z. B. Teamsitzungen), Beobachtungen des Unterrichts in integrativen und separativen Settings wie auch Vorbereitungs- und Austauschsitzungen zwischen Fachpersonen für Sonderpädagogik und Regellehrpersonen sowie weiterem pädagogischem Personal (z. B. Lehrpersonen für Deutsch als Zweitsprache, Unterrichtsassistenzen, Schulleitung, Logopädie, Schulaufsicht). Der Fokus lag dabei vor allem auf den informellen Formen der Kooperation (z. B. Gespräche zwischen Tür und Angel), welche sich oft auch am Rande von Unterrichtsstunden, in Unterrichtspausen oder in Teamsitzungen ergaben. Die Auswertung der unterschiedlichen Datensorten erfolgte nach dem Verfahren der Grounded Theory (Strauss & Corbin, 1996). Im vorliegenden Beitrag wird auf ausgewählte Feldprotokolle der insgesamt 17 Feldtage sowie auf ethnografische und leitfadengestützte Interviews Bezug genommen.

4 Konzepte und ihre Anwendung auf den pädagogischen Kontext

Bevor wir uns der Analyse der einzelnen Konzepte des Theorems der Aushandlungsordnung zuwenden, möchten wir zwei kleine Geschichten aus dem Schulalltag voranstellen. Die Interviews sind im Rahmen einer eintägigen teilnehmenden Beobachtung im Sinne eines Pilotlaufs in einer anderen Primarschule im Kanton Thurgau geführt worden.

4.1 Zwei Perspektiven auf integrative Kooperationsprozesse

Wenn wir uns mit den Klassenlehrpersonen in den Schulen unterhalten, dann erfahren wir bemerkenswert oft und relativ uniform die folgenden Geschichten zur Zusammenarbeit mit zusätzlich verfügbaren Ressourcen im sonder- oder auch im heilpädagogischen Bereich, die aus Datenauszügen aus drei ethnografischen Interviews an einem Pilotfeldtag vom 4. Mai 2012 stammen:

Feldforscherin:	Und vor der Schule, wo ich dann so mit dir so wirklich so runter in die vierte Klasse mitgekommen bin, hast du gesagt, ja, das ist eben so ein bisschen das Schwierige an deinem Beruf. Kannst du das so ein bisschen umreißen?
Sonderpädagogin:	Also ich merke einfach immer wieder, dass, dass das für mich ein Teil ist, der sehr ermüdend wirkt, jetzt mit der Berufsdauer, also mit dem Einsatz, mit dem ich jetzt unterrichte.=
Feldforscherin:	=Wie lange bist du schon jetzt als SHP hier an der, oder als SHP tätig?
Sonderpädagogin:	Ja, also ich habe die Ausbildung 1992 abgeschlossen. [...] Das ist so ein bisschen das, was auch ermüdet, weißt du, mit so verschiedenen Lehrpersonen so eng zusammenzuarbeiten. Und ab und zu

auch mal so ein bisschen anschauen zu müssen, wie Sachen gemacht werden, wo ich einfach sagen muss, ich würde das so anders machen. Und irgendwie sagen, gut, das ist diese Lehrperson, die kannst du auch nicht einfach umkrempeln. Und wo ich mich auch immer wieder frage, ist es meine Aufgabe? Also ist es meine Aufgabe, die Qualität zu sichern? […] Ich habe ganz fest den Anspruch an mich auch, dass ich, ein Gast bin, der in eine Klasse hineingeht. Und ich benehme mich auch als Gast. Eben darum finde ich auch also die Qualität sichern, ist nicht so meine Aufgabe, obwohl eben, würde mich manchmal wahnsinnig reizen (lacht). Aber ja, ich respektiere auch. […] Peter zum Beispiel, er wollte einfach absolut nie irgendjemanden bei sich in der Klasse drin. Und das habe ich respektiert und habe aber gleichzeitig=

Feldforscherin: =Du hast das Kind rausgenommen=

Sonderpädagogin: =Nur rausgenommen. Und nur mit delegierten Aufgaben von ihm. Und das finde ich so unbefriedigend, weißt du. Du weißt dann nie, ja, ich arbeite hier irgendetwas, fruchtet es dann? Also fasst es Fuß oder muss man nochmals etwas ändern?

In diesem Interviewausschnitt wird aus der Sicht der Fachperson für Sonderpädagogik erzählt, wie sie sich unter den Bedingungen einer großen Wissensasymmetrie in Bezug auf die Schulklasse der Klassenlehrperson und aufgrund der kleineren Bestimmungsmacht im Berufsfeld unterordnen muss. Ihre Rolle und ihre Funktion werden von der Sonderpädagogin selbst infrage gestellt und als unbefriedigend beurteilt.

Die Geschichte kann aber auch genau andersherum gehört werden. Ethnografische Feldinterviews mit zwei Primarlehrpersonen im besagten Primarschulhaus zeigten, dass die erweiterten pädagogischen Möglichkeiten durch die Unterstützung der Fachperson für Sonderpädagogik geschätzt und meistens, wenn auch nicht immer, als nötig, sinnvoll und hilfreich angesehen werden. Deren Einsatz und die damit zusammenhängende Koordination werden aber durchweg auch als für die Klassenlehrperson aufwendig und recht undankbar berichtet. Dies ist deshalb der Fall, weil die nur stunden- oder halb- bis maximal tageweise beteiligten zusätzlichen sonderpädagogischen Personen von der Klassenlehrperson selbst in den Arbeitsablauf, d.h. die Arbeitswoche usw., eingepasst werden müssen. Meistens wird dabei von der Klassenlehrperson aus strukturellen Gründen, weil sie die ganze Woche anwesend ist und den Stundenplan einteilen kann, Flexibilität für den Einsatz der zusätzlichen Ressource gefordert. Ohne eine solche Anpassung der Klassenlehrperson hinsichtlich der zusätzlichen Anwesenheit der Fachperson für Sonderpädagogik kann Letztere nicht adäquat und ihrer Bestimmung gemäß zum Wohl der Schülerinnen und Schüler eingesetzt werden. Dieser Druck zur Anpassung verursache bei der Klassenlehrperson ab und zu ungute Gefühle gegenüber dem privilegierten Status der Fachperson für Sonderpädagogik, deren Arbeit außerdem noch leicht besser bezahlt werde als das „normale" Unterrichten.

So weit die kurzen Geschichten, die uns berichten, dass die Kosten für die Verfügbarkeit zusätzlicher Ressourcen aus organisatorischen Gründen bei den Klassenlehrpersonen und etwas weniger bei den zeitweise eingesetzten Fachpersonen für Sonderpädagogik anfallen. Selbstverständlich profitieren die Klassenlehrpersonen trotzdem davon, da die Anwesenheit sonderpädagogischer Expertise es ihnen ermöglicht, mit einer kleineren Gruppe zu arbeiten. Oder es erlaubt ihnen, sehr anspruchsvolle Schülerinnen und Schüler für eine begrenzte Zeit zu delegieren und diese erst noch einer intensiveren Therapie zuzuführen. Doch diese Profite müssen durch die der Klassenlehrperson auferlegte *Koordinationsarbeit* erwirtschaftet werden, die ungute Gefühle verursachen kann. Der Grund dafür besteht darin, dass das Klassen- und Unterrichtsgefüge an die sozial- oder heilpädagogischen Präsenzmöglichkeiten herangeführt werden muss und nicht umgekehrt. Dies ist ein auf den ersten Blick unwesentlicher Nebeneffekt sonderpädagogischer Intervention, mit dem die meisten Klassenlehrpersonen zu leben gelernt haben. Es geht hier aber dennoch um eine wichtige Facette der Konstruktion des Selbst der Klassenlehrperson und der Fachperson für Sonderpädagogik und diese Selbstkonstruktionen sind zentrale Aspekte in Situationen professioneller Zusammenarbeit.

In diesen hier exemplarisch für die Erläuterung von Konzepten angeführten Geschichten finden wir noch weitere Elemente aus der Grounded Theory und insbesondere aus dem Konzept der Aushandlungsordnung. Diese werden im Folgenden am empirischen Material eingeführt.

4.2   Professional Beliefs (geteilte berufliche Grundüberzeugungen)

Ausgangspunkt für jegliche Zusammenarbeit sind geteilte berufliche Grundüberzeugungen, die unhinterfragt allen professionellen Handlungen in einem professionalisierten Feld unterliegen. In der Grounded Theory werden solche Wissensformen als *professionelle Glaubenssysteme* (Professional Belief Systems) bezeichnet (Strauss, Schatzman, Bucher, Ehrlich & Sabshin, 1975; Strauss et al., 1963). In den personenbezogenen und auf Interaktion beruhenden professionalisierten Berufsfeldern wie der Gesundheit, dem Recht, der Sozialarbeit und auch der Schule finden wir durchweg die gemeinsame und geteilte Überzeugung, dass etwas im Sinne einer Verbesserung beeinflusst werden solle. Im Krankenhaus sollen die Patientinnen und Patienten gesünder werden, in der Psychiatrie soll „der Charakter von Menschen verändert" (Goffman, 1973, S. 23) werden, in der Sozialarbeit soll die Autonomie der Hilfsbedürftigen gestärkt werden und in der Schule sollen das Wissen und damit verbundene Kompetenzen der Schülerinnen und Schüler gefördert werden. Dabei ist leicht zu erkennen, dass diese Institutionen ihre Legitimation und ihr Selbstkonzept ohne die Idee einer systematischen und immanenten Besserung schnell verlieren würden. Dies möchten insbesondere die dort Beschäftigten aus gutem Grund nicht, weshalb sie alle diese Idee der Besserung teilen.

Wie diese Besserung allerdings erreicht werden soll und worin sie genau liegt, ist insbesondere in den erziehenden und bildenden Einrichtungen des „people processing" (van Maanen, 1978) nicht a priori klar. Diese Unklarheit, oder bei unterschiedlichen theoretischen Orientierungen gar Differenz, bildet den Ausgangspunkt für reichlich nötige Aushandlungen. Gerade in der Erziehungswissenschaft mit ihren vielfältigen Binnendebatten und Anleihen bei anderen Disziplinen wie Psychologie, Soziologie, Didaktik, Medienwissenschaften usw. bietet sich ein für eine Untersuchung fast schon ideal vorkonfiguriertes Feld möglicher Dissensformationen. Denn worin genau die Differenzen zur Normalität bestehen, die mit dem Begriff der Heterogenität angedeutet werden, ist von lokalen Etikettierungsprozessen abhängig.

In diesem Sinne soll ein Auszug aus einem ethnografischen Interview aufzeigen, woraus sich die unterschiedlichen pädagogischen Denkansätze oder Schulen als Professional Beliefs speisen und wo das Potenzial zum Dissens und damit auch die Notwendigkeit zur Aushandlung des professionellen Handlungsfeldes liegen. Wie Strauss et al. (1963, 1975) gezeigt haben, lohnt sich eine differenzierte Erhebung dieser Wissensbestände auch dann, wenn sie auf den ersten Blick wenig logisch oder sinnvoll erscheinen. Denn alle professionellen Handlungen in einem bestimmten Kontext werden von solchem oft in Stereotypen geformten Wissen angeleitet und aus einer Binnenperspektive der jeweiligen Profession als voraussetzungslos richtig („taken for granted") betrachtet.

Das folgende Beispiel aus einem ethnografischen Interview mit einem Sonderpädagogen (Paul) illustriert, wie die professionelle Aushandlung in seinem Schulalltag vor sich geht und wie dabei unterschiedliche pädagogische Denkansätze, welche sich aus dem gemeinsamen Unterrichten ergeben, in „Einklang" gebracht werden müssen. Die vom Sonderpädagogen und von der Klassenlehrperson gemeinsam durchgeführten Unterrichtsstunden werden wöchentlich vor- und nachbesprochen. Wo diese Gespräche stattfinden und wie lange sie dauern, variiert je nach zur Verfügung stehender Zeit der beteiligten Personen. Inhalte und Dauer sind institutionell nicht vorgegeben, sondern werden vom Sonderpädagogen mit jeder Lehrperson einzeln ausgehandelt und wöchentlich situativ angepasst.

Paul: =Nein, *wir besprechen immer wieder.* Auch jetzt über, manchmal auch über den Unterricht und was mir auffällt und tauschen auch darüber aus. (Feldprotokoll vom 13.11.2012, 3. Feldtag)

Der Sonderpädagoge erklärt in diesem Interview außerdem, wie er damit umgeht, wenn er Dinge im Unterricht bei einer Klassenlehrperson beobachtet, die er aufgrund seines Erfahrungs- und Wissenshintergrunds anders machen würde.

Paul: [...] Ich würde jetzt nicht einfach sagen, ich habe es chaotisch gefunden, sondern *würde sie fragen, was sie jetzt gemacht hat* in dieser Zeit, während der wir hier unten waren.[2] Und dann würde ich von ihr wahrscheinlich hören, was gelaufen ist, und, ja, und dann

---

2   Damit ist der zeitgleich separativ durchgeführte Einzel- oder Gruppenunterricht des Sonderpädagogen in einem anderen Zimmer in der unteren Etage des Schulhauses gemeint.

	je nachdem *nachhaken*. Dann würde ich vielleicht *einbringen*, dass ich das Gefühl hatte, sie seien recht unruhig gewesen und sie hätten den Auftrag eigentlich nicht verstanden. Und, ehm, ja. Das würde, das kann ich mit ihr *besprechen*. Das habe ich schon ein paarmal angesprochen. Aber es ist auch etwas, das noch oft so immer wieder ein bisschen vorkommt. […] Ganz viele hatten null Ahnung, was man jetzt überhaupt machen muss. Ich spreche solche Sachen schon an. Wenn es passt. Vielleicht passt es auch mal nicht=
Feldforscherin:	=Wie geht man damit um, oder, wenn du, wenn du es siehst und, ja.
Paul:	Es sind heikle Situationen, oder, es ist, mit den meisten Lehrkräften kann man das noch gut *besprechen* da oder *ansprechen*. Oder ich sage auch, gebe manchmal auch, sage manchmal einfach, *wie ich es machen würde*. Wobei ich mache ja auch *dauernd Fehler, das ist normal*, oder=
Feldforscherin:	=Ja, das ist normal, ja richtig, aber das Ding ist eben, dass man von außen dazukommt und diesen Außenblick dann sieht, oder? Das ist ja dann immer, man ist=
Paul:	=Ja, ja. Und der kann natürlich viel bringen, wenn es auf eine gute Art passiert. Aber die Schwierigkeit ist natürlich auch, dass, es sind nicht alle Heilpädagogen gleich gut akzeptiert in den Schulen oder bei den Lehrkräften oder. Es muss, *es muss schon viel Vertrauen da sein*, dass das geht. Ich könnte mich ja jetzt auch extrem unbeliebt machen, wenn ich dauernd herumnörgeln würde und kritisieren=
Feldforscherin:	=Ja, es braucht irgendwie eine Balance, oder, wahrscheinlich, oder=
Paul:	=Ja, ja. Genau. Das sind auch Rollenkonflikte. Ich meine, ich bin auch nicht Schulinspektor und muss da. Und auch nicht Schulleiter. Also ich sage manchmal einfach was ich wahrnehme, oder? Ja, ja. (Feldprotokoll vom 13.11.2012, 3. Feldtag)

Dieses Beispiel illustriert, welch breite Palette an Taktiken der Sonderpädagoge anwendet, um heikle Themen mit Klassenlehrpersonen zu besprechen und um seine Arbeit ausführen zu können: wiederholtes An- und Besprechen, Nachfragen, Nachhaken, Einbringen, Vorschlagen usw. Auch scheint zentral zu sein, den Moment abzuwarten, welcher sich für ein kritisches Feedback eignet, und abzuschätzen, welches Maß an Kritik angebracht ist. Gleichzeitig versucht der Sonderpädagoge, sein Spezialwissen zu relativieren, indem er erklärt, dass auch er Fehler mache und das normal sei. Er setzt sich damit auf die gleiche Ebene wie die Lehrperson. Es soll zudem nicht zu viel Kritik geäußert werden, um nicht die Rolle der Aufsichtsperson einzunehmen und dadurch das Vertrauen zu beschädigen und seine Akzeptanz im Team zu gefährden. Mit dem Verweis auf Rollenkonflikte schließlich fasst der Sonderpädagoge die professionelle Beziehungslage zusammen und macht deutlich, dass unterschiedliche Sichtweisen auf dasselbe Geschehen im Klassenraum der Aushandlung bedürfen im Hinblick auf die Interpretation dessen, was jetzt der Fall sein soll.

4.3 Arbeitskategorien: Dirty Work („Drecksarbeit") und Boundary Work (Ab- und Eingrenzungsarbeit)

Eine wichtige analytische Kategorie, die aus der Forschung über die Zusammenarbeit von Pflegepersonal mit ärztlichem Personal gewonnen wurde, ist die *Ab- und Eingrenzungsarbeit* (Allen, 2000). Dabei geht es in einem ersten Zugriff darum, überhaupt eine sinnvolle Form von *Arbeitsteilung* zu finden und zu bestimmen, wer was wann wo und mit wem macht. Dies geschieht, wie medizinsoziologische Studien gezeigt haben, nicht nur rational und funktional begründet, sondern immer auch, indem jemandem das sogenannte *Dirty Work* (Emerson & Pollner, 1976) auferlegt wird: Moralisch belastende oder die Ausführenden symbolisch potenziell beschmutzende Arbeiten, beispielsweise die Beseitigung von Faeces bei im Bett Liegenden, „sickern" immer der hierarchischen Struktur folgend nach unten. So kommt es, dass zum Beispiel Ärztinnen und Ärzte für solche Aufgaben auf das Pflegepersonal zurückgreifen. Innerhalb des Pflegepersonals werden die betreffenden Aufgaben dann wiederum nach unten zum Hilfspersonal weitergereicht. Andere Untersuchungen im Rahmen der Grounded Theory zu Berufen haben das Argument später verallgemeinert: In allen Berufsfeldern gibt es solche ungeliebten Arbeiten und überall scheint sich der Mechanismus des Nach-unten-Weiterreichens zu bestätigen.

In der Folge stellt sich die Frage, woraus, d. h. aus welchen immer wieder vorkommenden Praktiken, denn das Dirty Work des Lehrberufs besteht. Wenn wir an unsere Geschichte der Zusammenarbeit zwischen Klassen- und sonderpädagogischer Lehrperson aus Abschnitt 4.1 zurückdenken, dann können wir die von der Klassenlehrperson durch die Organisationsstruktur erzwungene Anpassungsleistung unschwer als ein potenzielles Dirty Work erkennen. Selbstverständlich sind solche ungeliebten Aspekte der Zusammenarbeit auch aufseiten der Fachperson für Sonderpädagogik auszumachen. Die Wirksamkeit dieser Anpassungen liegt darin, dass sie nolens volens eine hierarchische Struktur unter dem professionellen Lehrpersonal konstruieren. Es stellt sich dann die Frage, wer in Bezug auf die Bedürfnisse und Erwartungen des jeweiligen Gegenübers Anpassungsleistungen erbringen muss.

Der folgende Ausschnitt stammt aus einem Feldprotokoll. Die Beobachterin begleitet den Sonderpädagogen (Paul) nach Schulschluss auf seinem Weg zu verschiedenen Klassenlehrpersonen. Es scheint, dass die Besprechungen eher vom Sonderpädagogen gewünscht werden, denn die jeweiligen Lehrpersonen haben unterschiedliche Begründungen und setzen ganz unterschiedliche Taktiken ein, um diese zeitaufwendigen Besprechungen zu umgehen. Der Sonderpädagoge möchte sich mit Werner, einem Klassenlehrer, für eine Besprechung in dessen Schulzimmer treffen.

> Paul hat mit Werner für eine Unterrichtsbesprechung ca. um vier Uhr abgemacht. Wir kommen zum Schulzimmer von Werner. Es hat Licht, aber es ist niemand drin. Paul meint: „Vielleicht ist er schon gegangen oder vielleicht schauen wir mal bei Wolfgang." (Feldprotokoll vom 13.11.2012, 3. Feldtag)

Die Infrastruktur für die Besprechung – ein Raum – scheint vorhanden zu sein. Die tatsächliche Interaktion kann aber nicht stattfinden, da der gesuchte Lehrer nicht da ist. Es stellt sich die Frage, welche Verbindlichkeit diese Besprechung bei beiden Parteien einnimmt. Ist es eher ein lockeres Einvernehmen, dass, falls beide noch da sind, eine Besprechung stattfinden wird? Die ungefähre Zeitangabe *„ca. um vier Uhr"* von Paul unterstreicht das eher Unverbindliche. Eine strukturelle Verankerung von verbindlichen Kooperationsgefäßen scheint nicht vorhanden zu sein. Es könnte auch sein, dass der Sonderpädagoge als Bittsteller auftritt und auf das Entgegenkommen der Klassenlehrperson hofft. Die folgenden Zeilen aus dem Feldtagebuch unterstreichen diese Annahme:

> Das Schulzimmer von Wolfgang befindet sich zwei Zimmer weiter. Im Schulzimmer von Wolfgang wird gerade geputzt. Wir grüßen herzlich, treten ein. Wolfgang sitzt am Pult. Die Putzfrau entschuldigt sich und sagt: „Ich bin gleich weg." Wir gehen auf Wolfgang zu. Er sitzt an seinem Pult, es sieht so aus, als ob er gerade habe gehen wollen. Paul sagt: „Ja, hast du kurz Zeit, um zu besprechen?" Und Wolfgang macht eine kleine Pause, bewegt sich zu seiner Mappe, die schon gepackt ist. „Ja, ehm", meint Paul. Ich merke, dass Wolfgang eigentlich gehen möchte. „Ja, nur so das Organisatorische für Donnerstagmorgen, für diese beiden Lektionen", fährt Paul weiter fort. Wolfgang nimmt dann ein Mäppchen aus der Mappe mit so einem A3-Plan, der aussieht wie eine Unterrichtsplanung von Lektionen. Wolfgang bleibt an seinem Schreibtisch sitzen, Paul steht während der ganzen Besprechung. (Feldprotokoll vom 13.11.2012, 3. Feldtag)

Paul, der Sonderpädagoge, scheint auch hier als Bittsteller aufzutreten. Er verlangt nach einer gemeinsamen Besprechung. Während ursprünglich nicht nur das Organisatorische hätte besprochen werden müssen, sondern auch noch anstehende diagnostische Abklärungen von einzelnen Kindern mit besonderem Bildungsbedarf und Inhalte zukünftiger Förderstunden (von diesem Vorhaben erzählt Paul der Feldforscherin im Anschluss an die kurze Besprechung), gibt sich der Sonderpädagoge für den Moment auch mit einem kurzen Austausch über organisatorische Belange zufrieden, um zu vermeiden, dass stattdessen gar keine Besprechung stattfindet. Mit *„nur* so das Organisatorische" minimiert er seinen Anspruch. Wolfgang äußert mit keinem Wort, dass er keine Besprechung wünscht. Dies geschieht in dieser Szene nur nonverbal mittels Körperhaltung und Pausen. Die Asymmetrie der Interaktion wird dadurch verdeutlicht, dass der Klassenlehrer an seinem Schreibtisch sitzen bleibt und der Sonderpädagoge und die Feldforscherin davor stehen bleiben. Sie wählen sich keinen „neuen" Platz im Schulzimmer aus, um damit der Besprechung Zeit und Raum zu geben. Das Flüchtige in dieser Besprechung wird dadurch weiter betont. Am Schluss der Besprechung fragt die Forscherin nach, ob sie sich jeden Dienstag besprechen würden und ob das eine fixe und verabredete Besprechung oder so ein Zwischen-Tür-und-Angel-Gespräch sei, das sie so spontan entstehen ließen.

> Das sei ein fixer Termin, der eigentlich jeden Dienstag oder mindestens alle zwei Wochen stattfinde, erklären sie mir. Mal gehe es kürzer und mal länger. Manchmal seien es nur

organisatorische Sachen und manchmal bräuchten sie länger, um inhaltlich wirklich mehr zu besprechen. (Feldprotokoll vom 13.11.2012, 3. Feldtag)

Aus der Sicht des Sonderpädagogen und des Klassenlehrers scheint der Besprechungstermin fix zu sein, er muss jedoch unverbindlich bleiben. Beim Hinausgehen möchte Wolfgang sich der Beobachterin erklären und erzählt lachend:

> „Weißt du, wenn du mit Paul abmachst und er dann nicht pünktlich kommt. Weißt du, dann wartest du einfach und er kommt nicht." Darauf entgegnet Paul ebenfalls lachend: „Ja, das ist bei euch auch. Ich warte manchmal auch sehr lange, bis ihr kommt, und manchmal kommt ihr gar nicht, vergesst es einfach." Die Fopperei geht so ein bisschen hin und her. Paul versucht sich dennoch zu rechtfertigen und sagt: „Ja, auf dem Weg zu unserer Besprechung, kommt vielleicht XY, irgendeine Lehrerin, und fragt: ‚Kannst du noch schnell?'. Dann muss ich diesem Kind noch schnell ein Blatt geben. Und schon ist es eins nach vier und bis ich dann hier bin, ist fünf nach vier. Und so kommen alle diese Verspätungen zustande, weil ich es allen recht machen möchte. (Feldprotokoll vom 13.11.2012, 3. Feldtag)

Die beschriebene Szene zeigt, dass die Beziehung zwischen dem Sonderpädagogen und der Lehrperson kollegial und vertrauensvoll sein muss. Wäre dies nicht der Fall, würde sich diese Szene nicht so humorvoll und unbelastet vor der Beobachterin abspielen. Beide versuchen, bei der Beobachterin und gleichzeitig beim Gegenüber Verständnis für die eigene Situation hervorzurufen. Trotzdem bleibt Paul in dieser Interaktion der Bittsteller. Seine beschriebenen Kooperationen scheinen allesamt „zwischen Tür und Angel" stattzufinden. Zudem muss alles sehr schnell gehen. Er möchte sehr dienstleistungsorientiert interagieren, was sich in *„ich möchte es allen recht machen"* manifestiert. Beide scheinen immer wieder einmal aufeinander warten zu müssen; dabei handeln sie gegenseitig ihren Status aus. Wenn jemand einen anderen warten lassen kann und dies nur einseitig passieren würde, bliebe das Dirty Work bei der wartenden Person. Dies würde auf eine asymmetrische Beziehung verweisen.

Der dritte Versuch für eine Besprechung mit einer Lehrerin scheitert aus zeitlichen Gründen. Andere wichtige Arbeitsinhalte sind im Moment dringlicher und werden vorgezogen.

> Und Paul fragt dann Cynthia, ob sie Zeit habe, um zu besprechen? Sie macht große Augen und flüstert: „Nein, wir haben Elterngespräche und wir [sic und ihre Jobsharing-Partnerin] müssen die noch vorbereiten." Sie erklärt Paul, dass sie heute noch viele Stunden vorzubereiten hätten, und sie wäre froh, wenn heute die Besprechung ausfallen würde. Paul nickt verständnisvoll. (Feldprotokoll vom 13.11.2012, 3. Feldtag)

Eine einseitig geforderte „Flexibilität" des Sonderpädagogen zeigt sich auch an weiteren Beobachtungstagen. Da diese Flexibilität auferlegt ist, bleibt sie ein Teil des Dirty Work. Spontane Änderungen, nicht nur bei geplanten Besprechungen, sondern auch während des Unterrichts, gehören zu Pauls Alltag. Beim Zusammentreffen mit der Beobachterin am Morgen vor Schulbeginn berichtet der Sonderpädagoge von einer

Planänderung im Unterrichtsablauf, welche durch einen Klassenlehrer verursacht worden sei.

> Eigentlich wollte Paul bereits um 7.30 Uhr beginnen, aber Wolfgang habe ihm heute Morgen vor der Schule mitgeteilt, dass er am Anfang noch mit der ganzen Klasse arbeiten möchte. Als Sonderpädagoge müsse man halt flexibel sein. Diese Pause gebe ihm jetzt die Gelegenheit, seine Sachen zu ordnen. Er sei heute Morgen noch kurz bei Wolfgang gewesen, um den Morgen zu besprechen. Am Dienstag hätten sie dafür keine Zeit mehr gehabt. Wolfgang musste um halb sechs gehen. Im Moment fänden viele Elterngespräche statt und es bleibe deshalb weniger Zeit für die gemeinsame Vorbereitung der Stunden. (Feldprotokoll vom 13.12.2012, 6. Feldtag)

Die strukturell auferlegte Anforderung von Flexibilität als Teil des Dirty Work überschneidet sich hier mit einer weiteren wichtigen Kategorie, der Abgrenzungsarbeit (Boundary Work). Indem die Durchführung von Elterngesprächen offenbar organisatorisch bevorzugt wird, entsteht ein ausgrenzender Effekt für Paul, dem in dieser Kombination die undankbare Aufgabe zufällt, seine Anliegen aufgrund vieler anderer Erfordernisse des Schulalltags zurückzustellen.

Einen repräsentativen zusammenfassenden Einblick in die Aushandlungsordnung gibt der folgende Ausschnitt aus den Feldnotizen über die Festlegung einer neuen Klassenzuteilung. Wir geben dieses Protokoll an dieser Stelle wieder, weil darin alle bisher aufgegriffenen Kategorien der strausschen Arbeitsanalyse vorkommen: professionelle Grundüberzeugungen, Dirty Work und Abgrenzungsarbeit.

> 12.10 Uhr: Sitzung Klassenzuteilung Mittelstufe mit Hanna [Fachperson für Sonderpädagogik], Paul [Fachperson für Sonderpädagogik], Manuela, Petra und Ruth [Klassenlehrpersonen] im Lehrerzimmer. Nach der dritten Klasse werden die beiden Unterstufenklassen für den Übertritt in die Mittelstufe neu zusammengesetzt. Manuela eröffnet die Sitzung und berichtet von einer Begegnung mit der Mutter eines Schülers, die drohte, zu reklamieren, falls ihr Junge mit einem spezifischen anderen Jungen in die gleiche Klasse kommen sollte nach den Sommerferien. Alle Sitzungsteilnehmerinnen und Paul haben vor sich ein Papier mit einem Vorschlag für zwei Mittelstufenklassen. Diese Version ist das Ergebnis einer ersten vorhergehenden Sitzung. Nun wird sie u.a. aufgrund solcher Rückmeldungen von Eltern nochmals überarbeitet. Sie beginnen zu diskutieren, ob und welche neuen Konstellationen möglich wären. Immer wieder greifen sie auch die Wünsche der Kinder auf. In beiden Klassen führten die Lehrerinnen eine persönliche Umfrage durch, mit wem die einzelnen Schülerinnen und Schüler jeweils gerne in der Klasse wären bzw. mit wem überhaupt nicht gerne. Es wird angeregt diskutiert. Häufig fließen auch Argumente ein, die Aspekte der Entwicklung betreffen. Sie achten darauf, dass jedes Kind mit mindestens einer guten Freundin oder einem guten Freund zusammen in der Klasse sein darf. Wenn es Verschiebungen gibt, ziehen sie immer wieder diese Wunschblätter bei und überprüfen, ob diesen einigermaßen entsprochen wird. Paul gibt zu bedenken, dass Wolfgang ab den Sommerferien insgesamt sehr viele Kinder mit Lernzielanpassungen haben werde und selbst deshalb eine kleinere Klasse haben sollte. Es taucht die Frage auf, ob es folglich nicht sinnvoller wäre, wenn diese Kinder auf beide Klassen verteilt würden. Paul verneint, denn organisatorisch sei es einfacher, wenn sie zusammenblieben. Hanna

interveniert: „Das sind aber viele spezielle Kinder bei Wolfgang, das muss ihm bewusst sein." Paul meint darauf beruhigend, dass er dafür „aufstocken", d. h. mehr SHP-Stunden für Wolfgangs Klasse einsetzen werde. Und zudem habe Wolfgang auf die warnende Vorankündigung der Klassenzuteilung gelassen reagiert. „Wenn ich diesen schaue, dann ist das schon gut", sagt Paul.

Während dieser Sitzung essen drei weitere Lehrpersonen ihr Mittagessen und hören mit. Carmen, eine der betroffenen Mittelstufenlehrerinnen dieser neuen Zuteilung, macht eine Bemerkung, als über eine schwierige Mädchenkonstellation gesprochen wird. „Gebt die Giftigen mir, die habe ich gerne!" Die Sitzung wird nach vierzig Minuten beendet, es sei gut für den Moment. Hanna hält fest, dass man diese Version der Zuteilung mit Wolfgang besprechen müsse. Ich [Feldforscherin] frage nach, wie lange sie jeweils für diese Zuteilungen hätten. Die Liste würde in dieser personellen Zusammensetzung über mehrere Sitzungen hinweg überarbeitet. Sie bräuchten „immer mehrere Runden" dafür, berichten sie mir lachend. (Feldprotokoll vom 14.03.2013, 9. Feldtag)

Die ganze Aushandlung findet in einem Spannungsfeld zwischen den Wünschen der Kinder, den Drohungen von Eltern, der Einschätzung von Entwicklungsständen der Schülerinnen und Schüler durch die Lehrkräfte und möglichen und erwarteten Arbeitsbelastungen oder Überlastungen statt. Außerdem wird das Ganze von einer Einschätzung der möglichen Ressourcensituation im Hinblick auf SHP-Stunden überlagert. Zuhörende am Nebentisch kommentieren die Besprechung und ergänzen emotional konnotierte Begriffe wie „die Giftige". Es wird unmittelbar erkennbar, wie Grenzziehungen zwischen Schülerinnen und Schülern entwickelt sowie Zuordnungen von Arbeit und Problemen vorgenommen werden. Die Tatsache, dass solche Prozesse über mehrere Zyklen der Verhandlung in verschiedenen Sitzungen stattfinden, verweist auf die Aushandlungskomplexität einer prinzipiell für die Schule gewöhnlichen Situationsanforderung, nämlich der Zuteilung von Schülerinnen und Schülern auf Klassen.

5   Diskussion und Ausblick

In diesem Beitrag konnte exemplarisch aufgezeigt werden, dass das Lehrpersonal in multiprofessionellen Teams in verschiedenen Spannungsfeldern steht, die ihm eine Aushandlungsordnung auferlegen. Da wäre zum einen das Spannungsverhältnis zwischen Spontaneität bzw. Flexibilität und bestimmten Abmachungen zu nennen. Wie viel Spontaneität ist auf der einen Seite zulässig, ohne dass auf der anderen Seite zu viel Anpassungsleistung und somit Dirty Work erfolgen muss? Weiter zeigt sich ein Spannungsfeld zwischen Flexibilität und der nicht vorhandenen strukturellen Verankerung der Kooperation auf institutioneller Ebene. Damit Kooperation außerhalb des Unterrichts stattfinden kann, müssen Strukturen dafür aufgebaut werden, sodass die Zusammenarbeit nicht nur von individueller Bereitschaft und dem Engagement der jeweiligen Lehrpersonen abhängt (vgl. auch Arndt & Werning, 2013, S. 34–35). Wie in den einleitenden Geschichten in Abschnitt 4.1 dargestellt, erachtet die Sonderpädagogin genau diese nicht stattfindende Kooperation als sehr unbefriedigend, weil sie die Kinder so nicht ihrem professionellen Verständnis entsprechend unterstützen kann. Sie steht somit direkt im Spannungsfeld zwischen professioneller Orientierung und den lokalen organisatorischen Regelsystemen (Oevermann, 1996).

Viel Aushandlungsleistung erfordert auch der Aspekt der Pünktlichkeit in Kooperationsprozessen. Wenn Unterschiede im Zeitverständnis bestehen, dann führt dies dazu, dass sich eine Person der anderen unterordnen muss, was wiederum zu einer ungleichen Zuteilung von Dirty Work führt. Betrachtet man diesen Zusammenhang aus der Perspektive des Sonderpädagogen Paul, dann kostet ihn Pünktlichkeit letztlich mehr Zeit. Denn unterwegs konnte er einiges erledigen, was für ihn persönlich letzten Endes eine Zeitersparnis bedeutet hat. In diesem Zusammenhang müssen auch Arbeits- und Feierabendzeiten thematisiert werden. Durch die gewünschte bzw. die geforderte Kooperation werden die Zeitfenster nach vorn oder hinten ausgedehnt. Dazu scheint es im untersuchten Feld unterschiedliche Wahrnehmungs- und Umgangsmuster zu geben: Die Lehrpersonen achten auf zeitliche Begrenzungen und der Sonderpädagoge scheint eine zeitliche Ausdehnung der Arbeit zu produzieren. Bereits heute gibt es einzelne Schulteams, welche sich dafür entschieden haben, für alle verbindliche Präsenzzeiten festzulegen. Dies wiederum beeinflusst das bisherige Autonomieverständnis des Lehrberufs, dem zufolge die Arbeitszeiten für Vor- und Nachbereitung üblicherweise – sowohl zeitlich als auch örtlich – autonom eingeteilt werden können. Das organisatorische und das professionelle Zeitverständnis treten hier auseinander und erzeugen bei den involvierten Lehrpersonen unterschiedliche Erlebnisdimensionen. Solche Vorgänge sind es letztlich, die allen Beteiligten immer wieder Aushandlungen zur Gewinnung von Kooperation auferlegen.

Abschließend kann gesagt werden, dass es in der Zusammenarbeit in multiprofessionellen Teams weitgehend um Planung und Rollenklärung als Dimensionen der Aushandlung geht. Man muss ständig absprechen, wer wofür zuständig ist. Eine der Erkenntnisse aus dem KosH-Projekt ist dementsprechend die zentrale Bedeutung der Rollenklärung (Kreis, Wick & Kosorok Labhart, 2014). Rollenklärung und Planung liegen deshalb auch dem aus dem KosH-Projekt heraus entwickelten Instrument – dem Kooperationsplaner (vgl. www.kooperationsplaner.ch) – zugrunde. Dieses Instrument formuliert in einer anderen Theoriesprache im Kern die Konzepte aus den berufssoziologischen Arbeiten in der Tradition der Grounded Theory (z. B. Boundary Work). Damit schließt sich für uns der Kreis. Denn Rollenklärung und Planung sind beides kommunikative Prozesse in der Praxis, die wir analytisch mit den Konzepten „Professional Beliefs", „Dirty Work" und „Boundary Work" erfassen und verfeinert analysieren können. In diesem Sinne kommen wir zum Schluss, dass sich die eingangs aufgeworfene Frage, ob sich diese aus der qualitativen berufssoziologischen Forschung stammenden Konzepte auch für die Erschließung des Lehrhandelns im Feld der integrativen Pädagogik eignen, bejahen lässt – ja mehr noch. Wir denken, es wäre ein erkenntnisreicher Zugewinn an Wissen über das Feld der Pädagogik, wenn diese Konzepte darin systematisch und umfassend an mehreren empirischen Fällen durchgearbeitet würden. Wir könnten dann die Spezifika dieser Praxis im professionellen Umgang mit Heterogenität besser beschreiben und verstehen. Dabei wäre es sinnvoll, weitere mit der Aushandlungsordnung verbundene Ideen und Konzepte wie z. B. die Verlaufskurven typischer Ereignisfolgen oder Karrieren von Dingen (Trajectories) und die strukturellen Bedingungen von Organisation und Berufsfeld (Conditional Matrix: Strauss, 1993, S. 60 ff.) einzuführen und für die Analyse zu nutzen.

Literatur

Allen, D. (2000). Doing occupational demarcation: The „boundary-work" of nurse managers in a district general hospital. *Journal of Contemporary Ethnography, 29* (3), 326–356.

Arndt, A.-K. & Werning, R. (2013). Unterrichtsbezogene Kooperation von Regelschullehrkräften und Lehrkräften für Sonderpädagogik. Ergebnisse eines qualitativen Forschungsprojekts. In R. Werning & A.-K. Arndt (Hrsg.), *Inklusion: Kooperation und Unterricht entwickeln* (S. 12–40). Bad Heilbrunn: Klinkhardt.

Baumann, B., Henrich, C. & Studer, M. (2012). *Unterrichtsbezogene Kooperation zwischen Regellehrpersonen und Lehrkräften schulischer Heilpädagogik (IF) und Aspekte guten Unterrichts. Kurzbericht.* Zürich: Interkantonale Hochschule für Heilpädagogik.

Day, R. & Day, J. V. (1977). A review of the current state of negotiated order theory: An appreciation and a critique. *The Sociological Quarterly, 18* (1), 126–142.

EDK [Schweizerische Konferenz der kantonalen Erziehungsdirektoren]. (2007). *Interkantonale Vereinbarung über die Zusammenarbeit im Bereich der Sonderpädagogik.* Verfügbar unter: www.edudoc.ch/static/web/arbeiten/sonderpaed/konkordat_d.pdf [30.06.2016].

Emerson, R. M. & Pollner, M. (1976). Dirty work designations: Their features and consequences in a psychiatric setting. *Social Problems, 23* (3), 243–254.

Fend, H. (2008). *Schule gestalten: Systemsteuerung, Schulentwicklung und Unterrichtsqualität.* Wiesbaden: VS Verlag für Sozialwissenschaften.

Fine, G. A. (1984). Negotiated orders and organizational cultures. *Annual Review of Sociology, 10,* 239–262.

Freidson, E. (1986). *Professional Powers. A Study of the Institutionalization of Formal Knowledge.* Chicago: University of Chicago Press.

Friebertshäuser, B. (1997). Feldforschung und Teilnehmende Beobachtung. In B. Friebertshäuser & A. Prengel (Hrsg.), *Handbuch Qualitative Forschungsmethoden in der Erziehungswissenschaft* (S. 503–534). Weinheim: Juventa.

Fullan, M. G. & Miles, M. B. (1992). Getting reform right: What works and what doesn't. *Phi Delta Kappan, 73* (10), 745–752.

Fußangel, K. (2008). *Subjektive Theorien von Lehrkräften zu Kooperation. Eine Analyse der Zusammenarbeit von Lehrerinnen und Lehrern in Lerngemeinschaften.* Unveröffentlichte Dissertation. Wuppertal: Bergische Universität Wuppertal.

Goffman, E. (1969). *The Presentation of Self in Everyday Life.* London: Penguin.

Goffman, E. (1973). *Asyle. Über die soziale Situation psychiatrischer Patienten und anderer Insassen.* Frankfurt am Main: Suhrkamp.

Goffman, E. (1983). The interaction order. *American Sociological Review, 48* (1), 1–17.

Gräsel, C., Fußangel, K. & Pröbstel, C. (2006). Lehrkräfte zur Kooperation anregen – eine Aufgabe für Sisyphos? *Zeitschrift für Pädagogik, 52* (2), 205–219.

Haeberlin, U., Jenny-Fuchs, E. & Moser Opitz E. (1992). *Zusammenarbeit: Wie Lehrpersonen Kooperation zwischen Regel- und Sonderpädagogik in integrativen Kindergärten und Schulklassen erfahren.* Bern: Haupt.

Halbheer, U. & Kunz, A. (2009). Mehr Schulqualität dank Kooperation? Eine quantitativ-qualitative Beschreibung von Kooperationen zwischen Lehrpersonen. In K. Maag Merki (Hrsg.), *Kooperation und Netzwerkbildung: Strategien zur Qualitätsentwicklung in Schulen* (S. 66–77). Seelze: Kallmeyer.

Heinzel, F. (2009). Methoden der Erforschung schulischer Mikroprozesse (mit Schwerpunkt Ethnografie). In S. Blömeke, T. Bohl, L. Haag, G. Lang-Wojtasik & W. Sacher (Hrsg.), *Handbuch Schule. Theorie – Organisation – Entwicklung* (S. 149–152). Bad Heilbrunn: Klinkhardt.

Joller-Graf, K. (2004). *Didaktik des integrativen Unterrichts.* Unveröffentlichte Dissertation. Zürich: Universität Zürich.

Kosorok Labhart, C. (2012). *Alltägliche Kooperationsprozesse und -praktiken von Fachpersonen für Sonderpädagogik und Regellehrpersonen – Eine ethnographische Untersuchung.* Posterpräsentation anlässlich der Frühjahrestagung der AESF, 6.–7. Juli 2012, Universität Oldenburg.

Kreie, G. (2009). Integrative Kooperation. In H. Eberwein & S. Knauer (Hrsg.), *Handbuch Integrationspädagogik* (7. Auflage) (S. 404–411). Weinheim: Beltz.

Kreis, A. (2015). Professionsforschung in inklusiven Settings – Einblick in die Studie KosH. In H. Redlich, L. Schäfer, G. Wachtel, K. Zehbe & V. Moser (Hrsg.), *Veränderung und Beständigkeit in Zeiten der Inklusion. Perspektiven Sonderpädagogischer Professionalisierung* (S. 25–43). Bad Heilbrunn: Klinkhardt.

Kreis, A., Wick, J. & Kosorok Labhart, C. (2013). Kooperation im Kontext der integrativen Förderung von Schülerinnen und Schülern mit besonderem Förderbedarf. In M. Schüpbach, A. Slokar & W. Nieuweboom (Hrsg.), *Kooperation als Herausforderung in Schule und Tagesschule* (S. 51–66). Bern: Haupt.

Kreis, A., Wick, J. & Kosorok Labhart, C. (2014). Wahrgenommene Zuständigkeiten von pädagogischem Personal in integrativen Schulen des Kantons Thurgau. *Empirische Sonderpädagogik, 4* (4), 333–349.

Lienhard-Tuggener, P. (2013). *Weniger Lehrpersonen pro Klasse: Bildungsdirektion des Kantons Zürich startet Projekt.* Verfügbar unter: peterlienhard.ch/blog/?tag=fokus-starke-lernbeziehung [30.06.2016].

Luder, R., Gschwend, R., Kunz, A. & Diezi-Duplain, P. (Hrsg.). (2011). *Sonderpädagogische Förderung gemeinsam planen. Grundlagen, Modelle und Instrumente für die Praxis.* Zürich: Pestalozzianum.

Nadai, E. & Maeder, C. (2007). Negotiations at All Points? Interaction and Organization. *Forum Qualitative Sozialforschung, 9* (1), Artikel 32. Verfügbar unter: www.qualitative-research.net/index.php/fqs/article/view/337 [30.06.2016].

Nadai, E., Sommerfeld, P., Bühlmann, F. & Krattiger, B. (2005). *Fürsorgliche Verstrickung – Soziale Arbeit zwischen Profession und Freiwilligenarbeit.* Wiesbaden: VS Verlag für Sozialwissenschaften.

Nevin, A. I., Thousand, J. S. & Villa, R. A. (2009). Collaborative teaching for teacher educators – What does the research say? *Teaching and Teacher Education, 25* (4), 569–574.

Oevermann, U. (1996). Theoretische Skizze einer revidierten Theorie professionalisierten Handelns. In A. Combe & W. Helsper (Hrsg.), *Pädagogische Professionalität. Untersuchungen zum Typus pädagogischen Handelns* (S. 70–182). Frankfurt am Main: Suhrkamp.

Reh, S. & Breuer, A. (2012). Positionierungen in interprofessionellen Teams – Kooperations-praktiken an Ganztagsschulen. In S. Huber & F. Ahlgrimm (Hrsg.), *Kooperation in der Schule* (S. 185–202). Münster: Waxmann.

Rüegg, S. (2000). *Weiterbildung und Schulentwicklung: Eine empirische Studie zur Zusammen-arbeit von Lehrerinnen und Lehrern.* Bern: Peter Lang.

Scheerens, J. & Bosker, R. (1997). *The foundations of educational effectiveness.* Oxford: Perga-mon Press.

Schweizerische Eidgenossenschaft. (2002). *Bundesgesetz über die Beseitigung von Benachtei-ligungen von Menschen mit Behinderungen (Behindertengleichstellungsgesetz, BehiG) vom 13. Dezember 2002.* Bern: Bundeskanzlei.

Scruggs, T. E., Mastropieri, M. A. & McDuffie, K. A. (2007). Co-Teaching in Inclusive Class-rooms: A Metasynthesis of Qualitative Research. *Exceptional Children, 73* (4), 392–416.

Staub, F. C. & Kreis, A. (2013). Fachspezifisches Unterrichtscoaching in der Aus- und Weiter-bildung von Lehrpersonen. *Journal für Lehrerinnen- und Lehrerbildung, 13* (1), 8–13.

Steinert, B., Klieme, E., Maag Merki, K., Döbrich, P., Halbheer, U. & Kunz, A. (2006). Lehrer-kooperation in der Schule: Konzeption, Erfassung, Ergebnisse. *Zeitschrift für Pädagogik, 52* (2), 185–204.

Strauss, A. L. (1978). *Negotiations: Varieties, Processes, Contexts, and Social Order.* San Fran-cisco: Jossey-Bass.

Strauss, A. L. (1993). *Continual Permutations of Action.* New York: Aldine de Gruyter.

Strauss, A. L. & Corbin, J. (1996). *Grounded Theory: Grundlagen Qualitativer Sozialforschung.* Weinheim: Beltz Psychologie Verlags Union.

Strauss, A. L, Schatzman, L., Bucher, R., Ehrlich, D. & Sabshin, M. (1975). Negotiated Or-der and the Co-ordination of Work. In A. Strauss (Ed.), *Professions, Work and Careers* (pp. 175–202). New Brunswick: Transaction Books.

Strauss, A. L., Schatzman, L., Ehrlich, D., Bucher, R. & Shabshin, M. (1963). The Hospital and Its Negotiated Order. In E. Freidson (Ed.), *The Hospital in Modern Society* (pp. 147–169). London: Collier MacMillan.

Terhart, E. & Klieme, E. (2006). Kooperation im Lehrerberuf: Forschungsproblem und Ge-staltungsaufgabe. *Zeitschrift für Pädagogik, 52* (2), 163–166.

Thommen, B., Anliker, B. & Lietz M. (2008). *Projektbericht Unterrichtsbezogene Zusammenar-beit. Förderung von Kindern im gemeinsam verantworteten Unterricht von ambulant tätigen Heilpädagoginnen/Heilpädagogen und Regellehrpersonen.* Bern: Pädagogische Hochschule Bern, Institut für Heilpädagogik.

Unger, M. (2012). Zusammenarbeit von Grund- und Förderschullehrkräften im Rahmen re-gionaler Integrationskonzepte in Niedersachsen. In S. Seitz, N.-K. Finnern, N. Korff & K. Scheidt (Hrsg.), *Inklusiv gleich gerecht? Inklusion und Bildungsgerechtigkeit* (S. 222–227). Bad Heilbrunn: Klinkhardt.

van Maanen, J. (1978). People Processing: Strategies of Organizational Socialization. *Organi-zational Dynamics, 7* (1), 19–36.

VSA ZH [Volksschulamt Kanton Zürich]. (2012). *Schulprojekt „Fokus Starke Lernbeziehun-gen". Überblick.* Verfügbar unter: www.vsa.zh.ch/internet/bildungsdirektion/vsa/de/ schulbetrieb_und_unterricht/projekte/fokus_starke_lernbeziehungen.html [30.06.2016].

Autorinnen und Autoren

Ann-Kathrin Arndt, Wissenschaftliche Mitarbeiterin an der Leibniz School of Education und am Institut für Sonderpädagogik, Leibniz Universität Hannover. Arbeitsschwerpunkte: Inklusive Schulentwicklung, multiprofessionelle Kooperation, Lehrerinnen- und Lehrerbildung.

Ina Biederbeck, Dr., Zentrum für Lehrerbildung und Bildungsforschung, Universität Siegen; Arbeitsschwerpunkte: Wissenschaftsmanagement; Forschung zur Kooperation der Akteure in der Lehrerbildung, Praxisphasen in der Lehrerbildung.

Peter Diezi-Duplain, Dozent am Zentrum Inklusion und Gesundheit in der Schule an der Pädagogische Hochschule Zürich; eidg. anerkannter Psychotherapeut und Fachpsychologe für Kinder- und Jugendpsychologie FSP; Arbeitsschwerpunkte: Integrative Förderung, ICF-basierte Förderplanung, Multiprofessionelle Zusammenarbeit, Kooperation von Lehrpersonen.

Eva-Kristina Franz, Dr., Erziehungswissenschaftlerin, Sonderschullehrerin und Akademische Mitarbeiterin am Institut für Erziehungswissenschaft der Pädagogischen Hochschule Heidelberg; Arbeitsschwerpunkte: Umgang mit Heterogenität im Kontext inklusiver Bildung, Professionalisierung und Lehrerbildung, Didaktik des gemeinsamen Unterrichts, Lernwerkstätten und Lernwerkstattarbeit an Hochschulen.

Silvia Greiten, Dr., Fakultät II, Departement für Erziehungswissenschaften und Psychologie, Universität Siegen; Arbeitsschwerpunkte: Forschung zur Schul- und Unterrichtsentwicklung im Kontext von individueller Förderung, Hochbegabung und Inklusion, Lehrerprofessionalisierung.

Raphael Gschwend, lic. phil. Psychologe, Fachbereichleiter Sonderpädagogik, Pädagogische Hochschule Zürich / Geschäftsführer pulsmesser.ch; Arbeitsschwerpunkte: Ausbildungsmodule der Sonderpädagogik, Weiterbildungen für Schulen, Interdisziplinäre Förderplanung/Zusammenarbeit, Organisationsentwicklung, Beratung.

Angelika Henschel, Prof. Dr. phil. Sonderpädagogin, Professorin für Sozialpädagogik, insb. Genderforschung, Jugendhilfe und Inklusion am Institut für Sozialarbeit und Sozialpädagogik der Leuphana Universität Lüneburg; Arbeitsschwerpunkte: Forschung zu Gewalt in Geschlechterverhältnissen, Kooperation von Familie, Jugendhilfe und Schule in inklusiven Kontexten, Gendermainstreaming in der Sozialwirtschaft und zur Öffnung von Hochschulen.

Judith Hollenweger, Prof. Dr. phil., Erziehungswissenschafterin, Professur Bildung und Diversity und Leitung Forschungscluster Inklusion an der Pädagogischen Hochschule Zürich; Arbeitsschwerpunkte: Diversität und Inklusion in Schulen,

Qualitätsindikatoren und Steuerung von Bildungssystemen, Klassifikationen und Wissensprozesse.

Sara Kristina Hunger, M. Ed., z.Zt. Lehramtsanwärterin für das Lehramt für sonderpädagogische Förderung an einer Förderschule mit dem Förderschwerpunkt emotionale und soziale Entwicklung; Arbeitsschwerpunkte: Schulleitungen als „change agents" in inklusiven Schulen.

Carmen Kosorok Labhart, lic. phil., Dozentin im Fachbereich Bildungs- und Sozialwissenschaften an der Pädagogischen Hochschule Thurgau; Arbeitsschwerpunkte: Kooperation im Schulumfeld, Integration, Sonderpädagogik, Umgang mit Diversität und ethnographische Erkundungen der Schule.

Annelies Kreis, Dr. phil., Erziehungswissenschafterin, Senior Researcher und Dozentin am Institut für Erziehungswissenschaften der Universität Zürich; Arbeitsschwerpunkte: Forschung zur Professionalisierung von Lehrpersonen, Mentoring und Coaching in der praxissituierten Aus- und Fortbildung, Kooperation im Schulfeld.

André Kunz, Dr. phil., Erziehungswissenschafter, Dozent für Sonderpädagogik im Zentrum Inklusion und Gesundheit in der Schule an der Pädagogischen Hochschule Zürich; Arbeitsschwerpunkte: Integrative Förderung, ICF-basierte Förderplanung, Multiprofessionelle Zusammenarbeit, Kooperation von Lehrpersonen.

Doris Kunz Heim, Prof. Dr., Professorin für Pädagogische Psychologie und Allg. Didaktik, Fachhochschule Nordwestschweiz. Arbeitsschwerpunkte: Psychosoziale Gesundheit von Lehrpersonen; Professionelle Entwicklung von Lehrpersonen im institutionellen Kontext.

Christian Lindmeier, Dr. phil., Erziehungswissenschafter, Univ.-Professur an der Universität Koblenz-Landau, Campus Landau; Arbeitsschwerpunkte: Sonder- und inklusionspädagogische (inkl. historisch und international vergleichende Forschung), Forschung zur Professionalisierung von Lehrpersonen, biographische Übergänge und Biographiearbeit.

Reto Luder, Prof. Dr. phil., ZFH für Sonderpädagogik. Leiter Zentrum Inklusion und Gesundheit in der Schule, Pädagogische Hochschule Zürich. Arbeitsschwerpunkte: Integrative Förderung und Förderplanung in der Schule, Unterricht und Förderung von Kindern mit Lernstörungen und Verhaltensauffälligkeiten.

Birgit Lütje-Klose, Dr. phil., Professorin für Sonderpädagogik mit dem Schwerpunkt Heterogenität, Universität Bielefeld, Fakultät für Erziehungswissenschaft. Arbeitsschwerpunkte: Professionalisierungs-, Schulentwicklung- und Unterrichtsforschung im Kontext schulischer Inklusion, multidisziplinäre Kooperation, integrative Sprach- und Kommunikationsförderung.

Christoph Maeder, Dr. oec. HSG, Professor für Bildungssoziologie an der Pädagogischen Hochschule Zürich; Arbeitsschwerpunkte: Wissens-, Bildungs- und Organisationssoziologie mit ethnographischen Methoden.

Vera Moser, Prof. Dr. habil., Erziehungswissenschaftlerin Schwerpunkt Sonderpädagogik; Professorin für Pädagogik bei Beeinträchtigungen des Lernens und Allgemeine Rehabilitationswissenschaften am Institut für Rehabilitationswissenschaften, Humboldt-Universität zu Berlin; Arbeitsschwerpunkte: Professionsforschung im Kontext inklusiver Settings, Schulentwicklungsforschung, historische Forschung zur Theorie und Institutionengeschichte der Sonderpädagogik.

Björn Serke, M.Ed., Regel- und Förderschullehrer, Lehrkraft für besondere Aufgaben, Universität Bielefeld, Fakultät für Erziehungswissenschaft, AG 3: Schultheorie mit dem Schwerpunkt Grund- und Förderschulen; Arbeitsschwerpunkte: schulisches Wohlbefinden von Schülerinnen und Schülern mit und ohne einen sonderpädagogischen Förderbedarf, multidisziplinäre Kooperation in inklusiven Schulen.

Tanja Sturm, Prof. Dr. phil., Erziehungswissenschaftlerin, Professorin für Inklusive Didaktik und Heterogenität an der PH FHNW; Arbeitsschwerpunkte: rekonstruktiv-praxeologische Schul-und Unterrichtsforschung; Inklusion und Exklusion; Differenzkonstruktionen.

Franziska Vogt, Prof. Dr., Leiterin Institut Lehr- und Lernforschung, Pädagogische Hochschule St. Gallen. Arbeitsschwerpunkte: frühe Bildung, insbesondere Sprachförderung, Spiel und Mathematik, Professionalisierung, Kooperation von Lehrpersonen, Bildungsreform, Gender.

Monika Wagner-Willi, Dr. phil., Diplompädagogin, Wissenschaftliche Mitarbeiterin am Institut Spezielle Pädagogik und Psychologie, Pädagogische Hochschule der Fachhochschule Nordwestschweiz, Arbeitsschwerpunkte: Rekonstruktiv-qualitative Methoden, dokumentarische Videointerpretation, Schul- und Unterrichtsforschung, Inklusionsforschung.

Jeannette Wick, lic. phil., Erziehungswissenschafterin und wissenschaftliche Mitarbeiterin am Insitut für Erziehungswissenschaften, Universität Zürich / Rektorin Gymnasium Untere Waid, Mörschwil (CH); Arbeitsschwerpunkte: Mentoring und Coaching von Lehrpersonen, Kooperation im Schulfeld, Inklusive Förderung von Schülerinnen und Schülern.

Patrik Widmer-Wolf, Dr. phil., Erziehungswissenschaftler, Dozent für Integrative Pädagogik, Co-Leiter Ressort Pädagogische Spezialisierungen MAS/CAS, Institut

Weiterbildung und Beratung PH FHNW; Arbeitsschwerpunkte: Kooperation im multiprofessionellen Team, Schul- und Unterrichtswicklungsprozesse an inklusiven Schulen.

Elke Wild, Dr. phil, Professorin für Pädagogische Psychologie, Universität Bielefeld, Fakultät für Psychologie und Sportwissenschaft, Abteilung für Psychologie, Forschungsschwerpunkte: Familien-, Hochschulschul- und Inklusionsforschung im Kontext von Chancengleichheit und Heterogenität, Lernmotivation, Hochschulforschung.

Bea Zumwald, Prof. Dr. phil., Professorin und wissenschaftliche Mitarbeiterin Dozentin am Institut Lehr- und Lernforschung, Pädagogische Hochschule St. Gallen. Arbeitsschwerpunkte: Integration und sonderpädagogische Fragen, Zusammenarbeit der Lehrpersonen, Teamteaching, Bildung jüngerer Kinder.

NETZWERKE IM BILDUNGSBEREICH

hrsg. von Herbert Altrichter, Nils Berkemeyer, Harm Kuper und Katharina Maag Merki

BAND 8

Nina Kolleck, Sabrina Kulin,
Inka Bormann, Gerhard de Haan,
Knut Schwippert (Hrsg.)

Traditionen, Zukünfte und Wandel in Bildungsnetzwerken

*2016, 196 Seiten, br., 29,90 €,
ISBN 978-3-8309-3362-5*

*E-Book: 26,99 €,
ISBN 978-3-8309-8362-0*

Ziel dieses Buchs ist es, theoretisch-konzeptionelle sowie empirische Erkenntnisse zum Thema Bildungsnetzwerke zusammenzuführen. Vorgestellt werden aktuelle Ergebnisse aus theoretisch-reflexiven und empirischen Studien, die sich unter Rückgriff auf netzwerkanalytische oder -theoretische Verfahren mit Fragen rund um Traditionen, Zukünfte oder Wandel in Bildungsnetzwerken auseinandersetzen.

Diskutiert werden die Relevanz theoretischer und methodischer Studien über Netzwerke im Bildungsbereich sowie Fragen des Wandels schulischer Netzwerke. Anhand ausgewählter Beispiele werden zudem zeitliche Faktoren hinsichtlich der Entwicklung von Bildungsregionen und -landschaften erörtert.

www.waxmann.com

BAND 7

Nils Berkemeyer, Wilfried Bos,
Hanna Järvinen, Veronika Manitius,
Nils van Holt (Hrsg.)

Netzwerkbasierte Unterrichtsentwicklung

Ergebnisse der wissenschaftlichen Begleitforschung zum Projekt „Schulen im Team"

2015, 192 Seiten, br., 29,90 €,
ISBN 978-3-8309-2306-0
E-Book: 26,99 €,
ISBN 978-3-8309-7306-5

Schul- und Unterrichtsentwicklung mithilfe schulischer Vernetzung zu betreiben ist seit einigen Jahren national wie international eine prominente Strategie, um Innovationen im Schulsystem zu erzeugen und zu implementieren. Wenngleich das Potenzial von Netzwerken vielerorts geschätzt wird, ist bislang über die tatsächlichen Wirkungen, die von Schulnetzwerken für die Unterrichtsentwicklung ausgehen können, wenig bekannt. Dieser Band hat zum Ziel, diese Lücke in ersten Ansätzen zu füllen.

Aus der wissenschaftlichen Begleitforschung des Projekts „Schulen im Team" werden, eingebettet in relevante Theorien und Forschungsbefunde, die zentralen Ergebnisse des Projektes berichtet. Dabei werden Befunde zur Arbeitsweise schulischer Netzwerke, zum Transfer in die Einzelschulen, zu der Wirksamkeit hinsichtlich der Schülerleistungen sowie zu den Entwicklungsverläufen von Netzwerken dargelegt.